2019年度国家社会科学基金资助项目

Industry
University
Research

产学研协同创新的诱发机制与实施路径研究

温平川 李盛竹 著

中国社会科学出版社

图书在版编目（CIP）数据

产学研协同创新的诱发机制与实施路径研究 / 温平川，李盛竹著 . —北京：中国社会科学出版社，2021.12
 ISBN 978 - 7 - 5203 - 9489 - 5

Ⅰ. ①产⋯　Ⅱ. ①温⋯ ②李⋯　Ⅲ. ①产学研一体化—研究—中国　Ⅳ. ①G640

中国版本图书馆 CIP 数据核字（2021）第 274304 号

出 版 人	赵剑英
责任编辑	孔继萍
责任校对	周　昊
责任印制	郝美娜

出　　版	中国社会科学出版社
社　　址	北京鼓楼西大街甲 158 号
邮　　编	100720
网　　址	http://www.csspw.cn
发 行 部	010 - 84083685
门 市 部	010 - 84029450
经　　销	新华书店及其他书店
印　　刷	北京君升印刷有限公司
装　　订	廊坊市广阳区广增装订厂
版　　次	2021 年 12 月第 1 版
印　　次	2021 年 12 月第 1 次印刷
开　　本	710×1000　1/16
印　　张	22.75
字　　数	366 千字
定　　价	128.00 元

凡购买中国社会科学出版社图书，如有质量问题请与本社营销中心联系调换
电话：010 - 84083683
版权所有　侵权必究

序

当今时代,全球协同创新已迈向了前所未有的嬗变与跃迁阶段,以大数据、云计算、物联网、区块链、5G通信、人工智能等为代表的信息技术革命和产业化推广对人类生活带来了全面冲击和深远影响,并极大地改变了创新发展体系、国家竞争能力的内涵与外延。面对全球政治经济发展的新形势,站在我国新时代发展的新起点,习近平总书记审时度势、高瞻远瞩地作出了"中国要强盛、要复兴,就一定要大力发展科学技术,努力成为世界主要科学中心和创新高地"的重要论断,指出"实现建成社会主义现代化强国的伟大目标,实现中华民族伟大复兴的中国梦,我们必须具有强大的科技实力和创新能力",强调"自主创新是我们攀登世界科技高峰的必由之路。要有骨气和志气,加快增强自主创新能力和实力"[①]。产学研各方在协同推动提升自主创新能力历史进程中,使命光荣,任重道远。

企业在国家创新体系建设中扮演着最为显要、至为关键的角色。国家科技创新的重要目标之一就是"让企业成为技术创新主体"。这绝不是天方夜谭般、遥不可及的凭空想象,而是需要持之以恒、孜孜不倦地行动,以取得实实在在、真真切切的成效。中美贸易摩擦对企业所带来的冲击,正说明我国企业需要加快提升协同创新能力,基础研究与应用研究并重,牢牢掌握核心关键技术,才能在百年来未有之世界大变局中从容应对各种技术威胁和竞争挑战。

综观全球一流大学,均是国家基础研究的最活跃力量,也是推动人

---

① 习近平总书记在中国科学院第十九次院士大会、中国工程院第十四次院士大会上的重要讲话。

类科技进步的生力军。在建设创新型国家进程中，我国大学如何摆脱"重复研究""低效研究""为考核指标而研究"的束缚，充分利用社会科技资源，产学研深度有效合作，真正激发创新创造潜能和活力，值得我们进一步思考和探讨。

我国的科研院所结构完善、体系健全，在科研研究、技术开发、高层次科技人才培养方面有着独特的功能和地位，国家级科研院所更是发挥着举足轻重的引领作用和社会影响。当前，在国家创新型发展战略格局中，科研院所需要加快以改革驱动发展、以市场激发活力、以协同提升成效的进程。只有大力推动产学研融合、提升协同创新度，才能始终坚持国家目标导向，更好地服从服务于国家重大战略需求。

正是基于对国家自主创新的时代责任感，作者围绕本专题进行了深入研究与系统思考。本书运用科学的研究工具与丰富的统计数据，审视了我国产学研协同创新的历程，总结了有代表性的国家产学研协同创新模式，厘清了影响我国产学研协同创新的主要阻碍和制约因素，分析了促进产学研协同创新的诱发机制，提出了实现产学研协同创新的可行路径，并围绕阻碍和制约因素提出了相应的对策建议。

作者多年来专注于产学研协同创新领域的研究工作，学术科研基础扎实。通阅本书，可以发现，作者具有广阔的研究视野、独特的研究思路、缜密的逻辑思维、新颖的论证观点，本书是思考产学研协同创新的用心之作。相信本书的出版，对于以产学研协同创新助推国家创新型发展战略，有着重要的理论意义与显著的应用价值。

朱德全
2020 年 7 月于重庆

前　言

本书是国家社会科学基金项目"产学研协同创新的诱发机制与实施路径研究（批准号：13BGL021）"的研究成果集成。项目的开展，是积极响应创新型国家建设的现实需要，是以协同创新驱动经济社会发展、加速转变经济发展方式、整合各方面的创新资源、提升国家科技创新力的具体实践。遵照党中央建设创新型国家的顶层设计和战略目标，我国将分三步建成世界科技创新强国：2020年左右进入世界创新型国家行列，2030年左右跻身创新型国家前列，2050年左右建成世界科技创新强国。推动从经济到军事、从科技到文化，最底层最硬核的实力的提升，无一不和国家自主创新能力直接挂钩，我们面临着如何从根本上突破封锁、实现赶超并切实提升自主创新能力的问题。

在党的十八届五中全会上，习近平总书记系统地论述了创新、协调、绿色、开放、共享"五大发展理念"[①]，并强调创新是建设现代化经济体系的重要力量，是引领发展的第一动力；在党的十九大报告中，习近平总书记明确要求构建以企业为主体、市场为导向、产学研深度融合的技术创新体系，强调关键核心技术是国之重器，必须切实提升我国关键核心技术创新能力，加强基础研究的力度，科技发展主动权和使命感必须深深融入科研的血液中。党和国家领导人的思想，为本项目的开展提供了极为丰富的理论营养，并赋予了本项目神圣的使命色彩；国家和社会

[①] "五大发展理念"由党的十八届五中全会确立，系指创新、协调、绿色、开放、共享。具体来说，创新是引领发展的第一动力，注重的是更高质量、更高效益；协调是持续健康发展的内在要求，注重的是更加均衡、更加全面；绿色是永续发展的必要条件，注重的是更加环保、更加和谐；开放是国家繁荣发展的必由之路，注重的是更加优化、更加融入；共享是中国特色社会主义的本质要求，注重的是更加优化、更加融入。"五大发展理念"之间相互促进，相互贯通。

的迫切需要，更加坚定了我们开展本项目研究的信心与决心。

当前，探索促进产学研深度融合、实现协同创新能力的提升，我国已具有了较好的条件。中华人民共和国成立以来，特别是经过40多年的改革开放，已经奠定了促进产学研深度融合的技术创新体系建设的雄厚基础。我国的GDP总量在2017年突破了80万亿元，研发投入快速增长，2017年全国研发支出占GDP比重为2.1%[①]，已经达到了发达国家水平。2017年全国企业累计超过3.4万个，高等院校2900多所，仅中国科学院就有12个分院、100多个科研院所、2所直属高校、1所共建高校、130多个国家级重点实验室和工程中心、210多个野外观测台站。在事业单位体制改革之后，我国已经形成了企业、高校、科研院所和中介机构等组成的多元化科研格局。

但是，在产学研协同创新发展道路上，仍存在着明显的发展"瓶颈"。首先，我国产学研协同创新能力显著落后于发达国家。产业界的研发经费主要是用于技术引进、消化和仿制的短期效益型项目开发，高校和科研院所的科研经费主要是用于以发表论文、申请专利、编制报告为产出的课题研究，成果转化率低，不能真正有效提升国家的自主创新能力。其次，虽然我国近年来在高超音速导弹、人类基因编辑技术和量子卫星领域取得举世瞩目的成就，但在若干关键核心技术领域，仍然处于受制于他国的格局，特别是中美贸易摩擦暴露出了我国众多科技型企业对美国制造业及其核心技术的严重依赖。由此，促进产学研深度融合、实现协同创新、提升国家自主创新能力形势逼人，时间紧迫，任务艰巨。

在上述时代背景下，探讨如何将高校、科研院所的科研成果转化为产业的现实生产力，以及这种转化对产学研内部协同机制有什么要求，对产学研外部环境建设有什么要求，如何在内外要求满足的情况下进行精准诱发，诱发之后如何合理的选择实践路径，让产学研协同创新实现可持续发展，就成为当前国家创新体系建设当中的一项异常紧迫的战略课题。

---

① 参见《2017年全国科技经费投入统计公报》，国家统计局网站。

目 录

第一章 绪论 ……………………………………………………（1）
  第一节 产学研协同创新的概念、意义、历程 ……………（1）
  第二节 我国产学研协同创新取得成效及存在问题 ………（14）
  第三节 新时代产学研协同创新的战略任务 ………………（31）
  第四节 现有研究述评 ………………………………………（36）
  第五节 研究路线及篇章结构 ………………………………（55）
  第六节 本章小结 ……………………………………………（61）

第二章 国外典型经验借鉴 …………………………………（63）
  第一节 美国产学研协同创新经验借鉴 ……………………（63）
  第二节 德国产学研协同创新经验借鉴 ……………………（80）
  第三节 日本产学研协同创新经验借鉴 ……………………（91）
  第四节 韩国产学研协同创新经验借鉴 ……………………（103）
  第五节 结论与启示 …………………………………………（112）

第三章 我国产学研协同创新的关键制约因素 ……………（117）
  第一节 从全球创新指数看我国产学研短板 ………………（117）
  第二节 我国产学研协同创新的制约因素归纳 ……………（129）
  第三节 产学研协同创新关键制约因素调查 ………………（139）
  第四节 本章小结 ……………………………………………（149）

第四章 产学研协同创新的知识互补驱动机理 ……………（150）
  第一节 产学研知识的互补性关系分析 ……………………（150）

第二节　产学研知识互补的场域交互理论 …………………… (159)
　　第三节　产学研知识互补的驱动因子分析 …………………… (164)
　　第四节　本章小结 ……………………………………………… (183)

第五章　产学研协同创新的诱发机制 ………………………………… (185)
　　第一节　产学研协同创新诱发模型 …………………………… (185)
　　第二节　产学研协同创新诱发仿真 …………………………… (210)
　　第三节　产学研协同创新激励模型构建 ……………………… (228)
　　第四节　产学研协同创新诱发机制的构建与完善 …………… (246)
　　第五节　本章小结 ……………………………………………… (252)

第六章　产学研协同创新的实施路径 ………………………………… (255)
　　第一节　异质知识视角下的产学研协同创新 ………………… (255)
　　第二节　基于场域交互的产学研知识互补过程 ……………… (259)
　　第三节　知识转移视阈的产学研协同创新路径 ……………… (267)
　　第四节　我国产学研协同创新路径的行进策略 ……………… (279)
　　第五节　本章小结 ……………………………………………… (290)

第七章　研究结论与对策建议 ………………………………………… (292)
　　第一节　研究结论 ……………………………………………… (292)
　　第二节　对策建议 ……………………………………………… (298)

参考文献 ………………………………………………………………… (316)

附录 A　调查问卷 ……………………………………………………… (342)

附录 B　数值模拟程序 ………………………………………………… (344)

附录 C　数值模拟程序 ………………………………………………… (352)

后　记 …………………………………………………………………… (355)

第 一 章

绪　　论

习近平总书记指出,创新是引领发展的第一动力,抓创新就是抓发展,谋创新就是谋未来①。世界从大航海时代,历经蒸汽时代、电子时代和信息时代,并走向 21 世纪的新时代,科学技术不仅深刻地影响国家前途命运,也与人民生活福祉息息相关;中国要实现国家富强和民族复兴,必须把发展科学技术作为实现中国梦的助推器和催化剂。2018 年 3 月爆发的中美贸易摩擦,使我国社会各界进一步看清了目前在科学技术方面存在的问题和差距,更加意识到只有把关键核心技术把控在我国科技人员手中,把关键核心技术嵌入我国技术产品中,才能维持创新的动力之源,实现国家粮食安全、国防安全、经济安全和社会稳定。在实现我国自主创新能力跃迁的历史进程中,企业、大学和科研院所承担着攻坚克难、追求卓越、赢得胜利的光荣而艰巨的使命。基于此,本书聚焦于产学研各方发挥"亦余心之所善兮,虽九死其犹未悔"的协同创新诱发机制,探析积极抢占科技竞争和未来发展制高点的协同创新路径,推进实现产学研协同创新的顺利践行。

第一节　产学研协同创新的概念、意义、历程

一　产学研协同创新概念

著名学者安索夫在《公司战略》一书中首次提出了协同的概念,主要是指各独立组成部分进行简单汇总而形成的企业群整体的业务表现,

---

① 2015 年 3 月 5 日习近平总书记参加"两会"上海代表团审议时的讲话精神。

尤其是子公司之间的协同。后来，德国著名理论物理学家哈肯提出将协同定义为：各个系统及其内部各要素之间互相协作形成一个区别于系统内部原有体系的新结构和特征。他进一步指出若在一个系统内各种要素不能很好协同，系统将无法发挥整体性功能而终至瓦解。协同理论可以概括为三个方面：(1) 协同效应，是各子系统通过相互非线性作用而产生的整体效应；(2) 伺服原理，它从系统内部不同因素间的相互作用关系描述系统的自组织过程；(3) 自组织原理，指系统内部子系统之间能够按照某种规律自发形成一定具有内在性和自生性特点的结构或功能。协同理论的研究对象要具备复杂性、开放性、系统内部存在非线性作用、系统远离平衡态、系统随机涨落5个条件。

在我国科技系统创新效能长期不能实现有效提升的压力下，在国家创新体系建设和产学研创新联盟等实践活动的诱发下，系统科学（特别是协同学）的共同演化和整体涌现等思想，为从战略层面分析各创新主体的合作共赢、创新资源的有效配置、创新系统的结构优化和性能提高，提供了新的思路。陈劲和阳银娟（2012）认为，协同创新是将各个创新主体要素进行系统优化、合作创新的过程。赵立雨（2012）从创新网络的角度指出，协同创新是一个复杂的系统工程，是创新网络中各种创新要素的有效整合和创新资源在创新网络内的无障碍流动，在技术创新网络扩张过程中，需要用系统的观念考虑各种问题。刘丹和闫长乐（2013）则进一步从复杂网络的角度强调，协同创新是在创新逐步转向系统化、网络化范式的背景下应运而生的，是通过系统内成员的密切合作与众多创新要素的协同作用，完成创新生态系统内技术或产品从创新产生至技术扩散的整个过程。

在创新系统、创新网络、集群创新和产学研结合等研究成果的基础上切萨布鲁夫和埃茨科维兹分别提出了开放创新和三螺旋理论，为从微观和宏观两个层面研究协同创新奠定了理论基础。切萨布鲁夫（2003）认为，随着知识的创造和扩散以及高级人才流动的速度日益加快，企业应实施开放式创新模式。开放式创新强调企业与大学等外部知识源的广泛合作，强调通过内部与外部创新要素的整合来提高新价值创造能力。由此可见，开放式创新蕴含着复杂系统的协同与涌现效应。在开放式创新的基础上，陈劲（2012）认为，协同创新是以知识增值为核心，企业、政府、知识生产机构（大学、研究机构）、中介机构和用户等为了实现重大科技创新而开展的大跨度整合的创新组织模式。与此同时，国内外学者针对产学研合作创新进行了大量研究，埃茨科维兹的三螺旋理论主要是从产学合作的角度分析大学、产业和政府之间的关系，并强调大学、产业和政府三方在发挥各自独特作用的同时，应加强多重互动。三螺旋理论内在地蕴含着大学、产业和政府之间应当形成一种相互协同的互动关系，并在协同中提高国家创新系统整体绩效。其中，政府的首要职责是为多个创新主体和多种创新资源的整合营造良好的环境氛围。教育部的"2011 计划"，恰好体现了三螺旋理论中的政府作用，体现了政府对各创新主体建立相互协同关系重要性的深刻认识。在教育部"2011 计划"的影响下和协同思想的指导下，我国各级政府开始主动营造协同创新的环境，并在区域、产业和组织等宏观和微观层面，积极协调各创新主体间的关系，并通过技术、制度、组织、市场、文化、管理等要素之间的协同活动，构成不同的创新要素协同模式，从而使组织要素彼此耦合，获得整体放大效应。在微观层面，协同创新则是指各方达成一般性资源共享协议，实现单个或若干项目合作，开展跨机构跨组织多项目协作；在宏观层面，协同创新是特定区域或产业的知识创新体系与技术创新体系的结合与互动，是科技、教育与经济的融合发展。

协同创新是技术创新模式从封闭转向开放的必然结果，是系统科学思想在创新系统的顶层设计活动中的必然体现，是对美国学者切萨布鲁夫的开放式创新和埃茨科维兹的三螺旋理论的进一步提升。协同创新的本质是合作创新，是由企业、政府、研究机构、中介机构甚至消费者通过特定的契约关系构成的复杂网络。与一般性的合作创新（产学研合作、战略联盟）不同，协同创新更强调合作中的共赢和整体最优，强调异质性的合作主体发挥各自的能力和优势，整合不同合作主体的资源，实现优势互补，加速创新成果的推广进程，实现知识的增值。理想的协同创新活动除了有多层次、复杂的协同创新网络结构外，还有良好的环境支持、创新资源的输入和循环流动，是各个层面创新系统的最优化结果。

二　产学研协同创新意义

(一) 产学研协同创新有利于增强国家竞争力

国家竞争力是指一国创造其附加价值的一种能力，重点就在于创造附加价值以增加国家财富之能力。主要包括物质财富和精神财富两部分，从经济基础决定上层建筑的角度来看，物质财富是精神财富的基础，国家的生产力水平或国家竞争力就可以认为是由创造物质财富的能力所决定的；而物质财富是由一国的生产率和国家所能利用的物质资源总和来确定的。当今世界，国家的繁荣富强和持续发展主要取决于国家创新能力的培育和积累，而不是人口数量的多少和自然资源的贫富，其主要手段就是持续提高生产率，生产率的提高依赖于新工具、新技术的使用，因此不断地创新就尤为重要，而不断创新根植于国家创新系统。

国家创新系统有国别，由于科技发展阶段不同，在中西方存在一定的差异，在同一个地区的不同国家也因历史的因素导致差异的存在。在我国系指经济活动和科技活动机构和组织两者进行沟通交流机构而形成的创新网络协作系统。创新网络协作系统可以划分为六个要素，从主体的角度来划分，依次可划分为创新活动的主体、各主体内部创新机制以及主体之间的创新关联，从非主体的角度来划分，主要包括政府的创新政策、科技和产品市场环境以及与世界上其他国家的国际联系。创新活动的主体，主要包含"政产学研"，政府引领创新战略方向，产学研三方各自从不同的维度解释和实行创新战略的内涵，响应政府的号召，形成合力，推动我国创新事业的快速发展；主体的内部创新机制决定各自创新活动的领域和效率，最终影响着创新成果的质量和应用范围；主体间创新关联，是政产学研共享共有创新资源的先决条件；创新政策系指政府引导创新主体的战略方向，主要手段有法律和政策；科技和产品市场环境是政府、企业制定战略的主要参考因素；国内创新系统与国际创新环境的学习交流，可以实现科技领域跨国别的国际竞争与合作。

产学研协同创新有利于增强国家竞争力。产学研协同创新具备了国家创新系统中的主体、主体间创新机制、主体间创新关联和创新政策支持。产学研协同创新能够变革企业、高校、科研院所的运行机制，提高运行效率；加速创新资源在企业、高校、科研院所间的共享，可以促进创新质量的提升，在一定范围分担或分散创新风险，以共享创新资源降低创新成本，以市场为导向提高创新效益；促进我国科技进步和经济发展，调整经济发展动力，践行创新是引领发展的第一动力的理念，增加国家竞争力。

（二）产学研协同创新有利于优化产业结构

产业结构是指各产业比例关系。从第一产业、第二产业、第三产业的维度上分析，主要是第一产业、新二产业和第三产业的生产的总值比例关系；从就业人口的维度上分析，主要指从事第一产业、第二产业和第三产业的人口比例关系；按劳动力和资本技术的分配方式，可以分为劳动密集型和资本技术密集型产业之间的比例关系；在生产力不断提高过的过程中，原有生产部门不能满足所有的就业需求，原有产业也不能满足国民产品或需求，因此不断产生新产业容纳就业人口和不断满足国民产品或需要，从而不断推动经济不断的向前发展。第一产业、第二产业、第三产业依次产生，企业也不断从劳动密集型转向资本技术密集型，就为人口依次从第一产业转移到第二产业，再转移到第三产业提供了可能。综上，产业结构可以定义为产业的构成、各产业之间的相互关系在内的结构特征。

优化产业结构即实现产业结构适应经济发展的阶段，其主要特征表现在产业结构的合理化和高级化，产业结构合理化是保证第一产业、第二产业、第三产业的比例合理，利用资源投入和政策导向维持各产业协调发展；产业结构高级化的核心是基础科学的突破，关键是基础科学研究成果得到大规模商业化运用，并持续获得各方正反馈，促使产业效率向更高层次不断演化，其本质是使用科学技术知识优势生产方式，以最小的成本实现最大的产出，从而促进产业效率整体提升，以完成资源供给与依托技术发展水平相适应、技术发展水平与产业结构相适应、产业结构与经济发展水平相适应，最终实现人民对美好幸福物质文化的需求。

产学研协同创新有利于优化产业结构。产业结构的优化，其概念是基础研究与应用研究结合产业发展的需要。高校、科研院所是知识创新的主体，也是基础研究创新的重要力量；企业是技术创新的主体，企业是产业的微观组成部分，企业的技术创新是对各产业结构不断优化的过程。科学是技术之源，技术是产业之基，技术创新建立在科学发现基础之上。产学研协同创新既有科学发现的能力，也有技术创新的能力，还拥有产业运用的能力。

（三）产学研协同创新有利于促进企业发展

企业发展是指企业面对未来未知环境的适应，使企业得以进一步运行发展，从而实现企业目标。当今世界，经济全球化意味着全球的经济交流活动越来越频繁，我国加入世界贸易组织后，在一定程度上给我国企业带来了与外国企业交流的机会，也促进了我国经济与国外经济交流，能够使我国企业和经济借鉴国外优秀发展经验，指导我国企业和经济健康的发展；同时，我国企业面临的市场挑战也从国内一个市场变为国内、国际两个市场，竞争对手不仅包括资金规模、技术水平各异的国内公司，也包括竞争资金供应充足、生产水平高超、管理水平一流、员工素质极高的跨国企业，如何在国内外竞争环境取得生存空间和发展优势，必须掌握其他企业不可模仿的核心能力，特别是有关科学技术的硬知识，硬知识如若不能内部理解，不能解析其原理，就不能运用它，只有深刻理解其内涵才有可能加以运用。硬知识就是技术创新力，如果不能掌握其精髓，终究难以转化为企业的核心竞争力，没有核心竞争力的企业只能在生死存亡的边缘挣扎。

当今，信息时代要求企业发展必须提高技术创新能力。企业技术创新能力与企业生存和发展能力息息相关，企业技术创新能力是企业争夺市场和生存空间的核心动力，也深刻影响着企业未来发展层次，更关乎企业的命运走向。企业不仅需要提升技术创新能力，更要有时代需要、市场认可的技术方向，技术方向符合时代发展的需要，满足市场对技术的需要。在已经到来或即将到来的创新时代，没有或缺乏创新能力的企业必将逐渐被市场淘汰，企业在可控的范围里加大创新资源的投入才有概率取得创新产出，进而形成企业的核心竞争力，保证在以技术和产品为基础的市场竞争中获取优势，甚至胜势。因此，面临不确定性的未来和不可测的未来竞争，企业必须着眼未来，注重创新能力的形成，选择恰当的形成创新能力的技术方向，并根据实际情况不断调整技术实施的方向和重点，保证企业的优势和胜势。

产学研协同创新有利于促进企业发展。不管是在学术界，还是在产业界，技术创新主体是企业这一观点已得到广泛共识，知识创新的主体是高校和科研院所亦如此。产学研协同创新包括知识和技术两个创新主体，知识创新是服务于技术创新的，知识创新的成果终究要在技术创新上得到运用，体现在创新的技术产品上。产学研协同创新一方面是高校和科研院所使用企业的创新资源、特别是资金资源和数据资源，更好地进行知识创新，但更重要的是企业使用高校和科研院所的人才资源、知识资源，转化为产品，并成功进行商业化应用。同时，积极发挥产学研协同的作用，也需要让市场真正成为配置创新资源的决定性力量，让研发资金更多地来自企业或市场而不是政府，让政府的资源扶持和企业自主创新之间形成正向促进的作用，只有这样，才能使企业真正成为技术创新的主体，不断以创新改进企业生产的方式和提升产品质量，才能让企业取得竞争优势，推动企业的转型升级，促进企业的发展。

（四）产学研协同创新有利于高校适应市场经济发展需求

从1978年改革开放以来，历经40年的经济发展，经济发展水平和产业结构已经发生了翻天覆地的变化。我国逐步从第一产业为主要地位的阶段，发展到第二产业为主导地位阶段，再到现在的第二、三产业并重的阶段，未来也许会发展到以第三产业为主导的阶段。第一产业需要大量的劳动力，第二产业需要大批技术工人，第三产业需要有解决问题或提供服务的知识人才。不管是技术工人还是知识人才，都一定会在高校学习，但最终走向工作岗位，学习内容和工作技能要求之间的鸿沟需要高校做出调整。

我国高校需要适应市场经济发展的要求。在计划经济时代，高等教育资源配置大部分依赖政府分配，不管是高校选址、建设规模、教学器具、实验设备、校园设施还是研究方向、课程设置、教学内容、教学质量评估内容和方法，加上高校人员调配几乎都由政府负责，学校只在很少的领域有主动权。高校与社会接轨仅依靠政府，而政府不是万能的，政府不能时时把握高校与当地经济的关系，难免会影响高校培养人才。如今，在市场经济体制下，资源配置由市场起决定性作用，政府更好地发挥服务的作用。同样，教育资源配置由政府逐步走向市场，让高校与经济发展结合得更加紧密，高校根据经济发展培养社会需要的人才，社会根据经济的发展选择人才，避免出现"无才可用""无业可就"的人才资源浪费现象。

产学研协同创新有利于高校适应市场经济发展的要求。产学研协同创新是经济发展和高校人才培养的一种方式。学校可以通过与企业沟通和交流，有针对性地培养人才，结合市场导向，注重学生实践技能，能更快培养出社会需要的人才；高校与企业合作协同研发科研项目，能够让高校开放，与市场接轨，提升科技成果转化率；同时，还能解决一些高校科研资源短缺的问题，通过企业委托高校科研、共享场所和科研设施，能够保证高校以最小的成本换来最大的收益。

（五）产学研协同创新有利于科研院所实现企业化转制

随着我国科技体制改革的深入进行，科技改革的重点已转向科研院所企业化。当今，科研院所的改革从开发性科研院所转制、公益性科研院所转为按非营利性机构管理、基础性科研院所建立国家研究基地三个维度持续展开。各式各样的改革方式，为国家科技战略目标的确立和实现路径的调整都提供了不同的途径，对科技资源在社会主义市场经济体制下的优化配置机制的确立起到重大的影响。

中华人民共和国成立初期实行的计划经济导致我国科技成果的转化率低于其他国家，不彻底改变我国的科技体制就不可能从根本上解决这一问题。在市场经济体制下，产学研三方高效协作，科研院所能够直接在企业内部或在企业指导下完成科技研发，能够高效率地解决企业面临的技术问题，提高企业经济效益，形成从科研到成果转化的全流程管理，所以西方市场经济发达的国家科技成果转化要优于我国。国际经验表明，科研院所企业化转制是推进科技成果转化的成功之路。

产学研协同创新有利于科研院所企业化转制。产学研协同创新可以加深科研院所对企业市场知识的学习。如果科研院所超脱于市场运营，经费、人员、科研成果也容易与市场脱节，传统经费划拨模式并不能满足现代科研院所科研需要，科研人员缺乏市场敏感度，科研成果也不易被市场认可。通过产学研协同创新，科研院所能够加深对市场的了解，学习企业的管理、运营、组织机制等知识，从而更好地体会企业的外部和内部环境，为科研院所的企业化转制积累经验。

三 国外产学研协同创新的演变

国外产学研协同创新经历了以蒸汽机应用为主要特征的第一次工业革命，经历了以电力、电动机和内燃机为主要特征的第二次工业革命，经历了以空间技术、原子能技术、计算机信息技术为主要特征的第三次工业革命，产学研协同创新由低层次、单领域协同向高层次、多领域协同演变，是世界科技经济发展史的一个投影。

（一）第一次工业革命时期的产学研协同创新

第一次工业革命是18世纪从英国发起的技术革命，是技术发展史上的一次巨大革命，它开创了以机器代替手工劳动的时代。英国工业革命开始于18世纪60年代，完成于19世纪40年代，仅仅70年，生产力有了惊人的发展，社会面貌焕然一新，从1770年到1840年，每个工人的日生产率提高了20倍。当工业革命发展到一定阶段时，科学和教育的落后制约了生产力水平的进一步发展，对于科学技术的要求大大提高，企业家普遍意识到需要提升劳动者技能，工序合理安排也必须要有科学技术理论来支撑。因此，英国企业建立了一批技术学校，例如，1828年成立的伦敦大学、1832年成立的达勒姆大学、1851年成立的曼彻斯特欧文斯学院；要求以古典文科和神学为主要教学内容和特色的牛津、剑桥大学设立"现代学科"，重视科学技术的发展。法国的技术学校在工业革命以前就开始发展了，1747年成立了路桥学校、1751年成立了皇家军事学校、1778年成立矿业学校等专门学校，推动了法国工业革命的进程。德国1810年成立柏林洪堡大学、1811年成立波恩大学，这两所大学都非常重视自然科学的研究。美国独立战争后，1787年颁布土地法令鼓励地方办学。1821年波士顿建立公立中学，此后各州纷纷设立公立中学。这个阶段，产学研协同创新的主要特征是高校与企业共同培养技术人才，也开始出现高校为企业做基础研究，以满足企业对技术人才和基础理论的需要。

（二）第二次工业革命时期的产学研协同创新

第二次工业革命是指1870—1914年的工业革命。用电力代替蒸汽动力，标志着第二次工业革命的开端。此时各国发展的不平衡性加剧，英、法等老牌资本主义国家发展相对缓慢，而美、德等国抓住机遇发展迅速，到19世纪末20世纪初，工业产值超越英法分别居世界第一位、第二位，成为世界科学技术的中心。

1776年建国的美国，既缺少像英国、法国老牌资本主义国家的科学基础，又没有自然科学领域的研究基础，但是，美国独辟蹊径，闯出一条具有美国特色的科技发展之路。美国不急于一时的得失，从战略的角度意识到了人才的重要性，加大对教育事业的投资，优先发展教育事业，以现代科学技术为导向在理工农林医等方面招揽世界各国优秀人才，以此为基础创办研究性学院，培养出了一大批具有高学识、高素养、高技能的顶级科学家、工程师和技术工人。在1882年国会颁布"莫里尔法案"提出在各州用国有土地建立理工和农业学院，在现有的大学中增设物理机械类、采矿类、化工类、电气化工及电化学等新专业。1887年国会又通过"哈奇法案"，要求各州政府必须为所在地的高校提供科学研究基金。由于政府的大力促进，高校的积极响应和科研成果的不断产出，再加上企业对高校成果的认可，高校成为了各州的科学研究的主要阵地，有些甚至成为了全国的生产技术指导中心，极大地推动了美国的技术进步。企业也认识到了生产活动需要科学研究的支撑，加上美国政府大力推进高校和企业的合作，把科学研究用于企业生产活动，企业生产活动验证了科学研究的科学性和缺陷，不断提升科研的质量，因此高校和企业建立了各种科研场所，例如科学技术综合研究所和工业生产实验室。其中，爱迪生创新了第一个大型的专业实验室，为科学家、工程师和技师提供研究的场所和资源，工程师和技师拥有科学家的理论指导，科学家可以获得工程师和技术人员的实践经验帮助，不断推进科学的进步。后来，企业纷纷建立研究所和实验中心，据统计，1914年美国科研机构有365个，其中主要源自于企业家和发明家创建。美国由企业主导、政府支持的产学研协同创新促进了美国科学技术的飞速发展，增强了美国的科技实力。

在第二次工业革命浪潮中，德国脱颖而出，一跃成为第二次工业革命的中心。高校为德国第二次工业革命提供了不竭的科技动力。德国教育制度改革后，成立了一批研究型高校，例如，慕尼黑工业大学、柏林工业大学等高校，为工业革命培养了一批优秀人才。德国善于学习英、法等国取得工业革命成果的经验，注重科学研究并建立了对德国工业化进程产生重大影响的科学研究机构，例如，国立物理、化学和机械研究所，还创建了"威廉皇帝科学促进协会"，鼓励学生学习世界高新科技。在德国先进的教育模式支撑下，产生了一批对第三次工业革命起着举足轻重影响的科学家，如亨利希·赫兹、威廉·伦琴等。同时，德国注重科学技术与经济的结合以及新技术、新工具的使用，把科学研究成果运用于生产，也大量吸收了英国、法国、美国等各国的最新科技成果。德国科学家在吸收最新科技成就的基础上，突出地表现了自己的创造力。电气工业领域，德国利用电磁感应原理制造出世界首架大功率直流发电机，率先完成将机械能转变为电能的发电机，之后又发明了将电能转化为机械能的电动机。钢铁工业领域，通过引用英国托马斯专利，到1913年，德国一跃成为世界第二大金属生产国和最大的金属出口国。德国重视高校和科研院所与企业的合作，促进科学技术为产业所用，推动德国成为第二次工业革命的中心，实现了科学技术的跨越式发展。

（三）第三次工业革命时期的产学研协同创新

第三次工业革命又称第三次科技革命，从20世纪四五十年代持续到现在，以信息技术的发展与应用为主要标志，信息技术、航天技术、互联网技术的大规模应用，直接为产业发展奠定基础。美国在第二次世界大战后逐步地取代英国和德国，成为了世界金融、科技中心。

第二次世界大战后，美国麻省理工学院尼瓦尔·布什教授发布《科学：无止境的前沿》报告，格外强调了基础研究的作用，对政府提出探索"无止境的领域"的意见，建议制定相应的法律法规鼓励大学和科研机构的探索能力，加大企业的参与度，让科研成果直接应用于企业。政府认识到了科技的重要性，科研成果转化为财富的成功转变了人们对科学价值的理解，使得对科技发展更加重视。其中，最为成功的案例为硅谷、波士顿128公路、北卡三角研究园等科技园区的兴起。20世纪80年代，美国实施《拜杜法案》，对专利法变更，产生了新的生物医药技术研究领域，增加大学持有科研股份和变更资金投入渠道等，"学"界和"产"界加大合作范围，产学研成果对接越来越紧密，基本形成了"学有所向""产有所果"的大学与企业的有效对接。企业捐赠关系、企业与研究的伙伴关系、企业与经济发展动力，学生就业机会、继续教育、技术的许可等看似完全不同的项目，都被视为与企业互动的组成部分，并得到推动和维持。

日本20世纪50年代是产学研协同创新的萌芽时期。第二次世界大战刚刚结束，作为战败国的日本，急需恢复和发展经济，经济的恢复和发展要求企业拥有大批技术人才和知识人才，为了解决人才严重不足的现状，日本行业组织提出产学联合培养人才，并得到了日本政府的支持，政府出台了促进产学研合作的政策，以适应经济恢复和发展的要求。进入20世纪80年代，日本发展成为经济和技术大国，虽然是经济和技术大国，但遭遇了经济全球化，面临着欧洲，特别是美国的压力，为了在经济全球化的过程中取得优势，日本政府推动了产学研协同创新，以促进产业技术创新。进入20世纪90年代，日本"泡沫经济"破灭后，政府迫切希望振兴本国经济，恢复国民对经济的希望和信心，再次提出并重视产学研协同创新，推动日本经济发展，形成影响世界高端制造的产业，例如超大规模集成电路、新材料、纳米技术、量子通信等。

20世纪60年代的韩国产学研协同创新以培养企业需求的技术人才为主，进行了工业化转型，谋求以产业升级带动经济发展，把低附加值的劳动密集型产业转型升级为高附加值的资本和技术密集性产业，在转型升级过程中，强迫科学技术的供给，组织企业和高校进行联合培养人才，按照产业转型升级培养科学家和技术工人。进入20世纪70年代，韩国完成了第一轮工业化进程，推动更深层次的转型和升级，颁发了大量有关提升技术研究的政策，包含了对产学研协同创新的引导政策，促进了韩国科技体制的建设和产学研协同创新的发展。进入20世纪90年代，韩国以提升国家创新能力为目标，把培养和增强自主创新能力作为国家的基本政策，适应经济全球化的大环境，设立国家科研机构，大量吸收英国、美国、法国等西方国家的先进技术，通过产学研协同创新培育自己的核心技术，推进国家研发工作，以技术立国，实现经济的可持续发展。

四　我国产学研协同创新的源起

我国产学研协同创新由于历史原因，经历了先缓后快、由局部到全面的发展过程。产学研协同内容、协同范围、协同方式、协同效果也因不同的阶段而呈现出不同的特征，这种特征与对应的经济发展水平和阶段紧密相连。

（一）我国产学研协同创新的萌芽时期

从中华人民共和国成立到20世纪70年代为我国产学研协同创新的萌芽时期。新中国成立后的早期阶段，我国经济体制主要依靠政府计划，不同的管理部门分管大学、科研机构、企业，各自独立发展。经济取得的成果只能归功于经济主管部门，教育取得的成果只能归功于教育主管部门，经济形势不好不能归因于教育提供的人才，人才不能尽其所能，这不但影响经济的健康发展，也影响高校培养人才。在发展过程中，政府逐渐认识到了科技与经济的关系，也有意识推动高校与企业合作，此阶段主要是政府指定的点对点的合作形式，合作的内容也由政府规定，方式同样被限定。高校和企业没有合作的自主权，也没有合作内容和方式的选择权，这种在计划经济下的产学研合作，简便快捷，步骤明确，目标清晰，关系松散，能够促进国家重大研究的完成，但这种产学研合作方式难以完成非国家重大项目对技术的需求，也难以满足经济发展的要求，也不能满足企业对人才的需求。

（二）我国产学研协同创新的培育时期

20 世纪 70 年代到 80 年代是我国产学研协同创新的培育时期。1978 年我国的改革开放为国家生产力的发展带来焕然一新的面貌，改革是纲领，开放是手段。从经济领域分析，外部引进西方先进技术，吸引巨量海外资金、大批工程师和技术人才，采用市场换技术的战略加快吸收消化美国和欧洲国家的先进技术；内部资源配置方式逐渐由政府过渡到市场，极大地促进了生产力的发展；在国有企业进行技术升级改造的同时，非国有经济也大量涌现，例如乡镇企业的崛起，它们对新技术也有强烈的需要，由于规模、资金、人才等条件限制，难以使技术满足企业发展的需要，因此，需要借助外力提升创新能力。从组织机构层面分析，开放让不同的组织走出自己组织的范围，开始与周围组织产生主动往来。加之当时科技体制改革，让科研院所和高校接触市场，主要是接触市场中的企业，展开一些技术交流活动，其主要形式包含技术转让、提供咨询等业务。随着交流的逐步加深，企业意识到科研院所和高校有大量人才和技术，可以通过与高校和科研院所合作解决技术难题，提高企业的经济效益，科研院所和高校也希望自己的成果能得到实际应用，同时也能给自己带来一定的经济收入。企业、高等院校、科研院所频繁交流，为随之而来的产学研协同发展奠定了良好基础。

（三）我国产学研协同创新的发展时期

20 世纪 90 年代至今是我国产学研协同创新的发展时期。进入 20 世纪 90 年代，随着经济全球化的影响不断加剧，我国社会主义市场经济制度的不断发展，不管是在国内市场还是在海外市场，国内企业难以与国外企业竞争，对国内的国有企业和非国有企业的生存和发展提出了严峻挑战。通过分析发现，国内企业难以抗衡国外企业的主要原因是科学技术落后。为了改变我国科学技术落后的局面和现状，国家经贸委、国家教委和中科院给出解决方案，于1992年4月正式组建"产学研联合开发工程"，其目标是通过产学研合作实现科技和经济的结合，促进全国范围内的企业、高校、科研院所间的交流，加快科研成果的产出，加速科研成果的转化，提升企业的经济效益，提高我国企业的竞争力，推动中国社会主义市场经济欣欣向荣地发展。

第二节 我国产学研协同创新取得成效及存在问题

一 我国产学研协同创新已有成效

（一）高校办产业

校办产业起源于20世纪50年代，其主要形式是实习工厂和为教学、科研服务的印刷厂、设备加工厂。首家科技企业的创办则起始于改革开放后的1980年，经过20年的发展，到2000年前后出现了一系列高校科技企业，比如"北大方正""清华紫光""东软软件"等。

从1998年到2006年，校办企业逐步规范化，校办科技企业发展得到大力支持。校办企业的主要目标是提升科技成果转化率。校办企业的发展过程中，面临产权关系不清、管理体制不规范、高校过多干涉企业等问题，从而亟须对校办企业进行规范化建设。在校办企业规范化建设过程中，企业实现了从非规范化到规范化的转变，虽然企业总量在不断下降，但是科技型企业数量却几乎没有变化，甚至在有些年份数量还在增加，校办科技型企业发展得到大力支持。1998年校办企业数为5928家，至2006年[①]年底，校办企业数为3988家，数量减少了约2000家。1998年校办科技企业数为2355家，至2005年年底，校办科技企业数为1933家，企业数只减少了450家。如图1-1所示。

---

① 校办企业数据2006年后无统计。

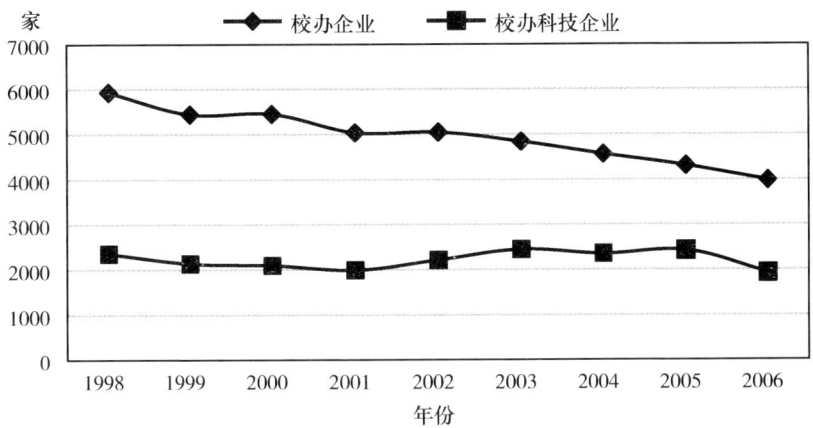

图 1-1 我国校办企业和校办科技企业数量变化趋势

资料来源：2002—2006 年全国普通高校校办产业统计分析报告。

从 1998 年到 2006 年，我国校办企业营业收入不断增加，特别是科技型企业营业收入增长迅速，反映出我国科技成果转化率有所提升。校办科技企业营业收入能够反映科技成果的转化率，只有把科研成果市场化后才能产生经济价值，经济价值的直接体现就是校办企业的营业收入。1998 年校办企业收入为 315.62 亿元，2006 年收入为 1167.31 亿元，增加了约 850 亿元。1998 年校办科技企业收入为 214.97 亿元，2006 年收入为 992.12 亿元，增加了约 778 亿元。如图 1-2 所示。

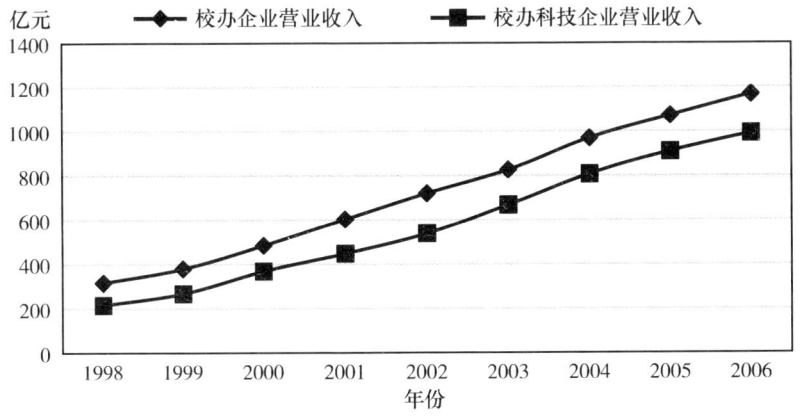

图 1-2 我国校办企业和校办科技企业营业收入

资料来源：2002—2006 年全国普通高校校办产业统计分析报告。

从 2006 年到 2016 年，企事业单位委托高校科研经费投入不断增加，高校与企业协同关系越来越紧密。企事业单位委托高校科研经费，一方面能够让高校科研项目更能与市场接轨，委托的科研项目更具有市场适应性，从而有效缓解科研项目只有学术导向，而没有市场导向的问题。另一方面，也能够缓解高校科研经费不足的问题。高校科研经费以前主要来自于纵向经费，据教育部 2017 年统计，全国共有普通高等学校 2631 所（含独立学院 265 所），仅依靠纵向经费支持科研，远不能满足科研经费的需要，在分配上面也存在较大差距。因此，大部分的院校需要横向科研经费的投入，企事业单位委托高校横向科研经费的投入不断增加，不仅能够给予高校充足的科研经费，也能够满足企事业单位开发新技术、新产品的需要，也加强高校与企事业单位间的合作，使高校与企事业单位有更多沟通的机会，从而相互学习，推动了产学研协同创新的发展。2006 年企事业单位委托高校科研经费数约为 189 亿元，2016 年投入经费约 438 亿元，增加了 249 亿元。如图 1-3 所示。

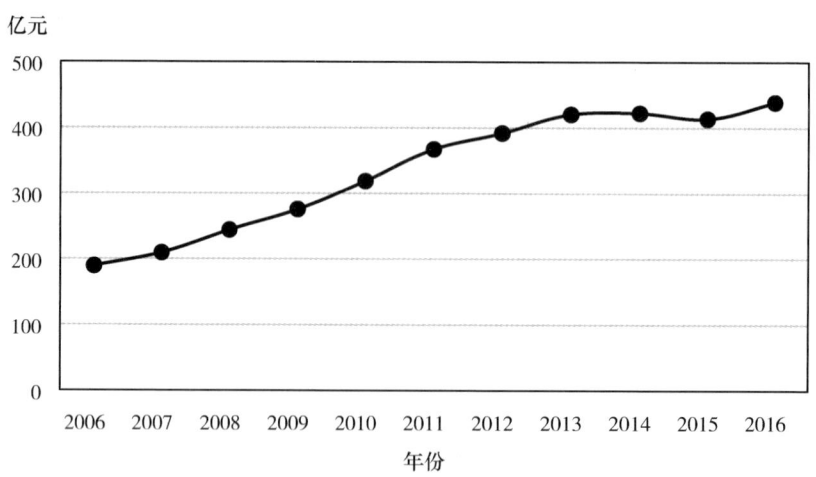

图 1-3　我国企事业单位委托高校科研经费

资料来源：《高等学校科技统计资料汇编》（2007—2017 年）。

从 2006 年到 2016 年，高校与国内企业合办科研机构数量不断增加，共享建设基础设施不断完善。中央政府引导科研机构成为科研成果的产出之地，推动科研机构能够满足科研的需要，引导高校与企业共建科研机构。2006年，高校与国内企业合办科研机构数为220家，截至2016年年底，合办科研机构数为1034家，与2006年相比增加了814家，产学研协同创新的基础设施不断加强。如图1-4所示。

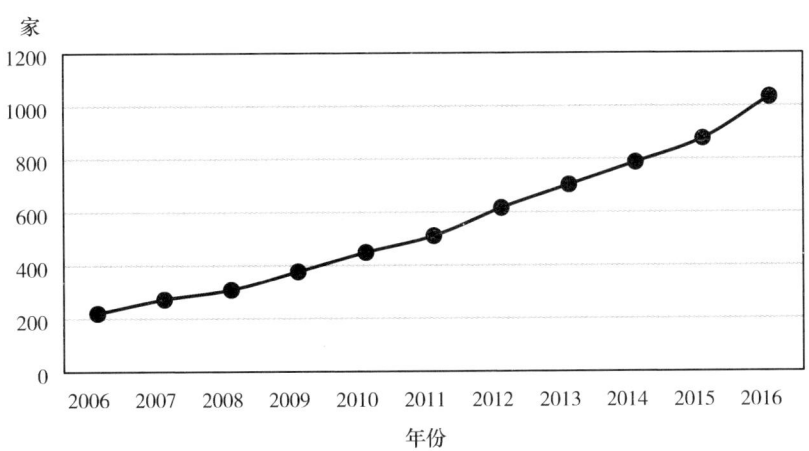

图1-4 我国高校与国内企业合办科研机构变化情况

资料来源：《高等学校科技统计资料汇编》（2007—2017年）。

从2006年到2016年高校与国有企业合同数和合同金额来看，产学研协同创新由政府主导过渡到市场主导。党的十八大以来，经济发展的问题是把握市场与政府的关系，要让市场在资源配置中起决定性作用和更好地发挥政府导向作用。在科研上，也应该达成相同的共识，让市场在科研中起决定性作用，同时发挥好政府政策导向的作用。从合同数量来看，2006年，高校与国有企业合同数为2827项，2016年的合同数为2399项，合同数出现波动先上升后下降的趋势。2006年，高校与民营企业合同数为2694项，2016年的合同数为6441项，其总体趋势不断上升。高校与民营企业合同数占比逐年增加，从2006年的18%增加到2016年的70%左右。从合同金额数来看，2006年，高校与国有企业的合同金额约为9亿元，2016年的合同金额变为约16亿元，增加了约7亿元。2006年，高校与民营企业合同金额约为6亿元，2016年的合同金额为24亿元，增加了约18亿元。高校与民营企业合同金额占比也不断增加，从2006年的40%增加到2016年的60%左右。如图1-5和图1-6所示。

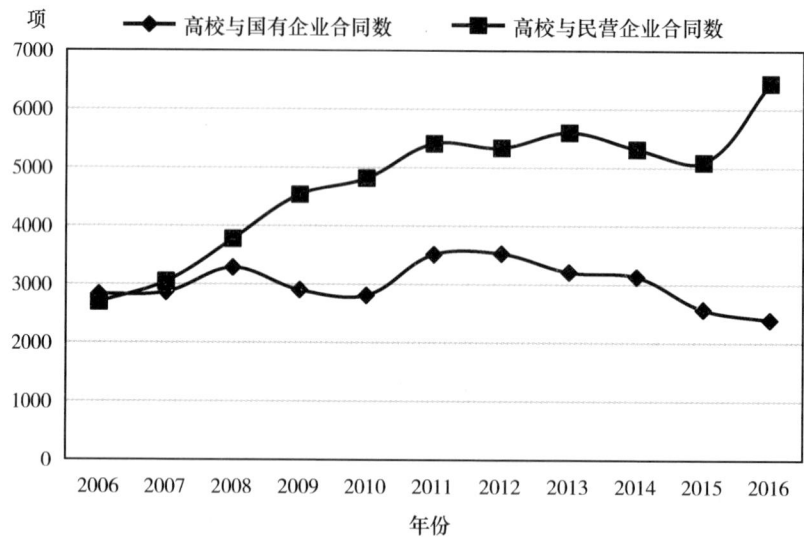

图 1-5 我国 2006—2016 年高校与国有企业和民营企业合同变化情况

资料来源：《高等学校科技统计资料汇编》(2007—2017 年)。

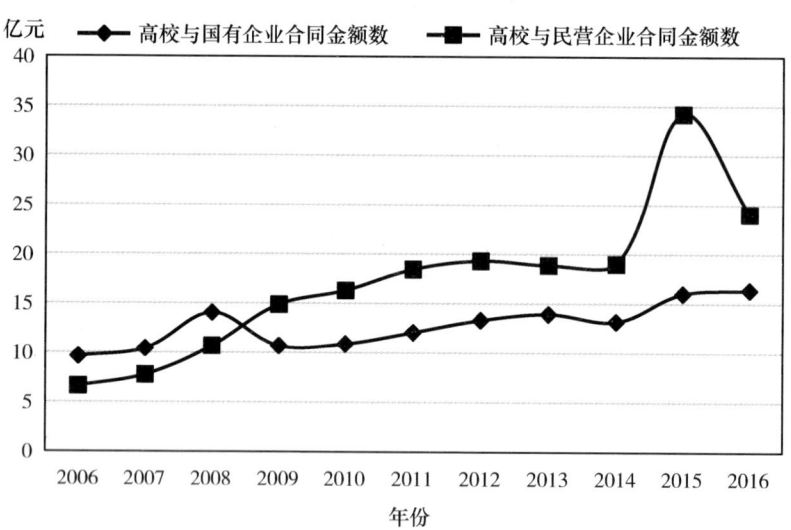

图 1-6 我国高校与国有企业和民营企业合同金额变化情况

资料来源：《高等学校科技统计资料汇编》(2007—2017 年)。

(二) 科研院所企业化转制

科研院所向企业化转制，可以追溯到我国最早的科技体制改革。

1978年前，我国的科技体制学习和借鉴苏联的科技体制，把企业、科研院所、高校、国防等科研相互分开，使每一部分成为一个相互独立的机构，各自独立封闭承担科研项目，这种体制不可避免地带来了科技与经济相互分离。

科研机构向企业化转制，是推进以企业为主体的技术创新体系形成的重大举措。1999年之前，全国共有2000多家的政府科研机构，其中国务院部门所属有376家。1999年，242家属于经贸委的科研院所作为先锋队，率先进行了科研院所向企业化转制的改革，推动了全国范围的科研院所向企业化转制的进程。到2004年年末，国务院所属的376家技术开发类科研院所全部完成转制，地方近700家技术开发类科研院所实现转制，绝大部分科研院所实现了平衡过渡，发展势头良好；管理体制和运行机制也发生了根本性的转变，科研院所转制成为的企业技术创新能力显著增强，在产业技术提升中发挥了重要作用。

从2004年到2011年，科技产业规模和效益大幅度提高。转制院所的营业收入的主要途径是大力促使科研成果转移转化，转化技术营业收入越高，科研成果转移转化越好。科研院所企业化转制能够让科研成果具有市场属性，让科研成果能够更好地转化，也能够通过科研成果增加转制院所收入，用来增加科研的投入，做出更好更多的科研成果。2004年，中央级转制科研院所营业收入为450亿元，实现营业利润31.5亿元。到2011年，中央级转制科研院所营业收入达1944.3亿元，比2004年营业收入增加约1494亿元；实现营业利润为282.1亿元，比2004年销售利润增加了250.6亿元。如图1-7所示。

从2004年到2011年，中央级转制科研院所承担科研项目数不断增加。科研项目反映了科研院所的科研能力，具体可以表现在科技人员数量、科研基础设备、科研经费等方面。科研项目承担能力的增强体现了科技人员数量的增长、科研基础设备的完善、科研经费的充沛。只有满足科研条件，才有可能做出好的科研成果，科研项目积累还能增加科研的经验。2004年，中央级转制科研院所科研项目数为4836项，2011年的科研项目数为8513项，增加了3677项。如图1-8所示。

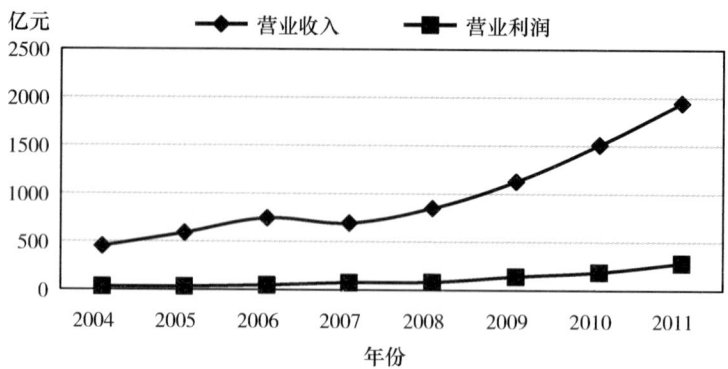

图 1-7　我国中央级转制科研院所营业收入和利润变化情况

资料来源：《中国科学技术发展报告》（2005—2012 年）。

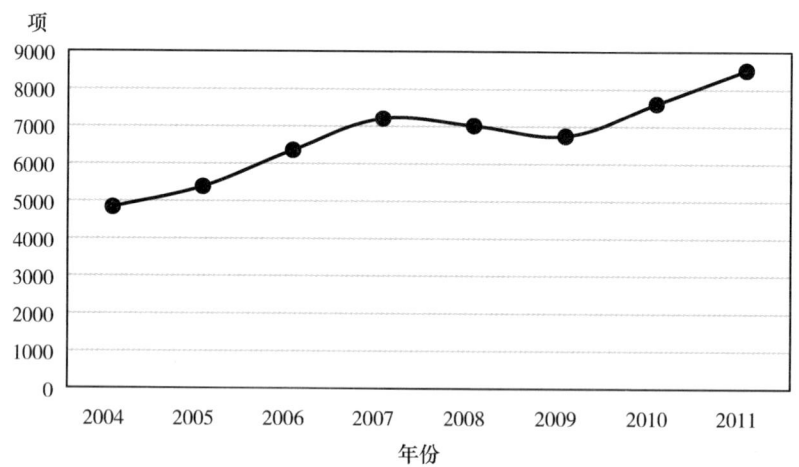

图 1-8　我国中央级转制科研院所承担科研项目数量变化趋势

资料来源：《中国科学技术发展报告》（2005—2012 年）。

从 2004 年到 2011 年，中央级转制科研院所专利授权数逐年上升，创新能力不断增强。随着科技实力的增强和研发投放不断加大，我国知识产权实力快速提升，专利申报量、专利授权数、发明专利授权数能够反映创新能力。从企业的角度分析，专利的本质是增强企业的竞争力和盈利能力。从专利申报数、专利授权数、发明专利授权数逐渐递增的态势，反映了中央级转制院所创新能力的提升及其市场中竞争力和盈利能力的提升。2004 年，专利申报数为 1884 项，专利授权数 1195 项目，其中发明专利授权811项。2011年，专利申报数为12199项，比2004年增加了10315项；专利授权数为6284项，比2004年增加了5089项；发明专利授权数为2984项，比2004年增加了2173项。如图1-9所示。

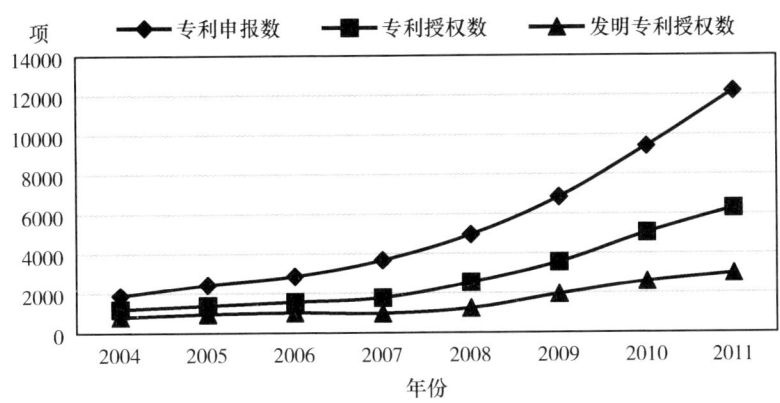

图1-9　我国中央级转制科研院所专利申报、专利授权、发明专利授权变化情况
资料来源：《中国科学技术发展报告》（2005—2012年）。

（三）企业从事研发

21世纪的现代企业核心竞争力本质是其创新能力。企业核心竞争力体现在企业产品和服务上，企业获取市场认可，取得市场优势一定源于其产品和服务的竞争力，产品和服务的竞争力隐藏着企业的创新能力，因此创新是企业的灵魂，技术创新更是企业保持其他企业不可模仿不可超越竞争力的根本。企业家精神就是创新精神，从一定程度上说，必须是一个拥有创新精神的人才有可能成为一个企业家，企业帮助企业家把创新精神更有效地发挥出来。企业不仅要发挥企业家创新精神，还需要科技人才把创新精神转化为创新能力，实际上，创新本身就创造了资源。

2011年到2016年，我国规模以上企业R&D活动规模不断增加，其所占比例也在逐渐增加。企业进行R&D活动能够培育出企业的创新能力，进而提升企业的竞争力，实现企业的生存和发展。我国企业的创新意识正在逐渐增加。2011年，我国规模以上企业有R&D活动数为37467家，其占所有规模以上的企业数的比例为6.2%；2016年，规模以上企业R&D活动数为86891家，与2011年相比增加了69816家，比例为23%。

如图 1-10 所示。

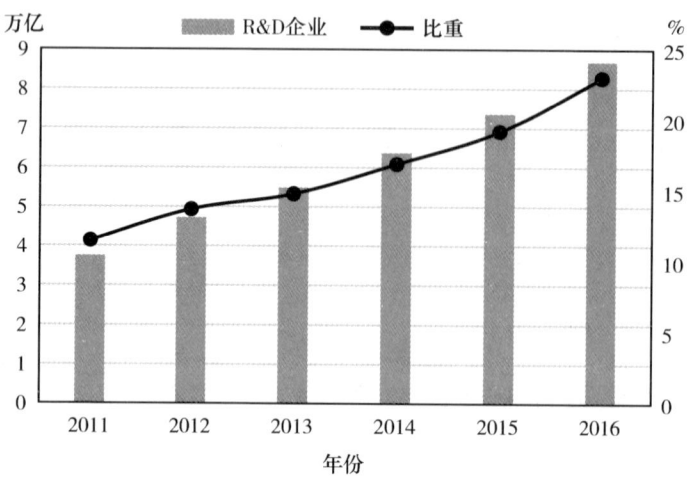

图 1-10　我国规模以上企业有 R&D 活动数及占规模以上企业比重
资料来源：《中国统计年鉴》（2011—2016 年）。

2011 年到 2016 年，我国专利申请和发明专利授权数逐年增加。专利的申请从侧面反映了国家科技发展的水平，专利的申请可以使企业保护其核心技术，别人不能对其复制，并且还能够避免一些权力纠纷等问题，反映了一个企业的创新能力和科技实力，无形中增加了企业的资产。2011 年，我国规模以上企业专利申请数为 386075 项，发明专利授权 134843 项；2016 年，专利申请数为 725397 项，增加了 339322 项，发明专利授权 286987 项，增加了 152144 项，如图 1-11 所示。

2011 年到 2016 年，我国规模以上企业新产品开发经费支出和新产品销售收入都不断增加。新产品是企业创新能力的产物，其销售收入反映了企业将其创新能力转化为经济的能力。2011 年，我国规模以上企业新产品开发经费支出 6845.9 亿元，新产品销售收入 100582.7 亿元。2016 年，我国规模以上企业新产品开发经费支出 11766.3 亿元，比 2011 年增加了 4920.4 亿元；新产品销售收入 174604.2 亿元，增加了 74021.5 亿元，如图 1-12 所示。

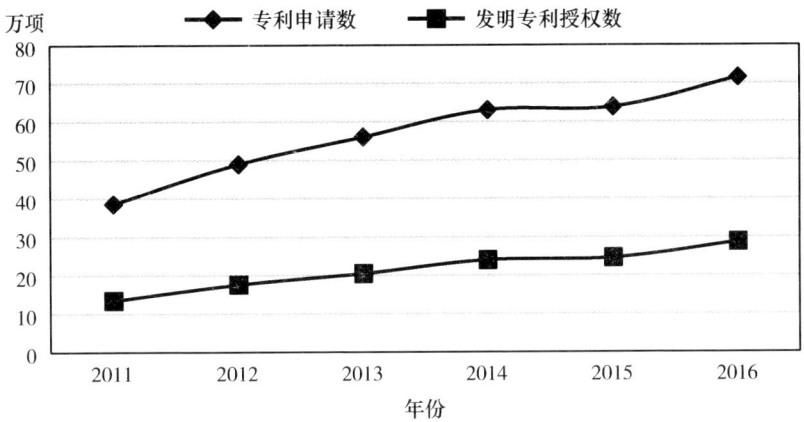

图 1-11　我国规模以上企业专利申请和发明专利授权变化情况

资料来源:《中国统计年鉴》(2011—2016 年)。

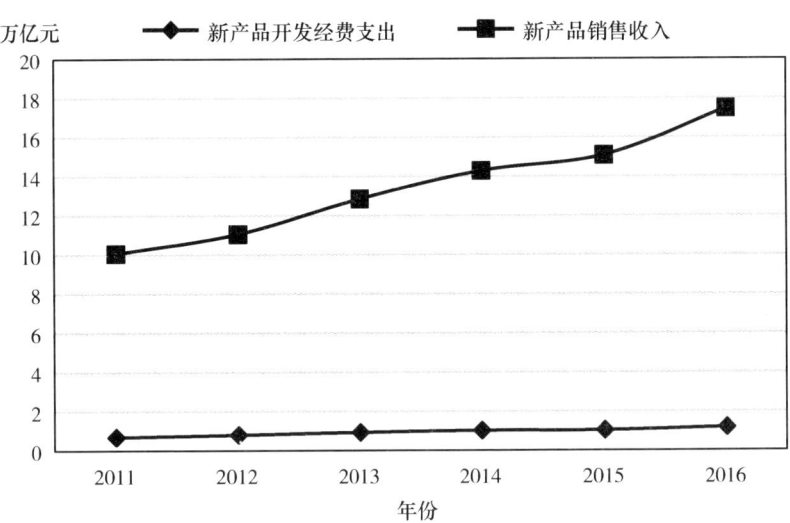

图 1-12　我国规模以上企业新产品经费支出和销售收入变化情况

资料来源:《中国统计年鉴》(2011—2016 年)。

(四)协同创新显著成果

产学研协同创新经过近 30 年的发展,取得了一系列举世瞩目的成果。在国际科技前沿,人工智能领域的芯片——寒武纪 MLU100 等,量子计算领域拥有全球首款量子计算云平台 APP "本源量子计算云服务平台",在量子信息领域我国首次实现了 25 个量子接口之间的量子纠缠;

在航空领域，我国国产大飞机 C919 实现首飞等；在前沿通信领域，华为获得全球第一张 5G 产品欧盟无线设备指令型认证（CE-TEC）证书等。取得的一系列重大原创成果，彰显出我国产学研协同创新在科技事业中的重要地位。

科技与经济结合更加紧密。经济的增长越来越离不开科技的进步，2012 年，我国的科技对经济的贡献率 52.2%，到了 2016 年已经增长到了 56.4%，比 2012 年提高了 4.2%，反映出我国科技推动经济发展的能力不断增强，也体现了我国科技实力的增强。2012 年，我国高技术产业增加值占规模以上工业增加值的 9.4%，2016 达到 12.4%，比 2012 年提高 3 个百分点。近 10 年来，全国技术合同交易额长期保持高速增长，平均增速约 15%。企业创新投入不断增强，占全国创新投入的比例也逐年上升，2016 创新投入经费中有 77.5% 来自于企业，企业注重创新，已经成为名副其实的技术创新主体，创新也让企业有着更加可期待的发展未来。我国科技创新与经济发展携手共同打造创新型经济新格局逐步形成。

产学研协同创新通道基本形成。加速科技成果转化和商业化运用，是实施创新驱动发展战略的主要目标，也是经济转变发展动力的主要手段，更是产学研协同创新的核心任务。为此，我国政府为打通产学研合作通道颁发了政策、法规加速促进科技成果转化，例如《促进科技成果转化法》《国家技术转移体系建设方案》等。这些政策、方案的出台，给予了高校和科研院所的自主权，把科研成果的所有权、收益权、交易权下放到高校和科研院所，极大激发了科研成果转移转化的热情，从而有效地促进了经济的发展。

表 1-1　　　　　　　我国产学研协同创新的标志性成果

名称	合作单位		年份
大飞机（C919）	企业	中国商用飞机有限责任公司等	2017
	高校	清华大学、南京航空航天大学等	
	科研院所	中国航空工业济南特种结构研究所等	
天宫二号	企业	中国航天科技集团公司等	2016
	高校	中国科学技术大学、东南大学等	
	科研院所	中科院微小卫星创新研究院等	

续表

名称	合作单位		年份
天眼 (500米口径球面射电望远镜)	企业	大连华锐重工集团股份有限公司等	2016
	高校	清华大学、哈尔滨工业大学等	
	科研院所	中科院国家天文台等	
墨子号	高校	中国科学技术大学等	2016
	科研院所	中科院上海微小卫星创新研究院等	
蛟龙号	企业	北京长城电子装备有限责任公司等	2012
	高校	大连海事大学、上海交通大学等	
	科研院所	中国科学院沈阳自动化研究所等	
北斗系统	企业	航天恒星科技有限公司等	2000—2018
	高校	清华大学、北京航空航天大学等	
	科研院所	中国航天科工信息技术研究院等	

二 我国产学研协同创新存在问题

(一) 高校服务经济社会发展的创新能力不足

高校人才培养自主权不充分。人才是经济社会发展的基石，人才培养的主要场所是高校。高校招生指标、培养方案、课程体系需要申报批准，让高校的招生、培养等方面受到一定的限制，在一定程度上会打击高校培养符合社会经济发展人才的积极性。许多行业机构每年均会为各种高校进行综合评级排序，因评级标准可能导向各高校同质化发展，不利于地方和行业特色院校的发展。经济社会发展需要各种各样的人才，按照统一的标准培养的人才具有较多共性，难以满足一些行业的特殊人才需求。高校应结合自身特征发展自己的特色，拥有更多的人才培养自主权。

高校科研人员流动率低。高校属于事业单位，高校的人员具有稳定性的特征，但科研人员是创新人才，需要交流、分享自己的创新成果，把创新成果服务于经济社会的发展，转化为经济效益，同时实现学术价值与经济价值。高校科研工作不仅要在科研人员内部沟通交流，更要走向产业、企业，与产业、企业合作，让科技服务于社会经济。

高校科研项目存在唯"论文"导向。科研项目的评价标准应是实践运用与理论指导的有机结合，是实践占比多还是理论占比多的问题，不应该仅仅根据论文评价科研成果。虽然实践的经济效益可能难以衡量，但也应该向此方向引导。华东理工大学张武平教授指出，几千万元经济效益的科研项目，如无论文支撑，评估结果可能为缺乏理论高度，再次申请类似科研项目会更加困难。教育部科技司副司长陈盈晖指出："高等院校用占全国 16% 的研发人力，不到 10% 的研发经费，产出了全国 2/3 的国际论文。"科研是为了研究而研究，也是为了社会实践而研究，科研应充分考虑理论价值与实践价值，两者缺一不可。

高校科研人员承担横向项目意愿较弱。高校科研人员不愿承担横向项目主要是因为企业出资的横向科研项目被认为是"要求高"，高校对科研人员的横向项目难以增加高校人员的绩效，横向项目的经费一般较少。而部分纵向科研项目的资助经费相当可观，但也大多只是发论文、出专著、写报告、整专利，项目结题评审"空对空"过关，这些成果是否有经济效益或社会价值并不能有效考察，但有利于高校科研人员的绩效，科研人员承担纵向项目意愿更强。

（二）企业的基础研发与原创能力差

我国企业科研意识不强。企业是以营利为目标的，企业家则以成本和利润为衡量标准，深受市场规则限制。企业更愿意获取周期短、见效快的科研成果，能够立刻带给企业收入的项目。而科研人员以科研为主导，其目标是力争领域前沿，追求技术领先，注重对特殊领域的深入研究，对于新领域的研究具有重大兴趣，进行进一步的研究一般都是为了未来的学术发展，与企业的合作少之又少。企业的经济主体地位高于科研主体的地位，一个企业要想取得长远的发展，必须提升科研主体的地位，增强科研意识，提升基础研发和原创能力。

我国企业科研资源投入不足。"中兴事件"[①] 是我国共性技术供给薄

---

① "中兴事件"可追溯至 2010 年 11 月，中兴通讯与伊朗网络运营商 Ertebatat Tamin Sharms Novin 签署一份 20 亿美元的合同；2012 年 3 月，美国因为与伊朗有关的活动对中兴通讯展开调查；2017 年 3 月，中兴通讯就 3 项指控服罪，与美国政府达成 8.92 亿美元的和解协议；2018 年 4 月，美国商务部（BIS）认为，中兴违反了 2017 年与美国政府达成的和解协议，在未来 7 年之内禁止将美国制造的设备出售给中兴集团；2017 年 6 月，中兴共向美支付了 14 亿美元民事罚款，并暂缓支付 4 亿美元罚款，终于进行了复牌；2018 年 7 月，中兴在缴纳 4 亿美元的保证金后，正式恢复运营，长达 4 个月之久的贸易制裁终于结束了。

弱问题的一个缩影。据统计，2016年，我国大中型企业的研发投入强度仅为1.16，比全社会研发经费投入低近1个百分点。欧盟委员会发布的《2017年工业研发投入排行榜》中，美国入围前100位的企业有36家，日本14家，德国13家，而我国仅有10家（含中国台湾3家）。从R&D经费的内部结构来看，中国R&D经费中仅有约25%用于人员费用，而发达国家人员费占R&D经费的比例通常保持在40%—60%之间。中国企业承担科技创新任务的科技人才得不到研发经费的大力支撑，必将打击科研人才的积极性，降低科研成效，这会影响企业科研能力，进而影响国家创新能力。

我国企业核心技术欠缺。中国经济改革开放40年，也是科技改革的40年，在经济取得"中国奇迹"的美誉时，中国的科学技术同样有着同步的发展，并取得很多举世瞩目成就。但是我们更应该着眼于差距，比如大飞机，美国半个世纪前就有了；载人登月，美国1969年就已经大功告成，现在已经50年了，这些都是一些看得见、摸得着的差距。同样，我国与国外在许多核心技术上存在差距，比如高端芯片制造所需要的顶级光刻机技术等，具体相关欠缺核心技术如表1-2所示。

表1-2　　　　我国欠缺的部分核心技术及代表性产品

核心技术	代表性产品	引领国家
新材料技术	触觉传感器	日本、美国
	铣刀	德国、奥地利
	高端轴承钢	德国、日本
	高端电容电阻	日本
	高压柱塞泵	美国、德国
	微球	日本
信息技术	光刻机	荷兰、德国
	光刻胶	日本
	芯片	美国
	操作系统	美国
	真空蒸镀机	日本、韩国
	激光雷达传感器	美国

续表

核心技术	代表性产品	引领国家
空间技术	航空发动机短舱	美国
	航空钢材	美国
	航空设计软件	美国
海洋技术	水下连接器	美国、德国
	水下焊接电源	美国、德国
生物医药	重粒子癌放疗设备	日本、德国
	硼中心捕捉疗法设备	日本
	抗癌药物	美国

资料来源：2018年4月19日到7月3日《科技日报》。

(三) 科研机构身份模糊

党的十九大报告指出，建立以企业为主体、市场为导向、产学研深度融合的技术创新体系。企业为主体中暗含了企业是创新的主体。高校核心职能是人才培养，科学研究和社会服务依托于人才培养。

企业是技术创新的主体。创新概念对于企业可理解为技术创新，技术创新是指技术发明的第一次商业化，是实现技术生产要素和生产条件的一种从未有过的新组合，并将这种组合引入生产系统。依据此定义，企业无疑是创新活动的主要承担者，是创新的主体。企业的创新主体具体体现在创新研发投入主体、创新研发执行主体、技术成果产出和应用主体、创新收益和风险主体。

高校是人才培养的主体。高校是教育事业的重要组成部分，是高等教育事业的主体和主要承担者。高校的核心职能是人才培养，为国家和社会培养科学家、工程师、技术工人等人才，为经济高速发展、国家创新能力提升奠定人才基础。高校要重视人才建设，重视学科建设，优化专业结构，完善课程设置，注重能力培养，着重提高教育教学质量和人才培养质量。高校的科学研究和社会服务职能需要依托人才培养。

科研机构定位不清。科研机构不是技术创新的主体，也不是人才培养的主体，从而导致身份模糊。科研院所应深入分析宏观环境和产业环境，结合自身特点，进行精确战略定位。同时，也要根据外部环境和内部资源条件的变化趋势，有效整合各种资源，合理调配各种要素，不断培植并加强核心能力，持续提升竞争力。

（四）产学研协同创新产品占比低

在我国企业的各种创新形式中，企业独立创新是创新的主导模式。《中国企业创新能力报告 2016》显示，在实现产品创新企业中，企业独立开发是产品创新的主导形式，占所有创新形式的 76%，企业与境内高校和研究结构合作开发新产品占 13.9%，企业在他人开发基础上调整或改进、与境内外其他企业和机构、与集团内企业合作开发等占 20.1%。在实现工艺创新的企业中，企业独立开发也是工艺创新的主导形式，占 66.9%，企业与境内高校和研究机构合作开发新工艺占 12.1%，企业在他人开发基础上调整或改进、与境内外其他企业和机构、与集团内企业合作开发等占 21%。可见，产学协同创新产品比重不高，提高产学研协同创新产品占比是产学研协同创新的任务之一。

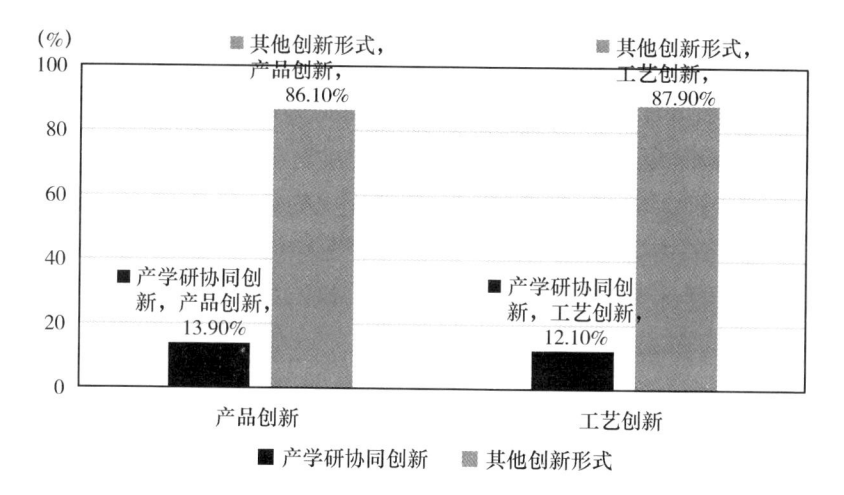

图 1-13 我国产学研协同创新形式在产品及工艺创新中占比情况

集成电路产业是典型的高技术产业，也是需要产学研协同创新的典型行业，集成电路被称为"现代工业粮食"，是人工智能、数字经济、物联网等新一代信息产业的基石；集成电路具有高资本、高智力、高耗时的特征，是产学协同创新最具代表性的产业。《集成电路产业发展报告（2018—2019）》对全球集成电路产业排名中，前 10 名有 6 家为美国企业，如高通、英伟达，而中国大陆只有两家，分别为华为海思与紫光展锐；高通与华为不仅与本国开展产学研合作，而且面向世界寻找合作伙伴，例如华为除了与高校院所进行的单个重点项目或联合实验室的合作外，华为目前的产学研合作还主要通过HIRP（Huawei Innovative Research Program，简称HIRP）进行，HIRP已覆盖了来自20多个国家的300多所大学，HIRP提供的科研基金，资助的研究领域涉及通信技术、计算机科学、工程技术和其他相关领域，以2018年为例，HIRP共发布约180个研究课题，涉及20个技术领域，发现并支持优秀技术团队，通过合作共赢，追求技术创新。

我国集成电路产业自主可控程度有待提升。尽管国内集成电路产业有华为等一批优秀企业的大力发展，但自主可控程度依然不够，对外依赖仍较大。在高端集成电路方面，我国与国外仍有较大差距，CPU/DSP、存储器、FPGA和高端AD/DA等大宗核心产品目前仍受制于人；在中高端集成电路方面，则受限于国外的关键设备和材料。据海关总署的数据可知，近些年的集成电路年进口额都超过2000亿美元，去年达2601亿美元，进出口贸易逆差也在2017年达到了最高值1932.6亿美元。如图1-14所示。

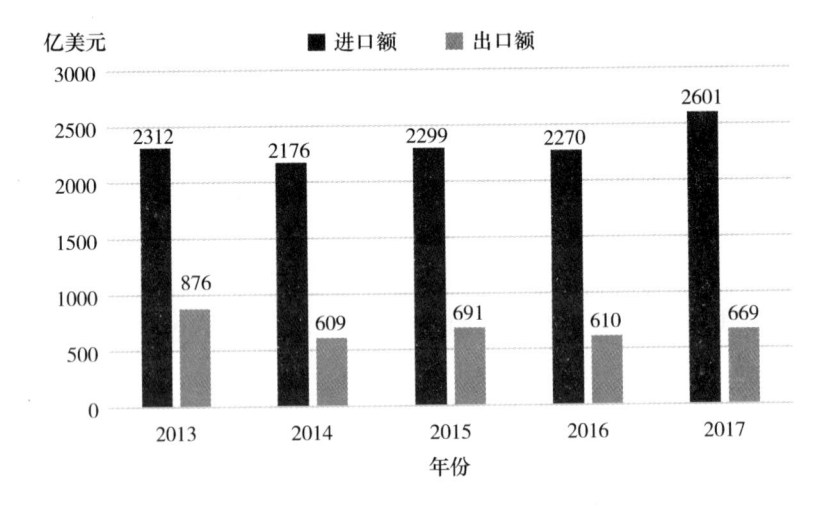

图1-14 我国集成电路进出口额情况

资料来源：海关总署网站。

集成电路产业被列为国家重点项目以来，全国范围内有近200多家企事业单位参与其中，近2万多名科研人员夜以继日地联合攻关，在中低端领域和部分领域有所突破，例如，批量生产的刻蚀机从无突破到有、工艺水平大幅度提高、55/40/28纳米工艺能够量产、14纳米工艺研发取得重大突破等；但是国内集成电路在高端领域突破不多，国内高端集成电路市场自给率尚不足40%，从中反映出我国的原始创新能力不足，也反映了产学研协同创新能力不足；产学研三方积累了社会绝大部分的创新的智力资源和资本资源，应该更有效地协同创新，研发、设计、生产更多的产学研协同创新产品，以改变占比低的现状。

第三节　新时代产学研协同创新的战略任务

一　产学研深度融合是现代化经济体系建设重要任务

现代化经济体系是新时代对经济体系现代化的新要求。从1978年我国进行改革开放以来，我国经济增长速度又创造了一个亚洲经济发展的奇迹，保持了近30年的平均8%的经济增长速度，经济总量实现了成倍的增长，2016年GDP经济总量已经达到11.2万亿美元，成为仅落后于美国的第二大经济体。但是，同时也要认识到中国经济发展存在的不平衡、不充分的突出问题。东西部发展不平衡、城乡发展不平衡、三产业发展不平衡等，以前追求高速度的发展，导致对生态环境的严重破坏，经济发展的不充分。现代化经济体系可以促进以上问题的解决。

建设现代经济体系必须面对发展的不平衡、不充分问题。一是区域经济发展不平衡、不充分的难题。由于历史、地理、政策、战略等因素影响，区域经济发展总体上呈现出东部、中部和西部经济发展水平不同的现状，北上广深四座城市已经发展成为国际大都市，而西部大部分城市的经济水平与不发达国家城市相当，这种不平衡对西部地市带来了深刻的影响。二是产业发展的结构不平衡，新兴产业发展不充分。我国大部分产业主要以劳动密集型为主，特别是农业，没有大规模使用现代化技术改造农业，我国还需要向外国进口粮食。不仅是农业，工业也是如此，关键核心元件仍需要大规模进口，我国产业结构高端化水平有待提升。三是经济增长速度与资源环境承载力不平衡，创新性经济发展不充分。由于走粗犷型的经济发展道路,给资源、环境造成了巨大的压力,实施创新主导型发展战略是我国未来发展道路的最佳选择。

产学研深度融合是新时期现代化经济体系建设的重要任务。产学研深度融合是以新发展理念为指导,产学研三方作为我国创新力量的主要提供者,是新发展理论的实施者、践行者,是创新的最为重要的环节。产学研深度融合更能激发创新活力,增加创新效率,分享创新收益,落实创新任务和责任,是新时期现代化经济体系建设的主要承担形式。

二 创新型强国建设对产学研协同创新提出了新要求

创新型强国是以创新为主要发展动力的国家。迈克尔·波特于1990年提出了创新型国家的概念,认为创新导向型经济是一国经济发展的重要阶段,处在创新导向型经济发展阶段的国家是创新型国家的主要特征。创新型国家在制度、管理和科技创新方面高度协同,国家关于经济发展的共识之一就是创新发展,主要表现在创新资源投入高、产出高、效率高;创新成果转化率高、商业化程度高;政府战略引导,产学研协同创新效果好。

建设创新型强国必须解决科技、体制、制度问题。一是科技投入不足、顶尖科研人才缺乏,重大创新成果少。我国的 R&D 投入占 GDP 比例虽然有所提升,但不到2%,低于世界创新型国家2%—5%的水平;参与国际竞争的战略科学家凤毛麟角,SCI 引用次数前100中几乎没有中国学者;在2007年到2017年间,中国科学自然科学领域的最高奖项国家自然科学一等奖5年空缺。二是科技体系结构不合理,体制机制存在弊端。大量的科研人员分别隶属于不同主管部门,产研分离,科教分隔,造成创新资源分散和浪费。三是创新制度建设滞后,创新文化亟须加强。财税、知识产权保护、人才队伍建设等激励政策落后;科技政策与经济政策不协调;创新文化缺失,宽容创新失败的土壤还未形成。

产学研协同创新是创新型强国建设的新要求。产学研协同创新是国家创新体系的核心组成部分。产学研协同创新能够增强 R&D 的使用效率,让最小的资源发挥最大效用,打破科技与经济两张皮分开的僵局,使科技与经济协同发展;同时从高校到企业,培养创新文化、树立创新意识、增强创新能力、宽容创新失败,才能实现保证创新经久不衰。因此，产学研协同创新是创新型国家建设的必由之路。

三 新时代新发展背景下的产学研协同创新历史使命

(一) 建立快速响应新兴产业发展的高等教育体系

新兴产业的主要特征表现为技术突破和发展需求。传统产业依靠传统技术满足人民当时的社会旧需求，传统产业是新兴产业的基础，新兴产业主要以技术突破并实践运用为基础，其中的新需要可以是传统产业发展的需要，也可以是人民生活的新需求。传统产业已经发展成熟，其定位已经确定，而新兴产业是国家面向未来发展的方向应当制定的新产业方向，有预见性地对产业提前布局。

经济全球化的不可抵挡之势，促进了各国经济的发展，但现在大多数发达国家经济增长较缓，例如美国只有2%左右，世界发达国家已经不能成为世界发展的动力之源，不能带动经济的强有力的发展，却有可能给各国带来危机，例如2008年的金融危机。在此大背景下各国都在探寻经济增长的新动力，例如美国政府十分强调新能源、航天航空等产业发展，日本政府聚焦于信息技术应用、低碳环保等新兴行业，英国政府提出"绿色振兴计划"，德国政府将绿色技术、尖端制造等产业作为经济发展的动力。我国作为新兴国家，虽然经济发展的动力很强盛，但要做好准备，培育我国的创新能力就需要高校做好充分的人才支撑。

高等教育体系是新兴产业发展的战略支撑。新兴产业是以新兴技术为基础，代表着科技创新和产业发展的方向，要想获得发展必须突破核心技术。对于核心技术的突破，不仅需要大量的财力物力投入，更需要有领军人才和专业人才的支撑，必须依靠高校培养大批掌握新兴科技的创新性人才，以支撑新兴产业的发展。为此，我们需要对目前支撑新兴产业高等教育体系进行重大调整，完善人才培养体系，建立快速响应新兴产业发展的高等教育体系。

(二) 建立以企业为主体的基础研究与原始创新体系

我国2017年的R&D支出为17606.1亿元，这是一个很庞大的数字，但是就目前的投入领域分配而言，我国更多注重的是"应用"的部分，基础科学研究的部分占比很小，2017年我国作为世界大国，基础科学研究投入仅为975.5亿元，占比为5.5%。发达国家普遍性的在15%以上，其中大部分在15%—20%之间，比如美国在过去的十来年，基本上就在17%—18%浮动。每年诺贝尔奖公布的时候，我们都会发现美国人或者说美籍科学家毫无意外地霸屏，这跟其长期碾压世界的基础研究投入有关系。中国的R&D投入虽然是世界第二，差不多是美国的50%，但是基础研究投入只有美国的六分之一，也就是16%—17%的样子。而R&D投入世界第三的日本，由于其基础研究投入占比大约在12%左右，因此算下来能够达到美国的20%，反而还比我国多。我国的基础研究投入大部分来源于高校和科研院所，企业注重基础研究的屈指可数。

我国在过去的十几年长期基础研究经费比例低于5%，连发达国家平均水平的三分之一都不到，这样直接造成了投入总额偏低，分摊到每个科研人员的经费更低，这是不利于科研能力积累的。以2017年为例，全国基础研究经费连1000亿都不到，只有975.5亿元。我国从2015年开始逐步提高基础研究比例，我认为这是中国开始加大基础研究投入，在一些领域开始逐渐进入无人区的标志。华为2016年宣称进入无人区，阿里2017年建立达摩院，标志着我国领头企业已经开始注重基础研究。

基础研发能力和原始创新能力是我国创新能力跃升的关键。我国创新能力经过多年的发展已经取得了多个产业领域的技术追赶，甚至引领；但随着后发优势的作用效果降低，加之国外的技术封锁，我国创新能力的提升只能依靠国内，依靠国内的科学家和技术人员，最重要的部分是依靠企业的技术人员，他们知道何种基础科学研究对于企业有着质的影响，也知道何种基础科学能够对产业带来颠覆性的影响，产业升级转型要依靠企业为主体的基础研发与原始创新体系。

（三）推动科研机构与企业跨界融合

企业存在的第一原则是获得经济收益。可以把企业分成科技型企业和非科技型企业。科技型企业主要是指其产品或服务中包含大量的高新技术，而且是其主营业务收入。非科技性企业并不是说该企业没有高新技术，只是相对于科技型企业来说，其技术水平较低，产品和服务中科技含量不多，其主营收入不是来源于科技。之所以会出现这样的一种分类方式，说明科技在企业中的地位逐步提升，而且科技型企业是未来企业发展的方向。

当今市场经济的飞速发展和激烈竞争的环境下，科技型企业对非科技性企业有着巨大的优势,科技型企业意味着创新能力更强,生产成本越低,经济收益越好。两种企业的本质区别在于企业的创新能力,创新是为了更有效地管理和运用企业资源,并进行合理的分配和调用,引入新的管理理念、方式来实现企业创新管理。

科研机构是企业创新能力提升的重要力量。科研机构融入非科技型企业能够促使企业转化成为科技型企业,科研机构能够提升企业的研发能力,企业能够为科研院所提供研发的方向和资金的支持。科研机构的研究人员、科研设备、科研经验等与企业分享,可以快速增强企业的科技意识和科技能力。企业的管理经验、市场定位、企业文化,可以快速强化科研院所的经济运行和市场竞争,能激发研究动力。因此我们需要对科研机构身份定位进行改革,完善科研机构功能定位,推动科研机构与企业跨界整合。

(四)大幅度提升产学研协同创新产品比重

创新产品是用新理论、新技术、新工具创造出的一种新产品,或者是对现有产品的结构和功能进行升级或创新。目前创新产品主要有两种模式,一是全新创新产品,是指创新的新产品在其用途和原理上发生彻底的改变,可能会替代原有的产品,占领新的市场;另一个是改进创新产品,是指为了满足消费者对产品的需求,在原产品的基础上对技术原理不做重大改变,只是对产品的功能进行扩展和技术上的改进。

创新产品是企业赢得市场的重要途径。市场需求与企业优势的"交集"是企业生产产品的导向,还在于其产品能否达到最大的预期投资回报率。核心在于如何确定目标市场的需求,更重要的是比竞争者更有利、更有效地为目标市场输出其需要的产品。关键是不要仅只看到目前目标市场的需求,还要基于对市场的未来进行预测、考虑营销者的创造需求,以利于能够长久地占领市场。产品创新是以技术为基础,以市场实际或隐形的需求为起点,集合企业的现有人才创造出有差异性的产品,实现消费者的需求,或者为企业开发一个全新的市场,最大化地发挥产品价值,创造丰厚的利益。

研制创新产品的途径可分为自主创新、委托创新和联合创新。自主创新是企业运用企业内部创新能力生产新的产品或者改进生产流程,将旧产品不适应市场需要的部分替换为满足市场需要的部分。委托创新是指企业把开发新产品的工作通过契约的形式交由企业外部的人员或机构去完成。联合创新是企业与外部组织协作开发新产品。产学研协同创新，是国家大力提倡的科技产品创新方式和研制创新产品的有效途径，大幅度提升创新产品比重离不开产学研三者的协同。

第四节　现有研究述评

一　产学研协同创新的理论基础研究

（一）三螺旋理论研究

1995年，Etzkowitz和Leydesdorff受到生物学领域DNA结构的启发，在Freeman、Nelson等人的国家创新系统、Sabato的"三元理论"的研究基础之上，提出了三螺旋理论。随后，两位学者在多篇论文中详细阐述和论证了三螺旋模型，世界各国的学者也对此产生了浓厚的兴趣，围绕三螺旋模型展开深入的探讨，三螺旋理论体系逐步建立起来。

1. 三螺旋理论阐述与模型优化研究

方卫华（2003）系统地介绍三螺旋的起源与理论发展，讨论了模型的含义及主要结构类型，并与国家创新系统和其他创新理论进行比较，论述该理论在公共政策方面的实践指导意义。王成军（2006）对三螺旋创新理论进行了知识集成和系统综述研究，并以三螺旋计量比较为主线研究了该理论的最新进展。潘东华等（2009）认为，三螺旋模型中存在着接口组织，并对接口组织在创新系统中的作用与地位、结构特征、机构演化及其促进三螺旋成果转化等问题进行了详细阐述。黄涛（2013）认为，政治圈、学术圈、产业圈两两之间存在着双向的六维渗透关系，通过促进并提升三者之间的有效互动，来解决科研管理、市场体制和政府运转中存在的若干问题。Xiao-Ping Lei（2012）等利用从美国专利和商标局得到的专利数据，分析了中国1976—2009年官产学合作的情况，并将1976—1986年的政府主导阶段、1987—1999年的自由松散阶段和2000—2009年的企业主导阶段分别对应于三螺旋模型的三种结构。

2. 三螺旋理论创新机制应用研究

涂俊等（2006）论述了国内对三螺旋理论的研究进展和实践经验，提出在三螺旋模型中大学应承担更多的责任，通过官产学研合作来推动知识发展和技术进步。汤易兵（2007）构建了区域创新视角下大学、产业、政府之间关系的理论模型，并运用结构方程对我国区域创新产出的知识来源进行了实证研究。刘则渊等（2007）在赋予巴斯德象限新的内涵后，对基于知识生产的三螺旋创新模型进行重构，并以此作为实现区域科技创新的重要路径，将三螺旋理论运用到了中国实践。栾春娟等（2008）在三螺旋视角下，通过对全球学术界专利产出情况的分析，发现中国大陆专利申请数量最多，但核心专利全部集中在美国，并提出大学需要和产业加强合作来提高专利质量。陈红喜（2009）提出官产学合作创新应发展组建研发实体的高级模式，通过构建产业技术层面的战略合作、完善的知识产权管理制度，争取政府的参与和投入来实现官产学三螺旋协同创新的深入发展。李海波等（2010）以区域创新理论和三螺旋理论为基础，通过设计合理的指标体系对我国区域创新能力和绩效进行综合测度，为区域创新理论与实践探索提供了新的思路。马飞虹（2012）综合运用复杂适应系统（Complex Adaptive System，CAS）理论、自组织理论和三螺旋创新理论，对官产学合作创新系统的概念模型、复杂性与其产生的机理、系统仿真模型进行了系统研究。邹波等（2013）提出三螺旋模型存在三种内在机制，即自反机制、集成机制和非线性机制，在实践层面上，通过三种机制的共同作用实现三螺旋创新主体大学、企业和政府在创新目标、组织结构和创新过程中的协同。康健等（2014）将三螺旋模型细化为"大学—政府—生产性服务业"和"大学—政府—制造业"两个并行的协同创新结构，构建区域产业协同创新能力与绩效评价模型，并结合实例对该模型的理论意义、应用范围和实践作用进行了阐述。

3. 三螺旋与创业型大学研究

张铁男等（2011）通过对中国大学科技园孵化模式的分析，发现通过增强官、产、学之间的有效互动和资源共享可以实现孵化活动的链条式发展，从而促进区域创新水平的提高和可持续发展。李华晶等（2011）通过对中国三个典型大学衍生企业的案例研究发现，大学的科技研发实力是衍生企业发展的必要条件，衍生企业母体大学的科研实力和政府在知识创新系统中的投入直接影响了衍生企业的创新竞争力和可持续发展能力。饶凯等（2012）从三螺旋视角分析了政府研发投入对大学技术转移合同的影响。研究发现，政府科技经费投入显著地促进了区域大学技术转移合同数量和收入两方面的增长，国家科技支撑计划、国家自然科学基金项目也是大学技术转移合同增长的促进因素，政府在三螺旋模型中扮演着重要的角色。孟卫东和佟林杰（2014）研究发现政府和企业提供的外部资金对大学创新绩效有显著的促进作用。

4. 三螺旋模型的计量研究

三螺旋模型通过大学、企业、政府三个创新主体的紧密合作和相互作用来促进知识的创造和技术的进步，如何利用三螺旋模型对创新系统进行识别和衡量，并预测科技创新和成果转化带来的效益，则需要定量化的指标和方法。三螺旋创始人之一雷德斯道夫提出的三螺旋算法（Triple Helix Algorithm，THA）得到了学术界的普遍认可，另外，社会网络分析、空间向量分析和专利分析等方法也被应用于三螺旋模型的计量研究上。王成军（2006）对三螺旋算法进行推导和解释，并对该算法在国际上的发展和应用进行了纵向和横向研究。随后，通过对 SCI2000 数据库进行数据挖掘，详细阐述了三螺旋算法下定量研究的规范方法，给出了三螺旋框架图谱和计量研究的实现路径。蔡翔等（2012）依据雷德斯道夫提出的三螺旋定量算法，运用数据挖掘方法分别得到 SCI 的引文数量、国家标准的起草制定以及国家级科研基金项目数据，对中国官产学合作创新的互动关系进行了时间序列的纵向研究和区域间的横向对比，是通过三螺旋计量研究指导中国科技创新实践的有益探索。邹益民和张智雄（2013）对三螺旋计量研究的发展和实践进行了梳理，分别对互信息、φ 系数和偏相关、向量空间三类计量指标以及科学计量法、网络计量法、社会信息计量法三类计量方法进行了阐述和对比。许侃等（2013）、党蓓等（2014）依据三螺旋算法，以互信息为测度指标，分别应用 SCI 论文和专利数据对中韩两国的官产学合作关系进行了定量分析，结果表明韩国的大学、产业、政府之间合作创新的互动关系比中国更为紧密。

（二）开放创新理论研究

Chesbrough（2003）首次提出开放创新的思想，他认为企业创新活动不应局限于企业内部"封闭创新"（Closed Innovation），企业外部的创新资源同样可以利用，当企业寻求提升技术创新水平时，企业在利用内部创意和市场化方式的基础上，应该利用外部创意和外部市场化方式。Gassmann、Enkel（2004）和 Chesbrough、Vanhaverbeke、West（2006）发展了 Chesbrough 的思想，他们指出开放创新是有目的使用内部创新资源和外部创新资源，以同时加速内部创新和通过外部知识使用来扩展市场。Chesbrough 等人不仅强调了知识研究的重要性，同时强调了知识开发的重要性，认为两者内外部知识资源的结合才能发挥最大的效应。

1. 开放创新分类

Gassmann 和 Enkel（2004）、Chesbrough 和 Crowther（2006）将开放创新分为两类：内向型开放创新和外向型开放创新。内向型开放创新是一个外部向内（Outside-in）的过程，是指开放知识研究的创新过程，通过外部创新知识的获取、吸收，将外部知识转化为内部知识生产的过程。外向型开放创新是一个内部向外（Inside-out）的过程，是指开放知识开发的创新过程，即通过利用外部的市场渠道、产业化模式等资源将技术知识商业化的外部知识开发过程。孙理军（2011）认为从动态能力角度看，内向型开放创新组织在进行内部研发的同时，对外部技术和知识等创新资源进行搜寻和利用，并通过消化吸收能力，转化为内部创新能力；外向型开放创新是经济组织寻求适应企业特定技术的外部产业化渠道获利。Gassmann 等（2004）提出开放创新可以分为三个核心过程：内向型开放创新过程、外向型开放创新过程和内外向整合型（Coupled Process）创新过程。

2. 开发创新的作用机制

陈钰芬等（2008）认为开放度包括开放的广度和开放的深度，开放的广度是企业与外部创新资源合作要素的个数，开放的深度是企业与外部创新资源合作的频率。他们的研究表明开放度存在门槛效应，开放广度和开放深度在低于开放阀值时，都对创新绩效具有积极影响，但一旦超过阀值，开放度的增加将对创新绩效产生负面影响。此外，科技驱动的企业，开放度对创新绩效呈倒 U 型曲线关系。Andres Barge-Gil（2011）根据外部资源对企业绩效的影响程度（以通过外部资源与内部资源协同完成的市场营业收入占全部营业收入的比重为指标），认为企业组织资源的方式可分为封闭、半开放、开放和过度开放四种类型，开放策略最能促进和提高创新绩效，半开放策略要比封闭策略更加有效。Cohen 等

(1990) 提出吸收能力是影响企业利用外部创新资源进行创新的关键能力，吸收能力包括对外部知识的获取、消化、整合和利用的过程。Zahra 等 (2002) 将吸收能力分为潜在吸收能力和实际吸收能力，潜在吸收能力包括对知识的获取能力和辨识能力，实际吸收能力包括知识转换能力和应用能力。陈劲等 (2011) 认为企业的知识基础、研发活动、组织管理、知识环境、社会资本等都对企业知识吸收能力具有重要影响作用。他们基于潜在吸收能力和实际吸收能力，通过企业问卷调查数据研究发现，企业社会资本的结构维度（企业与外部供应商、竞争对手等创新资源联系的数量）对潜在吸收能力影响最大，企业内部知识积累、研发活动强度、社会资本和组织文化对实际吸收能力影响最显著。

(三) 协同创新理论研究

20 世纪 60 年代美国战略管理学家伊戈尔·安索夫 (Igor Ansoff) 将协同的理念引入企业战略管理领域，认为企业可以通过识别和匹配自身能力与外部资源来拓展新的业务，协同战略可以把公司多元化的业务联系起来，协同理论成为企业采取多元化战略的理论基础和重要依据。随后，日本学者伊丹敬之进一步将协同理论解释为"互补"和"协同"两种效应，各类组织机构通过协同作用能够发挥资源的最大效用。1971 年，德国学者哈肯明确提出了协同理论，指出协同作用是在复杂的大系统下各子系统及其要素通过相互协作、互补以及融合的作用而发生的整体活动，能够创造出超越各要素独立发挥作用而产生的效应，即导致 $1+1>2$ 的协同效应的发生。

1. 协同创新流程研究

陈劲等 (2012) 认为协同创新是一种由多个要素构成的复杂网络结构，强调以企业、大学和科研院所为核心机构，以政府、金融机构、科技中介、创新接口组织等为辅助机构，多个创新主体在共同的愿景目标下，通过协作、互补的动态网络机制，实现知识创造与传播组织同技术创新与应用组织的深度融合与资源整合，进而促进创新系统的整体提升。何郁冰 (2012) 提出可以将协同创新理论从战略协同层面、知识协同层面、组织协同层面三个层面来分析，协同创新组织架构以战略、知识、组织三个要素的协同为核心，以政府的政策支持与制度激励作为基础支撑，以科技中介、金融机构、创新接口组织（如技术专业中心等）等作为辅助机构,企业、大学和科研院所等创新主体通过知识、技术、人才、资金、信息等资源在组织间的流动与扩散,来实现创新效率的提高和创新系统的不断升级。涂振洲等(2013)认为知识的流动伴随着协同创新的全过程,将协同创新过程分为知识共享、知识创造和知识优势形成三个相互作用、紧密联系、动态发展的演化阶段;大学、企业、科研机构、政府等创新机构通过知识的生产、扩散、应用与反馈等促进创新的产生与发展,充分发挥知识的"外部性"和"溢出效应",从而形成知识的优势。

2. 协同创新效率研究

Brimble等(2007)研究了泰国四个行业的产学研合作创新效率,发现生物医药行业创新效率较高,而纺织行业因较少得到政府资助而导致合作创新效率不高。熊婵等(2014)应用基本DEA模型和改进DEA交叉效率排序模型对高科技创业企业的运营效率进行了研究。曹勇等(2012)运用Pearson和逐步回归分析方法,对中国高技术产业整体及其下属5个典型行业科技创新投入对创新绩效的影响机理进行了分析。肖丁丁等(2013)运用超越对数随机前沿模型对广东省260家合作企业的创新效率进行了测评。白俊红(2009)、樊霞(2012)、陈光华(2014)、张煊(2014)等分别应用DEA-Tobit两步法对中国产学研合作创新效率及其影响因素进行了研究。

二 产学研协同创新的诱发机制研究

(一)知识互补研究

汪丁丁在《知识的经济学性质》中首次提出"知识互补性"这个概念,即人类知识的各个部分之间有一种"互补性",使得两项知识混合相加产生的效用大于各自单独发挥的效用值,知识的边际报酬递增是知识区别于传统产业的最大特征。

1. 知识互补特征研究

Milgrom等(1995)认为企业资源要素协同改进所获收益,要显著性地优于分立改进的各自所获收益的加总。Krusell等(2000)从不同禀赋要素间互补性角度,解释了美国企业具备很强科学技术跃迁能力的内在原因。Novak(2007)分析了互补性在垂直一体化决策中的作用,认为一体化各方应该相互配合以利用互补性的各种优势资源。Polgreen 等（2008）从宏观经济角度研究了资本与技术的知识互补性及不平等特征。Kim 等（2010）认为，知识互补性是指知识存量能够通过互补知识成分之间的相互作用共同产生协同价值。Kyung 等（2012）关于供应链的研究发现，知识互补是将两种截然不同的知识集整合在一起产生的效应，整合知识集比单纯的知识集相加会产生更多的嵌入式知识。Baum 等（2003）认为知识互补水平对企业创新伙伴的选择及网络的演化有显著影响。王凤林（2010）将知识结构分为相似知识结构和异质知识结构两类，异质性知识并不完全是互补性知识，互补性知识体现出互补效应。Lee（2010）认为互补知识结构是知识的内在属性，是成员区分彼此并由此形成竞争优势的核心知识。

2. 知识互补与创新研究

Harryson（1998）认为第二次世界大战后日本企业自主创新受益于美国科研院所和大型企业的基础研究。Cassiman 等（2002）研究了创新战略中的互补性，他认为基于内外部之间不同的活动产生的互补性知识可以增强生产能力，提升创新实力。Helpel（2003）研究了汽车业中互补性与成本降低之间的关系。Cassiman 等（2006）的研究表明，利用企业外知识的互补性可以提高创新绩效。石光（2012）研究认为，知识互补性会通过影响研发边际成本和知识溢出效应，进而影响研发创新效果。李煜华等（2012）提出互补性知识是企业创新的重要源泉和核心竞争力，并基于 BP 神经网络设计了创意产业集群知识互补度的评价指标体系和评价模型。李盛竹等（2014）提出知识互补对产学研合作的创新产出有显著的促进作用，而互补性知识的研发与应用情况受到激励机制的影响。

（二）诱发机制研究

"诱发"一词，在现代汉语词典中的定义是：本来潜在的，通过外界因素引导出来，由一种事件导致发生另一种事件。而所谓"机制"，指的是：社会经济系统中的因素之间相互联系、相互作用方式和结构功能及其所遵循运行规则的总和。产学研协同创新的诱发机制，指的是存在于产学研内外部，能够诱导产学研协同创新实现的因素相互联系、相互影响的作用机制总和。驱动因素、促进因素、激励机制、动机、动力因素及动力机制等不同表述，其内涵大致相同，都指能够诱发产学研协同创新的因素。

1. 学研机构诱发机制研究

毛雪莲（2007）认为主体能力、技术能力、沟通能力及外部环境是影响高校创新合作的因素。段丽华和谭界忠（2007）以高职教育产学研为出发点，认为市场竞争需求与企业自身发展需要、科研院所生存压力、高职院校毕业生就业率分别是其参与产学研的动力。施菊华等人（2012）认为产学研合作教育的动力因素主要包括外力驱动因素和内部利益两个方面。Veugeler（2012）提出学研机构与企业在知识和能力方面的差异是产学研协同创新的动力。姜鸿等（2013）基于产学研协同培养人才的视角，认为产学研协同培养人才的动力源于政府推力和各方协同利益的吸引力。罗占收等（2016）认为高校内部协同创新的动力因素分为心理驱动、利益驱动、评价驱动及环境驱动，这些动因可分为内部驱动和外部驱动。段丽华（2016）以国外应用型大学产学研合作教育为对象，总结出产学研合作教育的三大驱动因素：政府因素、市场因素及学术因素，构建了以动机机制、保障机制及反馈机制为核心要素的产学研合作教育驱动机制。王文亮（2016）采用扎根理论方法，发现校企协同创新的驱动因素分别为：人力资本、技术创新、战略创新、平台建设、资金支持、文化观念。仇新明（2019）以产学研战略联盟人才培养为切入点，提出产学研三方间的异质性资源的内在需求、降低交易成本的制度需求、市场竞争的外部压力、政府政策激励是产学研战略联盟培养人才的动力。段艳玲等（2019）以体育产学研系统创新为切入点，通过对我国241家体育企业的问卷调查发现：环境动态性是驱动体育产学研协同创新的外部动力，主要包括技术推动和市场拉动；组织动态能力是驱动体育产学研协同创新的内部动力，主要包括组织学习能力和关系能力；体育产学研协同创新是外部动力与内部动力共同作用的结果，且外部动力需要通过内部动力间接发挥作用。

2. 企业诱发动因研究

Veugelers等（2005）认为，企业与大学合作是其他创新活动的补充，合作的动力主要来源于企业与高校间知识和能力的"异质性"、节约交易成本、垄断知识技术。Woll（2011）认为，知识是组织最有价值的资源，知识管理已经成为科学以及实践领域中的核心问题，对于工业企业来说，与大学的研究合作是新知识创造的富有前途的重要来源。杨凤（2011）基于391家企业的问卷调查，得出广东省企业参与产学研的主要动力为产业升级与产业发展需要、跟踪行业或领域的技术发展趋势、利用外部资源创新，市场竞争与对手压力、申请政府产学研项目、培养人才、提升企业形象也是其参与产学研的考虑的因素。Hayton等通过理论证明，推动企业加入联合研究中心的重要因素包括行业竞争力、技术创新机会和创新产品的需求。Chesbrough等（2011）提出，为推动技术创新的发展，企业应充分结合内部及外部的资源和想法，依靠内部与外部两种通向市场的路径。

3. 产学研共同诱发机制研究

毕克新（1997）认为，技术推动、市场拉动、政府启动以及社会互动等促进产学研联合的动力联合起来研究，形成一个完整的动力系统。丁堃（2000）认为产学研合作的外部动力因素为市场和政策，内部动力因素有企业科技意识、利益追求及创新能力欠缺，学研机构的发展机遇及社会价值。游文明（2004）指出产学研协同创新动力不足的原因有：各方创新成果评价目标不同、各方创新成果价值取向不同、中介机构支持力量薄弱、产学研协同创新资金短缺，提出构建产学研协同创新激励机制、推动利益与风险共担的协同创新、鼓励对产学研协同创新的风险投资行为。吕海萍等人（2004）通过调查问卷方式，得出产学研协同创新的动力因素的主要因素为发展需要、生存压力、已有合作关系、培养人才及促进科技成果转化，提高知名度和政府的政策也是促进产学研协同创新的原因。王英俊（2005）从官产学研虚拟研发组织出发，认为其外部动力因素为：信息技术的发展、知识经济的崛起及全球化市场的形成，并以政府、企业、学研机构为单位，分析内部动力因素，指出政府的动力因素为：提高创新投入产出水平、整合创新资源及鼓励创新主体；企业的动力因素为：追求协同效应、拓展市场、降低风险及吸收高新技术；学研机构动力因素为：学术价值及促进经济社会发展。刘俊（2006）认为市场因素、技术因素及政策因素是组建产学研联盟的外部动力，同时指出企业参与产学研联盟的动力因素为：利益、科技意识及技术能力的欠缺；学研机构参与产学研联盟的动力因素为：利益及学术价值。陈培樗等（2007）指出产学研技术联盟内部动力因素主要包括：技术联盟各主体自我发展的需求、利益驱动；外部动力主要包括：市场拉动、技术推动及政策启动。陈六一（2011）构建了协调产学研各方协同创新的合作、补偿、共享的动力机制，建立利益、人才、技术三维互动的产学研协同创新的动力模型。Pierre（2012）认为，在知识密集的环境中，产学研协同联盟形成的首要动力，是利用内部和外部创新来源（设计能力）之间的互补性，继而从创新合作中受益。徐静等（2012）提出利益驱动、技术推动、市场导向、技术势差、资金支持及环境动力是影响产学研协同创新的主要动力因素。周正等（2013）联合产学研协同创新的外部动力（需求拉动力、市场竞争力、技术推动力、政府支持力）和内部动力（战略协同引导力、利益驱动力、内部激励推动力、创新能力保障力），构建了产学研协同创新动力因素相互作用模型。夏红云（2014）认为市场需求拉动力、市场竞争压力、技术推动力及政府支持力是产学研外部动因，内部激励推动力、战略协同引导力、利益驱动力及创新能力驱动力是其内部动因，内外部动因相互结合，共同发挥作用。张钦朋（2014）提出政府应该构建包含利益实现机制、政策协调机制、风险控制机制、创新激励机制和绩效评估机制的诱发机制，为产学研协同创新助力赋能。蔡启明等（2017）认为政府支持、市场需要、竞争推力及技术推力是产学研协同创新的外部动力，利益驱动力、战略协同引导力、内部激励推动力、创新保障能力是产学研的内部动力。方炜等（2017）从产学研项目出发，把产学研项目利益相关方关系网络演化的12个驱动因素，归纳为属性（合同规范、利益相关方能力、利益相关方信誉及合作意愿）、交往（利益分配、沟通、知识转移及信任）和环境（政策环境、市场环境、技术能力、地域文化）三个驱动维度，并构建产学研项目利益相关方关系网络演化的动力模式，结论指出三个维度对产学研项目利益相关方关系网络演化均具有正向效应，其中交往驱动是最大动力，属性驱动和环境驱动正向影响交往驱动。

4. 多视角诱发机制研究

徐庆瑞（2003）从协同创新内部视角出发，认为协同创新中技术创新是核心，战略创新是导向，市场创新是路径，管理创新是动力机制。郑刚（2008）以TIM理论视角，提出了以战略、技术、组织、文化、制度及市场等因素协同的创新驱动机制。林莉等（2009）基于知识转移角度，通过实证方法验证，得出产学研间的文化协同机制、沟通机制、信任机制及学习机制是诱发产学协同创新中知识转移的实现机制。杨东升（2009）采用系统动力学的方法研究 24 个变量对产学研协同创新的影响，研究了利益分配比例及企业 R&D 投入比例对产学研协同创新的影响规律。金高云（2013）基于耗散结构理论，认为产学研各方应将其内部创新资源与外部资源进行物质、能量、信息的交换，方能利于产学研协同创新，稳定发展。

曹霞等（2015）基于话语分析，提出互动意识、风险规避倾向、激励协同意愿是诱发产学研协同创新的重要因素。徐梦丹等（2017）基于自组织特征视角，把产学研协同创新分为 4 个阶段，分别对每个阶段建立博弈模型，表明产学研各主体博取收益是产学研协同创新的动力机制，只有有利于获得稳定的收益，其协同方才能更加稳定和深入。储节旺等（2018）基于复杂系统理论和演化博弈理论，将创新驱动的演化动因分为信任机制、成本收益、政府因素及创新环境。

三 产学研协同创新的实施路径研究

（一）实施路径研究

"路径"一词，在现代汉语词典中的定义为从起点到达终点的道路，亦指取得成功的某种方法或途径。产学研协同创新的实施路径研究可理解为通过某种模式、方法或途径，让产学研三方的协同创新能够稳定向前推进，促进产学研间的互利共生。

1. 路径模式研究

王章豹（2000）从产学研系统目标的视角将创新模式划分为四种类型：主体不明确的主体综合型、以企业为主体的生产经营型、以科研院所为主体的研究开发型和以高校为主体的人才培养型。Hall 等（2000）认为可以把产学研合作模式分为两类，一是正式层面的具有合同管理的模式，二是以技术转移、联合培养人才共同办学、共建科研实验基地的非合同模式。王晓云（2005）则将其分为合作方式的共建型、政府主导型和协同方式的主建型和联建型等四种类型。Inzelt（2004）与 Deste（2007）将合作模式划分成两部分，一是包括合作研发、合资企业、技术许可、研发外包等形式的正式合作模式，二是包含信息沟通、成果互引、人员交流、研讨会议等形式的非正式合作模式。Kazumasa（2009）通过收集日本大学与企业间的合作数据，特别是大学科研人才与企业人才交互的方式，总结出日本典型的产学研合作模式。陈立泰等（2009）以提供要素的主导方为由，划分为政府、大学、科研机构、企业主导的四种模式。

2. 路径分类研究

Mansfield 等（1996）从区位维度出发，发现地理位置影响了产学研合作的路径选择，得出地理位置的相邻性能够增加合作的机会，地理位置的疏远会阻碍跨区域的产学研合作。Joanna 等（2002）跟踪美国高校与企业间的合作数据，收集了大量高校与企业的合作数据，并对其进行阶段分析，发现正式合作模式会逐渐被非正式合作模式取代，科学技术在其中发挥了重要的促进作用，其原因可能是科学技术交易更加市场化。章琰（2003）从创新实施的角度，提出了由技术到产品的前向创新模式和由产品到技术的逆向创新模式，认为还可以采取混合创新模式，即同时由产品到技术、技术到产品的混合创新模式。钟伟俊等（2009）从我国技术创新的主体企业的维度出发，发现成果转化与创新创业从根本上难以提升企业的创新能力，因此在合作中处于次要地位，最佳的合作方式是联合开发，最能快速提升企业的创新能力。Ostergaard（2009）发现高校人员与企业人员单独交流是低效率的，最佳的方式是进行团队交流，因为团队交流最能减少高校与企业间的知识障碍，在选择合作方式时，应该注重知识交流的渠道。卢仁山（2011）强调技术创新导向在产学研合作中的作用，并以技术成果的产生及运用提出了合作开发、技术转让与创办企业三大基本路径。李梅芳等（2012）发现在现实中产学研合作主要是企业和高校，聚焦企业和大学两大主体进行了归纳，提出了三梯度结构的产学研合作模式选择的方式。甄红线等（2013）认为实施路径可以分为三类，一类是完全对高校和科研院所为主体的技术转让和委托研究的路径，另一类是共同参与的联合攻关和内部一体化的路径，最后一类是交互的基地与实体共建的路径，每种路径都需要政府和社会的支持。

（二）对策建议研究

产学研协同创新经过大量学者的不断探索，形成了不同视角下促进产学研协同创新的对策。宏观层面上，大部分学者均提及政府、企业及学研机构在产学研协同创新中的定位与作用;微观层面上,有些学者就产学研的区域特征、产学研联盟、人才培养及法律等方面表达了真知灼见,为产学研协同创新提供了对策路径。

1. 学研机构及企业视角对策研究

高霞(2007)提出企业参与共同制定人才培养目标、人才培养规格和人才培养方案,推进订单式培养及提升教师"双师"素质的高职院校参与产学研合作的要点。蒋亚龙等(2007)基于民办本科高校发展的维度,指出民办高校应提升产学研合作的认识,充分发挥本科生的作用,有机结合教学与科研,积极与企业接轨并加入产学研相关组织。张一尘(2001)基于产学研合作教育的视角,认为高校应合理定位,激发企业对高校的"依靠"性,让企业接纳高校毕业生,同时完善教育教学改革、评价反馈机制及政策保障体系。张炼(2001)对产学研合作教育中主要利益主体的矛盾冲突进行了深入分析,提出了制定解决利益冲突的主导型、引导性、渐进性及关联性政策原则和建议。胡军燕等(2010)从中小企业参与产学研的视角出发,提出中小企业应加大对产学研合作的认知与支持,构建"适时适度"产学研合作模式,引进与培养科技人才,形成长期高效的合作机制。金保锋等(2011)从企业的角度出发,从企业选择合作项目、合作模式及合作对象提出了相应对策。陈淑慧(2016)基于高职教育的视角出发,从搭建合作平台、建立长效合作机制、出台相关政策、扶持优势项目、构建监督保障机制及完善法律法规等方面,给出了高职院校参与产学研合作的对策。张文强(2018)基于地方本科高校培养人才的角度,认为高校应建立有效的产学研合作运行机制,明确自身发展定位和人才培养目标,建立"双师双能型"师资队伍的应对策略。

2. 产学研共同视角对策研究

吴树山(1997)指出产学研合作应遵循平等互利、诚实信用、合理定价及风险共担原则。胡恩华(2002)认为政府引导、风险共担、风险投资资金及政策环境有利于促进产学研协同创新。王英俊等(2004)分别就"政府主导""产业牵引""学研拉动"的官产学研虚拟研发组织进行了研究,认为政府应该加大基础信息建设、营造技术创新环境、推出优惠政策及制定法律法规,企业应该加强项目管理、信任管理、跨文化管理及网络安全及会议管理，学研机构应尊重知识、尊重人才，鼓励科研人员与企业合作项目。杜鹃等（2005）基于产学研合作共性问题，认为加强政府引导、强化资金支持、建立有效合作运行机制及政策法规约束能够解决一些合作共性问题。袁胜军等（2006）认为产学研合作应加大政府引导，以市场为导向，打造产业链，寻求多种合作模式，构建利益风险共担的明确权责的合作机制。余凌（2013）认为政策保障、平台建设、资金投入、监管机制及人才培养是产学研协同提升创新能力的关键。李铁（2014）提出强化政府引导机制、深化高校和科研院所的体制改革、调整企业策略的对策，进一步完善产学研协同创新机制。史国栋（2014）提出从主体、政策、机制、文化上寻求对策，提升产学研联盟的创新绩效。

3. 区域视角对策研究

孙永等（1995）在分析北京工业产学研的现状和面对的问题的基础上，从动力因素、合作模式、利益分配、风险投资、研发机构、吸引人才及市场培育等方面提出了推动产学研发展的建议。陈建安等（2009）以东湖高新区产学研合作的现状为出发点，认为高新区产学研合作的发展应与战略规划、战略联盟、科研成果转化及吸引科研领军人才紧密结合。高兴武等（2010）基于北京市产学研联合培养研究生的调查问卷分析，从政策环境、培养机制、管理机制、选拔制度以课程体系提出了产学研共同培养研究生的对策。刘疏影等（2010）分析了上海产学研合作现状，提出政府应在产学研合作中发挥保障、鼓励作用，企业应发挥主导作用，学研机构应辅助企业做好人才培养和科研项目。李影（2010）通过对长三角官产学研的现状分析，指出长三角官产学研联盟存在的问题，并提出了深化政府的服务、加强"产学研"的密切结合、建立长三角官产学研联盟的金融支持平台、完善长三角官产学研联盟资源共享机制的对策。陶爱祥（2011）运用灰色关联分析方法，测定了江苏省产学研合作水平，研究表明加大科研投入，保持经济持续快速增长，加强科技基础设施建设，加快人才培养步伐，方能促进江苏产学研合作水平的提高。熊季霞等（2011）分析了江苏省产学研合作模式，从平台建设、中介服务、资金支持、税收优惠及风险投资给出了促进产学研发展的对策。朱志红等（2016）以黑龙江文化产业产学研协同创新为对象，指出只有加大产学研科技活动经费投入、提升科技中介服务机构功能、注重科研成果转化、促进文化产业人才的产出和协同创新要素的充分融合、提高知识创造与知识对接效率，才能不断推进文化产业产学研创新的持续健康发展。

4. 其他视角对策研究

蔡立彬等（2004）分析了我国加入WTO产学研发展的现状，从政府宏观调控、中介服务体系建设、设立产学研专项基金及完善法律法规方面指出了产学研合作的对策。刘璇华（2007）分析了产学研间的学习效果的影响因素，认为确立合作目标、建立合作关系、增强学习意愿、提升学习能力、优化学习途径是取得良好学习效果的保障。张义芳等（2008）借鉴产学研研发联盟国际经验，提出应制定产学研联盟法，设立产学研联盟项目，给予产学研联盟经费，促进产学研联盟发展。吴想等（2009）从知识转移的角度出发，认为产学研间的信任机制、沟通体系、激励机制及学习文化能促进创新知识转移。胡冬雪（2013）聚焦于产学研立法角度，提出完善促进企业成为技术创新主体的举措、加强保护产学研合作创新成果的法律制度、完善产学研结合创新中的政府职责、制定专门法律以促进我国产学研合作工作的开展、建立技术转移的法律支持体系、制定大学技术转移促进法及引导科技中介服务机构健康发展的立法构想。欧阳蝉（2014）针对产学研合作中的法律问题，从立法、行政、宣传和平台建设等各个方面着手，提出了破解产学研合作法律问题的对策。黄明东等（2017）通过对世界主要发达国家产学研合作政策的梳理，总结中国产学研合作发展现状及主要问题，提出将"产学研合作"政策提升为国策、设立国家产学研协作创新委员会、制定国家《产学研合作促进法》、提高中国产学研合作国际化水平等对策建议。苏州（2018）基于知识管理视角下的产学研协同创新矛盾分析，提出了通过确立统一知识管理目标、建立产学研合作创新管理体系和知识管理支撑环境等治理对策。

（三）典型观点总结

国外学者对产学研协同创新的研究成果比较丰富，其主要的研究领域汇集在以下几个维度：知识转移的机理；促进产学研协同创新的影响因素；产学研协同创新的国别研究；产学研协同创新的绩效评价。具体见表1-3。

表1-3　　　　　　　　国外产学研合作主要研究领域的典型观点

研究领域	典型观点
知识转移	企业从大学中获取知识受制于企业的规模、战略、文化、结构、学习能力、研发意识和信任这7个因素（Abbasnejad，2011）；隐性知识在市场导向的技术转让中的重要作用，正是传递隐性知识的困难性和重要性促进了组织整合的各种形式，并有助于企业吸收大学技术（Lee，2012）。
合作动力	企业生产创新产品或提升制作产品工艺流程是企业寻求产学研合作的主要动机（Brostrom，2012）；产学研三方寻求平等的合作关系，保证合作的成果利益收益归产学研三方所有，能够显著促进三方的合作意愿（Ankrah 等，2013）。
合作主体	企业导师是产学研合作中的最活跃的人才因素，应加强其在本科、研究生和博士层面上更多交流和沟通，并得到支持（Bowman 等，2013）；基于对意大利高校研究员的访谈，表明来自学术自由的观念影响了研究员与企业合作的意愿（2012，Tartari）。
影响因素	基于地理距离与非地理因素的研究及其对产学研协同创新的影响，指出地理距离过远是产学研协同创新中的负向影响因素，但是非地理因素的互补性或相似性能够减弱地理距离因素负面影响（Hong 等，2013）；通过对产学研三者之间关系的研究发现，关系满意度、信任和冲突解决方式影响合作的结果（Frasquet 等，2012）。
演进过程	沟通、理解、信任不同阶段对产学研协同创新影响的作用途径不一样，但最终都会作用于产学研协同创新的演进过程（Plewa 等，2013）；产学研三者的共同和契约、产权和人力资源配置对产学研协同创新过程中选择有着深刻的影响，会对协同组织演进方向产生影响（De Fuentes 等，2012）。
合作特征	新兴产业产学研合作项目有的资助分散、目标模糊、缺乏经验，高校人才与企业人才的本身素质特别重要，成熟产业产学研协同创新项目，常常由高校和科研机构发起（Freitas 等，2013）；产学研合作不仅发生在基于技术的产业生产活动中，创新过程除了创新成果的生成和转换以外，还包括联合构建合作小组，并会考虑企业责任和企业义务等（Zukauskaite，2012）。

续表

研究领域	典型观点
合作效果	对英国受资助的合作和非合作项目进行研究，发现研究项目的质量与高校的研究人才和企业的研究人才素质有着密切正向联系，选择有价值的伙伴才能提高产学研协同创新项目的质量（Banal-Estanol，2013）；产学研三者协同创新的技术差异对项目商业化绩效具有 U 型的影响，合作对象在价值链互补性能够积极地影响项目的开发过程和商业化绩效。（Von Raesfeld 等，2012）。

对于产学研协同创新的研究，国外学者更多的是聚集在产学研协同创新中的知识是如何转移的前提、知识转移的途径以及转移后的结果等基本的层面；研究如何高效促使产学研协同创新的产生，提高产学研协同创新成果质量；研究在不同国别情况下产学研合作的异同，并找出其中差异的原因；不断对关于产学研合作项目质量和绩效评估探索新的科学方法。延续性是国外学者对产学研协同创新研究的主要特点，主要是依据相互协同产出的成果是如何生成、转化、商业化运用，然后做出评估，也注重国别之间的差异，比如日本和美国的产学研合作有什么不同，英国和法国的产学研合作的不同之处等，极大丰富了产学研研究的内涵。

我国产学研协同创新研究晚于西方国家，但也已经走向成熟，其研究的内容和层次逐渐凸显，由早期的产学研合作模式、利益分配方法以及风险分担等比较初级的研究，转向产学研战略联盟、动态演化博弈、系统动力的方法等研究的高级阶段。研究领域有国外产学研合作经验借鉴、产学研人才培养、产学研合作模式、利益分配和动力研究等，具体内容见表 1-4。

表 1-4　　　　　　　　国内产学研合作主要研究的领域

领域	作者观点
经验借鉴	日本产学官合作创新的独特模式与历史、模式、战略与制度的多元化程度有关（陈劲等，2008）；分析了美国产学研合作中合作教育、合作研发与合作产业化三大模式，以及政策导向、创新、利益协调和服务等四大机制（赵京波等，2011）。

续表

领域	作者观点
人才培养	分析我国产学研合作教育的发展情况,构建了提高我国技术人才素质的三层次创新人才培养体制机制(李伟铭等,2011);运用共生理论,从产学研协同产生的角度具体分析了产学合作教育联盟的形成机制机理和合作教育联盟共生培养人才的特点(刁叔钧,2012)。
合作模式	根据合作主体地位的不同,把产学研合作的模式比喻为"父母之命""自由恋爱""媒妁之言"婚恋特色三种模式(陈士俊等,2008);产学研应有双向推动的合作模式(任保平等,2011);产学研应有以合作协议为基础、专项基金为引导和产学研合作办公室为中心的官产学协同创新的模式(冯叶成等,2012)。
利益分配	运用Shapley值法求解利益分配问题需要满足的公理条件(罗利等,2001);运用基础的利益分配混合模型,刻画了产学研协同的特征,根据项目类型因素给出了最优的利益分配系数(詹美求等,2008);基于创新过程演进阶段,建立了一个适用于产学研分阶段合作利益分配博弈动态模型(高宏伟,2011)。
知识转移	收集整理了我国27个省市2000—2006年的面板数据,采用SFE方法估算了企业接受高校技术转移数,并测算了高校科技成果转化率(廖述梅等,2009);从微观的维度出发,运用沟通理论的方法,实证分析了产学研联盟内部知识转移的主要影响因素并提出了促进知识转移的机制(林莉等,2009)。
创新网络	基于小世界网络理论研究了产学研合作创新网络沟通频率和聚集度(冯锋等,2008);通过把共生理论引入产学研合作网络研究中,分析了产学研合作网络在共生理论的特征,提出"双轮驱动"的机制促进产学研协同创新的发展(张雷勇等,2013)。
创新绩效	利用系统动力学的作用反馈机制重点分析各方主体投入、利益分配比例及产业化程度等情景因素对合作创新绩效的作用机理(胡军燕等,2011);揭示了产学合作关系嵌入性通过知识获取间接影响企业创新绩效的关系链机理(李世超等,2012)。

续表

领域	作者观点
协同创新	把开放式创新理解为产学研协同创新的前范式,协同创新对于开放式创新是更加复杂的创新方式,全面深刻地归纳总结了协同创新的内涵(陈劲,2012);通过对产学研协同创新的本质过程进行研究,认为产学研协同创新的过程等价于知识的转移过程,在此基础上建立 SCA 理论模型(魏奇锋等,2013)。
战略联盟	通过大量案例分析了产学研战略联盟的特征,总结出了产学研战略联盟的规律,提出了保证产学研战略联盟有效合作的要点(李林等,2010);研究了联盟外部的政策和投资市场对联盟的作用,也研究了企业自身对联盟创新产出的影响要素(原毅军等,2012)。

四 现有研究的不足之处

产学研协同创新就是要整合各主体资源、重塑科技创新机制、走协同创新发展之路,现有文献仍然缺乏针对中国国情的产学研协同创新诱发机制与实施路径问题的关注,具体归结为:

其一,基于复杂多变的国际政治经济形势,密切结合中国国情,如何将产学研之间潜在的知识互补性转化为现实的协同创新,以及实现这种转化所需要的必要充分条件,缺乏深入的探讨和全面的考察;

其二,产学研合作虽行之有年,但在若干核心关键领域要加快取得跃迁性、突破性、颠覆性创新成效的时代战略任务背景下,对于如何持续诱发产学研之间的协同创新,以及沿着怎样的路径实施产学研协同创新,缺乏系统的分析和整体的设计。

从研究趋势看,在中美贸易摩擦所带来的科技创新使命审视与战略反思背景下,学者们高度关注"产学研融合创新""突破创新机制""创新资源整合与共享"等问题。比如,制约我国产学研协同创新取得突破成效的因素有哪些?产学研协同创新与知识互补共享的联系何在?如何破解长期存在的产学研协同创新成效有限问题?如何形成科学合理的诱发机制实现创新资源融合、促进产学研协同创新?怎样通过知识互补促进产学研各主体的创新发展、增强创新能力、实现有效产出?如何从制度框架和政策体系层面，系统思考产学研协同创新的现实路径、促进机制与实现模式等等。

第五节 研究路线及篇章结构

一 研究背景与必要性

企业、大学、科研机构三种创新主体的异同在知识领域的互补就构成了产学研协同创新的本质，然而知识的互补性只是为产学研协同创新的深入发展奠定了一个基础，仅仅是产学研三类主体间开展工作的必要非充分条件。在具体的应用中，三类主体在产学研协同创新时目标意愿的达成是步履维艰的。即使是在产学研发展已经非常成熟的美国，类似于硅谷和斯坦福大学之间的产学研合作典范也并未得到大面积推广运用。

在我国，推行产学研协同创新更具迫切性。其一，关于产品的独立研发和创新能力两大方面我国的企业与欧美发达国家相比还有很大差距，甚至在某些领域落后于新兴国家，此外，无论国企还是民企其创新意识不强、创新投入意愿不强，缺乏高水平研发机构的系统设置和战略布局；其二，我国高校是计划经济的堡垒，高校科研方向和内容、设备不能适应时代发展的需要，基本上超脱于现实的经济社会；其三，我国的科研机构虽然进行了长期的企业化转制，但仍有大部分科研院所处于半事业、半企业的定位模糊的状态，主要功能不清不楚。

为了切实打破产学研三方各自为政的局面，加大产学研三类主体的合作范围，2012年国家提出并实施了"2011计划"[①]，以此来提升高等学校的创新能力。在上述背景下，高校如何把企业的创新能力融入高校的创新能力培养之中是一个迫切的课题，还有为解决这一问题的一系列衍生问题，比如要完成这一过程需要什么条件？如何诱导？具体的实施路径是怎样的？这就成为了当下国家创新体系建设中的一项亟待解决的重

---

① "2011计划"于2011年4月由时任总书记胡锦涛在清华大学百年校庆上提出，于2012年5月7日正式启动。该项目切实响应科教兴国、人才强国的战略，以人才、学科、科研三位一体创新能力提升为核心任务，通过构建面向科学前沿、文化传承创新、行业产业以及区域发展重大需求的四类协同创新模式，深化高校的机制体制改革，提高高等教育质量。

大战略课题。

虽然关于产学研协同创新已有很多研究，但对于中国国情下如何将高校和科研院所创新能力转化到企业的创新能力发展中，从高校和科研院所的创新能力可以基于知识或成果的形成转移到企业中，但最终成果还是需要产学研三类主体的共同努力、相互合作，最终形成协同创新；至于在产学研三类主体之间怎样才能激发相互协同创新，以及三类主体合作之后走什么样的路径和如何走也是一项亟待解决的问题，现有研究还缺乏系统的探索和顶层结构的设计。因此，提出产学研协同创新的诱发机制与实施路径的研究意义重大而十分必要。

二　研究的主要内容

1. 产学研知识互补性关系分析。基于"场"理论，认为产学研知识互补的平台和载体、场域交互是知识互补的基本实现方式。从四要素理论，从知识互补的主体、客体、情境、媒介四个方面提取出互补意愿、知识互补性、场的完善程度等 11 个驱动因子，考虑到 DEMATEI 方法认为每个因子权重相同的缺点，采用 AHP-DEMATEL 方法定量分析了各因子的综合驱动效果及其内在逻辑关系。

2. 产学研协同创新的制约因素解析。从全球横向比较，我国产学研自身主要存在三大短板，一是制度环境，二是人力资本开发不充分，三是市场成熟度不够；通过产学研相关文献深度分析，发现主体异质性、交互过程、外部环境制约产学研之间的协同创新；最后通过调查问卷判断我国产学研协同创新的关键制约因素和次要制约因素。

3. 产学研协同创新的诱发机制探究。构建产学研协同创新的系统动力学模型，从市场需求、市场压力、政府政策、资金投入、人力投入以及产学研三方合作意愿和知识的潜在价值等方面入手，从他们之间的相互交流与合作中找出之间的因果关系与反馈循环，利用各主体之间的反馈循环激发产学研的协同创新，之后通过系统动力学研究，运用相关机理来模拟诱发产学研协同创新的整个创新过程，为之后的工作提供指导。

4. 产学研协同创新的实施路径设计。根据产学研三类主体的各个需求，构建出产学研协同创新的路径实时流程结构，基于不同的条件规划出促进产学研协同创新实施的可行的路径，紧接着运用相近或相关的案例对选择的路径进行模拟论证，从而归纳出各种条件下实施产学研协同创新的最优路径。

5. 产学研协同创新的宏观环境建设。运用相关分析理论，对各种产学研协同创新相关的政策环境、市场环境和社会环境提出要求。针对产学研协同创新中存在的激励制度不完善、法律不健全等问题，对于产学研协同创新中的市场监管不完善、市场竞争环境紊乱等一系列问题，还有产学研协同创新中社会价值体系不完善等现状，进行深入分析并提出改进建议。

三 研究的价值和意义

理论价值和意义：习近平总书记在党的十九大报告中指出，中国应当建立以企业为主体、市场为导向、产学研深度融合的技术创新体系。李克强总理在第十一届中国产学研合作创新大会上也指出，加强产学研合作是打通创新链条、促进创新发展的重要支撑。根据党和国家的战略需要，本书构建基于知识互补视角的产学研协同创新分析框架，探讨将产学研知识互补性转化为协同创新的内在机理，阐释产学研协同创新的实现条件，模拟产学研协同创新的诱发机制，有助于丰富和完善现有的产学研理论体系，进一步提升我国创新能力，以及解放和发展生产力。

应用价值和意义：产学研协同创新经过三十余年的实践，取得了丰富的成果，同时证明产学研合作不是一个阶段性的工作，而是一个长期、持续、循环反复的过程。产学研依靠任何一方都不能满足时代对创新的要求，必须产学研三方进行长期协同才能实现创新，促进经济繁荣。为此，本书运用现有学者提出的关于产学研的深层次研究的理论成果为基础，为产学研协同创新的实施规划出最佳的路径以及与之相关的支持战略，为今后的发展提供可行性的方案，对于相关部门制定相关的产学研协同创新的规章制度以及促进政策提供参考，有力支撑我国国家创新体系的建设与完善，促进我国经济的增长。

四 研究的创新点

1. 构建基于知识互补视角的产学研协同创新分析框架，阐述产学研合作的条件。依据全球创新指数排名，利用扎根理论归纳提炼产学研协同创新的障碍因素，并认为主体异质性障碍、交互过程障碍和外部环境障碍是产学研协同创新的主要障碍；同时借鉴场域交互理论，提出知识互补是产学研协同创新的基础和动力，场是产学研知识互补的平台和载体，场域交互是知识互补的基本实现方式。

2. 构建产学研协同创新的动力学模型，运用相关理论剖析产学研三类主体之间在协同创新中的内在机理作用，模拟出产学研协同创新的诱发过程。创建出产学研三者之间的诱发模型，规划出产学研协同创新各阶段的 SD 流图，分析各个阶段中影响因素的阻碍因素和动力因素，解析各阶段协同创新的内在机理，并对不同阶段进行综合仿真，归纳出产学研协同创新在活动中的动态循环性的独特表现，全面反映产学研协同创新的流程。

3. 系统设计各种条件下产学研协同创新可能的实施路径，进一步规划出最符合中国国情的产学研协同创新的推进方案。基于知识互补性原理，从时间和空间两个维度对产学研的相互作用机制进行分析，提出了知识的演进是时间演进与空间演进相互促进的结果，各主体共同的互补性知识储存量、互补性知识分享量、互补性知识利用效率、互补性知识经济效用对产学研协同创新的促进机理；结合我国现实情况，提出了产学研协同创新的推进方案。

五　研究技术路线

（一）研究思路

本书按"产学研协同创新的知识基础""产学研协同创新的协同条件""产学研协同创新的诱发机制""产学研协同创新的实施路径""产学研协同创新的扶持战略"的线路开展工作，研究的重点是诱发机制和实施路径，知识基础和协同条件是必要前提，扶持战略是环境支撑。

（二）研究内容

本书共分为七章。

第一章　绪论。对产学研协同创新的相关理论知识进行阐述，对国内外产学研的发展历程与成果进行了比较分析，对于为何要发展产学研协同创新进行了分析，结合时代发展趋势，对现有国内外学者对产学研协同创新的研究进行了述评。

第二章 国外典型经验借鉴。对国外发达国家产学研协同创新中政府、企业、大学如何发挥作用与应当扮演怎样的角色进行了详细阐述，对我国产学研各类主体应发挥怎样的作用以及应采取怎样的发展路径提供了可行性建议。

第三章 我国产学研协同创新的关键制约因素。辨析了制约我国产学研协同创新的关键因素，主要利用全球创新指数、扎根理论和问卷调查的方法归纳出制约产学研三方协同创新的关键因素。

第四章 产学研协同创新的知识互补驱动机理。基于四要素理论从

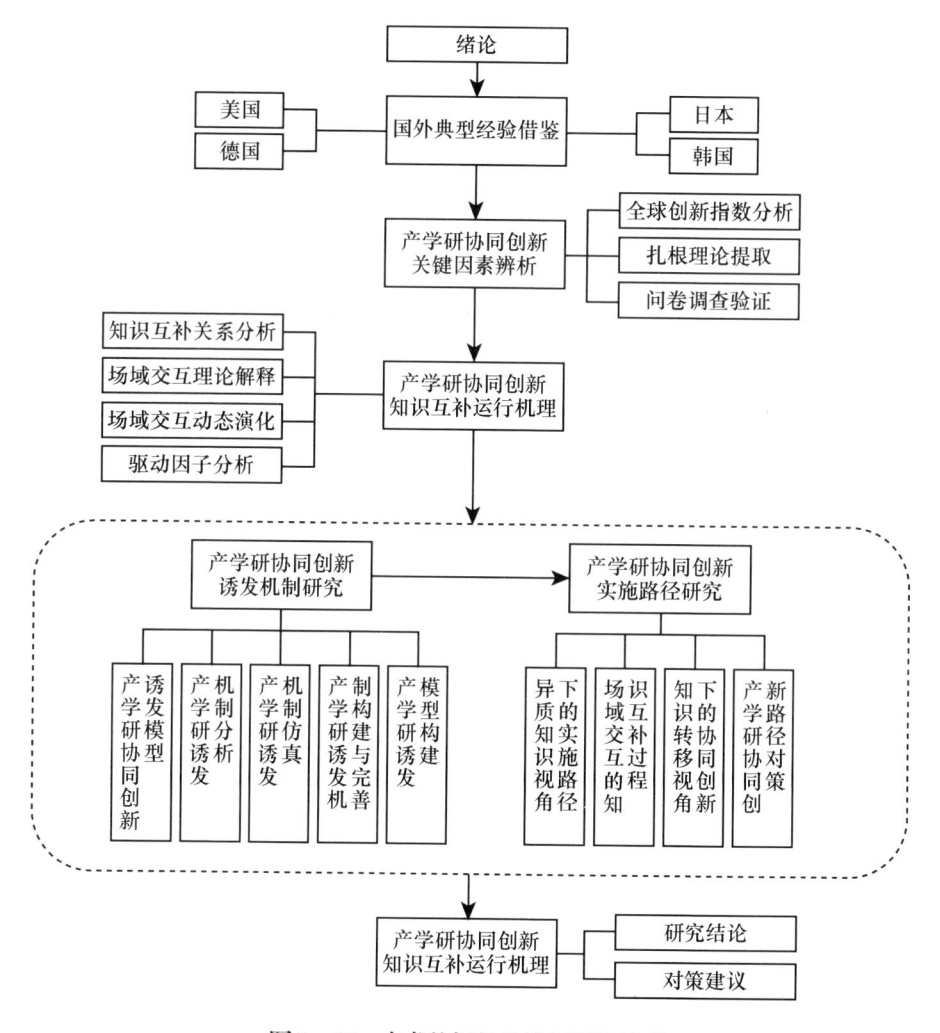

图1-15 本书的框架结构与逻辑关联

知识互补的主体、客体、情境、媒介四方面提取出了互补意愿、知识互补性、场的完善程度等 11 个驱动因子，考虑 DEMATEI 方法认为对每个因子权重相同的缺点，采用 AHP-DEMATEL 方法对每个因子的综合效果及内在逻辑做了定量分析，并提出相关的结论。

第五章　产学研协同创新的诱发机制。从当下的问题出发，对产学研协同创新诱发动因做了详尽的分析，运用 Vensim 软件仿真分析了各种因素对产学研协同创新的影响，提出产学研协同创新诱发机制应如何构建及其完善的相关建议，构建产学研协同创新效应模型并推进模拟，给出了产学研协同创新诱发措施与建议。

第六章　产学研协同创新的实施路径。基于知识互补视角探讨产学研协同创新的作用机制，对产学研协同创新的特征进行了分析，探索了产学研知识互补性转化为协同创新的内在机理；基于知识转移视角，研究了产学研协同创新的实施路径；结合相关案例提出了我国产学研协同创新路径的网络构建建议。

第七章　研究结论与对策建议。研究了产学研协同创新的创新战略和政策思考，主要分析了如何从根本上变革创新体制、优化创新环境，使产学研三方在一个更加宽容的环境里创新。

（三）研究方法

1. 比较分析法：构建知识互补性对比分析框架，确立系统的比较维度体系，比较分析了关于产学研之间的知识互补性关系，以此来发现产学研异质知识之间的关联与转化机制。

2. 调研访谈法：就产学研协同创新的导入条件问题，在企业、高校和科研机构开展调研访谈，收集产学研一线技术人员和管理人员对产学研协同创新条件的认识，从中系统地抽取有价值的信息。

3. 动态模拟法：根据影响产学研协同创新的影响因子，设计产学研合作的系统动力学模型，探索产学研之间的协同创新的传导机制，并对产学研协同创新的诱发机制进行仿真模拟。

4. 系统设计法：根据产学研协同创新运用的导入条件和诱发的传导机制，系统构建产学研协同创新的实施框架，分别设计各种条件下产学研协同创新的最优实施路径。

5. 案例研究法：采集国内外产学研协同创新的典型案例，对其协同创新的实施路径进行解析，对所设计的产学研协同创新实施路径进行优化选择。

6. 战略政策研究法：从国家创新战略的层面，综合评估产学研协同创新的战略价值，系统地构思国家对产学研协同创新的扶持方向、重要领域、主要行业和重点地区，构筑产学研协同创新的战略扶持体系。

第六节　本章小结

改革开放至今已40多年，我国在自主创新上取得了斐然的成绩，在科研投入、高水平科研论文和科技专利方面已经走到了世界的前列。但是，科技和经济还是两个各自独立的系统，"两张皮"现象依然比较突出：一个就是企业对于核心技术的掌握还存在缺陷，对于关键部件的发展还与其他国家存在差距，创新驱动发展模式还不是很完善，比如在集成电路、芯片、汽车发动机、基础医疗、化工制药、液晶面板等多次发生技术革命的行业，各种关键核心科技对外国的依赖还占很大的比重。另一个是大学和科研院所的研发与市场需求脱节严重，产出与需求不对等以至于科技成果转化率一直低于其他发达国家的水平，对经济的发展不能提供高效、稳定的支持。

本章通过对产学研协同创新概念、理论和实践的回顾，归纳我国产学研协同创新近30年的成果和问题，以指导我国更好地开展产学研协同创新。

第一，创新是引领发展的第一动力，从国家到企业再到大学甚至到个人，提高创新能力都是未来发展所面临的首要问题。从我国的产学研的发展历程可以看出，科技强国发展产学研协同创新是必不可少的一个单元，也是企业提升创新能力的重要途径。

第二，产学研协同创新经过近三十年的实践，硕果累累，很多领域取得突破性进展和成果，但也存在创新意识不足、创新能力不强、创新动力不强等问题，因此，我国应该培养创新意识，提高创新能力，增强创新动力。

第三，从宏观上看，产学研协同创新是新时代现代化经济建设的重要任务，也是创新型强国建设的内在要求；从微观上看，产学研协同创新是时代赋予产学研三方的时代任务。

第四，梳理和评述产学研协同创新现有文献，国内外对产学研协同创新的理论研究日趋完善，研究热点和领域不断演进，但缺乏对产学研诱发机制和实施路径的研究，指出对此研究的重要性，有利于完善产学研协同创新研究体系。

第五，阐释研究的背景、内容、价值、创新点以及技术路线和研究方法，在战略和战术上指导后文研究，以期获得丰富有效的研究成果。

第二章

国外典型经验借鉴

"他山之石，可以攻玉"，我国发展应当结合自己的实际，主动吸收和积极借鉴当代各国的一切文明成果，尤其是发达国家在产学研协作创新方面的典型经验，"择其善者而从之，其不善者而改之"，才能在更高的起点和视野上，促进我国产学研协同创新成效的改善。本章拟基于历史和现实的角度，选择有代表性的国家如美国、德国、日本及韩国等，总结和归纳其产学研协同创新的基本情况，剖析其取得成功的深层次原因，解构协同创新诱发机制和具体实施路径，审视其内外部机制环境，由此提炼和归纳出可供我国借鉴的产学研协同创新典型经验。

第一节 美国产学研协同创新经验借鉴

一 总体情况概述

19世纪是美国产学研协同创新的萌芽时期。19世纪初，美国企业开始支持当时很多大学有关农业和工程的研究项目，由于大学规模较小，创新能力有限，这种校企模式运用范围较窄，它的主要模式是在学校的参与下，农民、政府、企业共同咨询专家意见；1862年，《莫雷尔法案》应运而生，接踵而至又有一系列的有关赠地的法案，内容是政府免费提供土地创办大学，这些法案使得美国各个州都获得了大量的土地，学校拥有土地的变卖权，变卖土地获得的收益以作为学校办学教育的开支，一系列的法案使得政府、大学和企业的合作开始萌芽并且逐渐加强。

20世纪初，美国此时的产学研已经进入发展时期，美国对教育中的社会职能要求日益提高，接着颁布了《史密斯·莱沃法案》，正值战争时期的美国,对于军事科技有极大的需求,也正是由于时代需求的原因,推动了大学教育融入现代生活、国家政治体系中。直到第二次世界大战结束,有学者专家在报告中指出基础研究对于一个国家发展的重要性,强烈建议政府加强对大学、研究机构科研产品商业化的支持。这种论点影响了整个社会对于科技的认知,政府也表明了对科学转化为财富的认同,改变了人们对科学价值的理解,从政府至民众都极其重视基础研究,硅谷、波士顿128号公路等都是当时非常典型的案例。

20世纪80年代,美国产学研已经走向旺盛阶段。之后的10年,世界经济、科技、教育变幻巨大,也是美国经济发展迅猛的10年,美国重视科研,研发经费急速上涨。当时美国与欧洲和日本竞争日益增大,实施了《拜杜法案》,变更了专利法,极力发展生物医药技术,在这样强压力的环境下,学校的资金构成除了本身,企业在很大程度上进行了入股,这样的举动让企业和学校的合作密切。企业帮助大学让成果能够更快进入市场,进行商业产品的输出,企业对学校进行捐赠、资助,校企合作进行研究,企业又负责将其进行商业化,同时促成了两方的发展,企业获得了经济发展的动力,学校也提供了学生更多的就业机会,提升了学生的创新实践能力,这些都是校企合作逐渐加热的原因。

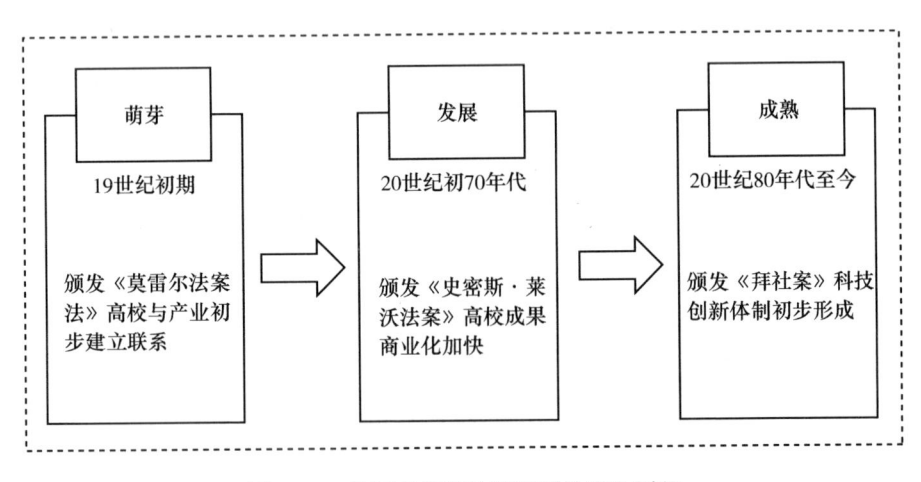

图2-1 美国产学研协同创新的演化历程

美国产学研协同创新非常重视产学合作和基础研究,美国政府支持企业、大学的合作研究,并且给予政策和财政上的支持,比如美国的贝尔实验室拥有多项技术方面的重要基础,是科学史上诸多的里程碑成果创造者之一,足以可见重视基础研究所取得的巨大成就。

二 政府引导模式

(一)诱发机制

1. 美国政府在产学研协同创新中的角色

(1)法律法规保障。美国注重保护个人权益,早从19世纪开始,为了保护产学研主体的合法权益,美国政府制定了一系列相应的法律法规,所涵盖的内容细致到产学研合作过程中涉及的方方面面,提供了法律上的支持和保护,它保证了产学研合作的顺利进行,其作用非常关键,涉及的具体内容也是根据当下情况的不同而有差异,足见政府一直以来对于产学研合作的重视。以下列举系列典型产学研合作相关法律法规,参阅表2-1。

表2-1 美国产学研协同创新发展相关法律政策及主要内容

年份	政策名称	主要内容
1980	《拜杜法案》	将研究成果商业化,允许研发专利权人分享收益
1981	《经济复苏法》	有关税收的减免、优惠政策,旨在鼓励个人或团体的科研活动
1982	《小企业技术创新进步法》	支持小企业的创新,提供资金、政策上的支持
1984	《国家合作研究法》	允许多家公司进行一个专题或项目,允许单个或几个公司在资源上享受优先使用
1986	《联邦技术转移法案》	确定项目成果的享受权益以及明确的分配
1988	《国内税收法》	支持企业研发活动,并给予一定的税收优惠
1989	《国家竞争力技术转移法》	界定了知识产权的保护,以及履行职责
1991	《美国技术优先法》	知识产权被允许进行交易
1992	《小企业技术转移法》	鼓励企业、高校、研究机构的合作
1995	《国家技术转让与促进法》	规定了产学研合作中的产权界定

续表

年份	政策名称	主要内容
1997	《联邦技术转让商业化法》	将技术转让进行商业化，保护其中主体的权益
2000	《技术转让商业化法》	对小企业的研发鼓励，允许购买科研成果许可
2007	《为有意义地促进一流的技术、教育与科学创造机会法》	重视基础研究和人才培养

（2）专项科研计划支持。美国在20世纪50年代就非常重视基础研究，为此专门建立了"国家科学基金会"，直到20世纪60年代鼓励大学和企业共同合作，去进行共同研究，政府也提供相应的基金，还对某些重点项目进行大力支持。20世纪70年代时，为了鼓励大学和企业的合作，国家制定了以"产业大学合作研究计划"为代表的多个合作计划，并且取得了很好的成果，这种模式也得到了广泛的认可和学习。直到20世纪90年代，当时美国正处于战略机会的关键时代，越来越多的具有雄厚实力的跨国公司给美国带来竞争压力，美国政府意识到危机，尝试了一系列计划来加强民用技术的创新能力，首先是出台了先进制造计划，其目标是为了促进企业、高校、研究机构共同进行项目研究，鼓励合作；随着时代的发展，到2009年，国家的重点转移到新能源方向，并提出了相关的战略计划。美国联邦政府固然提出了一系列计划，各州也并不是无所作为，美国各个州也都在积极地推进产学研。刘力（2001）提出印第安纳州对于科学与技术提供资金，主要目的是促进产学研合作，改善经济；宾夕法尼亚州创设本·富兰克林公司，加强了高校和企业的联系与合作关系。Louis（2002）认为，佐治亚州政府启动的"亚马克鲁"计划，就是对于高新技术的重视，其目标为在宽带基础设施和芯片开发领域占有领先地位。孙福全（2008）指出州政府与大学、企业合作，共同建立了"加州科学与创新研究院"，并且不间断地在基础研究和应用性跨学科研究上提供大量资金，这些都显示了美国州政府对于高科技产业支持方面的新变化。

表 2-2　　　　　　　美国促进产学研协同创新的政府专项计划

时间	具体支持项目
1950 年	国家科学基金会
1971 年	产业—大学合作研究中心
1990 年	先进技术计划
1993 年	信息高速公路计划和新一代汽车伙伴合作计划
1997 年	全球电子商务政策计划
1998 年	国家植物基因组计划和下一代因特网实施计划
1999 年	21 世纪信息技术和重建环境保护计划
2003 年	国家纳米技术研发计划
2007 年	技术创新计划
2009 年	新能源国家战略计划和科学技术工程及数学教育计划
2011 年	先进制造业伙伴计划
2018 年	国防企业科学计划（DESI）

（3）财税政策激励。美国非常重视高科技，1992 年，美国政府为了支持高科技产业，要求企业必须与大学和科研机构共同进行研究合作，并且将用于政府的资金预算拿来支持企业的研究，这很大程度上促进了小企业和大学科研的合作，企业与大学科研的合作在资金上能够得到联邦政府的财政支持，这极大地促进了将科研成果转化为商业产品，缩短了周期，提高了成功率；1993 年，政府加大了投入，将国家实验室估算的 10%—20% 用于同高校、研究机构合作的企业项目；并且加大了人力资本投资，加大教育投入，实施了引进人才、特殊人才等政策；政府还专门建立了补助，设立风险投资基金；政府为了提升产业竞争力，不断进行投入，并且提出了购买支出政策，通过政府采购，减小了企业的竞争压力，也鼓励了企业进行高新技术的开发。

表 2-3　　　　　　　美国政府促进产学研协同创新的财政手段

财政手段	具体内容
高科技产业支出加大	美国将联邦政府研发预算的 2.5% 用于支持小企业的技术研发活动

续表

财政手段	具体内容
运用支出预算政策	支持企业研究项目，投入政府预算
人力资本支出加大	美国政府采取一系列人才培养和储备行动
财政补助和息贴	资金支持并且进行部分税免优惠
购买支出政策	支持高新产业，极力推动发展

（4）制定实施产学研创新主体税收优惠政策。政府专门为产学研创新主体制定了详细的税收优惠政策，在法律上，研究发展所用资金不具有资本累计的特征，所以这些用来研究发展的项目资金有税减优惠。税收优惠政策主要是为企业和大学的合作而设立，企业如果积极和大学、科研机构进行合作，是可以直接享受优惠政策的，所以这在很大程度上都鼓励了校企合作，极大地促进了产学研的发展。

（5）不断增大对科研经费的投入强度。根据蓝晓霞（2013）总结，美国1994年科研经费支出为1692亿美元，到2004年科研投入翻了一倍。联邦政府1971年投入了152亿美元，不到十年，投入已经高达300亿美元，之后十年又翻了一番，到了2010年，已经高达1495亿美元。美国国家科学研究委员会的报告显示，截至2018年，美国的年研发投入已经达到了4960亿美元，在全球研发投入份额约占26%，并且政府调整了战略目标，注重长期战略发展，在科研上投入了大量的资金和计划，这些计划在州政府同样受到重视和利用。

（6）建立有效的管理与服务机制。美国联邦政府为了提升科研成果的商业转化率，增强国际竞争力，推动研究成果不断转化。王书建（2004）指出，20世纪80年代初，美国的大学建立了中介机构，主要服务对象是中小企业，为他们提供帮助。由于中小企业相比大型企业，成本、市场风险都要大得多，在中介机构的努力下，中小企业、高校和研究机构能够及时进行通信，及时沟通。如刘力（2001）总结的于1974年成立的美国联邦实验室技术转移联合中心，其主要目的就是为技术、知识及经验的交流提供场所、为相关人士出现的有关技术转让的复杂的法律和政策难题提出解决建议和方法。相应地为了加强高校和产业界的沟通，在高校建立了相适宜的中介机构。中介机构在政府、企业和大学之间建立了紧密的联系。接下来重点在于技术如何转让的问题上,美国在 1992 年成立了更加全面的中介机构,有着全国性的技术转让网络,担任着将联邦政府开发的技术迅速转让到产业界的角色。美国政府还在网络中建立了重要的资料库,主要包含专利、技术、产业、技术人才管理、法律等学业界和产业界方面的专业知识,供高校、企业、研究机构在产学研合作模式中共同使用,能够消除三者之间的信息障碍,促进三者之间更好地合作,使大学能够时刻关注市场需求,企业也能提供最大的帮助,使大学的研究成果最快进行商业转化。

2. 企业在产学研协同创新中的角色

(1) 企业创新成为创新型国家的主要支撑。企业在市场竞争中,面临多方面的挑战,对于当今世界,一时的产品优势并不能带来长期的优势,随着技术的不断更新,旧产品随时可能被新产品替代或者淘汰,所以企业想要提高自身的竞争力和长久的发展潜力,必须要有源源不断的创新能力和科研成果,美国很多大的公司都意识到了这点,所以非常注重创新。如张明龙(2012)在文中提到美国的 IBM 和通用公司,为何能保持长期的领先地位,公司非常重视基础研究,有大量提供基础研究的办公室以及资金支持,所以公司才能在技术上一直更新迭代,始终保持行业领先地位。另外一些大公司则选择和企业,或者大学、国家实验室联盟,共同进行技术的开发创新,贝尔实验室就是一个成功的例子。美国一直非常重视创新,据穆鹏丞(2012)统计,自从 1970 年以来,美国企业的创新与研发投入已经占全社会的 67% 份额,这足以说明美国创新与研发能力强大的原因。从以上的例子可以看出,创新能力不仅决定了一个企业长远发展的能力,也能够影响到产学研合作的效率,在提高企业实力的同时,也能够加强产业界和学业界的联系,所以美国对于创新能力的重视是非常重要的。

(2) 企业管理联盟是协同创新的重要平台。兰晓霞(2013)认为,知识管理机构对于产学研合作具有重要作用,它帮助企业和高校更快地适应产学研,提高了产学研主体在联盟中的管理能力,消除主体之间的知识、思维的差异,引导主体主动解决问题,建立亲密的合作关系,这种亲密的关系对于合作创新极有益处,它增大了联合创新成功的概率,因为企业可以通过这种联合达成信任,相互解决自己实力范围内无法解决的许多问题，相互借鉴经验，少走弯路，提高创新的成功率以及公司发展的潜力。美国许多大公司都实行了管理联盟，在人才培养、创新研究上起了很大的作用。

3. 大学在产学研协同创新中的角色

（1）强大的人力资源保障。美国非常重视人才培养，尤其是高科技领域的人才。本国人才是通过大力支持高等教育的政策手段进行培养，除此以外，美国也欢迎来自世界各地的科技人才，为此，极力完善移民政策，对外来科技人才提供丰厚的待遇，免除后顾之忧，留住大量外国人才在美国安家，从此加入美国研究团队。对于研究团队的人才队伍，政府会实施鼓励研究人员进行创意研究的政策、开展人员的素质提升培训等一系列措施，所以美国拥有非常庞大和高层次的技术人才队伍，这为美国产学研协同创新提供了强大的人力资源保障。综观硅谷，苹果、谷歌、惠普等高新科技企业，都非常重视人才的培养，在人才队伍的选拔、培训、激励等方面，企业都有着严格而齐全的一整套制度。在人才选拔上，企业更加倾向于创新和技术人才；在培训方面，企业坚持因地制宜的原则，让人才到最合适的位置上发挥才能。IBM 公司的技术人才——软件设计师达万名，达到了将近公司总人数的 1/7，遍布世界各地的合作研究中心的科学家 3000 多名，正是这种人才结构，给 IBM 带来了持续不断的创新成果。2016 年，IBM 发明专利高达 8088 件，足以看出企业的创新能力，也足以证明 IBM 强大的原因所在（鲍云海，2018）。

（2）形成了解决利益冲突的有效机制。美国最初对利益冲突（Conflicts of Interest）问题的关注始于大学。它涉及了大学中研究者的科研成果，一方面是科研者与学校的利益分配问题，另一方面是关于科研者研究积极性的问题。为了解决相互之间的利益冲突、保证科研者的研究热情，美国高校为此制定了解决问题的有效机制，斯坦福大学是一个典型的例子。斯坦福大学为了避免纠纷，将利益冲突问题做了详细的规定，保证了利益的公正性和研究者的积极性。首先斯坦福大学的教授虽然能够自己开办公司，但前提是必须完全保证自己有足够时间进行大学工作，而且与大学没有任何冲突，当然教授在不能兼顾的情况下，想自己创业，可以选择先请 1—2 年的学术假期，停薪留职，这样的话，在规定时间内再想回来任教也是很方便的；另外，教师即使是在外面创办企业，如果采用了学校的研究成果，学校同样也可以享受利益；再者，学校从制度层面对研究成果的利益分配具体份额做出了详细规定，供全校参考和执行。

（3）技术许可办公室收入分配的合理化。美国政府对美国大学有专门的政策和基金支持，但是技术许可办公室却没有专门的经费支持，技术许可办公室主要是通过技术转移活动进行运转的，市场机制保证了技术许可办公室的正常运转，并且为其提供了相当充足的资金，有些时候，技术许可办公室甚至可以反哺大学，在资金上提供一定的支持。密西根大学对于收入分配有详细的原则，学校规定，当研究收入低于20万美元时，其中一半归发明人所有，发明人所在系占17%，院占18%，最后的15%归学校所有；总体坚持的原则就是，在研究收入较低时，要将发明人所占比例调高，当收入较高时，适当降低百分比，但是依旧能够保持在数额上占有比较可观的数目，这在很大程度上保证了发明者及相关机构的权益，减少了纠纷。从时间上看，随着时代的发展，大学也在不断改进分配的政策。比如，在1996年之前，当时美国正处于技术转移起步阶段，研究者研究成果收益与所在学院没有关系，学院不享受任何利益分配，这就导致学院积极性的下降，所以学院对研究者工作上也不会主动积极提供需要的支持；直到1996年，美国的技术渐渐进入了发展时期，国家越来越重视高科技技术，学校也积极响应，在政府的支持下，对研究进行大量的政策和资金支持，为了鼓励创新，将成果利益基本都归于发明者；直到2004年，学校由于自身发展原因，又开始实行利益分配制度，将分配到的收入再次投入到科研中，使学校能够进行不断的创新研究和产出成果。许多大学非常重视创新，为了能够激励更多的创新发明，鼓励研究者积极进行研究，在收入额越小的时候，反而给发明人分配的比例越高。

4. 建立产学研合作创新机制

（1）建立高新企业孵化器。这是一种专为支持中小企业的诞生以及促进高新技术研究的激励机制。企业孵化器在美国90%以上都不是以盈利为目的的，它们的主要目的是一方面帮助中小企业的成立，另一方面也可以帮助大学，将大学的研究成果尽快带入市场商业化，而不只是理论的东西，相应地提高了当地的就业率并且极大地带动了当地的发展，为经济建设做出了巨大贡献。

(2) 建立科技工业园区。在大学周围建立科技园是美国非常成功和成熟的协同创新形式，最开始是斯坦福工业园，它利用学校的资源和人才，渐渐把研究成果进行商业化，刚开始规模很小，后来渐渐扩大，形成了现在知名的硅谷。美国具有相当规模的科技工业园区已达到100多个。这些科技园入驻了很多的大公司和研究机构，更好地为周围大学的学生和科研人员提供实践的平台。他们除了进行理论研究，还能结合实际，具有商业经验，将成果能够最大化进行输出，这使得学生到岗培训时间大大缩短，并且增强了科研人员的综合能力，学校人才辈出，也极大地带动了整个社会和经济的发展。

(3) 校企共建工程及应用中心。"工业—大学合作研究中心（IU-CRC）"是美国极具历史和代表性的研究中心之一，研究中心的关键任务是为了进行交叉学科的研究开发以及对于拔尖创新人才的培养。它们的设立要吸引有实力、经济雄厚的企业和高校中的科学家、学生共同协作，进行跨学科的研究与开发，目的在于提升美国的研发综合实力，如今这类的开发研究中心已达上百个。

(4) 大学与企业协同承担科研项目。美国政府非常鼓励企业与大学合作进行项目研发，这对于企业和高校都是有非常大的益处，由于对基础研究的重视，其中近一半的课题是有关基础研究的。对于企业而言，对高校人才的引进，直接提升了其研发能力并且不断进行创新，对于提高综合实力有极大的帮助；对于高校而言，高校通过与企业合作，共同进行科研项目研究，不仅能够加强对市场的了解，另外还能够提升学生的实践动手能力，让高校培养的人才出校门之后能以最快的速度和最好的状态适应工作。

(二) 产学研协同创新实施路径

美国产学研历史悠久，已接近200年，从最早的校企合作模式的实行产学研合作，到世界闻名的"硅谷"模式，不乏政府的支持，从《莫雷尔法案》，逐渐到《技术转让商业化法》实施，美国产学研越来越成熟，也越来越成功。从时间上看，政府不断进行政策的调整，通过政策类型的分类，可以将美国产学研模式总结为合作教育模式、合作研发模式和合作产业化模式，具体可参见表2-4（赵京波，2011）。

表2-4　　　　　　　　　　美国产学研协作创新的典型路径

产学研模式	内容	具体形式
合作教育	政府向大学赠地，支持大学发展	加利福尼亚大学、麻省理工学院等
	合作建立社区学院	中央佛罗里达州立社区大学、圣马特奥社区学院等
	开办企业大学	马萨诸塞州的王安研究生院、科罗拉多州的全国科技大学等
合作研发	推行政府科技计划	大学—工业合作研究计划、小企业推动计划等
	企业委托项目	大学接受企业的资助，其成果被企业直接用于产品开发中
	组建合作研究中心	由大型公司与大学或科研机构联合组建
合作产业化	大学周围建立科技园	硅谷等
	由企业组建的科技园区	波士顿128号公路高技术园区等
	由州政府主持组建的科技园区	北卡罗来纳大学和杜克大学共同组建的"三角研究园"等

1. 合作教育：以麻省理工学院为例

（1）概念。合作教育是指高校在政府的资助下，与企业、研究机构合作，共同建立或者合作发展高校教育的模式。美国合作教育模式取得了很好的效果，一直受到模仿和推崇。根据赵京波（2011）总结，美国合作教育主要包括三个方面的内容：一是赠地建学，是由政府开始资助的，政府向有关申请单位赠送土地，建立了学校。如加利福尼亚大学、麻省理工学院，都是通过政府赠地、资金资助而不断发展，使得它们都成了教育中的佼佼者，为美国的教育事业做出了巨大的贡献；二是政府和教育者共同建立社区学院，社区学院的建立是为了满足多样化的需求，没有条件或是没有兴趣进入高等教育学校的，可以通过社区学院学习专业技能，这就促使了美国产业经济很大的发展，工人整体素质得到了保障；三是企业开办大学，企业很多时候感觉到的是尽管学校输出的学生很多，但是不尽如人意，企业往往为找不到合适的人才而担忧，所以企业从20世纪80年代开始大量创办企业大学。可以发现，世界500强的公司都慢慢地开始建立大学，并且涉及了高校领域的多个行业。

麻省理工学院（MIT）由著名的自然科学家威廉·巴顿·罗杰斯创建于波士顿，现已成为世界知名高校，培养了77位诺贝尔奖获得者，是名副其实的创新人才高校。它非常重视综合应用研究，学校的研究成果离不开与产业界的合作。MIT无疑是产学研合作非常成功的典型案例，非常值得分析其具体做法，以获得相关成功经验。

（2）实施路径特征分析。MIT"工业联盟项目"办公室是MIT与各大企业的纽带，它极大地促进了MIT与企业间的合作。MIT"工业联盟项目"办公室始建于1948年，当时处于第二次世界大战时期，对重大科研有极大的需求，于是将重大科研任务委托给联盟项目办公室，并且要求必须将成果及时授权给企业，以便企业能够以最快的速度将成果进行转化和使用。那个时候，这个联盟项目办公室是世界上第一个将产业界和学术界融合，共同开展全面合作的战略联盟，直到今天，它仍在促进全球高新产业的发展和产学合作。

"工业联盟项目"办公室提供以下服务：首先，安排客户和MIT专家进行活动交流，阐述其相关需求；其次，这些客户要参加MIT的相关会议和培训，覆盖的内容非常广泛，如新材料、智慧城市、气候变化、大数据、市场等等；最后，为客户提供科研信息资源，包含目前最新的研究信息和技术动态。工业联盟办公室的助力，能够使企业快速在高新产业区域抓住重点，并且能够高效实现目标，这种各司其职的强力合作，极大地提升了技术研发效率。

2. 合作研发：大学—工业合作研究计划为例

（1）概念。汪佩伟等（2000）总结合作研发模式是以减少高投入、避免复杂性和不确定性、规避风险、收缩产品研发周期为目的，以美国政府、企业、大学、科研机构合作创新为愿景，以共同利益为基础，以优势互补为前提，以提高产业竞争力为目标的一种产学研模式。1971年开始，美国相应推出了一系列推进产学研发展的计划，以"大学—工业合作研究计划"为代表，把基础研究、应用研究和美国产业的未来发展紧密联系起来，这个计划的主要目的就是探索哪些措施能够激励私营企业增加对研究与开发的投资。基金会通过"种子基金"的资助方式，建立大学—工业合作研究中心，目的在于鼓励大学和企业能够有更多的合作，并且能够长久。美国的工业—大学合作研究中心是大学的一部分，但是企业对其影响更多，因为研究中心必须时刻关注企业的需求，并以此展开研究，这种合作研发模式取得了很大的成功，也极具代表性。

（2）实施路径特征分析。政府于1973年开始提出该计划，并且提供了政策与资金上的支持，为该计划的成功提供了有利的环境，也为其成功提供了极佳的条件。

美国国家科学基金会（NSF）促进大学—工业合作研究。企业与大学在最开始的时候一直无法建立稳固的合作关系，首先是双方追求目标毫无一致，企业需要的是科研成果能够市场化、商业化，为其创造利润，而大学追寻的是对知识、真理的探索，可以说，双方价值观完全不同，正是如此，两者无法顺利开展合作。其次，大学科研内容包括基础研究和应用研究，对于经费和实验室要求都很高，如果这些都要企业承担，企业风险和投资会很大，这也挫伤了企业很大一部分对于产学研合作的意愿。出于以上考虑，NSF提出了对于合作的资助计划，专门为其提拨了专款，为合作研究提供更多的机会和资源。

3. 合作产业化：硅谷为例

（1）概念。范福娟等（2010）指出了产业化的重要性，认为只有实现产业化，科研成果才能真正转化为产业竞争力。美国联邦政府在对于成果进行产业化上也做了很多的努力，出台了大量的促进技术转让的法律法规，建立了技术转让中心和全国性的技术转让网络，目的就是让大学、研究机构的研究成果能够更快地进行转化，流向市场，所以合作产业化提升了产学研合作效率，缩短了科研成果商业化的周期，对于产学研合作研究具有重大意义。

硅谷是合作产业化非常典型的一种模式，它是由大学组建的科技园区，经过不断的发展，现在已经是世界知名的电子工业集中地。硅谷刚开始成立是斯坦福副校长的个人想法，想通过学校的力量做出有用的产品，渐渐地由最开始副校长的两名学生，到后面建立了惠普公司和其他越来越多的企业，研究领域也从电子产业逐渐转向更多的高新领域，到了80年代初，已经聚集了多家高新产业，形成了当下享誉世界的硅谷。

（2）美国硅谷产学研协同创新的实施路径特征。硅谷的产生是由斯坦福大学开始的，这首先要归因于斯坦福大学的管理模式，斯坦福大学非常重视创新以及研究者的相关权益,在很大程度上鼓励了创新,保证了教师的知识产权,提供了激励条件,创造了创新成果;斯坦福研究院成立,运用斯坦福大学设立了"荣誉合作项目",主要目的是吸引当地企业的高级技术人才能够到斯坦福学院学习,这样就能够加强学院和企业的沟通。这些政策激励了创新,增强了创新能力、提升了科研成果转化率。

硅谷的发展还离不开对它进行的风险投资。硅谷主要进行的是高新技术产业的研究和投资,而高新产业和传统产业一个很大的区别,就是高新产业具有高投入、高风险的特点,所以在硅谷的发展过程中,它需要不断地面对项目进行选择,每次选择都需要高昂的代价,所以仅是斯坦福大学的资助是不足以支撑的,这个时候,硅谷引入了风险资本的注入。那么风险资本从何而来呢?由于高新技术的特点,传统银行是不愿意贷款的,资金来源成了一个难以解决的问题,于是这个时候风险投资公司应运而生了。风险投资公司主要是收集社会上分散的资金,通过基金或者伙伴的形式,然后通过专业的手段和程序为硅谷提供资金支撑。除此以外,风险投资公司还会利用自身的知识向其他潜在顾客提供信息和资金支持,以创造更大的价值。风险投资公司投资对象的选择标准是,要有市场前景,收益高和快,这也正符合了高新技术成果的特点,虽然风险高,但是创造的利益也是非常可观的。在风险投资公司的投资下,硅谷得以一直保持前进的速度,不断地壮大、发展,取得了今天的成绩。

4. 知识互补视角下产学研协同创新过程分析

麻省理工学院:政府向大学赠地,支持大学发展,学校非常注重人才的综合培养,其中的MIT"工业联盟项目"办公室,在很大程度上实现了学校人才与企业需求的对接。学院的协同创新是以麻省理工学院为主导的,良好的教育氛围是离不开政府支持的,学院不仅内部进行创新教育,还和企业进行外部创新活动。

大学—工业合作中心:政府设立了专门的资金,对研究合作中心的项目进行选择性的资助,加强大学和企业的合作,让高校能有更多的研究成果,企业能够有更多流入市场的成果,相互合作,共同进步。合作中心的工作模式是以企业为主导,附属于大学,以企业的要求开展课题研究。

硅谷：美国硅谷由大学率先启动开创型研究，后面有不断的企业的加入，使得研究方向一直致力于高新技术，研究领域随着企业的多样化也变得多样化。可以说，美国硅谷始终保持的探索精神，以及它的包容性，使得硅谷园区能够存在多样化的技术，也正是由于多样化技术的碰撞，产生了更多的创意，不断地反复，又有政府、风险投资公司的政策和资金支持，硅谷的成功就自然水到渠成。

从对以上三种模式的分析，我们可以看出，三种模式具有共同点，在知识互补视角下，内部、外部协同创新，大学扮演非常重要的角色，主动与企业、科研机构合作，实现知识交互和互补。根据傅璧（2015）的观点，内部和外部协同创新尽管路径存在差异，但是都离不开知识的流动，它们的展开需要在知识协同平台上进行，产学研协同创新过程利用了知识沿时间和空间的互补性特征，主要进行步骤是知识的共享，然后知识创造，最后是知识优势形成。由于主体是大学，所以内部的协同创新，大学自身要积极培养人才，加强学科、研究建设，提升大学的综合实力；外部协同创新则需要借助于其他组织的合作，虽然大学本身就是知识存储最丰富地方，但是若没有与外部的协调合作，大学的创新可能毫无市场价值，或者根本没有渠道进入市场，所以要实现有价值的创新，必须要与企业等组织合作，内部和外部协同创新路径双管齐下，使得大学的知识本身能够更大程度地进行流动和转化，不断产生新的研究创新点、新的知识，美国产学研的协同创新就此才能真正发挥价值。图2-2是以美国硅谷为例，总结出的产学研协同创新实施路径。

本部分从知识共享、知识创造和知识优势形成三个方面来分析美国协同创新实施路径。

（1）从知识共享角度看：大学的知识共享提升了产学研合作效率。斯坦福大学为代表的科研型大学一向重视研究和创新，为了提升创新能力，斯坦福大学主动设立"荣誉合作项目"，为的就是增强企业和学校的合作，也就是产业界和学术界的合作，加强了联系，高校非常乐意与企业进行知识共享，学校认为在与企业共享学校拥有知识的同时，学校当然也能从企业获取其认为有价值的知识，对于企业而言，学校的知识能够让企业的高级人才持续保持技术优势，而对于高校而言，与企业的交流能够为学校带来市场的需求，以及为学生带来实践的机会，相互之间

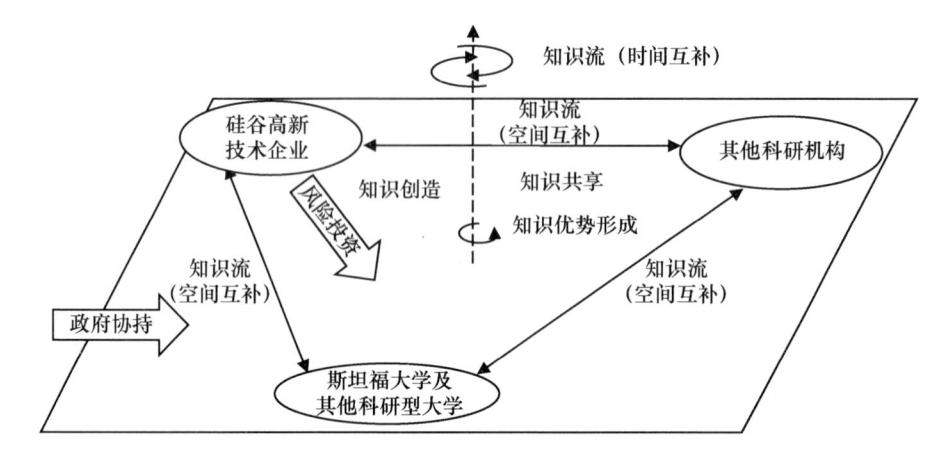

图 2-2 美国硅谷产学研协同创新实施路径

互利互惠，使得产学研协同能够顺利地开展。

（2）从知识创造角度看：创新体制激励主体输出创新成果。美国硅谷在不同的情形下滋生了许多的体制，当斯坦福大学想要提升自身创新能力时，就开始了与企业的互动，由此产生了产学研互动机制，它加强了企业和高校的合作；其次是投资出现困难时，又产生了风险投资机制，使得硅谷能够源源不断地产生创新产业，正是由于这些机制的作用，硅谷才能有源源不断的创新动力和成果。

（3）从知识优势形成角度看：创新集群促进主体输出突破性产品。由于美国对高新技术的重视，在政府的支持下，斯坦福大学在20世纪50年代接连实施了三项激励产学研发展的举措，首先是创立斯坦福研究院，然后设立荣誉合作项目，最后创办斯坦福工业园区，这三项举措加强了政府、大学和企业之间的联系。在大学周围，现在已经形成了很多具有雄厚实力的企业，随着企业的增多，硅谷专门成立了解决问题的服务机构，随着教育和产业的不断创新，硅谷以斯坦福学院为核心，逐渐向外展开，囊括了多个高新企业，形成一个集群，集群的整合作用形成了硅谷独特的运作模式，也使得硅谷能够不断地输出高新技术领域的创新成果，不断取得突破性的成功，这使得硅谷形成了一种知识优势。

三 典型经验总结

（一）政府是促进产学研协同创新的主导力量

政府作为社会的宏观调控者，在美国产学研合作中，它不仅制定了一系列的法律法规、相关政策支持产学研合作，还通过基金、专项拨款等对合作过程进行激励和推动。通过相关政策规划，不仅完善了法律体系、建立鼓励机制，还在根本上促进了国家的科技创新，这样的大环境是产学研合作取得成功非常重要的一个原因。

美国政府颁布的一系列法律和政策有效地推动了产学研协同创新发展，主导的方面主要体现在法律法规保障、科技政策引导、经济手段支持、财政平台服务等方面。出台法律法规保障和规范各方合作者利益、制定科技政策驱动有力、搭建中介平台服务到位。法律法规以及各项政策引导，给予了大学和企业动力进行创新研究，为产学研协同创新的良性循环提供了基本的环境和条件，也为过程的有序顺畅提供了足够的保障。

（二）高校与企业开展合作研究共同提升效率

美国高校和企业的合作，极大地提升了两方的工作效率，一方面，美国高校需要的研究经费和实验室，企业可以提供相应的支持，对学校的基础研究和应用研究都提供了极大的保障；另一方面，高校向企业输送人才，提供创新成果，企业得以提升自身综合实力，有益于长期发展。

企业和高校的合作，使得企业能够摆脱以营利为终极目标的短浅目光，让企业也能沉下心做研究，能够看到更加长远的发展，以此为动力，不断地进行创新研究，与大学的合作，也在其引进人才方面起了相当大的作用。这种双赢的合作模式，通过美国的实践，已经看到了其中的好处，它不是简单的双方合作，因为原本双方的目标完全不一致，是政府的推动和鼓励政策，使得双方目标能够在同一个方向找到平衡，由此可以看出，合作效率取决于双方目标的一致性。

（三）科技中介机构为协同创新成果产业化注入活力

美国的科技中介公司发挥了非常重要的作用，包含联合办事处、专利公司、技术转让办公室和综合服务机构等，成立的目的在于为高校的科研成果寻找市场，加强高校与企业的联系，进行及时的沟通，使得高校的创新研究成果，能够通过企业最快地进行商业化，实现价值。对于高校而言，成立这些服务机构的作用首先就是能够为其找到充足的资源支持，使学校的研究能够顺利开展，其次还能够将高校具有工业应用前景的技术成果迅速地推向市场。

对于企业而言，科技中介机构能够帮助企业快速找寻当下热门的或企业所需的核心技术；同样，高校通过科技中介机构，可以快速将项目中的研究成果转让给企业，能够以最快的效率进入产业界。科技中介机构一方面给了企业和高校做研究的动力，另一方面，这种灵活的机构能够以更快的速度让企业和高校的研究创新成果流向市场，加快了产业发展的速度，能够更好地促进一个国家核心能力的提升。

（四）产学研合作创新机制促进主体发展

产学研合作创新机制是美国针对具体环境，对于产学研合作做出的具体的反应，其取得的成就是非凡的，创立了有名的硅谷，在这样的机制下，得以让各主体充分利用环境以及资源，极大地促进大学与企业的密切合作，对于两个主体的发展都是有极大好处的。对大学而言，能够有更多的方式输出研究成果，而对于企业而言，能最大限度地利用资源，使得其能更加顺利地进行基础研究。

通过美国的经验可以看出，美国的产学研合作创新机制是非常成功的。但是也不可盲目模仿，因为必须因地制宜才能真正产生有助于产学研合作的创新机制。

第二节　德国产学研协同创新经验借鉴

一　总体情况概述

19世纪最初10年是德国产学研协同创新的萌发时期，创立了柏林洪堡大学，由此开启了德国高等教育的新纪元。德国对教育的重视不仅是课堂上的，它还非常注重培养学生的创新实践能力，学校根据产业界的需求会给予学生相应的培训，这种独创式教育取得了很大的成功，在世界产生极大的影响，这种把学校教育和产业界生产相结合的方式为产学研协同创新带来了全新的能量。

20世纪90年代是德国产学研协同创新的发展时期。德国政府在1996

年提出了"主导项目"计划，目的是资助创新研究。它专注于支持国家科研，强调创新意识，首先国家会找出当下存在的有关经济的紧急问题，根据具体问题来确定资助的领域，开展相关研究以解决问题，突破难关，将产学研合作视为解决科技问题不可或缺的重要组织形式，全面提高国家的综合实力。例如政府在1996年提出了"促进小型高技术企业创新风险投资计划"等一系列计划，因为政府意识到中小企业在国家所占比例极高，并且是产业界强大的力量源泉，这些计划是为了支持中小企业与高校、研究机构的合作，促进企业的创新能力，提升综合实力。

2010年7月至今，是德国产学研协同创新的成熟时期。2010年，德国政府出台高新技术战略2020政策，阐述了国家未来10年的发展方向以及高科技研究方向，它为德国制定了详细而又明确的目标和方向。政府和企业提供科技研发所需的资金，德国政府制定了一系列推动高新产业发展的措施，并且通过资助高校、企业、研究机构，鼓励它们的相互合作和创新。一系列的举措将德国产学研合作推向更加成熟的形式，为德国的创新能力、科研能力、综合实力的提升创造了良好的环境，做出极大的贡献。

除了以上列举的，德国政府还考虑到投资的风险和难度，鼓励风险投资公司和工业园区进行合作。德国凭借不断的努力，产学研协同创新也为其带来了巨大的成功，德国产学研协同创新演化历程如图2-3所示。

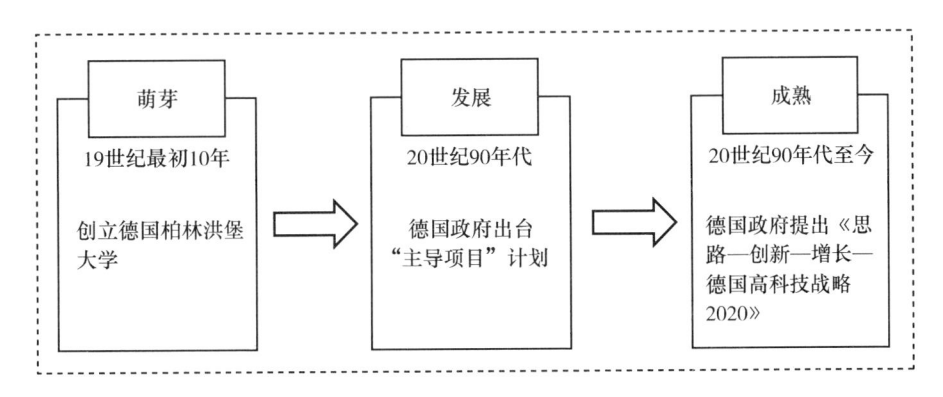

图2-3 德国产学研协同创新演化历程

萌芽：19世纪最初10年 创立德国柏林洪堡大学 → 发展：20世纪90年代 德国政府出台"主导项目"计划 → 成熟：20世纪90年代至今 德国政府提出《思路—创新—增长—德国高科技战略2020》

二 企业主导模式

（一）诱发机制

1. 政府

（1）法律及政策的完备。在德国，产学研协同创新每个环节置于法律的保护下。为此颁布了一系列的法律和政策，在加强企业和学校合作方面，法律给予了相关的激励政策。例如企业在雇佣学生实习的时候，可以在一定程度上进行税收减免，这就鼓励了企业专门为实习生准备职位，这在很大程度上促成了企业和学校的联系。

德国有一整套比较完善的激励政策，鼓励高校的人才培养和企业的创新成果研究，同时，政府还提供相应的经费支持，为产学研主体之间的合作提供了有利的条件。薛万新（2017）指出，德国政府将研究领域重点放在生物化学、新材料、新能源、电子技术等高新领域，政府的要求无疑会造成许多企业，可能本身想要进行创新、改革等，但是，周边又没有可以利用的环境和资源，针对这种情况，德国政府专门建立了具体的资金资助系统，以便于能够实际地帮助到所有有潜力的企业及创新科研项目。

（2）政府的创新资助计划。德国针对高校教育体系制定了一系列的创新资助计划。德国的教育行政管理模式是地方分权制，所以，所有有关教育的法律政策均是由各个州自己独立实行的（李强，2010）。各个州对于高校的管理也是非常适度的，不进行过多的干预，只进行适当的监督和指导，并不直接进行学校的管理，在整个过程中，会实时了解高校情况，以便能够及时对高校的整个产学研过程进行资金的资助。它向各个高校、科研机构给予大量的财政支持，一是为了改善教学、科研环境，为研究者提供充足的资源；二是提高大学的综合实力，加强高校、科研机构与企业的合作，为此还专门设立了校企交流会，加强校企之间的沟通，更好地促进它们之间的合作交流，将产学研合作普及到每个主体身上。

2. 德国"双元制"产学研合作教育模式

德国"双元制"是一种先创的高等教育模式，它是以企业需求为主导，设立相应的课程，企业也会为学生提供岗位进行实践，"双元制"大学不同于一般大学,在要求学生学习必要的理论基础之上,还非常注重学生动手实践的能力,所以,为了能有更多的实践机会,学校积极和企业合作,以企业需求为导向,在课程设计上尽量满足企业的需求,培养满足企业需求的人才,这就使得大学和企业的需求对接,极大地促进了产学研合作,促进了德国经济的迅猛发展。

张伟(2008)在研究中提到,"双元制"大学由于利用了高校文化深厚底蕴的环境,同时又深切地结合了市场的需求,所以是非常成功的一种产学研合作模式,培养出了具有超强实践能力的学生,激发了很多的创新成果,从本质上看,"双元制"大学加强了产学研主体的交流和合作。

3. 高校、企业和科研机构的深度合作

产学研主体之间在政策的引导和鼓励下,相互之间形成了长期而又稳定的合作关系。三者共同培养创新型人才,三方各司其职、共同协作,在人才培养、科研研究创新成果输出方面都取得了非常好的成绩。三者共同参与的创新体系中,一方面需要高校提供人才,另一方面也需要企业提供最新的高新技术,当然政府和企业提供的基础设施、资金是保证体系顺利运转的必要条件。德国产学研合作创新体系中除了政府、高校、企业以外,还有一种非常特别的形式来支持产学研合作,那就是校外公立科研机构,其中以马普联合会、弗劳恩霍夫协会、莱布尼茨联合会和亥姆霍兹联合会等为代表。这些研究机构是由联邦和各州政府共同成立,资金一方出一半,主要是为了支持地区性的创新项目。在得到各方支持的条件下,这种联合机构极大地促进了高校、企业和科研机构三者的协同创新。

(二)实施路径

1. 校企合作模式:"双元制"大学为例

(1)概念。校企合作发展高职教育是德国高职教育的一大特点,它被视为促进德国高职教育发展、推动其经济腾飞的秘密武器。19世纪,洪堡大学创立者就推崇"学术自由",提出了"教学与研究相结合"的教育模式,将"科学研究"纳入大学职能(陈洪捷,1994),这是德国首次提出将教育与实践相结合。

在德国的学校,学生一边接受学校的义务教育,一边接受企业的专业技能培训,就是所谓的"双元制",它是一种企业与学校共同协作培养人才的模式,学生不仅能够掌握牢固的基础知识和素质教育,还能结合实际获得专业的技能。这样的复合型人才,不仅能较好地完成学业,而且在他们进入社会后,由于经验丰富,能快速适应工作环境,又能受到企业的青睐,这种合作教育模式成功培养出了一代又一代优秀的人才,它是德国职业教育的核心。德国"双元制"大学随着经济社会对高技术人才需求的增长应运而生,学生在学好学校的理论基础之后,结合企业的需求,理解技术的应用目的,不断地进行理论与实践的交替和融合,"双元制"大学是校企合作中非常典型的产学研合作模式。

(2)实施路径特征分析。校企合作模式,在政府的监督和支持下实施,政府对其的开展设立了一整套的监督系统,保证教学的公开性、透明性,使这种结合企业需求的专业性教育受到法律的完整保护,并且通过法律,确认了企业在校企合作中占主导地位,更好地促进校企合作的发展,实现了双赢的结果。

"双元制"教育模式中,高校在与企业的合作中,积极探寻企业的需求,并且主动与企业进行沟通,主动到企业进行实践学习,使得高校培养出了非常高质量的技术型人才,这些人才在德国经济发展中起着不可或缺的作用。具体实施路径是,在"双元制"教育模式中,企业与学校签订协议,企业要保证为学校提供学生的实习机会,而高校也相应地要对企业的需求和工作进行全力的支持,学生在两边的环境下都能都到充分的学习和锻炼,所以实现了真正的产学研合作创新,培养了高技术创新人才。

在这个实施路径中,还有一个不可或缺的重要角色,那就是行业协会。行业协会主要是负责"双元制"教育系统中学校的各个环节的监督,包括学校的招生,学校让学生到企业进行实习,学生的资格考试等多个环节。为了保证各个程序的有效开展,以确保合作的顺利进行和高效成果,行业协会要实时地对学校进行监督和审核。

2. 校外科研机构:德国弗朗霍夫协会

(1)概念。高校毋庸置疑是知识创造和输出的主体。在德国,除高校以外,知识创造和输出还有大量的科研机构和组织,它们也同样起着传递知识的作用,是德国非常重要的一种组织模式,这种科研组织结构,是德国的一种产学研合作模式。它联合了企业、高校和政府，共同协作，进行创新，在德国产学研协同创新模式中是非常典型的。

德国弗朗霍夫协会（IFG）于1949年成立，主要研究方向是高新技术，一般是在数据处理和通信技术、新材料开发与生物工程有关的各种高新技术领域，是德国非常典型的科研组织机构。它主要是为企业、政府部门服务，在产学研协同创新过程中有非常重要的促进作用。

（2）实施路径特征分析。弗朗霍夫模式作用于整个产学研系统，它是属于非营利性质的，政府提供资金支持运转，机构本身受益于专利政策，它的非营利性给予了极大的发挥空间，弗朗霍夫模式的融资方式是政府、企业和研究机构三位一体。这种模式最大的优势是，在对企业和高校的委托项目中，会拿出接近三分之一的收入作为固定资金，以待日后所需。在资金的支持下，弗朗霍夫将资金重点支持在创新的项目，将项目委托给企业和高校的合作中，其中获利的资金又提供给其他的创新项目，如此反复，不断地进行项目支持，让更多的创新产品得以流入市场。

3. 德国西门子知识互换中心（CKI）

（1）概念。西门子已经有超过165年的历史，并且一直有极大的影响力，西门子的长期领先地位和其创新能力是分不开的。西门子一直都认为要想保持企业的长期发展，必须提高创新能力和具备源源不断的创新动力及成果，所以不断地与高校、科研机构进行合作。在寻求合作的过程中，西门子主要采用了知识互换中心，使企业、大学和科研机构在中心能够实现知识的互补，西门子将其视为与大学合作的重要路径。西门子公司非常注重技术的发展，为此专门推广了知识互换中心模式，这是一种与名校合作的产学研协同创新模式。截至目前，西门子合作的高校包含慕尼黑大学、柏林大学、清华大学在内的8所名校，分别与各个高校建立了知识互换中心，知识互换中心的目的是让西门子和各高校知识发生碰撞，能够通过高校丰富的理论知识，不断地在企业中碰撞出火花，产生新的创意点；对于学校而言，学生也能增加更多的实践机会，能够有效提高研究的思路和方法，也能帮助学生更好地适应实践工作。在知识互换中心，西门子和各高校达到了知识互换的效果，这就是产学研协同创新的本质。

（2）西门子产学研协同创新的实施路径特征。西门子产学研实施路径的实质就是知识互换中心，而知识互换中心最为核心的就是知识与资本的转换。任何一项合作研究都会涉及研究、知识、创新和资本四个方面。研究需要人力和物力的投入，研究过程将产生新的知识，新知识与创新实践相结合，并将其运用到商业活动中，实现创新成果的商业化。商业化后获得的利润再投入到研究之中，形成协同创新循环，CKI 就是采用这样的循环模式进行生产创新。

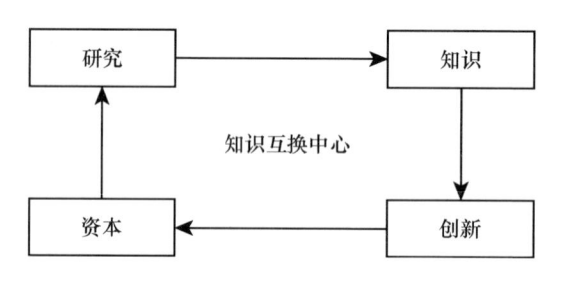

图 2-4　知识互换中心转化

从图 2-4 中可以看出，无论哪个点都可以作为起点，任何点也都不是终点，研究、知识、创新、资本是相辅相成、相互转化的，它们之间的相互作用，达到了正反馈的作用。这也就证明了为什么需要产学研协同创新，因为产学研协同创新主体的相互合作才能构成四个点的共同运作，发挥到最好的状态。高校作为知识的聚集地，只有通过不断的创新才能将其转化为资本，而要达到真正的创新，必须和企业共同合作，达到满足市场和前沿的创新，而企业如果只是掌握了资本，是无法保持长期发展的实力，必须不断地提升创新能力，所以需要和高校的合作，达到产学研协同创新，使得知识互换中心能够达到高效运转和高科技成果输出。

知识互换中心特殊的管理模式。知识互换中心有着优良的管理模式，这也是中心能够取得成功不可或缺的。管理的职责是由西门子公司与大学共同承担，企业提供知识互换中心所需资金，知识互换中心的场地设立在大学。共同研究项目是由大学的科研人员与西门子的科研负责人共同决定，为了能够达成一致意见，会定期召开会议，进行讨论和协商，讨论当下的热点科技领域，以及决定项目的研究方向和目标。等到项目真正开始，西门子会负责牵头，学校负责实现大部分的实践工作，共同进行学生的培养、学术的研究、创新的发明。

4. 知识互补视角下产学研协同创新过程分析

"双元制"大学：这是一种将企业需求和人才培养无缝衔接的产学研合作模式，大学受教育者兼具学校学生和企业员工双重身份；在大学三年教育中，学校和企业密切协作，"双元制"教学模式造就了一批批具有宽厚知识基础和卓越实践能力的优秀人才。其中"双元制"管理运行机制受到行业协会的监督和审核。企业提供资金和研究方向，高校负责按企业要求培养人才。

根据对"双元制"大学模式的分析，以及其运行模式的分解，我们可以得出以企业为主导的知识互换中心运行机理，图2-5是知识互换视角下"双元制"大学进行产学研协同创新的实施路径图。

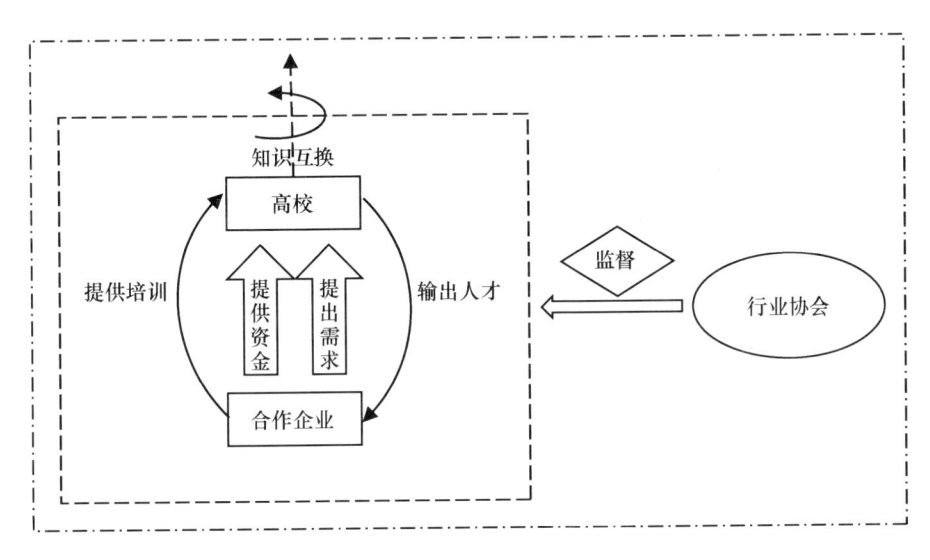

图2-5 "双元制"大学产学研协同创新实施路径

德国弗朗霍夫协会：在产学研合作的系统建构和运行当中，政府积极提供财政和政策支持，企业、高校之间相辅相成，在这个机制之下，出现了弗朗霍夫协会，整个系统向协会提供资金支持，而协会的作用则是向内部提供合同式项目，通过项目的牵引使得产学研合作主体的目标能够协调较为一致,由此建立一种成功的合作机制。

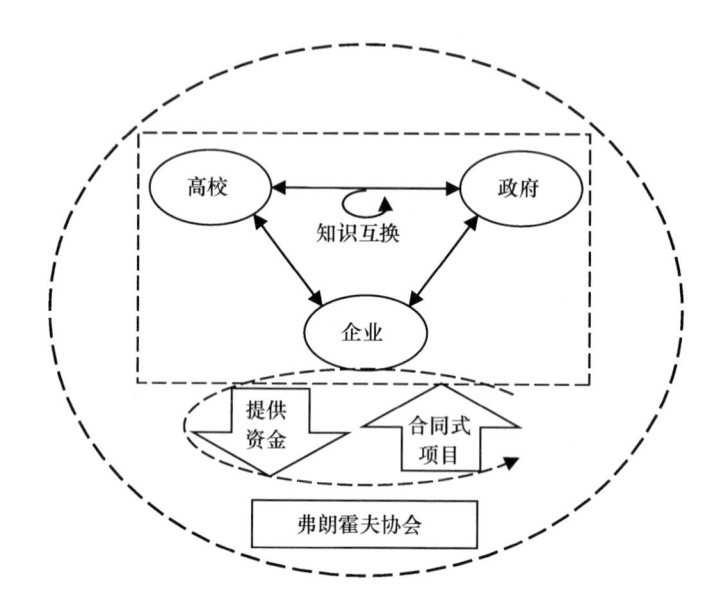

图 2-6　弗朗霍夫协会产学研协同创新实施路径

西门子公司:协同创新系统中,西门子公司大部分是和大学之间进行对接,与科研机构的合作相对就较少,所以大学在协同创新活动中角色显要。西门子公司向大学提供资金支持的同时,还要提出企业的需求,由此来确定大学的研究方向。

结合知识互换的经验,进一步考察西门子公司主导的产学研合作模式的实施路径,可以看出,产学研合作目标不是仅限于某一个项目为核心,因为这本身也不利于长期的发展,所以合作目标开始着眼于一个发展领域。图2-7是知识互换视角下西门子公司进行产学研协同创新的实施路径图。

本节从知识共享、知识创造和知识优势形成三个方面来分析西门子公司协同创新实施路径启示:

(1)从知识共享角度看:知识互换平台提升了合作效率。西门子公司在与大学、研究机构合作中,共同搭建了知识共享平台。对于西门子而言,非常重要的一个任务就是清晰地将自己的诉求告知学校和科研机构,这样才能让体系发挥真正的作用。西门子通过座谈会等形式,面对

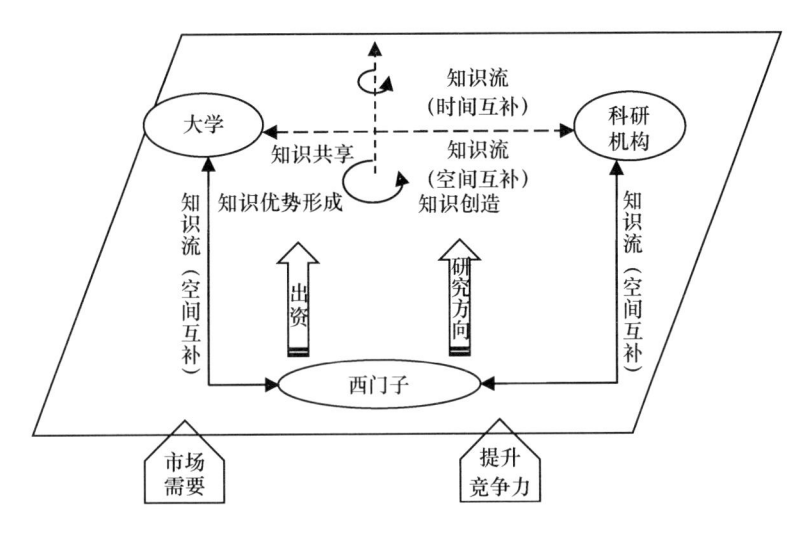

图 2-7　西门子产学研协同创新实施路径

面和学校沟通，将自己的需求告知，因此大学才能不偏离主要的方向，真正为企业创造价值，提升了知识共享的效率，促进了产学研创新。

（2）从知识创造角度看：良好资源配置模式促进了合作效果。知识互换中心有良好的资源配置，这是因为中心是根据学校的资源优势建立的，例如亚琛供应大学，它的强项是工业技术，西门子看重其资源优势，建立了知识互换中心，主要的方向就是关于工业技术和专业人才开发，这就是借助学校的学科优势，认识到这一点，合作也能达到事半功倍的效果。市场需求决定了产学研合作的研究方向，企业要有敏锐的市场嗅觉，及时发现市场需求，并且抓住机遇，通过市场要求的重点，再寻找合适的合作伙伴，能够结合学校的资源优势，进行及时的创新，实现高效、持续的产学研协同创新，满足市场需求，形成源源不断的市场竞争力。

（3）从知识优势形成角度看：重视人才的培养和互换平台的搭建增强了知识存量。知识互换中心能够为高校和企业相互提供资源的帮助，达到资源的整合和最大化利用，中心非常重视人才的培养和创新的输出，这种合作路径让学生有更多的机会得到实践操作，能够更好地适应社会。学生在与公司的接触中，能够对公司有更多的了解，也能吸引人才进入公司。在人才的培养过程中，平台上的主体相互的知识交换和学习，使得每个主体的知识量都得到了提升和丰富,所以知识总量在部分和整体上都得以累加,形成了知识优势。

三 典型经验总结

(一)德国政府的适度参与激励创新

德国政府一系列相关法律中很多都是关于鼓励创新与保障各主体利益。《德国经济稳定与增长促进法》中提到财政资助的作用,能够"用于促进企业或农场生产的发展和增长,特别是使用新研发的生产方法和生产设备"。从产学研合作提出以来,完善的法律法规为德国产学研合作提供了强有力的保障,为创新成果的研发创造了极佳的条件。

20世纪80年代,正值德国经济不景气和世界强国竞争加强的双重挑战,一方面要考虑到推动经济的发展,另一方面又要结合国际发展趋向,所以加大投资,并且将重点放在新材料、新能源、电子技术等高新技术领域。由于经济环境急需改善,国家又及时把握住了科技领域的核心领域,所以德国产学研协同创新为德国经济贡献了很大的力量,并且取得了突破性进展。

德国政府对于重点项目的支持取得了显著的效果,例如为期5年的"新技术风险企业计划",政府的资助经费为3亿马克,而产学研合作给德国带来的收益远不止如此,更重要的是,这种模式让德国科技水平在世界能够占据前列。正是由于德国一开始就明确了产学研合作主体的职责,通过法律使得大家有共同的奋斗目标和明确的法律政策保障才使德国科研及成果转化一直处于世界领先地位(刘力,2002)。

(二)德国"双元制"产学研合作教育模式促进人才培养

肖瑶(2016)在有关于德国"双元制"产学研合作教育模式的研究中提到,德国"双元制"模式,是以市场导向为产学研的合作核心,企业根据市场需求,向高校提出意见,使研究方向不偏离主要方向,有助于学校的研究成果能够更多地进行转化,企业通过和高校合作,也能明显提升自己的市场竞争力。在校企合作的过程中,一方面,高校的老师除了完成学校教学任务外,还可以进入企业担任兼职顾问,既加强了两方的沟通,也为了保持课程设计能够更贴合企业需求;另一方面,企业会通过高校兼职教授传达企业有关市场的需求,建立了良好的双向沟通机制，在双方之间建立了有效的沟通桥梁，这种"双元制"产学研合作教育模式，提升了产学研合作效率，促进了德国经济发展。

（三）高校、企业和科研机构深度合作促进产学研协作创新

高校、企业和科研机构的深度合作保证了他们之间的长期合作，促进了相互的发展，共同协作促进了高校、企业和科研机构三方的创新成果的输出。它们相互学习，借鉴经验，而不是闭门造车，学生通过学校的学习获得理论与专业学科知识，通过企业实践提升动手实践能力，培养市场的眼光，在科研机构中进行研究创新学习，学生从三个主体中获得的知识得以整合发挥出复合的作用，在复合型人才培养方面，是非常值得借鉴的。

在由高校、企业、科研机构构成的合作关系中，首先主要是找到企业的真实需求，主体要围绕企业的需求，也就是市场的需求，调整研究的方向，建立一个相互协作、互相受益的体系平台，良好的合作氛围和合作成果又会不断地促进各主体发展。

第三节　日本产学研协同创新经验借鉴

一　总体情况概述

20世纪50年代是日本产学研协同创新的萌芽时期。这个时期日本刚经历过第二次世界大战，经济正需要复苏，这个时候大量兴建企业，需要大量的技术人才和技术工人。有相关行业组织提出了产学研合作及其对于企业的人才要求。为了满足各行各业对于人才的需求，政府提出了以人才培育为核心的产学研合作促进政策，1959年，提出设立"产学研协作中心"；1958年的委托研究制度鼓励企业与大学共同合作，建立合同项目，通过企业委托大学，共同协作，为此大学相应地制定了"接受委托研究员制度"，积极响应号召，提高了合作效率。

20世纪80年代初期到90年代初期是日本产学研协同创新的发展时期。20世纪80年代，日本经济快速发展，跃身成为世界经济技术大国，随着经济全球化的进程加快，日本也不得不面临经济竞争新环境。为了推动经济和科研的发展，日本政府高度重视产学研协同创新，日本政府致力于主导产学合作的整个体制，推动产学研的发展。在1981年，政府

确立了产学官三位一体的科研机制,结合了三者各种的优势,推动日本科研能力的进步;1983 年,政府建立了"国立学校与民间企业等的共同研究制度",促进企业和学校的合作,利用企业的资源支持和学校的人才支持共同进行研究;1986 年,政府通过《研究交流促进法》,提倡和鼓励研究机构和企业之间扩大人才交流,共享研究设施。政府之后又提出了一系列的政策、制度,进一步推动了产学研协同创新的发展。

20 世纪 90 年代末至今是日本产学研协同创新的繁荣时期。日本在经历经济泡沫化所带来的打击后,促使政府将"产学研协同创新"视为促进日本科技创新、实现推动经济发展的重要途径。从 1996 年的《科学技术基本计划》,到 2000 年的《产业技术强化法》等系列政策,逐渐形成了科技创新体制。之后政府组织企业、大学和研究机构共同合作参加实施,对重大产业研究开发计划采取产学研合作的实施机制,如超大规模集成电路、超导材料、纳米技术等研究开发计划。

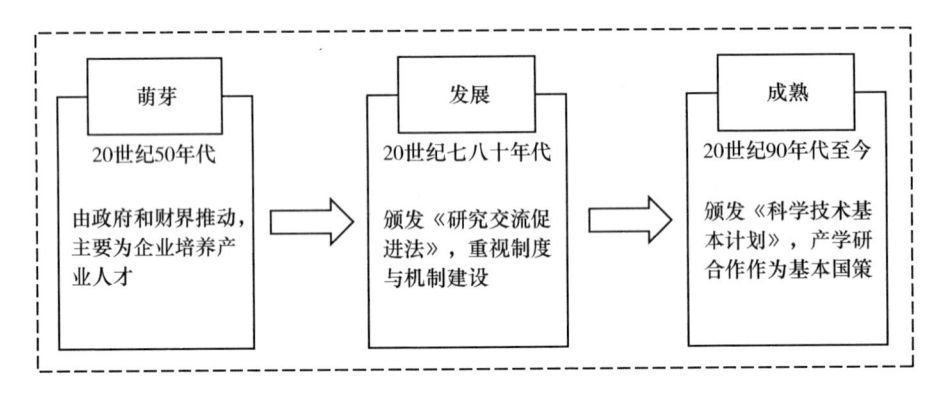

图 2-8 日本产学研协同创新演化历程

二 企业牵头模式

(一) 诱发机制

1. 政府重视产学研合作

日本政府一直非常重视产学研合作,从 1956 年的《关于产学研合作的教育制度》的报告,到 1997 年的《教育改革计划》,期间还产生了一系列产学研合作的相关政策。政府通过这些政策给予了产学研极大的支持,包括相应的优惠政策和财政支持,促进了产学研合作,也使得日本产生了很多产学研合作的创新成果,推动了日本经济的高速发展,成为世界经济强国之一。

(1) 政府投入资金建立官产学合作的科研体制。日本政府高度重视高新科技领域的发展和突破,在航天、能源、原子能、情报、新材料、生命科学等诸多领域都投入了大量科研经费。此外,日本还建立了加快尖端科研技术领域的产学研合作的新制度,鼓励企业和国家公立大学的长期合作交流,这样有利于双方资源合理化利用和共享,更能促进产学研合作的发展和技术的突破与创新。

(2) 创办中介机构。为了促进产学合作,有效地将大学或科研机构的科研成果产品化,日本政府在大学和科研机构比较密集的几个市区创办了高科技市场中介机构。这个机构负责的主要工作是:为所在地区的大学和研究机构挑选能够转化为产品的科研成果,并为科研人员代办申请专利,协助创办风险企业。高科技市场的运作是由日本科技厅所属的科学技术振兴事业团负责,所涉科研项目资金来源于"高科技市场",所获专利由科研人员和科学技术振兴事业团所共有,产品化后的专利收入科学技术事业团抽取 20%—50% 的利润。"高科技市场"专门聘请了精通专利事务和熟悉科研成果产业化事务的专业人员,以减轻科研人员在这方面的工作负担(中国驻大阪总领事馆教育组,2000)。

(3) 资助大学开设新型"专项资金讲座"。在日本,由于大学老师的编制所限,无法短时间内开设新的研究室,政府则以增设"讲座专项资金"的方式增加投入,加快对生命工程和制药工程等领域的研究。虽然在日本曾出现企业提供研究金费设立"讲座专项资金"的例子,但是由政府支持设立这类"资金"仍是第一次,是日本政府推动产学合作的一项重要措施。日本科技厅和文部省商议决定从 2001 年起实施这一新制度。"专项资金讲座"设置的领域和大学将由决定国家科学技术政策的科学技术会议选定:国、公、私立大学均可作为选择对象;经批准开设"专项资金讲座"的领域或大学,国家允许其创办新的研究室,允许招聘教授等科研人员,并提供所需科研经费(中国驻大阪总领事馆教育组,2000)。

(4) 实施技术密集区计划和高新技术发展政策。日本政府为实现日本在 21 世纪的技术领先地位和通过产学研带动地区经济的发展,实施开展技术密集区计划。计划出台后得到各界的大力支持，通产省成立了"技术密集区90年代建设委员会"，制定了各种政策法规，扶植区内高新技术产业的发展。政府一方面加强在技术密集区建设和发展方向要与地方产业基础相适应相协调，另一方面采取各种优惠措施，鼓励企业在技术密集区投资，争取大学和科研机构在技术上的合作。为此，政府为在技术密集区内投资的企业提供税收、财政补贴和金融等方面的优惠，同时还向技术密集区的合作项目提供低息贷款，大力扶持中小企业，提高企业的创新能力（刘力，2002）。

2. 企业主导产学研合作

在日本，产学研合作创新体系非常重要的一个特点是以企业需求为主导，结合高校和科研机构的合作，使得日本成为创新大国，即使地处资源稀缺之处，仍产生了许多十分优秀的企业，并以创新著称。所以日本就此开展了共同研究和委托研究，这两种制度也是日本产学研合作的主要模式，从日本产学研合作发展新趋势来看，共同研究项目数的增长速率快于委托研究项目的增长速率。日本共同研究和委托研究制度的建立，对建立以企业为主体的产学研合作创新模式具有重要借鉴意义。

李胜南（2014）提到日本的许多大型企业能始终保持技术领先水平，大多归因于他们始终以市场导向为发展目标，进行产学研联合技术创新，在产学研合作中推动了国家科研技术的攻关，使得日本产学研合作总体水平很高，经济发展平稳健康。

3. 高校以科学园为载体进行产学研合作

在日本，有相当一部分的大学在周围建立了科学园。科学园区中，高校通过发挥自己的知识优势，与企业和科研机构进行合作，从企业了解市场需求、得到资源支持，从科研机构得到研发创新方面支持，通过资源的优势吸引越来越多的企业，最后形成了高新技术产业集群，促进了日本产学研的发展。

王庆玲（2004）提出，正是大学的综合考虑、包容的态度，使得其与企业、研究机构合作，充分利用资源优势，才形成了综合实力强的大学，这种态度造就了大学周围建立科技园，科技园进而形成产业群，极力地推动了各主体的发展。筑波大学就是一个非常成功的例子，它的开放政策为企业和科研机构提供了非常多的合作与交流机会，相互进行知识的交流和资源的利用，形成了紧密的联系，实现了教育与产业的结合。

（二）实施路径

1. 合作教育："JSCOOP"的产学研合作模式

（1）概念。日本的产学合作模式在政府几十年的支持下，一边鼓励，一边适应不断改进，已经证明了它的成功，在世界范围内有着重要影响，是非常值得借鉴学习的产学研合作模式之一。在日本的产学研合作中，将企业的需求和高校的教育相结合，是非常典型和成功的做法。这种高校教育，通过产教融合的方式，连接了高校和企业，一方面，培养出了符合市场需求的人才；另一方面，加快了成果转化的速度，为当地产业发展提供重要的技术支持和成果输出。

JSCOOP（Job Search for Local Companies Based Cooperative Education）寻找本地公司的合作教育，结合产业界的需求，学校相应地设计课程，共同从学生的思维、动手能力、研究能力多方位入手进行人才培养计划，使其能够广泛应用专业知识、技术力量解决课题，实现了创造性培养复合型人才的教育计划，实现了市场和课程的融合，能够在明确专业知识和技术的基础上，掌握其他领域的知识和技术，是一种典型的企业和高校的合作教育模式。

（2）产学研协同创新的实施路径特征。一是预热制度，主要支持研究人员的创意性研究和资助学生教育，带动大家的积极性，除此以外，还举办研讨会，其特点就是允许发言权对所有人开放，对于学生一般有五年学习制，一般在第二年的时候开始"预热制度"，提高学生们对于实践的热情，以及对于研究的创新动力和成果输出；二是"JSCOOP"的任务主要是以问题为导向，学校给学生的任务有两个，首先是学生要对校企合作的宣传部门进行采访，并且了解其相关的问题、整理采访材料，进行面对面交流，然后再制作学生视角的采访报道，获得企业和学校认可后可进行发布。整个过程，可以提升学生的逻辑思维梳理能力、与企业的沟通能力以及解决问题的综合能力。

（3）实施路径特征分析。在日本，意识到国家经济和科研的迫切需求，政府加强了复合型人才培养力度，2015年5月，成立了"系统设计和创新中心"，为的就是解决技术人员面临的大规模和复杂的问题。在学校，就需要老师们的协力合作，并且通过跨专业领域的专家联合成立委员会，共同培养复合型应用人才。

在中心，考虑到公众健康、安全、文化等情况，实际地解决当下的问题，学生在课程中能够找到有待解决的课题，并且基于课题主动收集信息并且将其解决。

2. 政府等部门委托企业等的研究模式：超大规模集成电路（VLSI）联合研究开发计划

（1）概念。日本政府首先提出 VLSI 联合研究开发计划，聚集了高校、企业、研究机构三大主体，在1988年建立了"国际超导产业技术研究中心"，2001年实施的产业群中有上百所高校和企业参加。到2002年，已经有12个地区建立了如此庞大的产业群，政府积极鼓励产学研合作，凡是共同申请的项目都能取得政府的政策和资金支持。课题组也是如此的结构。

（2）产学研协同创新的实施路径特征。在 VLSI 研究项目中，日本政府起了决定性作用，政府负责监督项目的实施、执行、资源分配，保证项目的顺利进行，以及产学研合作的高效。所以，日本政府在其中主导有着至关重要的作用，提供了重要的保障。

首先，外部保障除了政府支持外，还设有专门的研究协会，极大地保证了项目的正常进行。VLSI 协会是由公司的管理人员和政府人员共同组成的，一方面，保证了协会的公正性；另一方面，也能相互监督，督促协会及时进行工作，对联合项目进行监督和支持工作，负责整个研究项目的管理和监督。这种组织模式保证了项目的顺利进行，发挥了积极的作用。

其次，联合研究项目的成功关键在于技术领域、对技术领域的精心选择。在 VLSI 研究项目中，政府通过设立标准，制造必需的通用和基础技术，这也是公司技术利益所在。

最后，灵活选择联合研究的组织保证了联合项目的成功。在 VLSI 研究项目中，采用了合作研究，进行资源的合理分配，政府会考虑各方的利益矛盾和冲突，从而尽量避免发生矛盾。一方面要照顾企业的利益，另一方面要保证研究经费充足、研究场地足够。保证多方利益的情况下，能够保持主体的积极性，都会合作而共同努力，达到了最佳的状态（潘铁，2007）。

3. 科学城和高新技术园模式：日本 TAMA 地区

（1）概念。科学城和高新技术园模式是日本效仿美国硅谷的产学研协同创新模式，它是在日本政府的支持下，在全国建立基地，以筑波大学科学城为代表，聚集了49家著名高校和研究机构，250家民间研究机构，公共占地面积高达2700公顷。这里汇聚了学校的知识、企业的资源、机构的研究能力，共同进行人才的培养、成果的输出，促进理论与实践的结合，使得创新研究能够与市场接轨。

TAMA（Technology Advanced Metropolitan Area），指技术先进首都圈地区。在日本多个地区成立，是典型的科学城和高新技术园模式，为日本的产学研发展做出了巨大的贡献和借鉴。TAMA是日本产学研协同创新的一个缩影，也是各知识主体联合推动协同创新的典型案例。

（2）日本TAMA产学研协同创新的实施路径特征。首先是日本政府的产业政策引导，实行"理念共有"为媒介的政策，它尊重企业和高校的自主独立性，给予独立的空间任其自由发挥，而不是刻板地进行监督和管理，在大局上，政府又能把控全局的节奏，保证项目的顺利进行。

基于分工的产学研协同创新。TAMA实施路径中非常值得借鉴的是，企业、大学分工特别明确，企业中有负责产品开发的，有负责专业加工的，大学也有各具有特色的学科和专业，通过这种强强分工，加快了产品研发和进入市场的节奏，大大减少了沟通成本。通过图2-9可以看出，产品开发型中小企业是企业与企业、企业与大学的连接点，对接了需求，促进了合作效率。

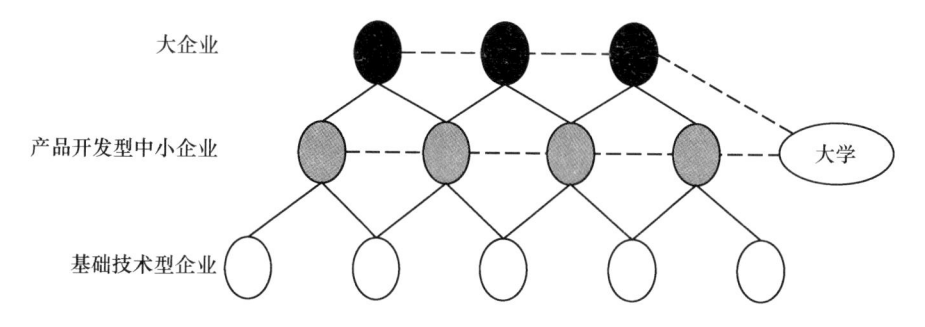

图2-9 TAMA地区基于分工的产学合作概况

TAMA 基金运作与人力资源管理。TAMA 的运行需要大量的资金，选择了与信用金库合作，建立了专项科研基金，TAMA 基金支持具有市场前景的创新项目，除了协会的支持外，协会还会主动寻求国家政府经费的支持，通过开展项目展示活动，吸引当地机构的投资，通过基金的管理，建立了相应的资金管理系统；在人力资源方面，TAMA 协会主张大量引入优秀人才，包括退休后继续利用的人才，TAMA 协会与 TLO 进行合作培养专业型人才，强化大学和企业的关系，确保人才的数量和质量。

4. 知识互补视角下产学研协同创新过程分析

JSCOOP 的产学研合作模式：政府的支持为其创造了良好的环境，在产学研合作模式中，以大学为主体，根据企业要求，有针对性地进行人才培养，其主要特色在于其课程的设计，教学模式的创新，加强学校与企业的沟通，增加学生到企业实习的机会，培养的人才能够更快更好地融入工作中。通过产教融合的方式，高校和企业达到了亲密无间的合作，使高校的研究成果得以迅速转化为创新产品，并为当地产业的发展提供技术支持，使科技创新水平得以提升的同时，又使高校人才培养符合市场需求。

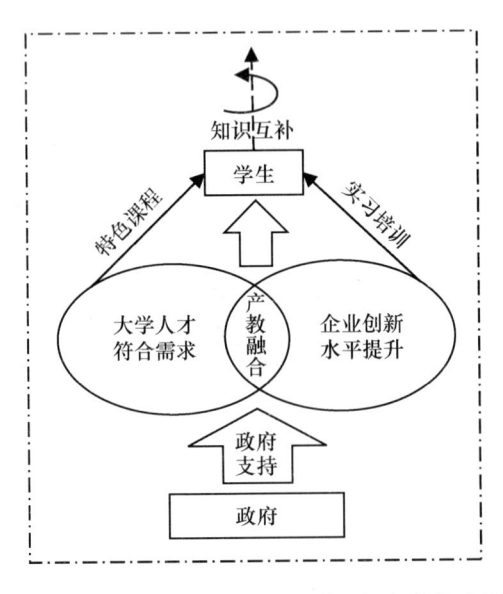

图 2-10　JSCOOP 的产学研协同创新实施路径

超大规模集成电路（VLSI）的联合研究开发计划：日本政府的相关措施政策为该开发计划提供了有利的环境保障。在政府的支持下，企业为学校提供实习机会，大学相应实行特色课程，一方面大学为企业培养了所需的人才；另一方面，通过对企业的了解，能让大量的人才流入企业。在整个实施路径中，企业和学校对人才的轮流培养，共同培养出了具有创新能力、市场眼光的高级人才。

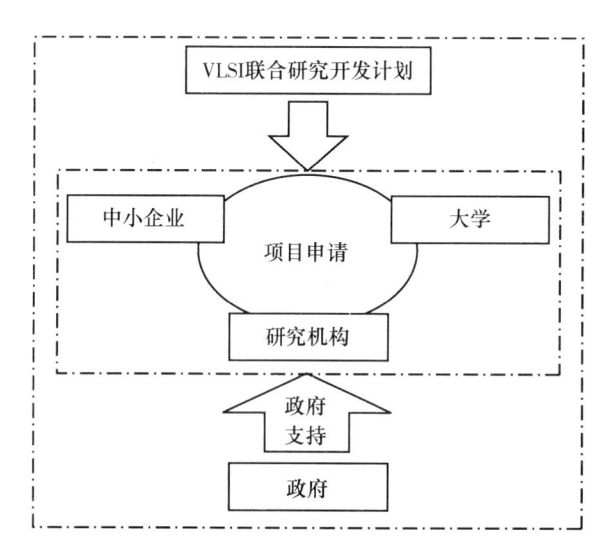

图2-11 超大规模集成电路（VLSI）联合研究开发计划产学研协同创新实施路径

TAMA地区：是以政府政策和资金支持成立，外部有工商团体、行政机构、专利机构、金融机构作为监督和审查部门，实时监督整个合作团体的工作研发和项目进度，保证项目能够如期完成。在内部机制中，TAMA会员企业、大学、科研机构作为合作主体，形成一个合作的团体，在其中产生知识的创造、共享及创新等，其中为各个异质主体之间传递信息的桥梁是TAMA-TLO，保证了主体之间传递信息的质量和速率。

本节从知识共享、知识创造和知识优势形成三个方面来分析日本TAMA协同创新实施路径启示：

1. 从知识共享角度看：TAMA知识网络中，搭建了不同主体之间的知识共享平台，在工商团体、行政机构、专利机构、金融机构的支撑作

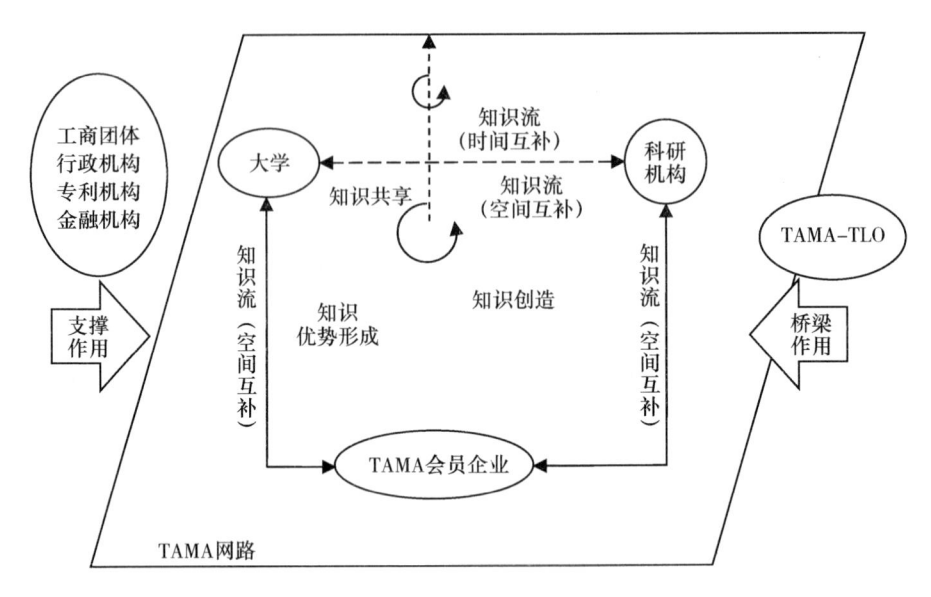

图 2-12 TAMA 地区产学研协同创新实施路径

用下，为科研机构、大学提供服务，提供知识共享平台、信息咨询、人才保障等。TAMA 知识网络的建立为大学与企业、科研机构的合作提供了便利，提供了资金和资源的保障，在知识共享平台上，科研机构与企业、大学之间进行知识的共享和交流。

2. 从知识创造角度看：多方优势资源的汇聚是提升知识创造能力的重要保障。日本产学研协同创新系统通过协会把大学、企业、科研机构、金融机构、行政部门等联合在一起，组织的多样性组成了知识的多样性。在平台上，利用知识的多样性解决单一组织难以解决的难题。由于日本对于高新科技的重视，所以非常注重在高新领域的投资，高新领域的研究有高投资、高风险的特点，所以必须借助平台的多方力量，实现跨学科、跨组织的合作，广泛应用于新型研究领域，通过优势资源的汇聚以加强多学科领域的探索。

3. 从知识优势形成角度看：良好的组织结构和资源配置模式实现独一无二的新技术、新产品的产业化。在产学研协同创新系统中，政府和协会负责政策支持、监督工作、考察工作等，从内外部共同保证协同创新过程的稳定进行，保证各主体能够各司其职、发挥效用，保障组织能够适应市场的需求，顺利开展研究工作，开发创新产品。平台的资源由协会、TLO、大学、企业、科研机构共同投入和分享,形成了高密集型的知识共享平台,每个主体都能在其中找到合作的动力,所以积极进行参与,良好的资源配置和合理的利用,最终在平台上形成了知识的优势。

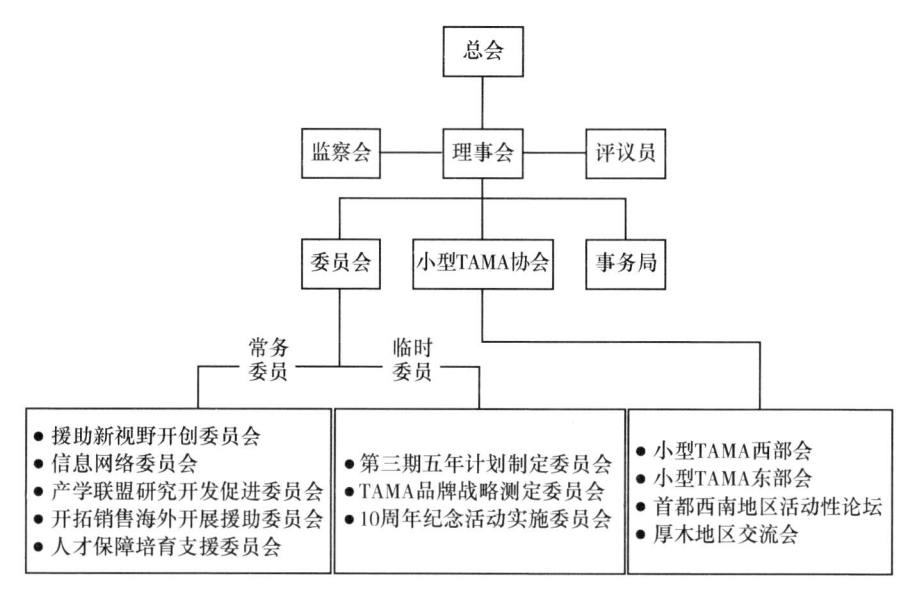

图 2–13　TAMA 地区组织结构

三　典型经验总结

(一) 政府以产学研合作为基本国策提供保障

日本政府从产学研初始时期就一直非常重视其发展,并且极力推进。一方面是建立了相关的激励政策、制度,另一方面,日本对于高科技领域的重点投入,比如在航天、能源、原子能、新材料、生命科学等领域都非常重视。

除此以外,日本还创办了中介机构,用来资助大学开设新型讲座,专门成立了专项资金,最大限度地支持大学将科研成果进行产品化。中介机构就是大学科研成果的输出平台,政府给予资金和政策上的支持,极大地鼓励了大学进行研究创新。

同时,日本还实施了技术密集区计划和高新技术发展政策,通过制定政策,极力支持高新技术产业的发展。另外,对企业也实行各种优惠政策，目的在于鼓励企业在技术密集区投资，鼓励大学、科研机构和企业的合作，同时还向技术密集区的合作项目提供低息贷款，此外还大力扶持中小企业，提高企业的创新能力。

（二）企业主导产学研加强创新力度

日本从2000年开始，创新实力已经连续数十年位列世界前三位，每年的专利数量高达20万[①]，创新能力如此强大的原因之一离不开产学研的合作创新，而合作中取得的成果，离不开以企业需求为主导的产学研协同创新模式。大学、科研机构是一个国家最具有研发能力的机构，但是却缺少市场的思维和资源，正是如此，日本才会考虑到创新的研究需要落地，从基础研究做起，企业的需求就是市场的需求，让企业提出真正的需求，三者共同合作，取得极大的创新成就。

从近几年的数据看，日本共同研究和委托研究项目数持续增长，一方面可以看出政府对于项目本身的支持和鼓励，另一方面也证实了日本在共同研究和委托研究项目中取得了成功，为提升日本的整体创新能力做出了巨大的贡献，加强了产学研创新能力。

（三）高校以科技园为载体提升能力

在日本，可以发现很多大学周围建立了科技园，这些大学的共同特点是科研力量雄厚，高校借以科技园的资源建立了独特的模式。科技园的特点一般是以高校为中心，学校的研究人员与科研机构、企业进行沟通、交流、合作，建立起一个个高新技术产业，最终形成了高新技术产业集群。

这种类似美国"硅谷"的模式，极大地促进了日本科技的发展，以科技园为载体，学校能够得到充分的资源，研究人员得到资源上的支持，最大限度地进行人才的培养和科研水平的提升。不仅如此，高校在这样的环境下，能够最快地得到市场信息，将成果进行商业化，得到实际的成果。总的来说，高校提升了能力，也极大地促进了日本产学研合作的发展。

---

① 参见日本经济产业省专利局《专利行政年度报告书》。

第四节 韩国产学研协同创新经验借鉴

一 总体情况概述

20世纪60年代，韩国处于产学研协同创新的萌芽时期。这个时期韩国产学研协同创新以培养人才为主，这一阶段韩国的劳动密集型产业都纷纷转型为汽车、造船、钢铁等资本和技术密集性产业，并大大增加了对科学技术发展的投入。韩国为提升自身薄弱的科研实力，着眼于将大力培养人才作为产学研结合的工作重心，并相继通过《产业振兴法》《科学技术振兴法》《韩国科学技术研究院培育法》，设立了韩国科学技术研究院（KIST），为后来的产学研协同创新的快速发展打下了坚实基础。

20世纪70年代，韩国进入产学研协同创新的发展时期。韩国出台了诸多科学技术政策，大力推动了工业改革，极大加快了改革进程，更好地完善了科技体制建设，推动了产学研协同创新的发展，使得韩国经济开始腾飞。从1972年到1977年，韩国通过《技术开发促进法》开展全体国民的科学化运动，既鼓励开发产业技术，又对合作研究提供必要的资金支持，启动了技术开发准备金制度，同时还推动研究园区建设，实施开展产学合作再教育项目，吸引国外精英，促进人才技术交流，为更进一步提升大学的研究能力，设立了韩国科学财团。

20世纪90年代末，韩国产学研协同创新迎来了成熟时期。此时韩国已经把培养和增强自主创新能力作为国家的基本政策。经过近30年的发展，知识技术密集型产业高速增长，成立大量国家科研单位，学习吸收大量外来先进技术经验，推动了产学研协同创新在各领域全面发展。以培养和增强自主创新能力为目标，韩国自1986年相继颁发《产业技术研究组合培育法》《协同研究开发促进法》《科学技术创新特别法》，这些政策的颁布，为产学研创新共同研究提供了政策和法律支持，同时提出科学技术创新五年计划，这是产学研协同创新走向成熟发展的鲜明标志。

随着1999年国家科技委员会的成立，2001年《科学技术基本法》的颁布和实施，韩国已经建立起了较为完善的产业体质框架，在国际上的科技地位得到很大提升，多项技术能力已经名列世界前茅，例如：2001年，根据国际经贸合作组织的统计，韩国年轻人的科技能力居世界第一位。同年,据联合国开发计划署的统计,韩国专利注册和技术出口两个方面指数均居世界第 5 位。瑞士洛桑国际管理发展研究所的研究结果表明,在 2000 万以上人口的国家中,韩国的科技竞争力居第 10 位。第二次世界大战后的韩国能从一个科学技术能力薄弱的小国,成为如今的科技实力雄厚的强国,与政府对科技、对国家创新能力建设的高度重视密切相关。

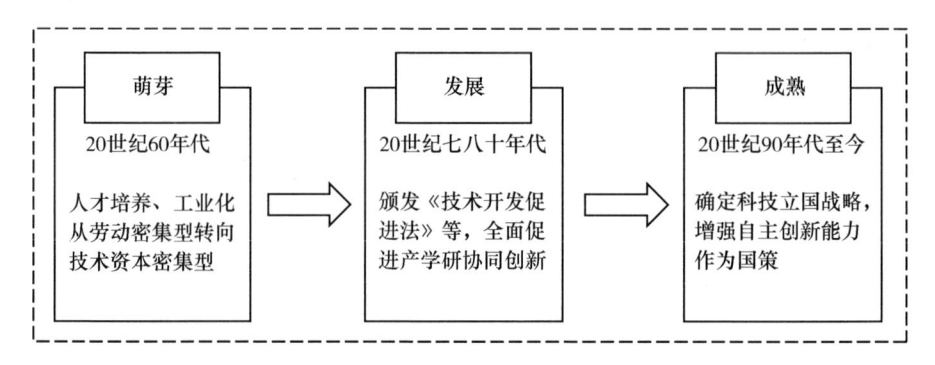

图 2-14 韩国产学研协同创新演化历程

二 高校主导模式

(一)诱发机制

1. 政府

(1)法律保障。从 1995 年开始,韩国在教育方面就非常重视产学研合作了,颁发了《关于振兴产学教育及促进产学合作的相关法律》,这也是韩国政府首次对产学研进行支持。2003 年,对其进行了修订,并且做出了更加详细的规定。比如其中对国家和地方自治团在产学研合作中的不同任务都做了明确划分,其中包括的内容有制定并实施振兴产业教育的综合计划、设立并经营产业教育机构、制定并实施促进产学合作的政策等。韩国的《高等教育法》规定产业大学和专科大学可以接受企业的委托实施相关的教育,也可以委托企业实施特定的教育。其中有明确规定,为了让职业教育能够得到更好的发展,学校的领导在特殊情况下可以在学校规章制度范围内,同企业共同进行课程设计和实施。此外,韩国还制定了《职业教育训练促进法》《科学教育振兴法》等相关法律法规,对产学合作的相关内容都做了明确的规定,这一系列的法律法规为促进产学合作提供了法律保障。

(2)教育科学技术部的政策保障。韩国教育科学技术部出台了一系列政策,推动了大学产学合作的顺利实施,为大学产学研合作明确了发展方向。

韩国教育科学技术部通过实施产学合作先导大学及产学合作先导专科大学支援计划,通过实践、创意激发等特色培训,培养出能更快更好地适应产业界岗位的实用型人才,更好地满足了产业界对实用型人才的需求;韩国政府鼓励大学与企业合作办学,并支持大学在产业园区与企业联合开展大学生实践教育,培养企业适应型人才。为了推进产学研合作,大学聘用社会上具有创业经历的优秀企业人才作为产学合作教授,使大学生的所受教育更加符合社会企业的要求,同时许多大学设立技术转让专门机构(TLO)来促进技术转让。为了满足企业对大学生的岗位业务能力需求,大学和企业开展联合办学,针对不同岗位培养岗位适应型的人才。韩国更进一步实施建设"国际一流水平的专科大学"计划,大力培养具有强大国际竞争力的优秀技术人才。

表2-5　　　　　　　　　　教育科学技术部的具体政策保障

政策内容	主要目的
产学合作先导大学及产学合作先导专科大学帮扶计划	以现场实践教育、创业教育结合理论教育,培养出能更快更好地适应产业界岗位的实用型人才,更好地满足了产业界对实用型人才的需求
有关大学设置产业园区校区的规定	加强大学与企业的合作,鼓励大学运营科技园区
"产学合作重点教授"	为了推进产学研合作,大学聘用社会上具有创业经历的优秀企业人才作为产学合作教授
倡导大学设立技术转让专门机构(TLO)	促进技术转让
大学和企业开展联合办学	为了满足企业对大学生的岗位业务能力需求,大学和企业开展联合办学,针对不同岗位培养岗位适应型的人才

续表

政策内容	主要目的
实施建设"国际一流水平的专科大学"计划	大力培养具有强大国际竞争力的优秀技术人才
50所产学合作先导大学,先后设置了"创业教育中心"	通过创业教育培养学生的企业精神,培养有准备的创业者

2. 产业化大学

产业化大学是把大学最先进的理论研究成果与产业界的最新发展需求以及产业领域的发展新方向在专业与课程中集成,形成一种有别于学校教学却集合产业、科研和学术的新型专业课程;产业大学以产业界工程师为重点培养对象,提升他们对产品知识的掌握程度,培养符合产业发展的应用型人才。政府和产业界大公司联合投资创办产业大学,并提供先进的科研和创新的软、硬条件,创新性地构造出产学研的一种载体,从组织上落实好产学结合。

韩国政府支持在理工科大学内设立由大学直接任法人的专门研发机构,强化企业技术开发的系统指导能力,加快大学产业化进程。韩国许多大学设立产学协作技术股份公司,并以风险投资和技术入股的方式进行合作。韩国采取这些措施,充分调动了大学在产学研中角色的积极性,极大地促进了本国"产业大学"的发展。

3. 大力培植和发展科技型中小企业

1997年,金融危机中的韩国,通过大力支持科技型中小企业,来增加大企业的竞争压力,驱动企业的技术创新。并在危机之后,成立创业基金会为中小企业筹资,并以派遣的方式让技术研究人员或者专业的教授对中小企业定期进行技术支持。通过资金和技术的大力支持,提升了科技型中小企业的发展动力,激发了大型企业的竞争潜力,促进了科技创新和产学研的发展。

(二)实施路径

1. 技术创新模式:打造产业技术创新体系

(1)概念。韩国产业的创新体系是从第一个经济化到工业化改革开始的,当时政府主张产业从劳动密集型向资本和技术知识密集型进行转型.从韩国产业结构发展过程来看,不仅是生产力的提升,而且与韩国政府的主导作用也是密不可分的。在不同的发展阶段,政府主张并且推出相应的政策,韩国产业才能不断地从技术知识的获得最后到自己的创新一直前进,真正地实现了韩国技术创新的自主,从简单的模仿到创造性的独立创新的质的转变。

韩国产业的创新体系成果的实质在于产业技术创新体系的建立。产业技术以企业为创新主体,依据不同时期的环境、不同的需求,不断地进行调整,从模仿开始不断地从知识的深度和广度进行深究,最后达到了自主式的科技创新,这是韩国合时宜的战略成功,更是不断钻研的科研精神创造的成功。它带动了企业的发展,带动了韩国经济的发展,使得韩国从一个模仿的小国,逐渐转型成为具有自主研发能力的创新大国。

(2)韩国产学研协同创新的实施路径特征。影响技术创新的金融制度、社会文化、创新主体的联系组织所构成技术创新的制度环境。根据这种制度不同的形态排列,形成不同的技术创新模式和成果。韩国的与技术创新相关的制度性环境从总体上看其排列,纵向流动比横向的知识、信息、资源流动更为有利。这种制度性排列,从一定程度上能有效地动员和集中有限的人力和资源的机制来运作。这种制度性特点在过去的模仿战略下,吸收和消化技术方面所起的作用相对较大。目前的技术发展轨迹不清晰,在各种技术结合形成技术创新的过程中,制度框架因其缺乏足够的多样性和创造性而制约了掌握知识的平等性(李春花,2009)。

2. "产业大学"模式:韩国高等科学技术研究院(KAIST)

(1)概念。韩国产业大学,是结合学术理论知识和产业生产知识展开的研究型教育,是不断推动产业革命及产业发展所需的共有技术的突破与创新,并有效实现产品知识扩散和应用的研究型、创业型大学,是将大学最新理论成果与产业界发展领域相结合,形成有别于普通学校,将产业、科研和学术紧密结合的新型专业课程;靠政府和产业界的大公司投资建立产业大学运行的软、硬条件,能够开展具有商业价值的重大课题,在政府的推动下能够及时落实,并且进入产业化阶段,不断地输出创新成果之后,又会吸引更多创新力量在周边集中,慢慢形成集群,以产业大学为中心将逐渐演变成创新集群,最终形成了"类硅谷"的新型科技创新模式。

（2）韩国产学研协同创新的实施路径特征。主要依靠政府的支持和资助，首先政府制定了一系列促进产学研协同创新的法律法规，根据每一个阶段的明确目标，韩国政府相应地在各方面推出科技政策。产学研发展初期，政府于 1994 年实施了《合作研究开发促进法》，紧接着于 1997 年又提出了《科学技术革新特别法》，将产学研合作研究正式纳入了法制的轨道，能够更好、更完善地保证产学研各方主体的权益，直到 2000 年，韩国又实施了《技术转移促进法》，主要在计划制定、专门机构组建、经费支持及基础平台构筑等方面做出了明确规定。韩国不断完备的科技立法使韩国产学研合作体制处于一个相对稳定的法制环境之中，保证产学研过程能够顺利、高效地完成。

表 2 - 6 韩国政府制定的法律政策

时间	政策法规	核心内容
1993 年	《合作研究开发振兴法》	对于产、学、研开展的联合研究活动优先提供研究经费、研究设施和信息等方面的支持
1994 年	《合作研究开发促进法》	促进产学研的发展，鼓励三方的合作
1997 年	《科学技术革新特别法》	科学技术振兴主要政策和计划的订立及调整、革新计划及扩大科学技术预算规模等
2000 年	《技术转移促进法》	在计划制定、专门机构组建、经费支持及基础平台构筑等方面，均做出了明确规定
2001 年	《科学技术基本法》	明确了国家发展方向，重视基础研究
2003 年	《关于振兴产业教育与促进产学合作的法律》	实施了大学内部机制

韩国大学产学合作的内部实施机制。根据 2003 年修订的《关于振兴产业教育与促进产学合作的法律》，实施了大学内部机制，其主要工作有开发签订产学研合同，然后要进行产学合作业务相关的业务管理，开展与知识产权相关的业务，最后，为了对大学进行资源支持，对大学内部

资源协调和管理。开设"大学订单式教育课程",大学和企业共同合作,开展以市场实际需求为导向的特色课程和培养方案,这种订单式的教育课程,培养了以需求者要求为核心的专业人才,其开发流程一般是:首先是通过调研对企业进行需求调查,然后再与业界的专业人士共同对课程进行商议和修订,开发应用型订单式教育的教材。还有些大学如韩国海洋大学按照不同类型把教师分为标准型、教育中心型、研究中心型和产学合作中心型,各类型教师在教育、研究、服务及产学合作四个领域的评价比例各不相同。各大学通过新的教师评价制度补充了以往以论文为中心的教师评价和晋升标准不完善的方面,使产学合作中取得突出成绩的教师也能得到好的评价(索丰,2012)。

3. 知识互补视角下产学研协同创新过程分析

韩国政府将创新作为国家提升发展本国经济和提升综合国力的重要动力。韩国政府调动多方力量组织各相关部门创建产学研协同创新平台,也十分重视确立大学、科研机构和企业在法律上的社会地位,出台了一系列法律和政策手段来支持和保障企业的技术创新活动,并给予他们专项科研经费支持。大学、科研机构和企业在协同创新平台中各自发挥其主体作用,他们三方通过知识共享、知识创造、知识优势沿时间空间上互补,相互协作实现协同创新。

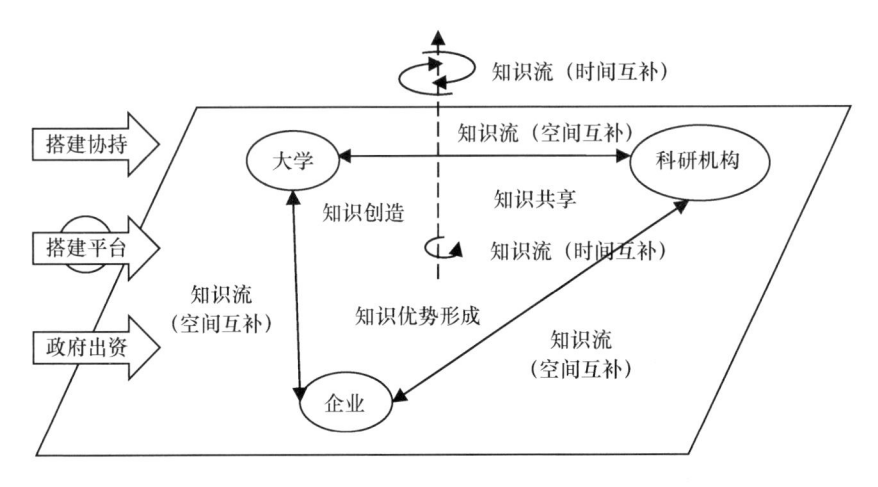

图 2-15 韩国产学研协同创新实施路径

本部分从知识共享、知识创造和知识优势形成三个方面来分析韩国协同创新实施路径启示：

（1）从知识共享角度看：通过政府推动和科技中介辅助保障了知识共享平台良好运营。韩国政府通过发挥政府职能，把企业、大学、科研机构和科技部多方力量凝聚起来，在其中扮演政策制定者和调节者的角色，会定期地按行业召集主持召开交流大会，讨论行业和企业当前面临的机遇和挑战，并通过大学和科研机构提供的知识来分析和解决，这类交流会为各方提供了交流探讨和知识共享的良好渠道，有利于提升企业竞争力。作为拥有政府行政职能的科技中介机构是充当政府在推进实行产学研协同创新建设中的助手角色，可以在多方合作中更有针对性和具体地解决和调节产学研协同创新中出现的问题和困难，更有利于产学研合作的实际开展。大学、科研机构和企业能够在跨组织间的合作中更快、更有效地进行，得益于政府和科技中介机构的协助，韩国为企业和行业的不同问题寻找更适合的大学和科研机构进行合作，加快了合作进程，提高了合作效率，有效地推进产学研协同创新的实施。

（2）从知识创造角度看：政府颁布了一系列的优惠政策，鼓励和促进大学、科研机构和企业的多方交流与合作，并刺激了协同创新成果转化。如协同创新时所得的产品税、软件、专利等折旧可享有政府优惠政策。为加快合作进程，政府不但会针对合作创新项目提供资金优惠政策，还会对协同创新成果给予资助。这些优惠政策极大地提升了大学、科研机构和企业在协同创新中的能动性，同时也促进了其自身的发展和进步。各项优惠政策刺激了各主体协同创新的渴望，加速了高新技术的研发和成果转化。

（3）从知识优势形成角度看：韩国政府的创新法律对协同创新相关的知识产权保护，目的就是使创新成果能够通过法律途径保障其所有人权益，增强产学研协同创新各主体实施的动机。政府根据市场需求和企业创新问题，通过针对性的解决办法组织协同创新，使得协同创新成果更能满足市场需求，使其转化形成企业或行业的竞争力，使知识优势转化为市场竞争优势。企业在市场经济中，都是围绕市场需求进行的生产活动。当企业遇到技术瓶颈时，韩国通常采取了政府推动的措施来寻求大学和科研机构等组织，有针对性地对于某企业或者某行业在市场竞争中面临的问题进行产学研合作,通过产学合作让企业在竞争中保持竞争活力,完善自己的优势知识,扩大自己的业务和服务能力。

三 典型经验总结

(一) 政府支持大力推动产学研协同创新

韩国政府在产学研合作发展中有着至关重要的作用,政府对进行基础研究、应用研究的企业和研究机构进行拨款资助,这在很大程度上帮助和鼓励创新。韩国对于学校的资助,是对教育的支持、对人才培养的重视,使得学校能够源源不断向社会输出人才。产学研合作中,那些创新的观点和成果,离不开年轻一代学者的付出,正是由于韩国政府的大力支持,为产学研合作提供了良好的环境,对产学研的发展有极大的推进作用,这对韩国科技研究能力和综合国力的提升做出了很大的贡献。

除此以外,政府为了有效地保护各方权益以及产学研合作的顺利进行,颁布了一系列法律保障。教育科学技术部的一系列政策包括支援计划、鼓励计划等,旨在推动大学与企业间的共同研究、加强大学与企业的合作、鼓励大学开设合同专业、推进"世界水平专科大学"建设、倡导创业教育。

(二) 产业大学培养创新型人才

首先是韩国教育科学技术部颁布了一系列关于高校产学研相关的政策保障,以激励高校进行创新、创新人才的培养,以及和企业的合作。

韩国的产业大学成功地培养出了具有创新能力的人才,并且获得了非常多的产学研合作成果。因为它的成功,更多地受到效仿,产业大学由此可以获得和利用更多的资源,大学创新能力由此也更加提升了,在某种程度上,这种模式有点类似于美国的硅谷,为产学研合作创造了极佳的环境。从本质上看,产业大学成功之处在于抓住了学术理论知识和产业界生产知识的空白点,然后进行研究,真正地实现了技术上的创新。

(三) 科技型中小企业支持培育科技产业的微观载体

中小企业在技术创新方面具有大企业很难达到的优势:创新意识强,对市场变化适应性强,机智灵活,高效率,"小而专""小而活",因为中小企业在国家企业所占比例极高,所以对于韩国整个企业的发展是至关重要的。政府对科技型中小企业的支持,体现了对于科技创新的重视,对于整个工业发展具有推进作用。企业是科技产业的载体，众多中小企业的集聚形成了整个力量支撑的载体，极大地促进了企业的科技创新能力。

科技产业一直是韩国特别重视的，是构成韩国强大实力必不可少的重要组成部分，所以韩国对于科技型中小企业给予政策和资金的支持，鼓励这些企业积极进行创新，提升自主创新能力，也正是如此，韩国科技、经济逐渐强大起来。

第五节 结论与启示

产学研协同创新是由我国提出的概念，但是在实践经验方面，我国晚于很多国家，产学研协同创新取得了很多不错的成绩，但是仍然存在一些问题亟须改进。通过对美国、德国、日本、韩国的产学研协同创新情况分析，本节对四个国家的经验进行总结，其一，分别总结归纳各国的产学研模式，以及各主体担任的角色与任务；其二是通过总结对比，针对我国产学研协同创新国情，找出适用于我国国情的具体实施方式。

一 国外经验总结

（一）政府在产学研协同创新中的角色

通过总结可以看出，美国、德国、日本、韩国4国产学研合作的共同特点是，由政府主导产学研协同创新。美国政府支持企业做基础研究，也支持高校长期做研究，并且给予法律、财政支持，极大地促进了企业与大学的合作，科技中介机构的创立也为协同创新成果产业化注入活力，产学研协同创新机制使得企业与大学能够更好地协作，产生更多的研究成果，出现了大量的工业园区等，极大地提升了国家的创新能力；在德国，产学研协同创新都在法律的保护之下，法律给予高校自治、学术自由的权利，给予企业创新的动力，德国政府为了鼓励创新研发，制定了相对完善的科研政策、税收政策和人才政策，同时，也为产学研项目提供相对充足的扶持基金，建立相应的教育体系、科研体系，形成了一个激励主体相互合作、提升产学研合作效率的体系；日本政府将产学研合作确定为基本国策，政府大力投入，建立了官产学合作的科研体制，极大地促进了产学研协作创新的发展;韩国政府也大力地推动了产学研的发展,设立了相应的法律保障,有侧重地进行资金投放,引导和激励创新开发。

(二)企业在产学研协同创新中的角色

企业在产学研协同创新中扮演着重要角色,但是各国的企业又各有不同特点。美国企业的强大在于基础领域的研究,美国企业非常注重基础研究,在基础研究领域世界领先,企业并不注重眼前利益,而是更加看重企业的长期发展,正是这种精神造就了企业的强大;德国企业的强大在于工业技术研究,德国的匠人精神世界闻名,他们对于工艺精湛的追求、一丝不苟的坚持,使得"德国制造"享誉世界,2013年德国首次提出"工业4.0战略"[①];日本企业在世界上也属于领先地位,都有他们的创新执着。

纵观各国产学研合作,其目的首先是为了提升科研研究的能力,帮助企业更高效地进行项目研究成果输出,将企业、大学、科研机构三者的资源、人力充分利用,达到优势互补,相互的协作能够帮助各自将资源最大化利用、效益最大化输出。对于企业可以增强综合创新能力,对于高校能够提供充足的资源支持研究,对于研究机构而言,可以最快速了解最新研究与市场最快速的结合,使得研究更具有价值。企业对于自身的定位,对于基础研究的重视,促使着企业吸收另外两方创新能力的输出,并给予相应的资源支持,相互受益。

(三)大学在产学研协同创新中的角色

大学作为人才培养的聚集之地,非常崇尚学术追求,学校的学生们也极有创新能力,在国外很多的大学,不仅重视学生在学校的义务教育,

---

① "工业4.0"概念系由德国政府在2013年4月汉诺威工业博览会上正式推出,旨在通过充分利用信息通信技术和网络空间虚拟系统相结合的手段,实现制造业向智能化转型,亦即由过去的集中式控制模式向未来的分散式增强型控制模式转变,进而建立一个高度灵活的个性化和数字化产品与服务生产模式。在新的模式中,传统的行业界限将消失,并会产生各种新的活动领域与合作形式。"工业4.0"项目主要有两大主题,一是"智能工厂",重点研究智能化生产系统及过程,以及网络化分布式生产设施的实现;二是"智能生产",主要涉及整个企业的生产物流管理、人机互动以及3D技术在工业生产过程中的应用等。纵观工业演进历史,工业1.0是机器制造,机械化生产;工业2.0是流水线,批量生产,标准化;工业3.0是高度自动化,无人化(少人化)生产;"工业4.0"则是网络化生产,虚实融合。

还非常重视他们的实践能力。在德国，有"双元制"大学，以企业需求为主导，专门定制课程，一边在学校上课，一边到企业实习，学生一出学校就能马上适应工作环境，为企业培养人才环节大大缩短了周期；另外就是韩国的产业大学模式，非常注重科技研究领域，对国家的科技贡献非常大。

通过加强产学研合作，有可能使中国大学特别是理工教育走出目前从书本到书本、从课堂到课堂、从理论到理论的脱离生产实际的封闭式办学困境，使大学教育回归到与生产实际相结合的正确轨道上来，真正实现教育、科研与经济、社会的密切结合（李晓慧，2017）。

（四）科研机构在产学研协同创新中的角色

在以上4个国家中，科研机构都担任着重要的角色。在美国，科研机构主要有政府科研机构、科技中介机构等，由政府出资，为高校和企业创立了良好的平台环境，促使高校、科研机构、企业能够更好地合作；在德国，科研机构主要为中小型工业企业、服务性产业及政府部门提供合同式科研服务，创造了企业、高校和政府合作的成功机制；在日本，科学园的建立离不开科研机构的合作；在韩国，创新体系的成功离不开科研机构的作用。

总的来看，科研机构是产学研协同创新中一大主体，它为企业成果、高校人才的输出发挥着很重要的作用。它在政府的支持下，为产学研合作建立了好的平台，自身也在从基础研究到应用开发领域广泛进行研究，取得许多成果。

二　国外经验借鉴

通过对4个国家的产学研协同创新经验总结和对比，结合我国国情，可以对我们如何审视现有产学研协同创新中存在的问题有所启发。

（一）政府应在产学研合作中发挥主导作用

由以上几个国家的经验总结可以看出，成功的产学研合作首先都是离不开政府颁布产学研合作的法律法规和相关政策，这在很大程度上激励了产学研合作。再看我国，政府制定国策，决定了国家经济社会的走向，政府在各方面都起着引导和决定性作用，这是由我国的社会主义性质所决定的，所以我国政府在产学研合作中有着十分重要的作用，应该充分发挥它的引导作用,积极鼓励企业、大学和科研机构的协同创新。

我国企业基础研究比较薄弱,究其原因,我国企业较为注重当下发展和利益,因为基础研究会花费相当多的资金和时间,所以大多企业会选择做商业研究,基础领域就缺乏相关支撑,本质原因是企业缺乏基础研究的动力。在中国,政府具有很大的引导作用,所以为了促进产学研合作,政府应该给出正确的引导和调节。总结国外历史经验,我们可以看出,产学研合作的原因并不是法律法规的强制规定,相反的是,多个国家为了推进本国的产学合作发展,不断地提出新政策、建立基金会、成立相关中介机构,其最主要的目的就是为了激励产学研主体能够在产学研合作中找到动力去进行协作创新,所以我国政府在引导方面,应该考虑清楚各方追求和需要的,给予相应的支持,更好地提升产学研合作效率。

(二) 企业应该注重基础研究

在企业实力排行中,我们从各国企业可以看出,由于企业的精神以及坚持,使得他们在不同的领域获得了成功,我国企业在这方面有明显的差距,所以首先我国企业应该有自己的信仰和追求。企业应该抛下以利益大小论成败的偏见,真正对社会做出巨大贡献的企业应该是从科技上改变生活,更好地造福人类的企业,所以企业应该从创立起就树立信念,真正地做强大的企业,并不能只关注眼前的利益,而是更加长期的发展,具备远大的目标,这是企业非常需要改进的一点。

其次是企业应该意识到自己的不足。对于创新,高校比企业要更有优势,学生们有非常多的创新点。而大多企业不以为然,错失了非常多的好创意。企业应该虚心向高校学习,让公司员工也能像在校学生一样学习、思考,激发他们更多的创意,或者直接和学校合作,让更多的创意能够结合市场,提升创意的输出率。

(三) 大学应该加强创新型科研人才培养

如今我国高校非常重视创新人才培养,政府也给予了极大的支持,政府给各大高校专门建立了大学生创新创业基地和资助基金,在如此浓厚的氛围下,学生们都积极参加各种创新创业比赛,结果是各种大大小小的奖评得了不少,然而能够真正运行操作或实现商业化的却寥寥无几。

通过我国高校人才培养现状可以看出,我国仍旧缺乏创新型科研人才以及相关培养制度。纵观国外高校建设，他们的成功在于课程的设计以及和企业的合作。目前我国政府支持是很好的外部环境，所以高校应该更多地从课程设计与企业、科研机构合作入手，加强与企业、科研机构的沟通，使学生在理论与实践中学习，将市场与创新相结合，提升学生的整体素质，培养真正的创新型科研人才。

（四）科研机构应承担更多责任

由国外经验可见，科研机构角色多样化，它们在进行研究以外，还承担了产学研合作的桥梁的角色，为企业、大学、科研机构三者合作提供了便利，减少了不必要的损失，为产学研的顺利进行提供了保障。

科研机构研究领域主要着重于高新技术，电子产业及新能源产业，覆盖的范围也相当地广泛。从基础研究到应用开发，研究组织中产生的费用大部分是有政府支持。我国国有研究机构的经费均来自政府，所以研究机构应该相应承担起更多的责任。首先，科研机构应该加强与企业、高校的合作；其次，科研机构应当注重基础研究到应用开发的研究；最后，政府应加强对其的管理，通过奖惩制度等激发创新。

第 三 章

我国产学研协同创新的关键制约因素

本章重点识别我国产学研协同创新的关键制约因素。首先,分析我国全球创新指数(GII)① 排名,从制度环境、市场机制、人力资本等层面查找我国产、学、研存在的短板;其次,利用知网② 平台,运用扎根理论系统归纳我国产学研协同创新的制约因素,总结出我国在制度环境、社会环境及市场环境的制约因素;最后,基于专家评分验证关键制约因素,并从主范畴、核心范畴剖析我国产学研协同创新的关键制约因素。

第一节 从全球创新指数看我国产学研短板

一 我国产学研短板引出

创新现在被广泛认为是经济增长和发展的重要动力,且创新正在成为区域层面、国家层面以及公司竞争的关键。世界知识产权组织总干事弗朗西斯·高锐表示,"创新有助于将当前的经济上行趋势转化为长期

---

① 全球创新指数(GII)从多个维度全面衡量世界主要经济体的创新能力,现已成为主要的创新力基准度量工具,被世界范围内的政策制定者、科研管理人员等广泛使用。
② 中国知网(CNKI)具备资源综合性强、注重二次加工、强大的整合能力等优点,且该数据库涵盖我国关于产学研协同创新研究的大量文献,在学术界有重要影响,故将扎根的文献数据库设定为中国知网。

的增长"①。如今以要素推进的时代已经成为过去，依据创新带动的"创新活跃期"正到来，世界各国都把创新作为国家的发展战略，希望能为经济社会的发展提供恒久的动力。而产、学、研作为国家创新系统的三大核心组成部分，其发育状况直接决定了国家创新能力处于何种层次。

近年来，在创新型国家建设等战略的驱动下，各项推动创新发展的政策措施不断推出，极大地推动了我国产、学、研系统的发育，国家整体创新能力正在明显提升，逐步迈入全球创新领导者行列。然而，与发达国家相比，我国产、学、研三大系统的发育状况存在明显滞后，这无疑对我国创新型国家建设造成极大阻碍。因此，深入挖掘造成我国产、学、研三大系统发育滞后的深层原因，对产学研协同创新和创新型国家建设具有十分重大的意义。

为了从根本上查找我国产、学、研三大系统存在的主要短板，本章拟通过对全球创新指数的对比分析，逐级确定我国产、学、研存在的短板，从而提出针对性建议以弥补短板，为产学研协同创新和创新型国家建设奠定基础。

二 分析框架及方法步骤

（一）2017年全球创新指数的指标体系结构

全球创新指数（GII），即英士国际商学院、美国康奈尔大学以及世界产权组织等多个机构共同发布的指数。全球创新指数的核心是由全球经济体创新能力和结果的排名组成，GII不同于传统的创新指标，它从基础设施、制度、市场成熟度以及人力技能等多个维度全面衡量世界主要经济体的创新能力。GII报告2007年首次发布，其测量模型不断调整和完善，直到2012年，其指标体系才趋于稳定，现已成为主要的创新能力基准度量工具，被世界范围内的政策制定者、科研管理人员等广泛使用。

---

① 摘自2017年6月5日WIPO《2017年全球创新指数报告》，世界知识产权组织总干事弗朗西斯·高锐（Francis Gurry）致辞。

最新数据显示，2017 年 GII 报告涵盖了世界 92.5% 的人口和 97.6% 的 GDP，通过制度、基础设施、市场环境、教育、投入产出等多个维度对全球超过 100 多个主要经济体的创新能力和衡量成果进行评估。除创新能力的变化，一个国家的 GII 排名也会受到模型调整和所包含的全球经济体个数的影响，如 2016 年与 2017 年在底层指标以及所涵盖的经济体数量上都存在差异。基于 GII 测量模型不断调整优化及时效性的考虑，选取 2017 年的 GII 报告为研究对象对当前中国创新态势进行解读，通过国家创新体系的 7 大支柱及 81 项分类指标全面分析制约我国创新能力的关键因素。

2017 年的全球创新指数包括创新投入和创新产出两个子指数、7 个一级指标、21 个二级指标、81 个三级指标，还包括投入产出比的效益指数。创新投入子指数主要包括制度、人力资本、基础设施、市场成熟度、商业成熟度 5 大一级指标；创新产出子指数则包括知识和技术产出、创造性成果 2 大支柱，7 大一级指标又各自由多个指标组成，具体各级指标见表 3-1。

表 3-1　　　　　2017 年全球创新指数 GII 指标体系结构

	一级指标	二级指标	三级指标
全球创新指数 GII	1 制度环境	①政治环境	政治稳定性；政府效率
		②管制环境	管制质量[a]；法治[a]；冗余裁员成本
		③商业环境	创业容易程度；破产处理容易程度；纳税容易程度
	2 人力资本	①教育	教育支出；每位学生公共支出；上学平均年限；阅读数学科学专业学生 PISA 值[a]；师生比例
		②高等教育	高等教育入学率[a]；科学与工程专业毕业生比重；高等教育流入比例[a]
		③研发	研发人员数；研发支出占 GDP 比重；全球研发公司排名前 3 的平均研发支出；QS 排名前 3 的大学平均得分

续表

	一级指标	二级指标	三级指标
全球创新指数GII / 创新投入子指数	3 基础设施	①信息通信技术	信息通信技术接入；信息通信技术使用；政府在线服务；公民在线参与
		②一般基础设施	电能产出[a]；电能消耗[a]；物流绩效；资本形成额占 GDP 比重
		③生态可持续性	单位 GDP 能耗；环境绩效；ISO14001 环境认证数
	4 市场成熟度	①信贷	获得信贷容易程度；国内私人贷款占 GDP 比重；小额信贷占 GDP 比重
		②投资	保护投资者容易程度；资本市值占 GDP 比重；风险资本交易额
		③贸易竞争	适用加权税率；本地竞争强度；国内市场规模
	5 商业成熟度	①知识员工	知识密集型行业员工占比；提供正规培训企业占比；企业研发支出占 GDP 比重[a]；由企业资助的研发占比；雇用高级学位妇女的百分比
		②创新群	高校和企业的合作研发[a]；集群发展状态[a]；外国资本资助研究比重；合资企业/战略联盟合约占比[a]；在至少 2 个专利局注册的专利族数[a]
创新产出子指数	6 知识和技术产出	①知识吸收	版权和许可费用支出占服务进口比重[a]；高技术净进口占总净进口比重；通信、计算机和信息服务进口额占服务进口比重；外商直接投资净流入额占 GDP 比重；企业研发人员比例
		②知识创造[a]	国内居民专利申请量[a]；本地居民 PCT 专利申请量；国内实用新型专利申请量；科技类文献数[a]；可引用文献的 H 指数[a]
		③知识影响	人均 GDP 增长率；每千人企业注册数[a]；购买计算机软件支出占 GDP 比重[a]；ISO9001 质量认证数[a]；高、中高技术制造商占比[a]
		④知识扩散	版权和许可费用收入占服务出口比重；高技术净出口额占总净出口额比重；通信、计算机和信息服务出口额占服务出口比重；外商直接投资净流出额占 GDP 比重

续表

	一级指标	二级指标	三级指标
全球创新指数GII	创新产出子指数 7 创意产出	①无形资产	国内居民商标注册数；马德里系统注册商标数；信息通信技术创新商业模式的程度；信息通信技术创新组织模式的程度
		②创意产品与服务[a]	文化和创意服务出口比重；百万人口国家电影数[a]；娱乐和媒体产出[a]；印刷出版制造业产出占制造业总产出比重；创意产品出口比例
		③在线创意[a]	每千人通用顶级域名数；每千人国家地区代码顶级域名数；每百万人维基百科月编辑页数；youtube 视频上传人均次数

注：a 代表该指标权重为 0.5，其余指标权重为 1。

（二）GII 的评价步骤及方法

1. GII 的评价步骤

GII 的评价分为如下四个步骤，每个步骤的具体操作包含具体内容如下：

（1）构念一致性。保证 GII 各指标与文献里关于创新和关键因素界定的兼容性，度量国家间差异的各指标譬如 GDP、人口以及出口总额。

（2）数据核对。确认各个国家的数据是否满足可得性要求，可得性要求即可获得数据的指标数量占比总指标量需要大于 63% 并且主要指标需要至少可获取两个次级指标的数据；报告核对错误；极端值处理。

（3）统计连贯性。把权重作为尺度系数保证统计连贯性。评价程序为从次级指标到一级指标，到次级指数，再到 GII 指数。

（4）定性评审。包括内部定性评审和外部定性评审。为了确保结果具有可靠性和指导意义，计量和应用统计组审核概念与统计连贯性和关键模型假定两个问题对 GII 得分与排名的影响。

2. GII 各级指标的评价方法

2017 年的 GII 测量包含四个层次。第一层是创新投入子指数和创新产出子指数，第二层是 7 大一级指标、第三层是 21 项二级指标，第四层是 81 项三级指标。在具体评价各个经济体的创新能力指数时，首先对数据进行标准化处理然后将不同量纲的指标统一化，让不同量纲指标数据具备可比性，2010年前的标准化处理数据采用7分制，2010年以后均采用百分制。标准化的数据，越大的数值代表创新表现越好，各级指标的具体评价方法如下：

（1）三级指标得分：各指标原始数据或原始数据标准化后的值。

（2）二级指标得分：所属三级指标得分的加权平均值。

（3）一级指标得分：所属二级指标得分的加权平均值。

（4）创新投入子指数：所属五项一级指标得分的平均值；创新产出子指数：所属两项一级指标得分的平均值。

（5）全球创新指数：创新投入子指数和创新产出子指数的平均值；创新效率比为创新产出子指数得分与投入子指数得分之比。

为了确保GII评价结果的可靠性，使用蒙特卡洛模拟和多模型方法对评价结果进行检验，目的在于证明原模型的两个关键假设，即不估计缺失值和使用算术平均方法估算次级支柱假设，对最终的国家得分与排名不存在决定性的影响，即不存在系统性偏误。通过总数高达数千次的蒙特卡洛模拟，不确定性分析的结果表明在90%的置信区间下所有国家都通过了稳定性检验。

（三）基于GII的我国产、学、研短板查找步骤

首先，分析近8年我国GII的全球排名总体情况并着重分析我国2017年的GII排名，获取我国创新能力总体状况的初步认识。

其次，将我国2017年GII排名及其一级指标排名和二级指标排名同美国相应指标排名进行对比分析，并将各一级指标和二级指标按照政、产、学、研进行再分类，查找我国产、学、研存在的短板。

最后，对我国产、学、研短板进行汇总、分类、排序，并结合我国现实情形对部分短板进行评述。

三 我国产学研短板分析

（一）我国GII排名稳步上升

图3-1展示了2010—2017年我国GII排名的发展趋势，整体上呈稳步上升态势。从图3-1可见，在全球142个经济体中，我国2017年GII排名从2016年的第25位升至第22位，成功跻身全球创新领导者（GII

排名前 25 的经济体）行列。综上所述，我国整体创新能力已达到全球的中上水平。

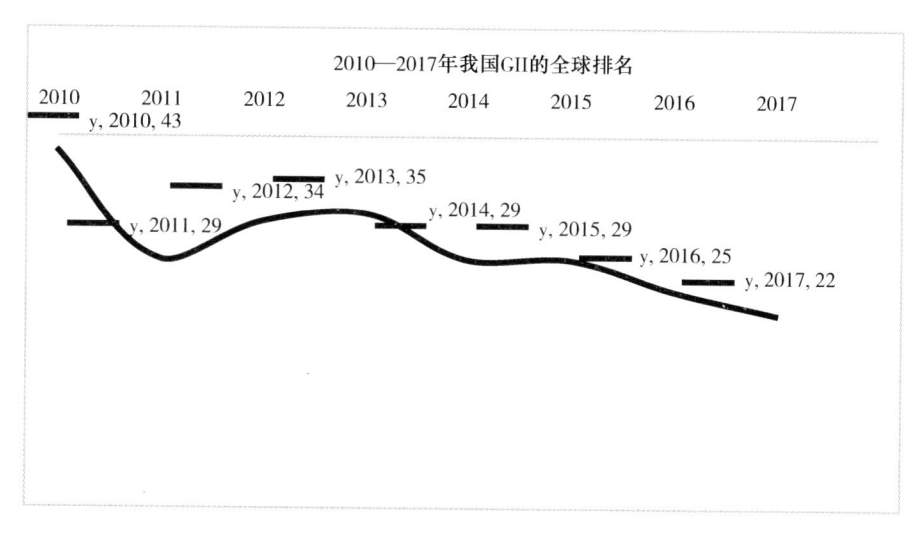

图 3-1　2010—2017 年我国 GII 的全球排名

产学研是我国国家创新体系的核心组成部分，这三方面的表现对我国创新能力水平有着直接影响。下面对全球创新指数的一级指标和二级指标进行对比分析，从而识别我国产、学、研存在的关键短板。

（二）我国 GII 关键短板明显

表 3-2 展示了 2017 年我国 GII 指数 7 项一级指标的全球排名，通过与美国 GII 指数的一级指标排名及我国自身的 GII 排名（第 22 名）进行比较，可以得出我国处于落后状态的各项一级指标。同时，将一级指标聚焦到政、产、学、研 4 个类目当中，其中，制度环境、基础设施位于政府层面；人力资本和研究位于教育、科研层面；市场成熟度、创意产出、商业成熟度、知识和技术产出位于产业层面。

表 3-3 展示了我国落后于美国的各项二级指标，计算出具体的落后名次数，并将各项指标与我国的 GII 排名进行比较，得出落后于 GII 的二级指标以及相应的名次数，同时将各项二级指标聚焦到产、学、研、政 4 个类目当中。

表 3-2　2017 年我国 GII 的 7 项一级指标全球排名及与美国对比

分类	一级指标	美国一级指标排名	中国一级指标排名	落后于美国的名次数	落后于我国 GII 的名次数
政	制度环境	17	78	61	56
	基础设施	21	27	6	5
学、研	人力资本和研究	13	25	12	3
	市场成熟度	1	28	27	6
产	创意产出	10	26	16	4
	商业成熟度	8	9	1	-13
	知识和技术产出	7	4	-3	-18

表 3-3　2017 年我国 GII 的 21 项二级指标全球排名及与美国对比

分类	一级指标	二级指标	美国二级指标排名	中国二级指标排名	落后于美国的名次数	落后于我国 GII 的名次数
政	制度环境	管制环境	20	107	87	85
		商业环境	19	75	56	53
		政治环境	18	64	46	42
	基础设施	生态可持续性	34	78	44	56
		信息通信技术	16	48	32	26
		一般基础设施	16	3	-13	-19
学、研	人力资本和研究	高等教育	29	104	75	82
		教育	41	8	-33	-14
		研发	15	17	2	-5
产	创意产出	在线创意	19	104	85	82
		创意产品与服务	23	29	6	7
		无形资产	38	2	-36	-20
	市场成熟度	投资	27	85	58	63
		信贷	24	48	24	26
		贸易竞争	1	2	1	-20
	商业成熟度	创新群	22	62	40	40
		知识吸收	6	13	7	-9
		知识员工	11	1	-10	-21

续表

分类	一级指标	二级指标	美国二级指标排名	中国二级指标排名	落后于美国的名次数	落后于我国GII的名次数
产	知识和技术产出	知识扩散	22	24	2	2
		知识创造	7	5	-2	-17
		知识影响	7	1	-6	-21

由表3-2和表3-3可以看出，我国在商业成熟度、市场成熟度①、人力资本和研究、制度环境、基础设施这5项指标的排名均落后于美国，且在前4项指标的排名落后于我国GII排名。其中，制度环境这一指标排名远远落后于美国及我国GII排名，落后位次在60名左右。

其中，制度环境下的三项二级指标排名均"明显落后"于我国GII排名及美国相应指标排名，且管制环境指标呈现出"远远落后"的状态，具体表现为，我国政府效率较低、管制质量较差、法治不够完善、创业容易程度较低等。市场成熟度、人力资本和研究、创意产出、基础设施等4项指标的滞后程度不明显，仅落后于我国GII排名几个名次。

市场成熟度指标下辖的投资指标呈现出"远远落后"的状态，信贷指标呈现出"明显落后"的状态，具体表现为融资难、融资成本高、贷款难、贷款利息高等问题。人力资本和研究下辖的高等教育指标"远远落后"于我国GII指标排名，具体表现为创新型人才培养匮乏、市场反应迟钝等。创意产出下辖的在线创意指标呈现出"远远落后"的状态，具体表现为原始创意（Good Idea）缺乏等，创意产品与服务指标表现为轻微滞后。基础设施指标下辖的生态可持续性、信息通信技术指标表现为"明显落后"状态，具体表现为通信费用较高、生态环境质量较差等。

商业成熟度、知识和技术产出2项一级指标虽未表现出滞后状态，但其下辖的创新群指标呈现出"明显落后"状态，落后于我国GII排名及美国相应指标排名均高于40个位次，具体表现为产学研合作研发效果不佳等。

---

① 市场成熟度表示市场机制的发展水平和完备情况，反映了业务的风险水平，由新业务的成熟度、新业务与现有业务的协同度两个维度进行衡量。

（三）我国产、学、研短板评述

通过以上分析，对我国产、学、研短板进行了汇总（见表3-4），并做了短板类型的划分以及限制程度排序（以落后于GII排名的名次数为主，以落后于美国相应指标排名的名次数为辅），其中，"次要短板"是指我国相应指标排名落后"创新领导者"的平均排名及我国GII排名0—30个名次；"一般短板"是指我国相应指标排名落后"创新领导者"的平均排名及我国GII排名30—60个名次；"重大短板"是指我国相应指标排名落后"创新领导者"的平均排名及我国GII排名60—90个名次。

表3-4　　　　　　　　　我国产、学、研短板汇总

一级指标（排序）	短板类型	二级指标（排序）	短板类型	备注
第1 制度环境	一般短板	第1 管制环境	重大短板	制度环境排名落后于我国GII排名56个位次，落后于美国61位次
		第6 商业环境	一般短板	落后于我国GII排名53个位次，落后于美国56个位次
		第7 政治环境	一般短板	
第2 市场成熟度	次要短板	第4 投资	重大短板	
		第9 信贷	次要短板	
第3 人力资本和研究	次要短板	第3 高等教育	重大短板	
第4 创意产出	次要短板	第2 在线创意	重大短板	
		第11 创意产品与服务	次要短板	落后于我国GII排名仅7个位次
第5 基础设施	次要短板	第5 生态可持续性	一般短板	落后于我国GII排名56个位次
		第10 信息通信技术	次要短板	
第6 知识与技术产出	非短板	第12 知识扩散	次要短板	落后于我国GII排名仅2个位次

由表 3-4 可以得到以下几点认识:

其一,我国产、学、研最大的短板为制度环境的缺陷,具体表现在政治环境缺陷、管制环境缺陷和商业环境缺陷。其中管制环境滞后程度最为明显,主要表现为冗余裁员成本偏高、管制质量偏低、法制不健全等。

其二,我国产、学、研第二大短板为市场成熟度不足,具体表现在信贷和投资两方面的不足。其中投资指标的滞后程度最为明显,主要表现在投资者不易受到保护、风险投资市场不发达等。

其三,我国产、学、研第三大短板为人力资本存在明显缺陷,其中高等教育指标滞后明显,集中表现为高等教育入学率偏低、教育支出偏低、上学平均年限偏低等。

其四,我国产、学、研其他短板还包括:在线创意产出、生态可持续性、创意产品与服务、创新群、知识扩散等指标的滞后。其中在线创意产出不高表现为重大短板,主要表现在人均视频上传量偏少、人均维基百科编辑量偏少、人均通用顶级域名数偏少等。

结合我国实际国情,对以上通过 GII 分析归纳的部分关键短板展开进一步探讨:

一是我国制度环境排名或可提升。相较于资本主义制度,我国的制度环境存在明显的特征,主要表现为政府力量较强,这是一把双刃剑。如果能够进行适度的市场干预,很好地发挥政策杠杆作用,对于创新将是十分有利的。反之,如果过度干预市场,未能发挥好政策杠杆作用,将对创新造成强烈的阻碍。当前,我国体制机制尚不健全,资本主义体制下奉行的自由市场经济对于我国并非完全适用,需要政府进行适度干预以发挥政策杠杆作用,进而促进创新。如果能够很好地发挥政策杠杆作用推动创新发展,我国制度环境排名将能够获得较大提升。

二是我国人力资本与研究排名或应下降。首先,从其下辖的三级指标看,主要包含教育支出、上学平均年限、高等教育入学率、研发人员数、研发支出占 GDP 比重等"衡量数量"的指标,而人力资本与研究强大与否的关键却不只在于数量,更在于质量。近年来,我国高等教育发展迅速,每年本科及以上学历毕业生都大幅增加,然而创新型人才却依然严重缺乏。研发投入和专利数量虽也逐年增加,但高质量的创新技术和产品仍与西方发达国家存在较大差距。再则，我国人口基数大，研发投入和发明专利虽数量庞大，但人均水平却相对较小，研发人员比例也不高。因此，若考虑研发人员、研发产出质量以及人均研发投入与产出等因素，则我国人力资本与研究的实际排名应更加靠后。

三是我国知识和技术产出排名或应下降。创新产出主要包括原始创新产出和渐进式创新产出，原始创新是渐进式创新的基础和前提，而当前的知识合计数产出指标则以产出总体情况为主要衡量标准。虽然我国"知识和技术产出"这一排名位列全球第 4 位，但我国的知识和技术产出主要为渐进式产出，原始创新较为缺乏，与欧美等西方强国存在较大差距。而原始创新是对现有知识体系的突破，不仅有新的概念、新的原理或新的方法生成，而且还可能产生一条新的知识链或一门新的学科、一种新的产品，甚至形成一种新的产业，真真切切地起到第一生产力的作用，是创新发展的根本动力。原始创新不足，则即便知识和技术成果总量庞大也难以支撑国家创新体系，因此，我国的知识和技术产出排名或应更加靠后。

四是我国创意产出排名或应上升。由于文化差异，中国与西方国家常用的网站不尽相同，维基百科和 Youtube 并非国民主要的在线创意编辑网站，使用频率并不及优酷、百度百科等主流网站，也即是说，"每百万人维基百科月编辑页数""Youtube 视频上传人均次数"展示的仅为我国小部分的在线创意数量而不是全国，因此，这两个指标排名靠后并不能证明在线创意产出不高，考虑其他网站的产出成果，我国的创意产出排名或应上升。不过，如果考虑创意产出质量指标，我国创意产出排名或许更低。

（四）产、学、研分析结果

基于 2010—2017 年我国 GII 排名可知，我国的整体创新能力水平近年来呈现稳步增长态势，2017 年，我国 GII 排名位列 22 名，进入全球"创新领导者"行列。但深入分析各级指标体系后发现在部分指标上我国排名远远落后于美国甚至 GII 排名，这些指标成为我国产、学、研的主要短板。

1. 就一级指标而言，我国产、学、研的主要短板包括制度环境不完善、市场不够成熟、人力资本缺陷、知识和技术产出质量偏低。

2. 制度环境不佳主要表现在管制质量低、法治不健全、冗余裁员成本偏高等。

3. 市场成熟度不够主要表现在投资者不容易受到保护，融资贷款难度大、成本高等。

4. 人力资本缺陷主要表现在教育支出偏低、高等教育入学率偏低、创新型人才数量偏少等。

5. 知识和技术产出质量偏低主要表现在原创技术量少、前沿技术量少等。

6. 其他方面的短板还包括：创意产出质量、生态可持续性、创新群发育、信息通信技术、知识扩散等指标存在滞后。

第二节 我国产学研协同创新的制约因素归纳

一 制约因素分析

党的十九大报告指出，要深化科技体制改革，建立产学研深度融合的技术创新体系。产学研深度融合的核心标志就是充分实现产学研协同创新。产学研协同创新要结合科学研究与技术商业化形成多元主体协同互动的网络创新模式，一个以大学、企业以及科研院所为核心要素，以中介组织、政府以及金融机构等为辅助要素的模式，达成科学研究与社会经济发展的无缝对接（陈劲等，2012；何郁冰，2012）。

但是，产学研协同创新是异质主体之间的一种跨界合作模式，深受主体异质性差异的制约，至今仍然难以真正实现。我国现行的科技体制源于20世纪50年代的苏联模式，企业、大学、科研院所分别属于不同的界域，且长期处于相互分离状态，彼此之间形成了截然不同的组织文化、价值观体系和资源能力。受此影响，我国产学研合作始终面临着诸多问题，如企业、大学、科研院所之间的创新资源相互封闭，缺乏深度互动融合（赵哲，2014）；产学研合作缺乏面向前沿科技创新的长期战略性合作（田青，2015）；大学和科研院所的技术供给与产业技术需求存在较大差距，导致科技成果的转化利用效率严重偏低（陈伟珂等，2014）。

产学研协同创新难题之所以长期存在，无疑是众多显性和隐性因素共同作用的结果。多年来，学者们从不同的角度指出了制约产学研协同创新的各种障碍,但是仍感缺乏系统的整理,未能整体建构障碍因素层级体系。为有效破解产学研协同创新难题,我们拟全面搜集有关产学研协同创新的研究文献,从众多的文献当中尽可能完整地提炼出制约产学研协同创新的各种障碍因素,并重点关注产学研主体异质性层面的内生障碍,在此基础上建立障碍因素层级体系。

二 研究设计

(一) 研究方法

采用扎根理论的研究方法,从现有相关研究文献中逐级归纳提炼产学研协同创新的障碍因素。研究思路参见图3-2。

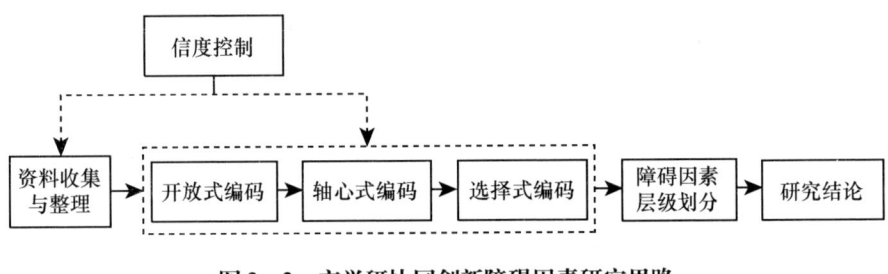

图3-2 产学研协同创新障碍因素研究思路

(二) 文献搜集

1. 文献语种确定。鉴于本书研究重点为中国国情背景下的产学研协同创新问题,研究对象为我国的企业和院校院所,因此将文献语种确定为中文文献。

2. 文献数据库确定。考虑到中国知网(CNKI)具备的资源综合性强、注重二次加工、强大的整合能力等优点(李金兰,2011),故将文献数据库设定为中国知网。

3. 文献检索条件设定。本书研究重点在于当前我国产学研协同创新的障碍因素查找,为了实现检索的精确性及内容的全面性,我们将文献检索主词设定为"产学研""障碍""制约""冲突",并将检索项目设定为"主题词"。鉴于期刊论文同其他类型文献相比具备更强的学术性,本书将文献类型设定为"期刊论文"。此外,从时效性考虑,我们将文献发表时间设定为最近10年,即2008—2017年。

4. 文献检索。在中国知网数据库中，按照以上文献检索条件对研究文献进行了检索。为了控制检索信度，由两名研究人员分别处在不同位置、使用不同设备，按照上文的文献检索规则进行文献检索。两人的检索结果均为 133 篇期刊论文，表明检索结果可信。

5. 文献的初步阅读筛选。对中国知网数据库检索的 133 篇期刊论文进行初步筛选。初筛标准为：文献的研究内容是否属于产学研协同创新？若是则通过初步筛选，反之则不通过。为了保证初步筛选的信度，拟由多名具有产学研合作研究背景的专家同时进行筛选，遵循全体专家意见一致性原则，初步筛选出 68 篇符合我们研究主题的期刊论文。

6. 文献的深度阅读筛选。对初步筛选出的 68 篇期刊论文进行深度阅读筛选。筛选标准为：文献的研究主题是否涉及产学研协同创新的障碍因素？若是则通过深度筛选；反之则不通过。采用与初步筛选相同的信度控制手段，最终选定 52 篇期刊论文。

（三）编码提炼流程

从收集的文献资料中抽取产学研协同创新障碍因素，编码提炼流程见图 3-3。

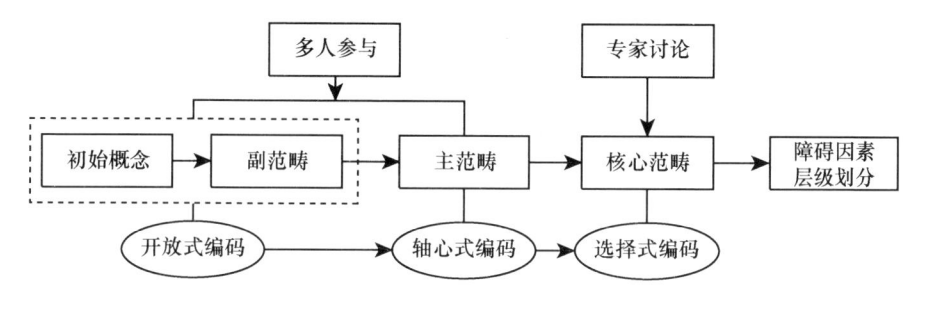

图 3-3 产学研协同创新障碍因素编码提炼流程

开放式编码是将原始材料分解、提炼、赋予概念、重新组合，形成副范畴的过程（Glaser，1978）。轴心式编码是将开放式编码结果按照潜在脉络或因果关系进行类聚，形成主范畴的过程（孙新波等，2012）。选择式编码是通过描述现象的"故事线"来提炼核心范畴，建立核心范畴与主范畴间的逻辑关联（Strauss et al.，1990）。

为了保证数据编码过程的信度，综合采用多人参与、专家讨论等信度控制手段。开放式编码和轴心式编码由多名研究人员共同参与其中,编码结果由研究人员经过多次商讨确定。选择式编码邀请产学研合作相关领域专家对编码结果进行讨论评判,以此确认核心范畴的设立及最终故事线是否符合现实情形。

三 障碍因素提炼

(一)开放式编码

将原始期刊论文中的相关内容进行概念化和范畴化,包括初始概念提取、副范畴归纳两个环节。(1)初始概念提取:对最终选定的52篇文献进行深度阅读和分析,将对产学研协同创新的障碍因素相关的描述做好标记。在统计操作上,同一篇文献的同一观点仅记录一次,而不同论文中阐述的类似观点则分别进行记录。基于以上统计准则,经过多次整理分析,本书得到207个开放式编码点。由于开放式编码点中有些是重复或内容接近的,于是对这207个开放式编码点展开进一步的提炼,最终获得84个初始概念,以"a+序号"的形式进行编号。(2)副范畴归纳:对提取出的初始概念进行反复比较分析,将含义相近的初始概念逐级聚合形成副范畴,最终获得25个副范畴,以"A+序号"的形式进行编号(见表3-5)。

表3-5 开放式编码示例

原始材料	初始概念	副范畴
主体之间彼此缺乏了解,相互间的防卫多于信任,合作中容易出现障碍,并有可能涉及权益纠纷等问题。	缺乏了解 a1 相互防范 a2	A1 人际信任缺失 (a1, a2, a4)
每个协同方都有不同于其他主体的文化特性和利益诉求,使得协同创新各方之间的科研理念、价值认同、地位承认及科学精神传承等方面存在差异,从而演化为精神文化冲突,造成高校与科研院所之间、企事业单位之间的信任危机,最终无法形成目标一致的目标实现体。	精神文化差异 a3 信任危机 a4	A2 文化差异 (a3, a5)

续表

原始材料	初始概念	副范畴
正是由于这些制度文化差异导致协同主体之间相互掣肘、离散、冲突或摩擦,造成资源无法共享、知识正常流动受阻,致使整个协同系统内耗增加,陷于一种混乱无序的状态,不可能形成牢固的利益共同体。	制度文化差异 a5 资源无法共享 a6 知识流动不畅 a7	A3 资源流动障碍 (a7, a10, a15)
目前,我国由于企业、高校和科研机构的评价机制社会保障体制不同,导致人员交流出现障碍。	考核机制差异 a8 社保体制差异 a9 人才流动不畅 a10	A4 管理制度差异 (a8, a9, a11)
校企间不同的用人聘任制度以及不同的人才评价机制制约了智力资源在校企间的流动。	用人制度差异 a11	A5 资源共享障碍 (a6, a12, a13, a14)
虽然名义上资源共享,但是在实际操作过程中,对于经费的利用、重点实验室的使用合作单位之间差别较大。有的创新资源甚至只能自己单位部门能用,兄弟单位部门难以共享。	资金共享不畅 a12 设备共享不畅 a13	
企业、高校、科研院所等创新主体的资源条块分割,科技力量自成体系,既分散又重复,因此,科技创新整体运行效力不高。	资源条块分割 a14	
……	……	……
合计	84 个初始概念	25 个副范畴

(二) 轴心式编码

发现和建立副范畴间的联系,拟按照两条路径开展。(1) 路径一:基于"条件→行动/互动策略→结果"编码范式,将开放式编码得到的副范畴联结在一起,得到主范畴。如,副范畴"信息沟通障碍"、"人际信任缺失"与"人际关系不协调"可以在范式模型下形成一条轴线:"产学研主体间存在信息沟通障碍→主体间难以进行良好沟通以建立信任关系→主体无法通过沟通、信任构建协调稳定的合作关系",由此将上述 3

个副范畴进一步整合为主范畴"关系协调障碍"。(2) 路径二：将两个及以上的副范畴直接合并为一个主范畴。如，副范畴"技术能力差距"和"商业能力差距"可以合并为"能力异质性障碍"。以此方法类推，最终将25个副范畴归并为10个主范畴（见表3-6）。

表3-6　　　　　　　　　　　轴心式编码结果

副范畴	主范畴	主范畴内涵
管理制度差异 组织结构差异 组织性质差异	组织异质性障碍	产学研主体组织属性差异导致的协同创新瓶颈
个体认知差异 组织文化差异 战略目标差异	文化异质性障碍	产学研主体文化属性差异导致的协同创新瓶颈
技术能力差距 商业能力差距	能力异质性障碍	产学研主体能力禀赋差异导致的协同创新瓶颈
资源共享障碍 资源流动障碍 资源匹配障碍	资源互动障碍	产学研主体之间创新资源交互不畅导致的协同创新瓶颈
信息沟通障碍 人际信任缺失 人际关系不协调	关系协调障碍	产学研主体之间人际鸿沟导致的协同创新瓶颈
利益分配冲突 知识产权冲突	利益协调障碍	产学研主体之间权益冲突导致的协同创新瓶颈
知识学习门槛 学习能力不足	交互学习障碍	产学研主体之间知识学习转化困难导致的协同创新瓶颈
政策引导不到位 政策支持不到位 法律保障不到位	政策环境障碍	宏观政策缺陷导致的产学研协同创新瓶颈

续表

副范畴	主范畴	主范畴内涵
社会文化体系缺陷 社会价值体系缺陷	社会环境障碍	社会氛围欠缺导致的产学研协同创新瓶颈
市场缺乏有效竞争 市场创新需求不足	市场环境障碍	市场制度缺陷导致的产学研协同创新瓶颈

(三) 选择式编码

分析轴心式编码结果,将10个主范畴与现有理论进行对接和互动比较,归纳出核心范畴。(1) 主范畴"组织异质性障碍""文化异质性障碍""能力异质性障碍"皆与主体异质性相关,可归纳为核心范畴"产学研主体异质性障碍"。(2) 主范畴"资源互动障碍""关系协调障碍""利益协调障碍""交互学习障碍"反映的是产学研主体交互过程的阻滞因素,可归纳为核心范畴"产学研交互过程障碍"。(3) 主范畴"社会环境障碍""政策环境障碍""市场环境障碍"反映的是产学研外部环境,可归纳为核心范畴"外部环境障碍"。见表3-7。

表3-7　　　　　　　　　选择式编码结果

主范畴	核心范畴	核心范畴内涵
组织异质性障碍 文化异质性障碍 能力异质性障碍	产学研主体异质性障碍	产学研主体特质差异导致的协同创新瓶颈
资源互动障碍 关系协调障碍 利益协调障碍 交互学习障碍	产学研交互过程障碍	产学研主体之间跨界交互迟滞导致的协同创新瓶颈
政策环境障碍 社会环境障碍 市场环境障碍	外部环境障碍	外部环境缺陷导致的产学研协同创新瓶颈

四 障碍因素层级体系构建

根据编码分析结果，对制约产学研协同创新的障碍因素进行层级体系划分，如图3-4所示。我们发现，障碍因素包含三个层面：一是作为内在因素的产学研主体异质性障碍；二是作为过程因素的产学研交互过程障碍；三是作为环境因素的外部环境障碍。

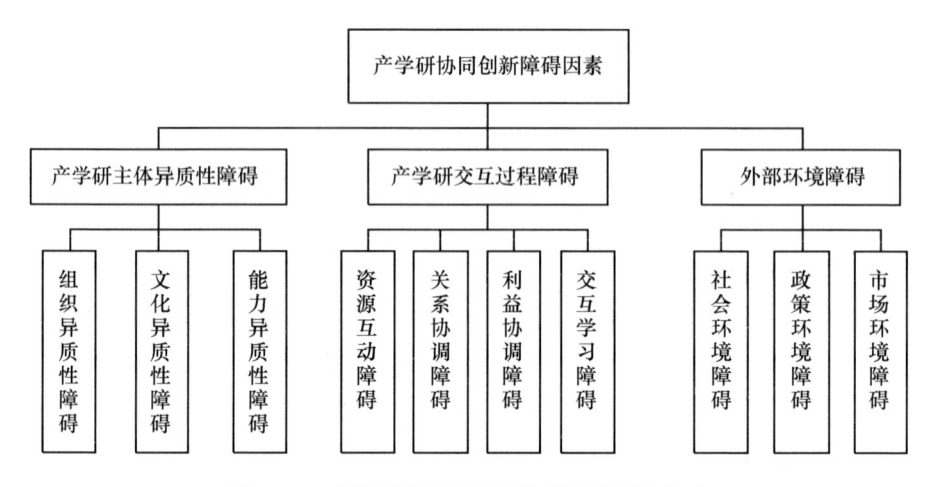

图3-4 产学研协同创新的障碍因素层级体系

（一）产学研主体异质性障碍

产学研主体异质性障碍包括组织异质性障碍、文化异质性障碍、能力异质性障碍。

1. 组织异质性障碍。首先，高校作为非营利性组织，承担了知识创造和传播职能，以实现学术引领为目标；企业作为营利性组织，其开展技术研发活动的最终目标是取得技术领先以攫取商业价值。产学研主体组织性质差异带来了文化价值取向差异。其次，我国科研院所的组织结构通常具备典型的科层组织结构特征，组织形式完整且严密，组织结构僵化（孙天华，2004）；而企业为了适应市场变化，组织结构灵活性较强。产学研主体源于组织结构的差异性，组织决策效率、新事物接受能力、市场反应能力等方面均存在较大差距。最后，两类主体用人聘任制度、考核评价机制等制度层面的差异对主体间的人才、知识等创新要素流动共享造成较强阻碍。

2. 文化异质性障碍。企业与院校院所由于长期相互孤立于不同领域，形成了截然不同的认知、文化和目标体系。院校院所多是将自身定位于纯科技角色，教学和科研往往同产业界的技术需求相脱节，无法较好地履行社会服务职能；反观企业，多是将自身定位于纯经济角色，以利润最大化为导向，追求商业价值实现。二者角色定位差异导致其在价值观、研究理念等认知要素上的明显偏差。与此同时，院校院所内部形成浓厚的学术氛围，企业内部形成强烈的商业氛围。产学研主体文化属性差异引起研发行为差异，进而导致能力异质性的形成。在实际的交互过程中，产学研主体文化属性差异易演变为文化冲突，阻碍人际关系的协调发展。

3. 能力异质性障碍。产学研主体能力异质性包括技术能力差距和商业能力差距，前者主要包括技术研发能力差距和技术前沿敏感性差距；而后者主要包括技术商业化能力差距、市场反应能力差距和市场洞察能力差距。产学研主体能力异质性是产学研结合的基础和主要动力之一（顾新燕等，2010）。然而，产学研主体过大的能力禀赋差异一方面使得二者缺乏共同的知识基础和认知基础，阻碍合作双方的协调配合；另一方面，合作双方容易在技术研发子环节中形成对伙伴的单边依赖，无法参与到整个创新价值链过程，同时难以突破知识学习门槛。

（二）产学研交互过程障碍

产学研交互过程障碍包括资源互动障碍、关系协调障碍、利益协调障碍、交互学习障碍。

1. 资源互动障碍。产学研协同创新建立在参与方优势资源互补的基础上，双方资源的充分交换和共享是实现互补效应的前提（屈维意，2011）。但在实际产学研交互过程中，资源的共享、流动往往受到诸多不利因素的制约，致使合作各方的创新资源相互封闭，加之技术供需往往存在偏差，资源难以有效匹配，最终形成资源的互动障碍。

2. 关系协调障碍。保持信息的交流和各种渠道的沟通对于协同效应达成有着十分重要的作用。但在实际产学研交互过程中，由于文化差异、信息沟通平台缺失等因素存在，合作双方往往缺乏共同语言、难处同一语境，信息沟通障碍由此形成。有效沟通的缺乏使得合作双方无法加深对彼此的了解，双方也难以增进对合作前景的信心，互利共赢导向下的信任关系难以建立起来,最终容易引致合作后期的种种纠纷,进而阻碍产学研主体之间的资源互动和交互学习。

3. 利益协调障碍。实现互利共赢是产学研协同创新的出发点,也是维持各方长期、稳定合作关系的关键。在利益协调过程中,主要涉及有形经济收益的分配,以及无形知识资产的分配等。不管是经济收益的分配或是知识产权的分配,在目前的研究和实践中都有着较多局限。在实际的产学研交互过程中,由于各参与主体对于自身投入均有自己的评判标准,利益认同有所差异,加之技术或知识难以估值定价、中立权威的技术估值平台缺失,合作各方的利益关系往往难以调和,进而阻碍产学研主体之间的资源互动和交互学习。

4. 交互学习障碍。通过知识学习过程调整和更新产学研主体知识储备,提升其创新能力是协同创新的核心,而知识学习过程的关键在于主体对所需知识资源(显性或隐性知识)的识别、消化吸收进而将其转化为自身的核心能力。但在实际产学研交互过程中,由于受到知识学习门槛、主体自身知识学习能力不足等不利因素的制约,产学研主体之间知识学习转化困难,难以形成高价值知识资源"识别—消化吸收—再创造"的良性循环。

(三) 外部环境障碍

外部环境障碍包括政策环境障碍、社会环境障碍和市场环境障碍。

1. 政策环境障碍。产学研协同创新是一项复杂的系统工程,尤其是在产学研深度融合战略背景下,政策的引导、支持与保障对于协同创新起着至关重要的作用。但实际运行过程中,政策的设计和执行仍存在诸多缺陷。政策引导层面,公共研发项目设计缺陷、激励政策制定缺陷等问题难以真正调动产学研主体参与协同创新活动的积极性。政策支持层面,财税政策制定缺乏可操作性、产学研合作研发关键环节缺乏资金或平台支持等问题使得协同创新缺乏有效的条件支撑。法律法规保障层面,知识产权保护不力、产学研合作行为的监督约束不力等问题使得合作双方的权益难以得到切实保障,进而遏制了其协同创新意愿。

2. 社会环境障碍。目前,我国整体创新水平依然较低,处于追赶创新水平较高的发达国家阶段(董碧娟,2016)。一方面,创新文化浸润不充分,尚未形成鼓励冒险、宽容失败的创新文化氛围;另一方面,国民的创新意识还比较薄弱，且倾向于商业模式的创新，尚未完全认识到前沿科技创新对于我国创新型国家建设的重要性。社会环境层面的不利因素使得产学研协同创新的外驱力不足。

3. 市场环境障碍。目前我国企业发展方式还是处于要素驱动发展和效率驱动发展阶段，整体尚未步入内生增长、创新驱动发展阶段（田青，2015）。大多数企业尚可依赖现有技术或基于现有技术的微创新攫取商业价值，承担高风险进行前沿科技创新的动力不足。市场创新需求不足还体现在我国企业未能充分挖掘自身的技术创新需求，充分利用内外部创新资源，使得院校院所的潜在适用技术闲置。特别地，雄踞于自然垄断行业的国有企业掌握大量资源，但由于缺乏市场竞争压力和危机意识，过度依赖技术引进，尚且缺乏对引进技术的消化吸收再创新，原始创新更加无从谈起。

（四）障碍因素总结

基于扎根理论方法，通过研究中国知网期刊数据库中相关产学研协同创新的研究文献，系统地提取出了障碍产学研协同创新的因素，整体构建了产学研协同创新障碍因素层级体系。主要结果如下：

1. 构建了由"核心范畴—主范畴—副范畴"三级障碍因素所构成的产学研协同创新障碍因素层级体系，其中核心范畴包含产学研主体异质性障碍、产学研交互过程障碍、外部环境障碍。

2. 产学研主体异质性障碍包含组织异质性障碍、文化异质性障碍和能力异质性障碍三个主范畴。产学研交互过程障碍包含资源互动障碍、关系协调障碍、利益协调障碍和交互学习障碍四个主范畴。外部环境障碍包含社会环境障碍、政策环境障碍和市场环境障碍三个主范畴。

第三节　产学研协同创新关键制约因素调查

一　关键制约因素分析

产学研协同创新一直以来受到各国的重视，并在多个国家取得了成功。处于经济转型期的中国，创新资源有限，研发能力亟待提高。目前，我国正大力推进产学研协同创新并出台了一系列措施来促进三方创新资源的深度融合，现已初见成效，但仍然存在着诸多障碍。

企业—高校—科研机构的创新联盟比较薄弱且不完善，企业在技术创新和成果转化中的主体地位不够突出，且产学研三方往往并未通过协同合作实现真正的创新能力提升，大量的科研成果也难以转化为应用技术或市场产品，科技成果的供给滞后于市场需求，对接脱节。再则，由于缺乏高端人才和技术，企业创新本就艰难，科技创新又具有风险大、周期长、投入高的特点，以获取经济利益为目标的企业自然创新意愿不足，他们往往选择产业链上下游的合作伙伴譬如供应商、客户等进行合作，而不选择处于创新链上的合作伙伴像高校、科研机构来进行合作，如此一来，不仅不利于扩展创新生态网络，还加快了产业链与创新链之间的脱节。加之产学研在合作过程中普遍存在目标不同、文化异质、沟通不畅等问题，更使得协同创新举步维艰。正是由于产学研协同面临诸多障碍，才直接导致我国自主创新能力提升缓慢，与西方强国仍然存在较大差距。

那么，我国目前的产学研协同创新现状究竟如何？产学研协同创新的关键制约因素是什么？显而易见，只有厘清这些问题，才能分清问题的轻重缓急，针对短板对症下药，从而直接有效地突破产学研协同创新的关键瓶颈，提升产学研协同创新绩效。

二 研究设计

（一）研究方法

本书拟采用专家评价方法对前文分析归纳得到的产学研协同创新制约因素的重要性程度进行评判，评判过程如图3-5所示。

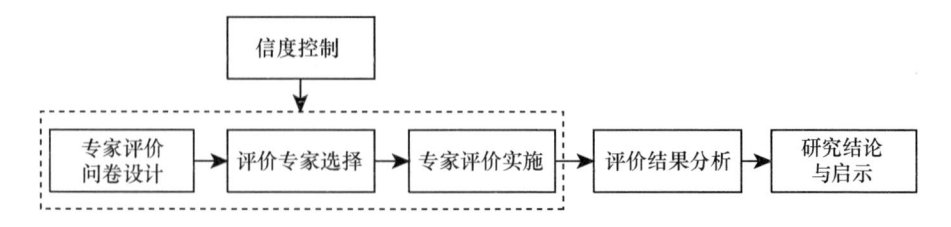

图3-5 产学研协同创新制约因素的重要程度专家评价过程

第三章 我国产学研协同创新的关键制约因素

（二）专家评价问卷设计

1. 产学研协同创新的制约因素体系

通过分析产学研协同创新相关研究文献的编码内容建构"产学研主体异质性障碍""产学研交互过程障碍""外部环境障碍"3大核心范畴、"组织异质性障碍""文化异质性障碍"等10个主范畴，以及"管理制度差异""组织结构差异"等25个副范畴，如表3-8所示。

表3-8　　　　　产学研协同创新的制约因素体系

核心范畴	主范畴	副范畴	核心范畴	主范畴	副范畴	核心范畴	主范畴	副范畴
产学研主体异质性障碍	组织异质性障碍	管理制度差异	产学研交互过程障碍	资源互动障碍	资源共享障碍	外部环境障碍	政策环境障碍	政策引导不足
		组织结构差异			资源流动障碍			政策支持不足
		组织性质差异			资源匹配障碍			法律保障不足
	文化异质性障碍	个体认知差异		关系协调障碍	信息沟通障碍		社会环境障碍	社会文化体系缺陷
		组织文化差异			人际信任缺失			社会价值体系缺陷
		战略目标差异			人际关系不协调		市场环境障碍	市场缺乏有效竞争
	能力异质性障碍	技术能力差距		利益协调障碍	利益分配冲突			市场创新需求不足
		商业能力差距			知识产权冲突			
				交互学习障碍	知识学习门槛			
					学习能力不足			

2. 概念题项定义。通过对应产学研协同创新障碍因素体系中的25个副范畴把每个副范畴概念定义最终形成25个概念题项。

表3-9　　　　　产学研协同创新的制约因素概念题项定义

副范畴	副范畴内涵
管理制度差异	产学研主体用人、绩效考核等制度差异
组织结构差异	产学研主体组织结构特征（灵活性/僵化性）、形式差异
组织性质差异	产学研主体性质差异（营利性/非营利性）

续表

副范畴	副范畴内涵
个体认知差异	产学研主体思维方式、认知模式差异
组织文化差异	产学研主体价值取向、研究理念等文化要素差异
战略目标差异	产学研主体发展目标、利益诉求差异
技术能力差距	产学研主体技术研发能力、技术前沿敏感度差异
商业能力差距	产学研主体技术商业化能力、市场反应能力、市场敏感度差异
资源共享障碍	产学研主体之间实验室、设备等创新资源相互封闭、缺乏共享
资源流动障碍	产学研主体之间人才、知识等创新资源转移不畅
资源匹配障碍	产学研主体之间创新资源对接匹配不畅
信息沟通障碍	产学研主体由于缺乏共同语言、难处同一语境等而无法进行良好沟通
人际信任缺失	产学研主体之间由于不熟悉、失信行为等而相互防范、缺乏互信
人际关系不协调	产学研主体之间人际关系不协调
利益分配冲突	产学研主体就经济收益的分配方式、比例等难以达成共识
知识产权冲突	产学研主体就知识产权归属、利用方式、估值定价等难以达成共识
知识学习门槛	知识本身的复杂性、专业性、隐晦性形成的知识学习转化门槛
学习能力不足	产学研主体自身知识消化、吸收能力不足
政策引导不到位	政府对产学研主体参与协同创新活动的激励或强制不足
政策支持不到位	政府对产学研协同创新活动的资金、平台等资源支持不足
法律保障不到位	知识产权保护相关法律制定不完善或落实不到位
社会文化体系缺陷	鼓励创新、宽容失败的创新文化氛围缺乏
社会价值体系缺陷	大众创新意识缺乏
市场缺乏有效竞争	地方保护主义等市场垄断保护行为造成市场的不公平竞争
市场创新需求不足	大众对创新性产品的需求不足

3. 问卷题项设置。根据对 25 个副范畴的概念定义，进行适当的语意转换，设置易于专家理解评判的问卷题项。

表3-10 产学研协同创新的制约因素重要评价正式问卷题项

题号	问卷题项
1	合作双方管理制度差异是产学研协同创新的重要障碍
2	合作双方组织结构差异是产学研协同创新的重要障碍
3	合作双方组织性质差异是产学研协同创新的重要障碍
4	合作双方认知差异是产学研协同创新的重要障碍
5	合作双方组织文化差异是产学研协同创新的重要障碍
6	合作双方战略目标差异是产学研协同创新的重要障碍
7	合作双方技术能力差距是产学研协同创新的重要障碍
8	合作双方商业能力差距是产学研协同创新的重要障碍
9	合作主体的设备、实验室等创新资源缺乏共享是产学研协同创新的重要障碍
10	合作主体之间人才、知识等创新资源转移不畅是产学研协同创新的重要障碍
11	合作主体之间创新资源对接匹配不畅是产学研协同创新的重要障碍
12	合作主体之间信息沟通不畅是产学研协同创新的重要障碍
13	合作主体之间人际信任缺失是产学研协同创新的重要障碍
14	合作主体之间人际关系不协调是产学研协同创新的重要障碍
15	合作主体之间利益分配冲突是产学研协同创新的重要障碍
16	合作主体之间知识产权冲突是产学研协同创新的重要障碍
17	知识本身过于复杂而难以学习转化是产学研协同创新的重要障碍
18	合作主体自身的知识消化、吸收能力不足是产学研协同创新的重要障碍
19	政府政策引导缺乏是产学研协同创新的重要障碍
20	政府政策支持缺乏是产学研协同创新的重要障碍
21	知识产权保护力度不足是产学研协同创新的重要障碍
22	鼓励创新、宽容失败的创新文化氛围缺乏是产学研协同创新的重要障碍
23	大众创新意识薄弱是产学研协同创新的重要障碍
24	市场存在垄断保护是产学研协同创新的重要障碍
25	市场创新需求不足是产学研协同创新的重要障碍

4. 评价等级设定。将专家对每个问卷题项所描述情形的同意程度划分5个等级,由低到高依次为:完全不同意—1;较不同意—2;一般—3;较为同意—4;完全同意—5。

(三) 评价专家描述

邀请5位在产学研合作研究领域且深度参与过产学研合作项目的高校(科研院所)专家;邀请5位深度参与过产学研合作项目的企业从业人员。由以上10位专家共同组成专家群体进行选择和评定,评价专家的分组结构如表3-11所示。

表3-11　　　　　　　　评价专家的分组结构

属性	分组	人数(人)	比重(%)	属性	分组	人数(人)	比重(%)
单位	高校	3	30	最高学历	硕士	4	40
	科研院所	2	20		博士	6	60
	企业	5	50	参与的产学研合作项目数量	5—8项	3	30
工作年限	5—8年	3	30		8项及以上	7	70
	8年及以上	7	70				

由表3-11可以看出,专家群体在各自专业领域的工作年限均在5年以上,其中8年以上的专家比重高达70%。最高学历分布为:硕士4人(占40%)、博士6人(占60%),硕士以上的专家比重高达100%。参与的产学研合作项目数量分布:5—8项3人(30%)、8项以上7人(70%)。总体来看,专家群体选择具备较强的代表性。

(四) 专家评价实施

评价过程采取结构性访谈的形式进行,并采用以下方法和步骤对评价质量进行控制:

1. 进行预调研(多次)。由于不能确定专家对评价问卷的待评价要素是否理解,在正式评价之前进行了多次的预调研。预调研通过实地访谈的形式,主要围绕专家在进行评价时是否遇到什么困难,是否对待评价要素存在难以理解的地方,是否对待评价要素的作用效果存在模糊认知,同时咨询专家对评价表设计的意见。通过多次的预访谈对专家评价表做了适当的修改。

2. 进行正式调研。对来自企业、高校、科研院所三类单位的 10 名专家进行访谈，并对专家评价表进行了评价，历时一个月时间。对专家评价过程做了以下控制，确保专家评价结果的信度：其一，确保专家对各制约因素有着准确理解和清晰认知；其二，确保专家评价结果的独立性；其三，确保专家评价结果的一致性，包含内部一致性和外部一致性两方面。内部一致性控制要点主要为避免同一专家对相似指标的评价结果产生矛盾；外部一致性控制要点主要为避免专家之间对同一指标的评价结果存在太大差异。对于评价过程中出现评价不一致的情况，通过深度访谈，查明原因，考察专家对相应指标是否存在误解，或相应指标描述是否不够清晰，对评价表进行适当调整，再次邀请专家进行评价。

三　专家评价结果分析

（一）副范畴得分分析

专家评价问卷 25 个题项，分别对应产学研协同创新制约因素体系中的 25 个副范畴。各副范畴的专家评判得分结果排列于表 3-10 中。表 3-10 将 25 个副范畴依据得分的均值相对高低划分成为高分组（>3.5 分）、中分组（3—3.5 分）以及低分组（<3 分）。

（1）高分组：包括 11 个副范畴，即"组织文化差异""战略目标差异""政策引导不到位""资源流动障碍""资源匹配障碍""技术能力差距""法律保障不到位""管理制度差异""组织性质差异""商业能力差距""社会文化体系缺陷"。该 11 个副范畴是我国产学研协同创新的关键制约因素。

（2）中分组：包括 9 个副范畴，即"知识产权冲突""学习能力不足""个体认知差异""资源共享障碍""信息沟通障碍""政策支持不到位""组织结构差异""社会价值体系差异""利益分配冲突"。

（3）低分组：包含 5 个副范畴，即"人际信任缺失""人际关系不协调""知识学习门槛""市场缺乏有效竞争""市场创新需求不足"。该 5 个副范畴对产学研协同创新实际的制约作用较小。

表3-12　25个副范畴专家评价平均得分

排序	1	2	3	4	5	6	7	8	9	10	11	12	13	14	15	16	17	18	19	20	21	22	23	24	25
副范畴	组织文化差异	战略目标差异	政策引导不到位	资源流动障碍	资源匹配障碍	技术能力差距	法律保障不到位	管理制度差异	组织惯性差异	商业能力差距	社会文化体系缺陷	知识产权冲突	学习能力不足	个体认知差异	资源共享障碍	信息沟通障碍	政策支持不到位	组织结构差异	社会价值体系缺陷	利益分配冲突	人际信任缺失	人际关系不协调	知识学习门槛	市场缺乏有效竞争	市场创新需求不足
专家1	5	4	5	5	5	4	3	2	3	4	3	4	5	3	4	3	4	2	2	3	4	3	4	2	2
专家2	4	4	4	4	4	4	3	4	4	4	4	2	2	2	3	3	3	4	4	2	2	3	4	2	1
专家3	4	5	5	5	4	5	5	3	3	5	4	3	3	2	3	2	5	3	4	3	2	2	2	3	1
专家4	4	4	4	4	5	3	5	4	4	5	2	4	2	3	2	3	4	4	2	3	3	4	5	4	3
专家5	4	5	4	4	4	4	4	4	4	4	4	4	4	2	3	4	4	4	3	2	2	3	3	4	3
专家6	4	4	4	4	5	3	4	3	4	3	4	3	4	3	4	3	2	4	4	3	4	3	3	3	3
专家7	4	5	4	4	4	4	4	4	3	3	3	3	4	3	3	4	2	3	3	3	3	2	2	2	2
专家8	4	3	4	2	4	3	4	3	4	3	3	3	3	4	2	4	3	2	3	4	3	3	3	2	1
专家9	4	4	4	3	3	3	4	4	2	3	3	4	4	5	4	2	3	3	3	4	4	3	2	2	2
专家10	5	4	2	3	4	2	3	4	4	2	4	4	4	4	2	4	3	3	3	4	2	3	1	4	2
标准差	0.5	0.6	0.8	0.9	0.9	0.9	0.8	0.7	0.7	0.9	0.7	0.7	0.9	0.9	0.9	0.8	0.9	0.7	0.7	0.7	0.9	0.6	1.2	0.9	0.7
均值	4.4	4.2	4.0	3.9	3.9	3.7	3.7	3.6	3.6	3.6	3.5	3.4	3.4	3.3	3.3	3.3	3.3	3.1	3.1	3.0	2.9	2.9	2.9	2.8	1.9
分组	高分组（>3.5分）										中分组（3~3.5分）										低分组（<3分）				

(二) 产学研协同创新制约因素体系得分汇总

根据表 3-10 中的得分数据，按照表 3-8 构建的产学研协同创新制约因素体系进行得分汇总，得到表 3-13。

表 3-13　　　　　产学研协同创新制约因素体系得分汇总

副范畴			主范畴			核心范畴		
名称	标准差	平均得分	名称	平均得分	分组	名称	平均得分	分组
管理制度差异	0.9	3.4	组织异质性障碍	3.4	中分组	产学研主体异质性障碍	3.8	高分组
组织结构差异	0.8	3.2						
组织性质差异	0.6	3.6						
个体认知差异	0.6	2.6	文化异质性障碍	3.8	高分组			
组织文化差异	0.5	4.4						
战略目标差异	0.6	4.4						
技术能力差距	0.8	4.2	能力异质性障碍	4.3	高分组			
商业能力差距	0.6	4.4						
资源共享障碍	0.9	3.6	资源互动障碍	4.1	高分组	产学研交互过程障碍	3.3	中分组
资源流动障碍	0.6	4.4						
资源匹配障碍	0.8	4.2						
信息沟通障碍	0.6	2.6	关系协调障碍	2.7	低分组			
人际信任缺失	0.9	2.6						
人际关系不协调	0.7	3.0						
利益分配冲突	0.6	2.6	利益协调障碍	2.9	低分组			
知识产权冲突	0.8	3.2						
知识学习门槛	1.1	3.6	交互学习障碍	3.4	低分组			
学习能力不足	1.1	3.2						
政策引导不到位	0.6	4.4	政策环境障碍	4.1	高分组	外部环境障碍	3.2	中分组
政策支持不到位	0.7	4.0						
法律保障不到位	1.1	3.8						
社会文化体系缺陷	0.9	3.4	社会环境障碍	3.2	中分组			
社会价值体系缺陷	1.0	3.0						
市场缺乏有效竞争	1.0	3.0	市场环境障碍	2.4	低分组			
市场创新需求不足	0.8	1.8						

1. 主范畴得分汇总分析

(1) 高分组：包含4个主范畴，即"文化异质性障碍"（得分3.8）、"能力异质性障碍"（得分4.3）、"资源互动障碍"（得分4.1）、"政策环境障碍"（得分4.1）。该4个主范畴为我国产学研协同创新的关键制约因素。

(2) 中分组：包含2个主范畴，即"组织异质性障碍"（得分3.4）"社会环境障碍"（得分3.2）。

(3) 低分组：包含4个主范畴，即"关系协调障碍"（得分2.7）"利益协调障碍"（得分2.9）、"交互学习障碍"（得分3.4）、"市场环境障碍"（得分2.4）。该4个主范畴对我国产学研协同创新实际的制约作用较小。

2. 核心范畴得分汇总分析

在表3-11中，三大核心范畴的平均得分，"产学研主体异质性障碍"为3.8分，处于高分组；"产学研交互过程障碍"为3.3分，处于中分组；"外部环境障碍"为3.2分，处于低分组。由此可见，产学研协同创新主体之间的显著差异性正是制约我国产学研协同创新的首要因素；同时，"产学研交互过程障碍""外部环境障碍"亦是制约我国产学研协同创新的重要因素。

(三) 制约因素归纳

本节基于专家评价方法，从主范畴、核心范畴剖析了我国产学研协同创新的关键制约因素，其归纳结果如下：

(1) 从主范畴的角度看，"文化异质性障碍""能力异质性障碍""资源交互障碍""政策环境障碍"是我国产学研协同创新的关键制约因素；"组织异质性障碍""社会环境障碍"是一般制约因素；"关系协调障碍""利益协调障碍""交互学习障碍""市场环境障碍"是次要制约因素。

(2) 从核心范畴的角度看，"产学研主体异质性障碍"是我国产学研协同创新的首要制约因素，"产学研交互过程障碍""外部环境障碍"是我国产学研协同创新的重要制约因素。正因如此，我国假协同向真协同转变才存在严重的阻碍。当前，我国要根据产学研协同创新制约因素的重要性程度，更加有针对性、从根本上有效地突破产学研协同创新瓶颈，为创新型国家建设提供重要契机。

第四节 本章小结

本章通过剖析全球创新指数、基于扎根理论的质性研究以及开展产学研协同创新障碍因素专家评价，探寻出我国产学研协同创新的关键制约因素。

首先，从全球横向比较的角度看，我国产、学、研自身主要存在三大短板，一是制度环境存在明显缺陷，二是人力资本开发不充分，三是市场成熟度不够。其中，制度环境不佳主要表现在管制质量低、法治不健全、冗余裁员成本偏高等；市场成熟度不够主要表现在投资者不容易受到保护、风险投资市场不发达等；人力资本缺陷主要表现在教育支出偏低、高等教育入学率偏低、创新型人才数量偏少等。此外，在其他方面的短板还包括：在线创意产出、生态可持续性、创新群发育、信息通信技术、知识扩散等指标存在滞后。

其次，通过对产学研协同创新相关文献的深度分析，查找出制约产学研协同创新三个层面的因素，一是内生层面的产学研主体异质性障碍，二是交互层面的产学研交互过程障碍，三是环境层面的外部环境障碍。其中，产学研主体异质性障碍包含组织异质性障碍、文化异质性障碍、能力异质性障碍；产学研交互过程障碍包含资源互动障碍、关系协调障碍、利益协调障碍、交互学习障碍；外部环境障碍包含社会环境障碍、政策环境障碍、市场环境障碍。

最后，通过对产学研协同创新制约因素的问卷调研，识别出几大关键制约因素。从核心范畴来看，产学研主体异质性障碍是当前我国产学研协同创新的首要制约因素；产学研交互障碍和外部环境障碍亦是制约我国产学研协同创新的重要因素。具体到主范畴层面，"文化异质性障碍""能力异质性障碍""资源交互障碍""政策环境障碍"是我国产学研协同创新的关键制约因素；"组织异质性障碍""社会环境障碍"是一般制约因素；"关系协调障碍""利益协调障碍""交互学习障碍""市场环境障碍"是次要制约因素。

第四章

产学研协同创新的知识互补驱动机理

产学研知识互补性是产学研协同创新的基础。首先，本章以面向组织发展和面向项目的产学研知识为出发点，分析产学研知识的互补性关系；其次，描述产学研知识在场域中的相互过程，精准地刻画基于场域交互理论的产学研知识互补运行机理；最后，基于四要素模型，从主体、客体、情景和媒介四个方面，提取并分析促进产学研知识互补的驱动因子，提出不同类别驱动因子的不同作用，为促进产学研协同创新的产生奠定基础。

第一节 产学研知识的互补性关系分析

一 产学研各主体之间存在着的知识互补

自20世纪80年代以来，产学研协同创新俨然成为全球范围内高端创新技术发展的重要组织模式，同时也是我国创新体系的重要组成部分。随着全球经济环境的复杂性以及技术革命进程的逐渐加快，想要提升一个国家和地区的创新能力，产学研协同创新必须加以重视。

而当今社会，知识在各项组织中的重要性不断提高，组织对知识资源的获取、创造、累积和运用的能力，决定了其竞争能力。美国管理学大师彼得·德鲁克提出：知识与资本、人才、土地不同，知识不能视为制造资源，而是唯一一项有意义的资源。众多学者指出，产学研协同创新联盟形成的直接和根本动因，是企业、高校、科研机构三方的知识具有互补性。产学研联盟本质上是一个获取、共享与利用互补性知识的学习性系统,联盟内的知识结构和存量是形成核心竞争力的关键因素,对创新绩效有决定性影响,也是其长期竞争优势的最主要来源。然而,产学研三方知识的互补性是如何存在的?产学研知识互补性有何具体特征?诸如此类问题还不甚明了,厘清以上内容不仅有利于丰富和升华产学研联盟知识管理理论体系,还为协同创新的具体实践提供理论依据。

二 驱动协同创新的产学研知识互补关系

(一) 产学研知识结构体系分析

产学研协同创新的主体包括高校、企业和科研机构,各主体的知识领域虽存在一定程度的重叠和交叉,但却具有明显不同的知识优势和知识缺口,知识结构体系差异较大。企业自身拥有丰富的生产经验及市场知识,能较好地引导创新成果满足市场需求;高校具有多学科融合的综合性知识,与现今多元化的发展趋势契合,同时,基础性、原理性知识为学科的主要特征,可以为科技创新提供基础支撑;科研院所研究实力雄厚,熟悉前沿研究方向和技术知识,相比高等院校,纵向来看在技术领域的研究更为深入,但横向技术知识范围较窄。由于企业知识主要运用于产品生产及市场化,而高校和科研机构的知识主要为基础性、原理性知识,且作用相似,主要运用于基础研究和科技研发,因此,将科研机构与高等院校相结合,视为一个主体,简称"学研方"或者"学研机构"。企业与学研机构知识结构体系分析见表4-1。

表4-1　　　　　　　　产方与学研方知识结构体系分析

主体	企业	学研机构
知识管理目标	经济利益最大化,提高产品技术含量、获取竞争优势	科学技术知识的传递和发展,保障科研经费、提高科研水平,培养创新人才
知识存量	生产知识、市场知识较多,理论知识、研发知识较少	理论知识、研发知识较多,生产知识、市场知识较少
主体知识性质	实践性、应用性	原理性、基础性
知识主要来源	知识吸收和实践	自然和社会知识的原生态创造

续表

主体	企业	学研机构
知识开放程度	基本处于封闭状态	基本处于开放状态
主要知识成果	技术、产品	发明专利、学术论文
知识价值衡量	商业价值	研究价值

从知识管理的目标看，首先，企业的目标在于实现经济利益最大化，提高产品技术含量、获取竞争优势，学研机构则希望实现科学技术知识的传递和发展，同时保障科研经费、提高科研水平，培养创新型人才；在各自的知识存量方面，就产方而言生产制造知识、市场营销知识相对较多，理论基础和研发经验相对较少，而学研方则正好相反；其次，企业的知识主要来源于知识吸收和实践，具有较强的应用性，而学研机构的知识主要来自自然和社会知识的原生态创造，注重知识的原创性；最后，企业的知识成果主要表现为技术和产品，其价值高低的衡量标准在于其商业价值，且出于经济利益最大化的考量，为了保持竞争优势，企业知识一般处于封闭状态。学研机构的知识成果则往往是发明专利和学术论文，其价值高低的评判标准主要在于其研究价值，由于学研机构的研究不以经济效益为主导，带有一定的社会性和公益性，且学研机构本身就是相对开放的组织，这就使得学研方的知识基本处于开放状态。

（二）基于组织自身发展的产学研知识互补性

通过将产学研各方知识体系进行横向对比可知，高校拥有充裕的学术知识存量和较浓厚的创造新知识的能力和氛围，科研机构有较完备的技术知识条件，企业则拥有生产供需信息、营销方面的知识，以及运用和实现新技术的条件与能力，又由于学研方应用性知识存量相对不足，产方普遍缺乏技术理论知识，从组织自身发展的角度看，双方知识具有强烈的互补性。就学研机构而言，接收企业生产、应用方面的知识可以弥补其知识结构缺陷，一方面，促进应用型人才的培育；另一方面，则有利于科研成果的转化和理论知识的实践；就企业而言，获得学研机构基础研究、技术研发方面的知识有利于紧跟科技前沿，同时提升其科研水平和创新能力，从而增强企业的核心竞争力。

产学研主体间的知识不仅能互相补充，且彼此的交流融合时还常常引起思维碰撞，激发创新性知识，即产生"1+1>2"的效果。由此，企业和学研机构的知识具有很强的互补性，因知识互补性存在，使得合作各方能够聚集异质性知识资源，让知识在协同创新网络中流动扩散交织，产学研主体之间关系逐渐由互补走向互动和融合，协同创新活动由此开始。

三 面向研发项目的产学研知识互补关系

产学研协同创新往往面向重大科技研发计划或项目（孟潇，2016），"重大"通常意味着前沿的研究目标、复杂而多样的知识需求、应用性的知识成果、漫长的研究开发周期和巨额的资金投入。这类项目是科技与管理创新的重要载体，也是实现科研成果市场化的有效手段。因此，我们基于重大科技研发项目的实施来探讨产学研主体间的知识互补性问题。

（一）分析方法

战略目标集转化法 SST（Strategy Set Transformation）是管理信息系统规划的一种方法，具体内容是企业的战略目标可以转化为管理信息系统目标的方法。该方法的观点是战略目标属于信息的集合，在一定程度上战略目标由一系列包含战略属性的信息构成，可以从组织目标转化到管理信息系统的战略目标（刘涛等，2009）。企业的战略目标向管理信息系统目标转化的过程是稳定的一一对应过程，是通过管理信息系统的目标反向表现企业的战略落实情况，可以通过管理信息系统的层面对企业的战略实施提供有效指导。

关键成功因素法 CSF（Critical Success Factors）是指通过组织确定自身的战略目标，识别出实现目标的关键性因素，进而得到组织信息需求的方法。关键成功因素是指在组织达成目标的过程中影响程度最大且同时最能够引导组织成功的目标。关键成功因素法的突破口在于找到关键性的因素，以其为基础确立组织所需要的信息，此举能够提升组织的管理效率，尽快实现组织目标（陈朝晖等，2008）。

本书借鉴前人的相关研究（林轩等，2011），参考关键成功因素法 CSF 与战略目标集转化法 SST 两种信息规划方法，对重大科技研发项目实施过程中的知识需求以及产方和学研方的知识体系进行识别（见图4-1），从项目实施的角度探讨产学研主体的知识互补性，其具体流程为：

(1) 运用战略目标集转化法,将对企业战略目标集转化为管理信息系统目标集的思想方法复制为将对重大科技研发项目的战略目标集转化为知识管理的目标集;

(2) 运用关键成功因素法,将识别企业目标中关键成功要素的方法运用到对重大科技研发项目知识管理中对关键成功要素的识别,并结合关键成功要素识别出知识需求;

(3) 结合两种信息规划方法,建立重大科技研发项目的 SST-CSF 流程,寻找出项目实施过程中知识管理的重要目标,识别出关键成功因素,最终对项目各个阶段的知识需求以及产方和学研方所能提供的知识进行对比分析,从而验证产学研主体的知识互补性。

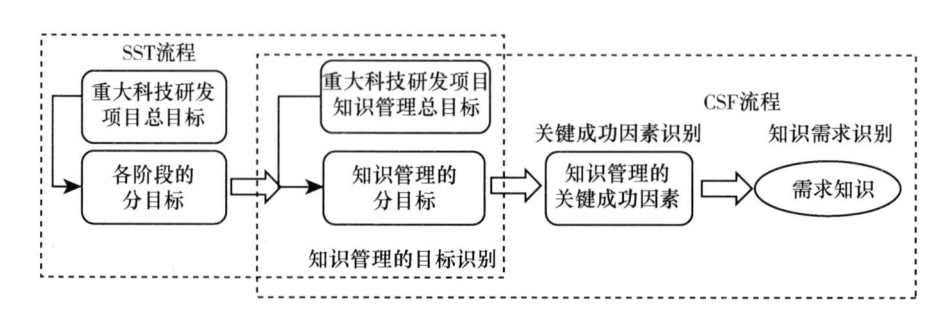

图 4-1 重大科技研发项目的知识需求识别 SST-CSF 流程

(二) 重大科技研发项目知识管理目标确定

通过战略目标集转化法 (SST) 将重大科技研发项目的目标意义对应到知识管理的层面,具体表现为项目的总体目标以及各个阶段的分目标向知识管理的总目标和分目标转化,如图 4-2 所示。

知识管理总目标。重大科技研发项目的总体目标是创新性产品或技术的研究与开发,这一目标的实现主要在于科技成果的开发、累积和转化,而知识是项目活动最重要也是最有意义的资源,是科技研发的基础和前提。因此,重大科技研发项目知识管理的总体目标是实现知识的创新与运用。

项目准备阶段知识管理的目标。任何项目都不可能毫无计划、毫无准备地开展,项目准备阶段的目的是制定清晰可行的项目规划并准备项目所需的各项资源。对应知识管理系统,则需要对项目所需的各项知识

第四章 产学研协同创新的知识互补驱动机理

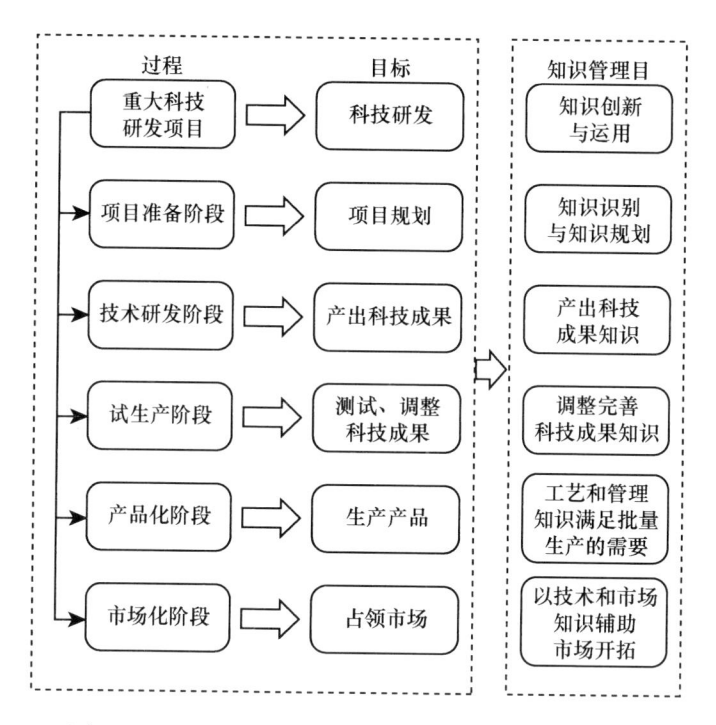

过程	目标	知识管理目标
重大科技研发项目	科技研发	知识创新与运用
项目准备阶段	项目规划	知识识别与知识规划
技术研发阶段	产出科技成果	产出科技成果知识
试生产阶段	测试、调整科技成果	调整完善科技成果知识
产品化阶段	生产产品	工艺和管理知识满足批量生产的需要
市场化阶段	占领市场	以技术和市场知识辅助市场开拓

图 4-2 重大科技研发项目知识管理的战略目标集转化

以及各项知识的来源进行准确识别和规划，以尽量避免出现知识广度或深度不够、出现知识缺口等问题。因此，项目准备阶段知识管理的目标是知识识别和知识规划。

技术研发阶段知识管理的目标。技术研发阶段的目的是产出切实可用的科技成果。科技成果的产出效果是项目成功的关键所在。这个阶段不仅要求对理论基础、技术原理等知识进行有效的管理和运用，还要求研发方向尽量满足用户需求，这就需要通过市场调研等方式收集需求信息，以确保研发成果切实可用，而不是流于形式。在此阶段，知识管理的主要目标是产出科技成果知识。

试生产阶段知识管理的目标。主要是对科技成果的测试和调整两个方面的目标，其中包含了小试和中试。试生产是科技成果应用和转化之间的桥梁，项目成员利用生产、经营等方面的知识产出样品并进行测试，再根据测试结果找出样品缺陷和不足，从而通过技术和原理知识进行不断的完善。反复进行测试、改进，能够达到不断地创新，直至产品达到成熟状态，完全适应市场、符合市场需求的状态。可以看出，试生产极大知识管理的分目标就是调整和完善科技成果知识。

产品化阶段知识管理的目标。主要是实现样品向产品的转化。产品化不仅是科技成果应用与推广的重要方式，也是实现经济效益的有效手段。在技术和管理知识的支持下，产品生产的制造工艺不断提高，生产成本日益降低，可以适当扩大生产规模。因此，该阶段知识管理的主要目标应该确立为使工艺生产和管理知识能适应批量生产的需要。

市场化阶段知识管理的目标是将产品投入市场，转化为流通的商品，并逐步占领市场。产品经过技术研发、试生产、产品化等阶段后最终投向市场，在市场化阶段需接受更多的考验，用户的反馈信息、外部环境的变化、竞争对手的应对策略，这些信息都推动着产品继续改进、不断完善，从而最大限度地实现产品市场化。因此，市场化阶段知识管理的目标是以市场和技术知识辅助市场开拓。

（三）重大科技研发项目知识需求识别

在重大科技研发项目战略目标集转化（SST）的基础上，通过分析可以得出影响知识管理目标的关键成功因素，识别出研发项目各阶段的知识需求，如图4-3所示。

在项目准备阶段，知识管理目标的关键成功因素是知识需求识别。在项目准备阶段，知识管理的关键成功因素是知识结构和知识规划是否合理，以及是否具备项目实施所需的知识资源。此阶段必须识别出项目所需的知识类型，确保知识来源，调整知识结构，同时做好合理的知识规划。因此，项目准备阶段所需要的知识主要为管理知识。

技术研发阶段知识管理目标的关键成功因素及知识需求识别：在技术研发阶段，知识管理的关键成功因素是将分属不同门类的原理性和技术性知识相结合，以及适当调整研发方向。该阶段需要包括以下知识：作为创新基础的原理性和技术知识，引导研发方向的市场知识、控制研发成本的财务知识，以及协调工作的管理知识。然而，由于技术研发阶段的根本目标是实现科技成果的产出，因此，原理和技术知识是最关键的知识，这两样知识的融合与运用效果直接决定了技术研发的成败。

试生产阶段知识管理目标的关键成功因素及知识需求识别：试生产阶段，知识管理的关键成功因素是生产工艺知识、技术知识与市场知识

第四章 产学研协同创新的知识互补驱动机理　157

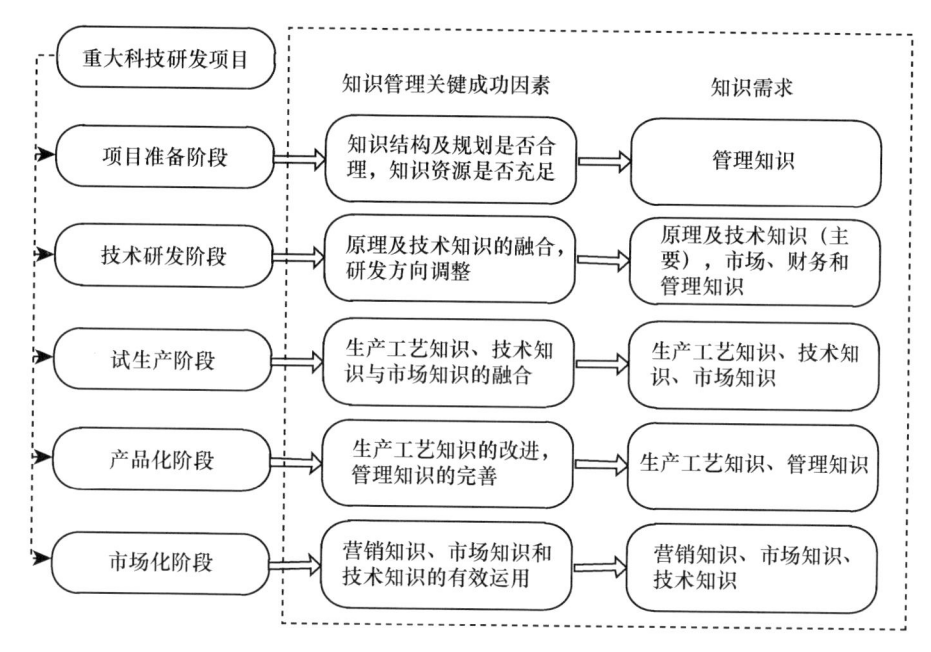

重大科技研发项目	知识管理关键成功因素	知识需求
项目准备阶段	知识结构及规划是否合理，知识资源是否充足	管理知识
技术研发阶段	原理及技术知识的融合，研发方向调整	原理及技术知识（主要），市场、财务和管理知识
试生产阶段	生产工艺知识、技术知识与市场知识的融合	生产工艺知识、技术知识、市场知识
产品化阶段	生产工艺知识的改进，管理知识的完善	生产工艺知识、管理知识
市场化阶段	营销知识、市场知识和技术知识的有效运用	营销知识、市场知识、技术知识

图4-3　重大科技研发项目知识管理的关键成功因素及知识需求识别

之间的融合，目的是完善科技成果质量来生产出符合市场需求的成熟样品。样品是技术成果经过不断调试、完善而产出的成品。样品体现技术知识与生产工艺知识、市场知识相融合后的知识特点，使其逐渐与现有生产水平、市场需求相一致。因此，试生产阶段所需的知识主要为技术知识、生产工艺知识和市场知识。

产品化阶段知识管理目标的关键成功因素及知识需求识别：产品化阶段知识管理的关键成功因素是进一步完善实现生产工艺知识和深化管理知识的运用，生产工艺知识主要包括生产技术知识、操作程序知识、生产设备知识等，管理知识则主要用于优化资源配置和协调内部矛盾，通过不断改善工艺和管理知识，可以提高产品的生产水平、提高生产效率。因此，产品化阶段所需的知识主要是生产工艺知识和管理知识。

市场化阶段知识管理目标的关键成功因素及知识需求识别：市场化阶段知识管理的关键成功因素是合理使用营销及市场知识和技术知识的基础性作用。营销和市场知识的运用主要目的是拓展市场，具体包括公共关系管理知识、营销管理知识，控制成本和风险的财务知识，应对环境变化所需的政策知识等等。而来自用户和竞争对手的反馈信息则要求技术或产品不断改进，以应对激烈的市场竞争，即技术知识在市场化过程中也必不可少。因此，市场化阶段所需的知识主要为营销知识、市场知识和技术知识。

（四）基于重大科技项目实施的产学研知识互补性分析

重大科技研发项目的知识需求主要由六大类构成：管理知识、原理知识、技术知识、生产工艺知识、市场知识和营销知识。通过对我国学研机构和企业知识体系的分析可以发现，双方均为独立的组织结构，都能提供丰富的管理知识。除此之外，学研机构能为科研项目提供丰富的原理知识和技术知识，而在生产工艺知识、市场知识以及营销知识方面较为薄弱。企业则与之相反，在生产工艺知识、市场知识和营销知识上具有明显的优势，但原理和技术知识方面却不尽如人意。

通过对重大科技研发项目各阶段的知识需求分析，结合企业及科研机构的知识特征，得到项目实施知识需求与产学研知识体系的对应关系，如图4-4所示。

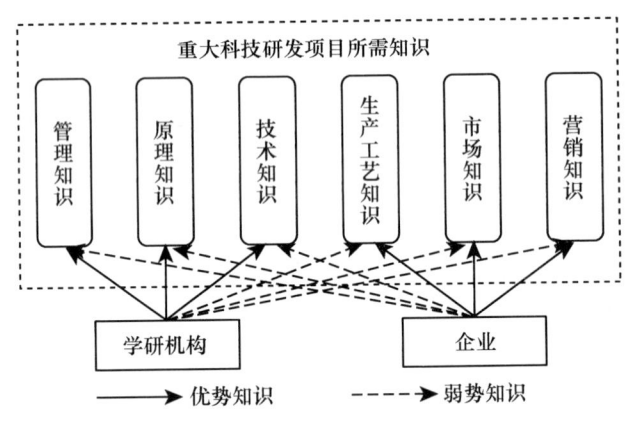

图4-4 重大科技研发项目知识需求与产学研知识体系的对应关系

科研创新的本质在于推进创新所需每种要素的整合和优化。故而，产方和学研方都不能独自提供重大科技研发项目所需的全部知识，而双方知识的聚合却能很好地解决这一问题，不仅可以系统、全面地满足知识需求，还有利于在知识交互的过程中创造出新的交叉性知识，从而促进创新涌现，提高知识存量和知识价值，更好地保障项目进行。因此，基于重大科技研发项目实施的角度看，产学研主体间也存在较强的知识互补性。

第二节 产学研知识互补的场域交互理论

一 产学研知识互补的场域

知识不能单独存在，它的生成和传递都离不开特定的载体。"Ba"（场）是连接时间与空间的知识创造场所，也是知识转移、共享及利用时所处的情境（Nonaka，2000）。场可以是一个实质的场所，也可以是一个特别的时间或空间，如办公场所、网络社区、精神空间等等。事实上，面对高度复杂的研发计划或项目，产学研联盟内部会产生多种类型的"Ba"，产学研合作在不同维度、不同类型的"Ba"中进行着密集的知识创新和流动。这就使得，对知识互补的研究可以从"Ba"的理念入手。因此，不妨将"Ba"看作是产学研知识互补的实现平台和载体，并通过"Ba"的生成和交互来探析三大主体间的知识互补过程。

二 场域交互的内涵

场是有范围的，场的范围是因有意义的知识交互而产生，对应场内知识所处的时间与空间，我们将"场的范围"称之为"场域"。场内知识活动以及参与者知识内容的改变，都会引起场域变化，若有意义的知识交互一直存在，场域就可以无限延伸。根据 Nonaka（1994，2000）的 SECI 模型及 "Ba" 理论等研究，主体之间的协同作用是一个持续不断的、自我超越的知识互补的过程。"Ba" 与 "Ba" 通过知识的识别、分析、传递、接收等途径，彼此进行交互，使知识在场域间进行转移与融合，满足各自发展过程中的信息、技术等知识需求，因此，主体间知识交互过程即是场域交互的过程，场域交互是实现知识互补的基本方式。

"Ba" 又分为 "Generic Ba"（普通场，以下简称 "G-Ba"）和 "Specific Ba"（特殊场，以下简称 "S-Ba"）。"G-Ba" 是指日常的、通用的知识互动平台和场所，而 "S-Ba" 则是指在具体情境下为达成特定目标而生成的特殊的场（Creplet，2000）。本书将高校、企业、科研机构内部的日常的 "Ba" 视为 "G-Ba"，而将需要进行组织间知识互补的研发计划或项目情境中的"Ba"视为"S-Ba"。"S-Ba"首先是组织间知识流动的通道与知识共享的接口，还是知识协同创新的互动平台，各合作主体的知识通过"S-Ba"汇聚交融，并且各个"S-Ba"也不是彼此独立的，而是能够通过多种方式与其他"S-Ba"产生动态的、非线性的交互作用。随着知识互补的深入开展，所有时间、空间维度上的"S-Ba"逐渐构成一个多维立体结构，Nonaka（2014）等将其称为场的动态分形结构，在该结构下能够基于多视角与多观点创造出新的知识。因此，"S-Ba"是产学研知识互补的关键枢纽，"S-Ba"的多元交互与流畅轮转使知识充分共享与互补，从而不断深化、发酵、整合，为产学研知识协同创新注入全新的活力（孟潇，2016）。

为形象直观地阐释知识互补的内在运行机制，我们设定联盟内每个独立的知识主体都对应若干个"G-Ba"，一个研发计划或项目则由多个"S-Ba"构成，每个"S-Ba"都对应一个特定的知识互补单元，并通过各类"Ba"的生成、识别和运转来模拟产学研知识互补的动态演化过程。

三 产学研知识互补的场域交互模型

知识本身具有复杂性、嵌入性、专有性和隐含性4个特征，这4个特征不可避免地提升知识转移的难度（Szulanski G，1996）。其中，知识的复杂性不仅会弱化知识的可转移性，使得知识接收方难以吸取新的知识；嵌入性指知识黏性让知识之间存在难以互融的现象；知识的专有性使知识难以在双方之间转移；知识的隐含性则不利于知识理解和学习。这些特性阻碍了"Ba"与"Ba"之间的联结和交互，且不利于具体分析产学研知识的互补过程。实证研究表明，组织间形成的合作网络，通过有效的知识划分能够获得可观的合作创新绩效（Takeishi，2002）。因此，本书将产学研联盟的知识进行维度划分，以便更好地分析场域交互过程。

（一）知识的维度划分

基于王兴元等（2012）提出的知识分类方式以及Nonaka关于隐性知识维度的相关研究，将产学研联盟的异质知识分为：显性知识、认知层面的隐性知识和技能层面的隐性知识三大类。

1. 显性知识：是指能够以文字、图表、公式、语言等编码化方式表达出来的结构性知识。这类知识往往清楚明了，便于识别和传递，如某图表的绘制方法、生产机器的操作流程等就属于显性知识。这种知识可以通过编码来表现和分享，在通道内可以无损传输，具备较高的客观性和可学习性，在正规的高等教育系统和商业环境中很容易学习和交流（李涛，2010）。

2. 认知层面的隐性知识：是指组织成员所具有的价值取向、目标认知、思维模式等方面的隐性知识。认知维度的隐性知识根植于每个组织成员的心灵深处，并对其行事风格、沟通意愿、工作态度等产生决定性的影响，这类隐性知识不仅缺乏显性化所需的语言调制机制，还缺乏显性化的动力，是内隐性最高的知识。组织间异质的认知维度隐性知识往往难以进行沟通和交互，且一旦处理不当，还会对显性知识和技能层面知识的转移起负面作用。

3. 技能层面的隐性知识：是指组织成员在工作方法、经验诀窍、问题解决逻辑等方面的隐性知识。例如，高级技工通过长年实践，积累了大量经验和惯性技巧，但对于这种经验和技巧却难以准确表述。这类来自亲身工作经历、相对独立化且难以编码的知识就属于技能层面的隐性知识。理论上来讲，技能维度的隐性知识向组织内的其他成员分享和转移的难度较高，但随着语言调制体系的不断完善和成员间的相互交流，可以进行联结学习，此类隐性知识往往能在一定程度上实现"显性化"；即便不能显性化，由于可以借鉴或积累相关经验，同类状况再次发生时也常常能够处理得更好。

（二）产学研知识互补过程中的场域交互模型

由于三种类型的知识具有各自的特点，"Ba"与"Ba"之间的知识交互也应采取不同的交互方式。借鉴赵国杰等（2012）提出的知识生成转化的三层嵌切球模型，基于知识分类提出知识互补过程中的场域交互模型，如图4-5所示。

具体而言，产学研知识互补主要通过"Ba"与"Ba"之间知识的交互来实现，三层嵌切球模型的不同球体不代表包含关系，而象征着知识的外显程度，三个球体相切于同一个点，意指三个球体与包裹着它们的"Ba"有同一的并且可以直接相互影响的路径和接触点。根据本书知识的维度划分，显性知识对应外显球，认知维度的隐性知识对应内显球，技能维度的隐性知识属于中性知识，是知识的一种重要形态且大量存在

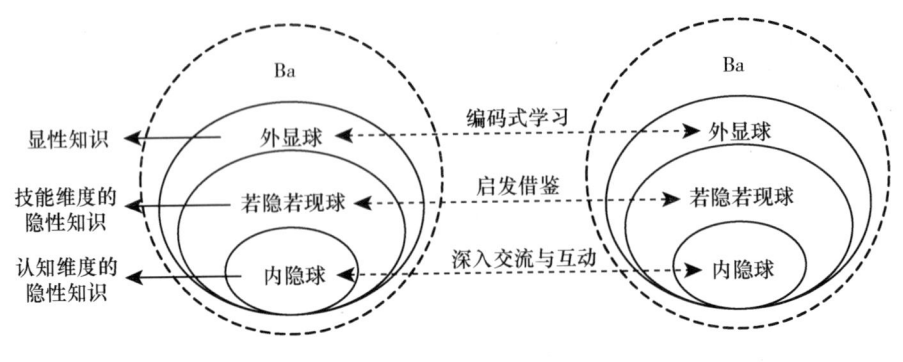

图 4-5 场域交互模型

（魏江，2008），对应若隐若现球。

外显球对应显性知识，通过编码式学习的方式进行场域交互。由于显性知识可编码化，具有易识别、易传递、易吸收的特点。且显性知识一旦成功获取，就能迅速融入原有知识体系并实现知识的有效应用。因此，针对"Ba"与"Ba"之间的显性异质知识，可以通过编码式学习的方式进行知识交互，即借助语言、文字、图表等调制机制，不同场域的知识活动参与者相互学习，从而实现显性知识在"Ba"与"Ba"之间的扩散和传递。

若隐若现球对应技能维度的隐性知识，通过启发借鉴的方式进行场域交互。技能维度的隐性知识虽然是隐性知识，具有难以言传、复杂度高的特点，但这类知识与"技能"紧密相连，常常表现为工作经验、方法诀窍、技能认知等等。技能维度隐性异质知识的相互交融可能导致任务完成方法、解决问题逻辑等方面的不同，从而引发工作冲突，对协同创新产生显著的正向影响（Amason，1996）。组织成员可以通过观察和交流他人的技能诀窍得到启发借鉴，再通过亲身实践深化理解并积累相关经验，从而掌握技能维度的异质知识。即"Ba"与"Ba"之间的技能维度隐性异质知识可以通过启发借鉴的方式进行知识交互。

内隐球对应认知维度的隐性知识，通过深入交流与互动的方式进行场域交互。认知维度的隐性知识并没有好坏之分，但当这类知识存在显著差异时，往往表现为对其他成员的排斥、厌恶或价值否定，最终导致合作伙伴间缺乏信任。由于这类知识本身就具有隐含性和嵌入性，而"Ba"与"Ba"之间认知维度隐性知识的异质性还极易引发交流障碍和人际关系冲突,使得知识转移缺乏动力。面对这类知识,除非深入接触,找到彼此的关联性或共同点进行认知互动,否则难以转移。因此,"Ba"与"Ba"认知维度的隐性异质知识,唯有通过参与者的深入交流与互动才能进行转移。

基于知识划分的场域交互不是对科层和分工的回归,而是对知识互补实现形式的深入。不同场对应不同的知识结构,而任何时间、任何空间发生的场域交互活动,都应该清楚界定所要转移和吸收的知识类型,采取对应的交互方式,才能保障互补过程顺利进行。

四 场的构建

产学研知识互补离不开特定的场,每个"Ba"都对应知识子领域的一部分专业知识,且这部分知识具有相对的独立性,可以和其他"Ba"的知识相互区别,每个"Ba"作为一个知识节点,能相对独立地开展知识活动。总之,场是孕育各种想法和灵感、为知识互补提供思维交互的平台。通过物理场景下的场人们可以线下进行实际交流,利用虚拟场产学研三方跨组织跨空间进行知识分享和思维碰撞,产生"1+1>2"的创新收益。因此,场的构建就显得尤为重要。根据场的定义,本书将互补过程中的场的构建分为两个层面:物理层面场的构建和虚拟层面场的构建。

(一)物理层场的构建。从物理层面上讲,场的构建主要是指为产学研三方构建知识互补的现实平台,主要针对面对面的知识交互。为保证知识互补顺利进行,具体包括两方面的构建:一是要确保产学研三方可以在适宜时间和地点有知识交互的平台,为保证知识互补的效率,要尽量保证相关成员都能参与,保证互补知识的全面性;二是要确保交互平台基础设施完善,有基本的设备保证,如多媒体会议室、设备齐全的合作研发实验室等。

(二)虚拟层场的构建。从虚拟层面上讲,场的构建主要是指为产学研三方构建知识互补的网络等虚拟平台,主要针对远程知识交互,具体表现为通过计算机技术、网络技术和人工智能等现代化技术建立虚拟交互平台,作为知识联结、转移和互动的场所。现今社会,计算机网络技术已经得到普遍应用。当产学研三方地理位置相隔较远或会面不便时,各组织内外的知识活动的参与者可以考虑采用电话或视频会议、电子邮件、网络社区等方式来突破物理上的限制，实现三方知识的互补。

第三节　产学研知识互补的驱动因子分析

一　知识互补驱动因子

在产学研协同创新过程中，知识是最重要的生产要素，而知识互补是利用和创造知识的关键途径，三大主体通过对互补性知识的识别、共享与融合，不仅能丰富和完善自身知识体系，还能促进彼此间的协同效应，提升联盟整体的创新绩效。然而，互补性知识并不等于知识互补，在本书的研究中，产学研知识互补是一个动态的演化过程，其实现效果和效率决定了协同创新的成败。事实上，知识互补作为协同创新的关键手段，在实施过程中面临许多障碍。大量的产学研联盟虽拥有互补性知识资源，却难以使其产生动态运转及切实融合，这就导致知识互补效率低下，协同创新名存实亡。

驱动力是动态知识互补的运行核心，而诸多产学研联盟协同失败的主要原因，就是没有充分认识和利用知识互补的驱动因子。那么，究竟产学研知识互补是靠哪些因子驱动？这些因子的重要性及其内在作用机制是怎样的？不理清这些问题，就无法全面透视知识互补的运行机理，协同创新效率也难以改善。因此，本书剖析产学研知识互补的内外条件，深入挖掘驱动因子，并对其综合驱动效果和原因进行定量分析，以期厘清各因子的相对重要性及内在作用关系，从中探求提高互补绩效的解决之道。

二　产学研知识互补驱动因子的提取

（一）产学研知识互补驱动因子的提取原则

目前，国内关于产学研知识互补的研究正处于起步阶段，尚无清晰、明确的动力因素分析。总结知识互补的动力因素，然后进行模型设计，并且建立具有层次的指标分类，可以加强因素直接的逻辑关系和系统层次性，通过实证的方法，提高动力因素的合理性和说服力。本书在提取产学研知识互补驱动因子的过程中主要遵循以下原则：

1. 目的性原则。能否满足驱动目的是衡量驱动因子是否合理的有效标准。所提取的因子应能对知识互补的驱动提供支撑，同时能为互补绩效的判定提供依据。

2. 代表性原则。在驱动因子的提取过程中应选择有代表性的因素，这些因子具有驱动程度高、代表性强、涵盖范围准确的特点，避免因子冗杂。

3. 科学性原则。主要是指驱动因子的内涵具有正确性，层级体系的设计具有完备性，因子的提取过程具有科学性。由于产学研知识互补本身受多种因子驱动，要客观地反映知识互补的驱动力就必须建立一个综合反映各方面驱动的因子系统，使之更为概括和全面。

（二）产学研知识互补的四要素驱动模型

由于知识互补也属于知识管理的活动范畴，因此，本书通过参考多篇国内外有关知识管理的相关文献，基于 Albino（1999）提出的四要素模型，将主体、客体、情景、媒介 4 个基本维度与产学研知识互补自身特点相融合，构建出产学研知识互补的四要素驱动模型（如图 4-6 所示）。拟以四要素为出发点，提取四方面的驱动因子，各维度的具体含义如下：

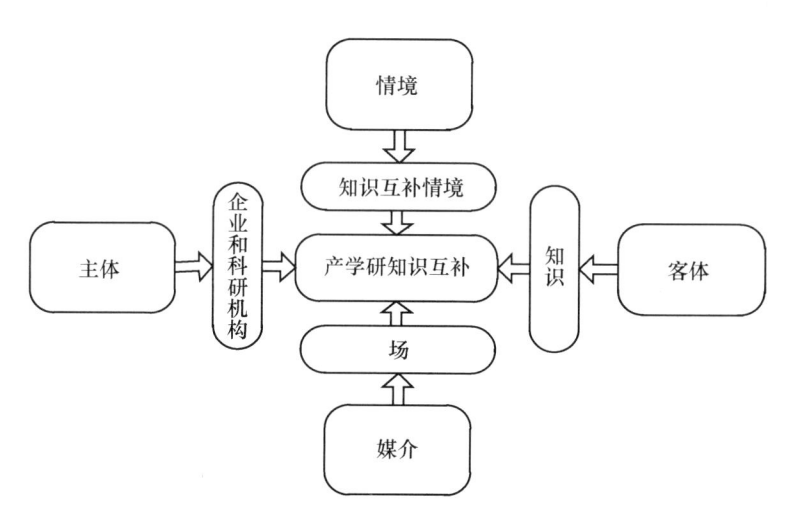

图 4-6 产学研知识互补的四要素驱动模型

1. 产学研知识互补主体——企业和学研机构。主体，即与知识互补客体相对应的，能够主导互补行为的知识活动参与者。主体可以是独立的个体、组织或是群体，本书中的主体是企业和学研机构，其对知识互补产生驱动作用的因素即为主体方面的驱动因子。

2. 产学研知识互补客体——知识。客体，即在知识提供者与知识接受者之间所传递的知识，本书中客体即为知识。而知识本身所具备的部分属性对互补活动有一定驱动作用，这就构成了产学研知识互补客体方面的驱动因子。

3. 产学研知识互补媒介——场。媒介，即实现知识互补所需的中介，知识交互不可能凭空产生，必须依赖于主体之间的某种媒介进行传递。而 "Ba" 是知识生成、转移和创造时所处的平台或场所，场域交互是知识互补的基本实现方式，因此，将产学研知识互补媒介认为场。

4. 产学研知识互补情境。情境，即进行知识互补时所处的环境和状态，不仅指联盟内部情境，也涵盖外部情境。情境中能够对知识互补产生驱动效果的要素即为情境方面的驱动因子。

(三) 产学研知识互补的驱动因子提取

基于对产学研知识互补主体、客体、媒介以及情境四大核心要素的分析，结合对知识互补活动过程和运行规律的理解，建立如下产学研知识互补驱动因子概念模型（见图 4-7）。

1. 产学研知识互补主体驱动因子，即企业和科研机构方面的驱动因子。从产方和学研方自身的组织特性看，其知识互补意愿、知识传递能力和知识吸收能力会对互补产生驱动作用。互补意愿是知识活动的最直接驱动力，其程度强弱直接影响主体参与知识活动的积极性，互补意愿越强，则知识转移和分享的概率就越大；知识转移能力是指知识发送方在评估知识接受者的需求和能力之后，能够清楚表达自身知识，并将知识转移到另一方的能力。由于知识自身具有复杂性、嵌入性和隐含性等特征，在互补过程中常常难以转移，仅仅拥有互补的意愿是远远不够的，还必须具有相应的知识转移能力，才能将知识通过恰当的形式传递给知识接受方。当产学研三方拥有较高的知识转移能力时，知识主体会更愿意相信自身能在合作中获得知识转移所带来的好处，从而提高参与互补活动的意愿。同时，只有接受方对所获得的知识进行有效的消化吸收才

```
┌─────────────────┐
│ 互补意愿d₁       │──┐    ┌──────────────┐
│ 知识传递能力d₂   │  ├───→│ 互补主体方面的│
│ 知识吸收能力d₃   │  │    │ 驱动因子D₁    │─┐
└─────────────────┘  ┘    └──────────────┘ │
                                            │
┌─────────────────┐       ┌──────────────┐ │
│ 知识互补性d₄     │──────→│ 互补客体方面的│ │    ┌──────────────┐
│ 知识存量d₅       │       │ 驱动因子D₂    │─┼───→│ 产学研知识互补的│
└─────────────────┘       └──────────────┘ │    │ 驱动因子D      │
                                            │    └──────────────┘
┌─────────────────┐       ┌──────────────┐ │
│ 政府政策d₆       │       │              │ │
│ 市场作用d₇       │──────→│ 情景方面的    │─┤
│ 管理机制d₈       │       │ 驱动因子D₃    │ │
│ 信任关系d₉       │       │              │ │
└─────────────────┘       └──────────────┘ │
                                            │
┌─────────────────┐       ┌──────────────┐ │
│ 场的基础建设d₁₀  │──────→│ 媒介方面的    │─┘
│ 场域交互顺畅度d₁₁│       │ 驱动因子D₄    │
└─────────────────┘       └──────────────┘
```

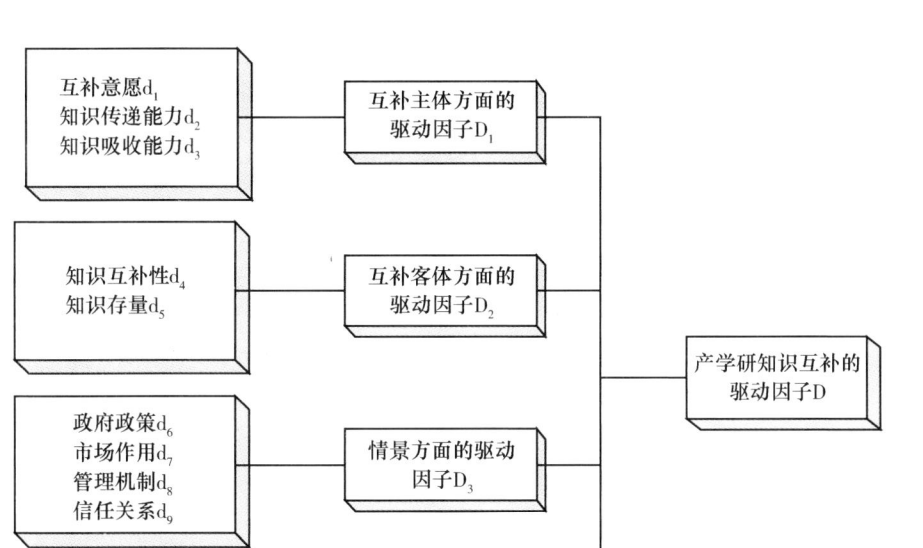

图4-7 产学研知识互补动力因素层次结构模型

能实现知识转移。如果接收方知识吸收能力较强，则创新主体所获得的收益增加，知识传递过程更加顺畅，知识互补也就越容易实现。

2. 产学研知识互补客体驱动因子，即知识方面的驱动因子。知识的互补性是产学研联盟形成的基础，是指两项知识混合相加产生的效用大于各自单独发挥的效用值。王娟茹（2009）、何炳华（2010）等人的研究早已证明知识的互补性与知识共享、合作创新绩效均有显著的正相关性。李煜华（2012）的研究则证明了知识互补性越大则知识互补度越高，因此，产学研三方的知识互补性对产学研知识互补会产生正向驱动作用，且互补知识存量越大，驱动作用越明显。

3. 产学研知识互补情境驱动因子。主要包括创新主体知识互补过程中的政府政策、市场作用、管理机制以及信任关系四个方面。其中，政府政策是指政府制定的"促进产学研深度融合或协同创新"的相关政策，这类政策为协同创新提供了良好的外在条件，对产学研知识互补有明显的驱动作用；市场作用可分为市场需求的拉动作用和竞争压力的推动作用。创新性产品或服务的市场竞争越激烈、需求越旺盛，产学研联盟动态知识互补的活跃度就越高；同时，产学研联盟的管理机制也会对知识互补产生作用，联盟管理越开放、灵活和兼容并包，则管理机制的驱动作用越明显；再则，当知识主体间拥有较强的信任关系时，彼此会更倾向于共同进步，表现出更为强烈的知识互补意愿，积极参与知识交互和共享，以构建组织之间的竞争合力，且对于隐性知识互补、信任关系的驱动表现更为显眼。

4. 产学研知识互补媒介驱动因子，即"Ba"方面的驱动因子。郭琳（2012）提出，制造知识创造场比知识本身还重要。对媒介驱动因子的考虑，不仅要考虑物理层和虚拟层知识的传递场所，更要深化对知识互补实现形式的认知。"Ba"方面的驱动因子主要在于场的基础建设和场域交互的顺畅度。场的基础建设是对媒介建设的测量，包括物理、虚拟层次的场的建设，即是否为知识互补提供了良好的硬件、软件场所。好的媒介是高效互补的基础，也是其基本的物质驱动力；而场域交互的顺畅度则是对媒介运行的评价，即知识互补实现渠道是否通畅。Cummings & Teng（2003）用合作阶段的交流频度来衡量交流渠道的畅通程度。如果媒介运行状态良好，则场域交互活动必然频繁而高效，知识黏滞度低，从而对互补效果产生正向驱动。

产学研知识互补的驱动因子是促进知识动态交互、提高协同创新效率的力量之源，厘清各因子的驱动作用大小及内在逻辑关系对探索知识互补的驱动机制、提升互补绩效有重要意义。本书首先基于四要素理论从知识互补的主体、客体、情境、媒介四个方面提取出互补意愿、知识互补性、场的完善程度等 11 个驱动因子，考虑到 DEMATEI 方法认为每个因子权重相同的缺点，采用 AHP-DEMATEL 方法定量分析了各因子的综合驱动效果及其内在逻辑关系，得出如下结论：

在 11 个驱动因子中，互补意愿是关键驱动因子，对产学研知识互补的驱动效果最为强烈；场域交互顺畅度、知识吸收能力和知识互补性是重要驱动因子，也对动态互补有较大的驱动作用；知识发送能力、知识存量等其余 7 项则为一般驱动因子，其驱动效果相对较小。

知识互补性、政府政策与市场作用为原因类驱动因子，会对其他结果类因子产生诸多影响。而结果类因子中，互补意愿、管理机制、场的完善程度和场域交互顺畅度受原因因子的影响更为明显,是显著的结果类因子。同时,互补意愿尤为特殊,它对其他三个结果因子也有显著的驱动作用,应重点关注。

基于动力因子的分析,为提高产学研知识互补的效果和效率主要可以从以下三方面着手:选择适宜的合作伙伴,确保产学研三方有较高的知识互补性和知识吸收能力;大力培养和激发知识主体的互补意愿,加强场的建设,消除文化差异、关系距离等交互过程障碍,保证场域交互顺畅度处于较高水平;关注政府政策和市场变化,充分利用市场和政府的作用加强其他因子的驱动效果,从而提升驱动合力,促进知识互补的实现。

三 产学研知识互补的驱动因子分析

提高知识互补效率是产学研协同创新的关键着眼点,因此,识别和分析互补驱动因子为产学研知识互补的具体实现提供了理论依据。DEMATEL(决策试验和评价实验法,Decision Making Trial and Evaluation Laboratory)是美国 Bastille 国家实验室提出的运用图论与矩阵论原理进行系统因素分析的方法,可用于解决现实生活中复杂问题因素识别、重要性排序以及因果关系提取等问题。该方法通过因素间的逻辑关系建立直接关联矩阵,测算每个因素的中心度与原因度,从而明确各因素在系统中的重要程度和因果关系,达到辨识关键因素的目的。DEMATEL 方法具有一定的科学性和合理性,在方案选择、绩效评价、影响因素分析等多个研究领域得到广泛应用。将 DEMATEL 方法引入产学研知识互补的驱动因子研究中,可以全面分析因子间的相互关系,辨识出知识互补的关键驱动因子,为管理者提供具体的策略。

国内外的学者往往把 DEMATEL 方法与其他研究方法相结合,增强研究的科学性。考虑到 DEMATEL 方法忽略了因子间的权重差异,导致分析结果无法科学反映各因子的驱动作用,而 AHP 方法可通过专家打分计算各因子的相对权值,该方法很好地弥补了 DEMATEL 方法等值权重的不足。因此,本书借鉴 Hiroyuki 等(2005)的做法,将 DEMATEL 方法与层次分析法(ANP)相结合,系统分析各驱动因子对产学研知识互补的驱动程度及因子间的相互关系。

(一) 基于 ANP-DEMATEL 法的驱动因子分析步骤

1. AHP 方法计算流程

（1）构造各层次驱动因子的判断矩阵。

由图 4-7 可知，产学研知识互补的驱动因子 D 包含两个层次，其中一级因子层：D = (D_1, D_2, D_3, D_4)；二级因子层：D_1 = (d_1, d_2, d_3)，D_2 = (d_4, d_5)，D_3 = (d_6, d_7, d_8, d_9)，D_4 = (d_{10}, d_{11})。为降低主观因素的影响，将隶属于同一层的各动力进行两两比较，形成判断矩阵。采用 1—9 标度方法，请专家对各驱动因子进行两两比较，确定驱动作用的判断值，形成 5 个判断矩阵 A，A_1，A_2，A_3，A_4。

表 4-2　　　　　　　　　判断矩阵的判断准则

标度	意义
1	表示因子 d_i 与因子 d_j 相比，对产学研知识互补的驱动作用一样大
3	表示因子 d_i 对产学研知识互补的驱动作用比因子 d_j 稍大
5	表示因子 d_i 对产学研知识互补的驱动作用比因子 d_j 明显大
7	表示因子 d_i 对产学研知识互补的驱动作用比因子 d_j 强烈大
9	表示因子 d_i 对产学研知识互补的驱动作用比因子 d_j 绝对大
2, 4, 6, 8	上述两相邻判断中值
倒数	若因子 d_i 与因子驱动作用的比较值为 a_{ij}，则因子 d_j 与因子 d_i 的比较为 $1/a_{ij}$

（2）计算各层次动力因素权重。

根据 A，A_1，A_2，A_3，A_4，分别求出 D 中 D_1、D_2、D_3、D_4 四方面动力因子的权重，以及 D_1 中 d_1、d_2、d_3 的权重，D_2 中 d_4、d_5 的权重，D_3 中 d_6、d_7、d_8、d_9 的权重，D_4 中 d_{10}、d_{11} 的权重。以矩阵 A 为例，具体步骤为：

①计算矩阵的各行之和，得到一个新的 n 行 1 列的矩阵 A_1，n 为阶数。

②计算各行的平均值，即用矩阵 A_1 的各行除以矩阵 A 的列数 n，得到新矩阵 A_2。

③标准化，即用矩阵 A_2 的各行除以矩阵 A_2 的各元素之和，就得到

矩阵 W。

W 为矩阵 A 的特征向量，用矩阵 W 的转置 w 表示各因素所占的权重。

（3）一致性检验。

计算一致性指标 C_1,

$$C_1 = \frac{\lambda_{max}}{n-1} \qquad (4-1)$$

$$\lambda_{max} = \lambda \frac{1}{n} \sum^{ni=1} \frac{(A_w)_i}{Wi} max \qquad (4-2)$$

（4-1）式中，n 为判断矩阵的阶数；λ_{max} 为判断矩阵的最大特征值。

当 $C_1/CR < 0.1$ 时，可认为判断矩阵的一致性达到了要求。否则，需要重新进行判断，写出新的判断矩阵。其中，随机性指标 CR 可查表得出：

表 4-3　　　　　　　　　随机性指标 CR 数值

n	1	2	3	4	5
C_R	0	0	0.58	0.9	1.12

对通过一致性检验的判断矩阵予以保留，否则，重新进行判断写出新的判断矩阵，直至一致性检验通过。

（4）计算各驱动因子的综合权重。

$$\overline{W_i} = W_i' \cdot W_{i''}', i' = (1,2,3,4), i'' = (1,2,\ldots 11)$$

其中，W_i' 为二级驱动因子 d_i 所对应的一级驱动因子 D_i' 在 D 中的权重，W_i' 为 d_i 在 D_i' 中的权重，$\overline{W_i}$ 即为驱动因子 d_i 的综合权重，也是驱动因子 d_i 的在整个驱动系统中的最终权重。

2. DEMATEL 方法计算流程

（1）计算产学研知识互补驱动因子的直接关联矩阵 B。

B = (b_{ij}) 11×11，即

$$B = \begin{bmatrix} b_{11} & b_{12} & \cdots & b_{111} \\ b_{21} & b_{22} & \cdots & b_{211} \\ \vdots & \vdots & \vdots & \vdots \\ b_{111} & b_{112} & \cdots & b_{1111} \end{bmatrix}$$

其中 $b_{ij} = w_i/w_j$,为第 i 个动力因素相对于第 j 个动力因素的重要性。

(2) 归一化直接关联矩阵 S。

$$S = (s_{ij})_{11 \times 11} = \frac{1}{\max\limits_{1 \leq i \leq 11} \sum_{j=1}^{11} b_{ij}} \times B \quad (4-3)$$

(3) 计算全关联矩阵 T。

$$T = (t_{ij})_{11 \times 11} = S(I-S)^{-1}$$

其中:I 为单位矩阵,$(I-S)^{-1}$ 为 I-S 的逆矩阵。

(4) 计算各驱动因子的影响度 f_i、被影响度 e_i、中心度 c_i,以及原因度 ri。

$$f_i = \sum_{j=1}^{11} t_{ij}, i = (1,2,\cdots 11) \quad (4-4)$$

$$e_i = \sum_{j=1}^{11} t_{ji}, i = (1,2,\cdots 11) \quad (4-5)$$

$$c_i = f_i + e_i, i = (1,2,\cdots 11) \quad (4-6)$$

$$r_i = f_i - e_i, i = (1,2,\cdots 11) \quad (4-7)$$

3. 基于 AHP-DEMATEI 方法的各驱动因子综合驱动效果计算

基于 AHP 和 DEMATEL 分析结果,构造各驱动因子对产学研知识互补的综合驱动效果指标 X_i。

$$X_i = \frac{W_i \cdot c_i}{\sum_{i=1}^{11} (\overline{W_i} \cdot c_i)} \quad (4-8)$$

该指标综合了 DEMATEL 和 AHP 方法的优势,降低了 AHP 和 DEMA-TEL 法的主观片面性,系统揭示各因子的重要性。根据 X_i 可以进行重要性排序,从而确定出关键的驱动因子。

r_i 为原因度,r_i 越大则表明该驱动因子与其他因子的关联性越强,可根据 r_i 区分原因类驱动因子和结果类驱动因子。当 $r_i > 0$ 时,为原因类驱动因子,表明该因子对其他因子造成的影响大于其他因子对它的影响。

而 $r_i<0$ 则代表该因子为结果类驱动因子，其所受的影响大于它对其他因子的影响。一般而言，原因类驱动因子较少受其他因子的影响，结果类驱动因子则会受原因类因子的变化而调整自身结构和状态。通过 X_i、r_i 的计算和分析，可以对产学研知识互补的关键驱动因子、原因类驱动因子和结果类驱动因子进行识别，建立因果关系图，从而更为清楚地解析产学研知识互补的内在驱动机理。

（二）产学研知识互补的驱动因子分析

1. AHP 方法计算各因子综合权重

（1）各层次因子的判断矩阵及权重计算。

各层次驱动因子的判断矩阵数据采集主要是运用了德尔菲法。德尔菲法始于20世纪40年代，由美国兰德公司创始实行，是一种利用函数形式进行的专家匿名交流过程。其大致流程为：多位专家匿名发表意见，专家之间不发生讨论或其他横向联系，调查人员对专家意见进行整理、统计和归纳，然后匿名反馈给专家，再次征求专家意见，如此循环往复，通过多轮次调查，最后汇总成专家基本一致的看法。

通过德尔菲法，本书邀请10名专家采用1—9标度法，对产学研知识互补主体、客体、情景、媒介4方面因子的驱动作用进行两两比较，以及各方面内部的驱动因子进行两两比较（判断准则见表4-4），在经过三轮的意见征询、反馈和归纳之后，最终得到如下结果：

表4-4　　　　产学研知识互补的4方面动力因素的比较

产学研知识互补的驱动因子	主体方面的驱动因子 D_1	客体方面的驱动因子 D_2	情景方面的驱动因子 D_3	媒介方面的驱动因子 D_4
主体方面的驱动因子 D_1	1	2	4	3
客体方面的驱动因子 D_2	1/2	1	2	3
情景方面的驱动因子 D_3	1/4	1/2	1	1/2
媒介方面的驱动因子 D_4	1/3	1/3	2	1

由表 4-4 可得：

$$A = \begin{bmatrix} 1 & 2 & 4 & 3 \\ 1/2 & 1 & 2 & 3 \\ 1/4 & 1/2 & 1 & 1/2 \\ 1/3 & 1/3 & 2 & 1 \end{bmatrix}$$

则计算得四方面驱动因子对应的权重矩阵 W 为：

$$W = \begin{bmatrix} 0.446 \\ 0.290 \\ 0.100 \\ 0.164 \end{bmatrix} \quad A_W = A \times W = \begin{bmatrix} 1.918 \\ 1.204 \\ 0.439 \\ 0.610 \end{bmatrix}$$

$\lambda_{max} = \dfrac{1}{n}\sum_{i=1}^{n}\dfrac{(A_w)_i}{W_i} = 4.138 \quad C_1 = \dfrac{\lambda_{max}}{n-1}$ 当 $n = 4$ 时，$C_R = 0.9 \quad C_1 / C_R < 0.1$

即判断矩阵 A 的一致性达到了要求。故而，四方面驱动因子对应的权重分别为：主体方面的驱动因子为 44.6%，客体方面的驱动因子为 29.0%，情景方面的驱动因子为 10.0%，媒介方面的驱动因子为 16.4%。

表 4-5　　　　　　　产学研知识互补主体方面驱动因子比较

产学研知识互补主体方面的驱动因子	知识互补意愿 d_1	知识传递能力 d_2	知识吸收能力 d_3
知识互补意愿 d_1	1	3	2
知识传递能力 d_2	1/3	1	1/2
知识吸收能力 d_3	1/2	2	1

由表 4-5 可得：

$$A_1 = \begin{bmatrix} 1 & 3 & 2 \\ 1/3 & 1 & 1/2 \\ 1/2 & 2 & 1 \end{bmatrix} \quad W_1 = \begin{bmatrix} 0.529 \\ 0.294 \\ 0.177 \end{bmatrix}$$

$\lambda_{max} = 3.011, C_1 = 0.006,$ 当 $n = 3$ 时，$C_R = 0.58 \; C_1 / C_R < 0.1$

即，判断矩阵 A1 的一致性达到了要求。故而，主体方面驱动因子对应的权重分别为：知识互补意愿占 52.9%，知识传递能力占 29.4%，知识吸收能力占 17.7%。

表 4-6　　产学研知识互补客体方面驱动因子比较

产学研知识互补客体方面的驱动因子	知识互补性 d_4	知识存量 d_5
知识互补性 d_4	1	3
知识存量 d_5	1/3	1

由表 4-6 可得，$A_2 = \begin{bmatrix} 1 & 3 \\ 1/3 & 1 \end{bmatrix}$　$W_2 = \begin{bmatrix} 0.75 \\ 0.25 \end{bmatrix}$

当 $n=2$ 时，$CR=0$，不存在检验一致性的问题。因此，客体方面驱动因子对应的权重分别为：知识互补性占 75.0%，知识存量占 25.0%。

表 4-7　　产学研知识互补情景方面驱动因子比较

产学研知识互补情景方面的驱动因子	政府政策 d_6	市场作用 d_7	管理机制 d_8	信任关系 d_9
政府政策 d_6	1	1/5	1/7	1/4
市场作用 d_7	5	1	1/2	3
管理机制 d_8	7	2	1	2
信任关系 d_9	4	1/3	1/2	1

由表 4-7 可得：

$$A_3 = \begin{bmatrix} 1 & 1/5 & 1/7 & 1/4 \\ 5 & 1 & 1/2 & 3 \\ 7 & 2 & 1 & 2 \\ 4 & 1/3 & 1/2 & 1 \end{bmatrix} \quad W_3 = \begin{bmatrix} 0.055 \\ 0.328 \\ 0.415 \\ 0.202 \end{bmatrix}$$

$\lambda_{\max} = 4.161, C_1 = 0.054$，当 $n=4$ 时，$C_R = 0.9, C_1/C_R < 0.1$

即，判断矩阵 A_3 的一致性达到了要求。因此，情景方面驱动因子对应的权重分别为：政府政策占 5.5%，市场作用占 32.8%，管理机制占 41.5%，信任关系占 20.2%。

表4-8 产学研知识互补载体方面驱动因子比较

.	场的基础建设 d_{10}	场域交互顺畅度 d_{11}
场的基础建设 d_{10}	1	1/2
场域交互顺畅度 d_{11}	2	1

由表4-8可得：$A_4 = \begin{bmatrix} 1 & 1/2 \\ 2 & 1 \end{bmatrix}$ $W_2 = \begin{bmatrix} 0.333 \\ 0.667 \end{bmatrix}$

同样，当 n=2 时，CR=0，不存在检验一致性的问题。因此，载体方面驱动因子对应的权重分别为：场的基础建设占33.3%，场域交互顺畅度占66.7%。

（2）产学研知识互补各驱动因子的综合权重计算。

$$W = \begin{bmatrix} 0.446 \\ 0.290 \\ 0.100 \\ 0.164 \end{bmatrix} \quad W_1 = \begin{bmatrix} 0.529 \\ 0.294 \\ 0.177 \end{bmatrix} \quad W_2 = \begin{bmatrix} 0.75 \\ 0.25 \end{bmatrix}$$

$$W_3 = \begin{bmatrix} 0.055 \\ 0.328 \\ 0.415 \\ 0.202 \end{bmatrix} \quad W_2 = \begin{bmatrix} 0.333 \\ 0.667 \end{bmatrix}$$

令 W_iT 为 W_i 的转置矩阵，因此，主体方面各驱动因子的综合权重为：$W_1T \times 0.446$ = (0.236, 0.131, 0.079)；

客体方面各驱动因子的综合权重为：$W_2T \times 0.290$ = (0.218, 0.073)；

情景方面各驱动因子的综合权重为：$W_3T \times 0.100$ = (0.006, 0.033, 0.042, 0.020)；

载体方面各驱动因子的综合权重为：$W_4T \times 0.164$ = (0.055, 0.109)。

即各驱动因子的综合权重为，知识互补意愿占23.6%；知识传递能力占13.1%；知识吸收能力占7.9%；知识互补性占21.8%；知识存量占7.3%；政府政策占0.6%；市场作用占3.3%；管理机制占4.2%；信任关系占2.0%；场的基础建设占5.5%，场域交互顺畅度占10.9%。

2. DEMATEL方法计算各因子的中心度和原因度

（1）构造产学研知识互补驱动因子的直接关联矩阵 B。

请专家通过德尔菲法对各驱动因子的相互关系进行评分,用 0—4 标度法直接构造 11 个因子间的直接关联矩阵 B。其中 b_{ij} 表示因素 d_i 对 d_j 的驱动程度;取值范围为 0、1、2、3、4,分别表示"无驱动作用""驱动作用弱""驱动作用一般""驱动作用较强""驱动作用强"。若 $i = j$,则 $b_{ij} = 0$。

$$B = \begin{bmatrix} 0 & 3 & 2 & 0 & 0 & 0 & 0 & 0 & 2 & 3 & 3 \\ 2 & 0 & 2 & 0 & 3 & 0 & 0 & 1 & 2 & 0 & 3 \\ 3 & 3 & 0 & 0 & 3 & 0 & 0 & 1 & 2 & 1 & 3 \\ 4 & 1 & 1 & 0 & 2 & 0 & 0 & 1 & 3 & 2 & 3 \\ 2 & 4 & 4 & 2 & 0 & 0 & 0 & 1 & 2 & 1 & 2 \\ 3 & 1 & 1 & 0 & 1 & 0 & 3 & 3 & 3 & 3 & 3 \\ 3 & 1 & 1 & 0 & 0 & 3 & 0 & 1 & 1 & 1 & 1 \\ 3 & 2 & 2 & 0 & 0 & 0 & 0 & 0 & 3 & 4 & 4 \\ 4 & 2 & 2 & 0 & 0 & 0 & 0 & 3 & 0 & 3 & 3 \\ 3 & 3 & 3 & 0 & 3 & 0 & 0 & 3 & 3 & 0 & 4 \\ 3 & 3 & 3 & 0 & 3 & 0 & 0 & 2 & 3 & 3 & 0 \end{bmatrix}$$

(2)求归一化关联矩阵 S。

$$S = \frac{1}{\max\limits_{1 \leq i \leq 11} \sum_{j=1}^{11} b_{ij}} \times B \quad (4-9)$$

$$S = \begin{bmatrix} 0.000 & 0.125 & 0.125 & 0.000 & 0.000 & 0.042 & 0.042 & 0.125 & 0.083 & 0.167 & 0.167 \\ 0.125 & 0.000 & 0.042 & 0.000 & 0.167 & 0.000 & 0.000 & 0.083 & 0.083 & 0.042 & 0.125 \\ 0.083 & 0.083 & 0.000 & 0.000 & 0.083 & 0.000 & 0.000 & 0.042 & 0.125 & 0.042 & 0.125 \\ 0.167 & 0.042 & 0.042 & 0.000 & 0.083 & 0.083 & 0.000 & 0.125 & 0.000 & 0.083 & 0.125 \\ 0.083 & 0.083 & 0.083 & 0.042 & 0.000 & 0.042 & 0.042 & 0.083 & 0.042 & 0.042 & 0.042 \\ 0.167 & 0.042 & 0.042 & 0.000 & 0.083 & 0.000 & 0.167 & 0.167 & 0.042 & 0.167 & 0.125 \\ 0.167 & 0.083 & 0.042 & 0.000 & 0.083 & 0.125 & 0.000 & 0.167 & 0.042 & 0.125 & 0.042 \\ 0.042 & 0.042 & 0.042 & 0.000 & 0.042 & 0.000 & 0.000 & 0.000 & 0.125 & 0.167 \\ 0.125 & 0.083 & 0.083 & 0.000 & 0.042 & 0.000 & 0.000 & 0.125 & 0.000 & 0.083 & 0.167 \\ 0.125 & 0.125 & 0.125 & 0.000 & 0.083 & 0.000 & 0.000 & 0.083 & 0.083 & 0.000 & 0.167 \\ 0.125 & 0.125 & 0.125 & 0.000 & 0.125 & 0.000 & 0.000 & 0.125 & 0.125 & 0.083 & 0.000 \end{bmatrix}$$

(3) 计算全关联矩阵 T。

由归一化关联矩阵 S 计算可得：

$$T = (t_{ij})_{11 \times 11} = S(I - S)^{-1} T$$

$$= \begin{bmatrix} 0.304 & 0.387 & 0.369 & 0.010 & 0.240 & 0.075 & 0.077 & 0.401 & 0.355 & 0.406 & 0.529 \\ 0.336 & 0.207 & 0.236 & 0.013 & 0.320 & 0.033 & 0.033 & 0.295 & 0.281 & 0.233 & 0.391 \\ 0.278 & 0.261 & 0.174 & 0.010 & 0.231 & 0.025 & 0.025 & 0.234 & 0.297 & 0.208 & 0.364 \\ 0.463 & 0.319 & 0.304 & 0.013 & 0.304 & 0.123 & 0.052 & 0.421 & 0.395 & 0.355 & 0.507 \\ 0.287 & 0.259 & 0.247 & 0.048 & 0.157 & 0.073 & 0.072 & 0.278 & 0.227 & 0.221 & 0.298 \\ 0.510 & 0.362 & 0.340 & 0.014 & 0.340 & 0.063 & 0.213 & 0.504 & 0.356 & 0.472 & 0.552 \\ 0.463 & 0.353 & 0.299 & 0.013 & 0.307 & 0.166 & 0.060 & 0.458 & 0.315 & 0.398 & 0.433 \\ 0.247 & 0.230 & 0.221 & 0.008 & 0.198 & 0.022 & 0.022 & 0.197 & 0.303 & 0.284 & 0.408 \\ 0.352 & 0.300 & 0.288 & 0.009 & 0.226 & 0.028 & 0.029 & 0.345 & 0.227 & 0.285 & 0.457 \\ 0.377 & 0.358 & 0.343 & 0.012 & 0.284 & 0.033 & 0.033 & 0.330 & 0.323 & 0.223 & 0.482 \\ 0.382 & 0.360 & 0.345 & 0.013 & 0.320 & 0.035 & 0.035 & 0.371 & 0.363 & 0.307 & 0.346 \end{bmatrix}$$

注：矩阵 T 的均值为 0.251，标准差为 0.148。

(4) 计算各驱动因子的影响度 f_i、被影响度 e_i、中心度 c_i，以及原因度 r_i。由全关联矩阵 T 计算可得：

表4-9　　　　　　　各动力因素的 f_i、e_i、c_i、r_i 值

类别	f_i	e_i	c_i	r_i
i = 1	3.152	3.999	7.151	-0.847
i = 2	2.377	3.397	5.773	-1.020
i = 3	2.108	3.164	5.273	-1.056
i = 4	3.257	0.164	3.421	3.093
i = 5	2.168	2.927	5.095	-0.760
i = 6	3.726	0.675	4.401	3.050
i = 7	3.265	0.651	3.916	2.614
i = 8	2.139	3.834	5.974	-1.695
i = 9	2.547	3.442	5.989	-0.896
i = 10	2.797	3.391	6.188	-0.594

续表

类别	f_i	e_i	c_i	r_i
i = 11	2.878	4.769	7.646	-1.891

3. 驱动因子的综合驱动效果计算

由 $\overline{W_i}$ 和 c_i 的值计算可得：

表4-11　　　各驱动因子的综合驱动效果

d_i	互补意愿	知识吸收能力	知识传递能力	知识互补性	知识存量	政府政策	市场作用	管理机制	信任关系	场的完善程度	场域交互顺畅度
$\overline{W_i} * c_i$	1.687	0.757	0.416	0.744	0.369	0.024	0.128	0.248	0.121	0.338	0.836
X_i	0.298	0.134	0.073	0.131	0.065	0.004	0.023	0.044	0.021	0.060	0.148

注：X_i 均值为 0.091，均值与标准差之和为 0.171。

4. 结果分析

借鉴学者付帼等（2016）处理驱动因子的方法，本书采用综合驱动程度的均值和均值与标准差之和两个指标作为划分关键驱动因子、重要驱动因子和一般驱动因子的标准，获得如表4-11所示的因子重要性划分结果：

表4-11　　产学研知识互补驱动因子的综合驱动效果重要性排序

重要性分类	驱动因子	综合驱动效果 X_i	隶属类别	排序
关键驱动因子	互补意愿	0.298	主体因子	1
重要驱动因子	场域交互顺畅度	0.148	媒介因子	2
	知识吸收能力	0.134	主体因子	3
	知识互补性	0.131	客体因子	4

续表

重要性分类	驱动因子	综合驱动效果 X_i	隶属类别	排序
一般驱动因子	知识发送能力	0.073	主体因子	5
	知识存量	0.065	客体因子	6
	场的完善程度	0.060	媒介因子	7
	管理机制	0.044	情境因子	8
	市场作用	0.023	情境因子	9
	信任关系	0.021	情境因子	10
	政府政策	0.004	情境因子	11

联合表 4-9、表 4-11 可以发现：

（1）对产学研知识互补起关键作用的驱动因子为 d_1 互补意愿，其综合驱动效果 X_i 远超其他因子，大于均值与标准差之和，排名第一。这主要是因为，互补意愿是知识互补活动的前提和基础，它不仅直接影响产学研三方参与互补的积极性，还会带动主体提升自己的知识吸收和发送能力，同时加强场的建设、提升信任关系、建立开放兼容的管理机制，为动态互补提供良好的运行条件。与此相反，若互补意愿匮乏，即便拥有最适宜的内外环境，知识互补也无法实现。因此，互补意愿是产学研知识互补的关键驱动因子。

（2）d_{11} 场域交互顺畅度、d_2 知识吸收能力和 d_4 知识互补性的综合驱动效果大于均值而小于均值与标准差之和，为重要驱动因子。场域交互顺畅度越高，说明产学研三方的交流渠道越通畅，交互过程中的障碍越少。通过本章第三节的分析可知，许多产学研联盟互补失败的原因很可能并不是缺乏互补意愿或者投入的资源不够，而是没能进行良好的场域交互，以至于企业、高校和科研机构的互补知识普遍处于分散状态，动态互补浮于表面。而较高的场域交互顺畅度是产学研三方交互频度和效率的保障，由此，不难理解，d_{11} 是产学研知识互补的重要驱动因子；知识吸收能力与知识发送能力同为互补过程中必不可少的实施条件，之所以吸收能力比发送能力有更强的驱动效果，主要原因在于，知识主体参与互补的一个主要目的就是获取合作伙伴的知识，以完善自身知识体系实现协同创新效果，出于利己动机，较强的知识吸收能力往往会对主体的互补意愿产生正向影响，使其互补行为更加积极和主动，同时，创新主体会借助强悍的吸收能力自发从联盟内部和外部吸收、凝练知识，从而提升知识存量，促进互补效率；而知识互补性为产学研客体知识的重要特性，是引发互补活动的直接原因，创新正是由知识互补性引发的"1+1>2"的那部分额外效益，其重要性自然不言而喻。

（3）d_3 知识发送能力、d_5 知识存量、d_{10} 场的完善程度、d_8 管理机制、d_7 市场作用、d_9 信任关系以及 d_6 政府政策的综合驱动效果小于均值，为一般驱动因子。其中，政府政策和市场作用被许多学者认为是产学研合作的重要驱动力，而本书的研究中，这两个因子却是一般驱动因子。究其原因在于，市场作用和政府政策诚然是促进产学研联盟形成的有效手段，但外在的联盟形式并不代表内在的动态互补。现有经济生活中，只有联盟之名而无互补之实的产学研合作屡见不鲜，市场作用和政府政策难以触及内部的知识活动。因此，与创新主体的互补意愿和能力以及知识的互补性、场域交互等因素相比，二者的直接驱动效果就不那么强烈了。

（4）虽然产学研知识互补的内在驱动作用错综复杂，但仍存在一定的逻辑关系。由各驱动因子的原因度可知，d_4 知识互补性、d_6 政府政策、d_7 市场作用的原因度大于0，为原因类动力因素，其他为结果类动力因素。为了更清晰地描述各个因素之间的关系，参考秦晓楠和卢晓丽等（2015）的做法，以全关联矩阵 T 的均值与标准差之和（$\theta=0.399$）为阈值。当驱动因子之间的影响系数大于 θ（即 $t_{ij}>\theta$）时，认为该驱动因子间的驱动关系是显著的。由此，得到产学研知识互补驱动因子间的原因—结果图（见图4-8）。

由图可知，在结果类驱动因子中，d_1 互补意愿、d_8 管理制度、d_{10} 场的完善程度以及 d_{11} 场域交互顺畅度均为显著的结果类因子，其受三大原因类驱动因子的影响较大。原因类因子中，知识互补性由参与互补的知识活动主体所决定，政府政策主要由政府主导，市场作用则主要由市场决定，是外部环境的重要体现，三者极少受其他驱动因子影响，均对互补意愿、管理机制和场域交互顺畅度有明显的驱动作用，是产学研联盟应该着重关注的驱动因子。此外，互补意愿和政府政策对场的完善程度

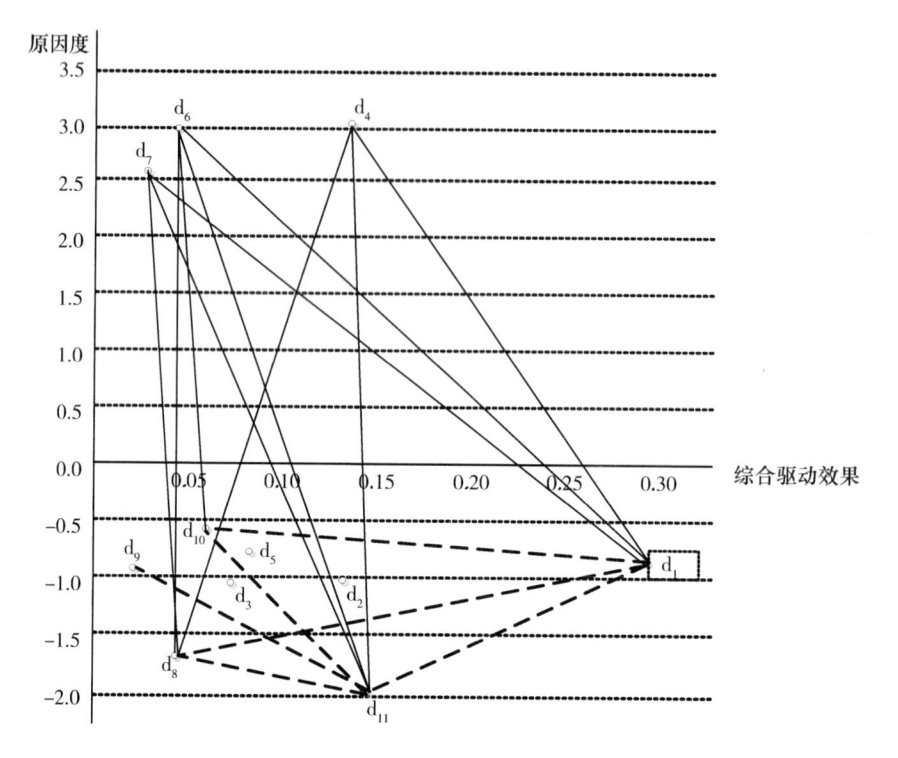

图 4-8 产学研知识互补驱动因子间的原因—结果

驱动作用也较为显著。而互补意愿虽是结果类因子，受到其他因子的影响很大，但它对管理制度、场的完善程度以及场域交互顺畅度均存在显著的驱动作用，加之其综合驱动效果排名第一，也是值得大力培养的驱动因子。

（三）分析结果归纳

在 11 个因子中，互补意愿是关键驱动因子，对产学研知识互补的驱动效果最为强烈；场域交互顺畅度、知识吸收能力和知识互补性是重要驱动因子，也对动态互补有较大的驱动作用；知识发送能力、知识存量等其余 7 项则为一般驱动因子，其驱动效果相对较小。

知识互补性、政府政策与市场作用为原因类驱动因子，会对其他结果类因子产生诸多影响。而结果类因子中，互补意愿、管理机制、场的完善程度和场域交互顺畅度受原因因子的影响更为明显，是显著的结果类因子；同时，互补意愿尤为特殊，它对其他三个结果因子也有显著的驱动作用，应重点关注。

基于动力因子的分析，为提高产学研知识互补的效果和效率，可以从以下三方面着手：选择适宜的合作伙伴，确保产学研三方有较高的知识互补性和知识吸收能力；大力培养和激发知识主体的互补意愿，加强场的建设，清除文化差异、关系距离等交互过程障碍，保证场域交互顺畅度处于较高水平；关注政府政策和市场变化，充分利用市场和政府的作用加强其他因子的驱动效果，从而提升驱动合力，促进知识互补的实现。

第四节　本章小结

本章从产学研知识互补性关系分析开始，引入了场域交互理论，并用场域交互诠释了产学研知识互补的动态过程，基于四要素模型，从主体、客体、情景、媒介提取了产学研协同创新的驱动因子，并对其进行分析，得出驱动产学研协同创新的主要因素，主要结论如下：

其一，从组织自身发展和重大科研项目实施两方面系统分析三大主体间的知识互补性。基于组织自身发展视角，学研机构获取企业知识有利于其人才培养和科研成果转化，产方吸收学研机构基础研究、技术研发方面的知识则有利于其科研水平和创新能力的提升；从重大科技研发项目实施的视角，学研机构或企业任何一方都不能独自提供项目所需的全部知识，双方知识的汇聚与融合则不仅可以满足项目的知识需求，还会形成交叉知识，促进创新涌现，最终产生"$1+1>2$"的协同效果。因此，无论从组织自身发展还是科研项目实施的角度看，产学研三大主体间的知识都具有强烈互补性。

其二，场是产学研知识互补的平台和载体，场域交互是知识互补的基本实现方式。场内不同维度的知识对应场内三切球中的不同结构，不同种类知识交互具有不同的交互方式；外显球对应显性知识，通过编码式学习的方式进行场域交互，若隐若现球对应技能维度的隐性知识，通过启发借鉴的方式进行场域交互，内隐球对应认知维度的隐性知识，通过深入交流与互动的方式进行场域交互，认为场域交互是产学研知识互补动态演化的基本实现方式。根据创新主体在不同知识状态下自组织行为的不同,将局部知识互补划分为3个递进演化阶段,"S-Ba"为反应场所,也是组织间知识交互的关键枢纽,每次互补的实现均产生局部层面的微创新。借鉴BS生物模型详细阐释产学研知识互补的整体演化过程。持续的局部知识互补行为使系统积累大量微创新,经由"S-Ba"之间频繁往复的自组织交互,实现知识整体的高度协同和创新反应的不断扩大,从而多次达到自组织临界状态引发系统层面的大创新。

其三,产学研知识互补的驱动因子是促进知识动态交互、提高协同创新效率的力量之源,厘清各因子的驱动作用大小及内在逻辑关系对探索知识互补的驱动机制、提升互补绩效有重要意义。四要素模型从知识互补的主体、客体、情境、媒介四个方面提取出互补意愿、知识互补性、场的完善程度等11个驱动因子,得出互补意愿是关键驱动因子,对产学研知识互补的驱动效果最为强烈;场域交互顺畅度、知识吸收能力和知识互补性是重要驱动因子,也对动态互补有较大的驱动作用;知识发送能力、知识存量等其余7项则为一般驱动因子,其驱动效果相对较小。知识互补性、政府政策与市场作用为原因类驱动因子,会对其他结果类因子产生诸多影响;结果类因子中,互补意愿、管理机制、场的完善程度和场域交互顺畅度受原因类因子的影响更为明显,是显著的结果类因子,同时,互补意愿尤为特殊,它对其他三个结果因子也有显著的驱动作用。通过驱动因子的分析,从合作伙伴的选择、知识主体互补意愿的培养和激发、政府和市场力量的利用等层面,提出了提高产学研知识互补的效果和效率的方式方法。

第 五 章

产学研协同创新的诱发机制

在市场经济的环境下,需要构建一个科学而可行的诱发机制,以此引导产学研协同创新中的众多相关利益者。首先,本章阐述产学研协同创新诱发机制的现状,引入了系统动力学理论,基于三螺旋理论构建了产学研协同创新诱发动力机制;其次,在产学研协同创新诱发动力机制的基础上,构建产学研协同创新的系统动力学流图,并对其模型仿真分析;最后,为促进产学研协同创新更好诱发,构建产学研协同创新的激励机制模型,进行模拟分析,从多个角度提出完善产学研协同创新的建议。

第一节 产学研协同创新诱发模型

一 协同创新诱发动机认知

21世纪是一个属于科技的世界,科技创新方式也不同于19或20世纪,依靠组织或个人的力量就能够推动科技的巨大飞跃。如今科技创新出现的面貌往往是跨学科、跨领域的协同创新。科学知识的积累保证科技创新的发展,科技创新依附于科技创新体系,创新主体不仅需要内部动力,还需要向外部寻求支持和帮助。现代创新与传统创新已经有所区别,虽然传统创新仍然可以发挥创新的作用,但现代创新追求协同创新、团队创新、联盟创新,能够充分利用创新资源实现高效创新。由于历史和国内人口特征,我国企业特别是制造业企业位于"研发边缘化"的状态,本来应该是技术创新主体的企业没有履行好研发的责任;与此类似,大学等专业研究机构研究活动具有"研发脱离市场需求"的特征,应该为经济服务的科研并没有很好地适应和满足现实需求；在此背景下，产学研协同创新往往陷入"雷声大，雨点小""重形式，轻实质"的现实窘境，其效率与效果常常受到各方的质疑。

虽然产学研协同创新可以解决上述难题，但企业与大学及科研机构在战略使命、文化理念、组织结构和社会责任等等存在一定差异性，可能导致创新主体协作存在一定的难度，进而阻碍了产学研协同创新的快速发展，影响产学研协同创新的效果。经过社会各界的努力，我国产学研协同创新已经取得了初步的成果，但具有局部性、短期性的特征。为了适应我国建设现代化经济体系的需要，推进创新型强国建设的发展，为经济转变增长动能，实现我国产业转型升级，我们对产学研协同创新的诱发动机进行更加深入的研究，可以更为清晰地认知诱发产学研协同创新的诸要素和这个协同创新体系有效运行的机理，打破制约产学研协同创新的桎梏，促进协同创新成效取得实质性突破，为政府提供政策制定依据。

二 系统动力学的理论架构

1. 系统动力学概念

系统动力学（System Dynamics）是一门认知与解决系统问题的科学，它是以数据信息的输入输出的形式来表征与衡量作为研究对象的系统。在产生之初，系统动力学曾有"工业动力学"的称谓，原因就在于它的应用范围主要集中在工业领域。随着该方法在国民经济和社会发展的各个领域得到日益广泛的应用，它的影响力也越来越大，产生了众多极具现实应用价值的学术成就，而被学者们界定为系统动力学。同时，在理论与实践相结合的应用发展中，系统动力学又产生了若干细分研究领域，最为典型的当属世界动力学、国家动力学以及城市动力学等细分理论。

在系统动力学理论研究取得居功至伟成果的 Jay W. Forrester 教授强调，系统动力学考察管理问题的本质，在于关注系统的信息回馈，通过构建系统动力模型，仿真分析系统运行的特质与规律，由此为组织决策行为提供支撑。还有一些学者指出，应用系统动力学方法的一个显著特征，在于考察系统沿时间维度演进所呈现出的状态；其本质就是着眼于系统整体的视阈，考察影响系统运行的诸因素，研究影响因子间的内在联系与作用机制，产生影响的路径就是信息回馈链，各影响因子的影响作用与时间维度有着直接的相关性；在这个系统中，各个影响因子不是孤立存在和独立产生影响的，它们之间是相互作用、动态变化的关系，一个影响因子的变化，会产生整体效应，即影响着其他因子从而影响整体系统的运行状态。

2. 系统动力学基本原理

应用系统动力学方法的一个基点就在于厘清系统的构成单元，构成系统的基本单元就是反馈回路，这个回路实质上就是考察运行状态、演进速率、信息传输的封闭链路。由此，这个系统可看作单元、运动与信息的集合体，通过封闭的链路来形象地表征系统运行中的信息传递情况。图 5-1 为一阶状态反馈回路，它可形象地表示出系统运行的最基本的结构，这个封闭链路结构包括了状态、速率与信息三大要素。

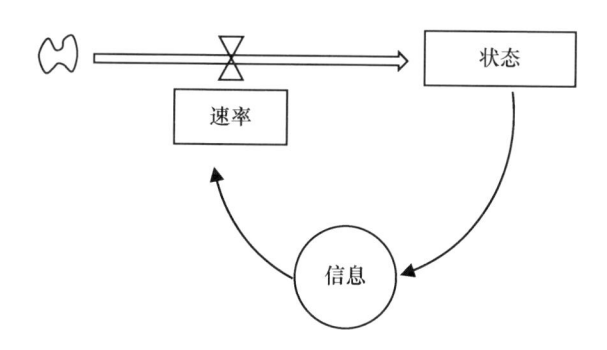

图 5-1 系统动力学基本模型

运用系统动力学的前提，就在于需要构建起非平衡的有序耗散结构。因此，耗散结构理论和非平衡系统自组织理论是系统动力学的最重要理论基础。

（1）系统框图。明确了要考察和解决的问题，设定了系统运行影响变量，就需要进一步构建起系统的反馈回路体系。这需要从整体上认知构成系统的各单元、各变量之间的内在关系与作用机理，在此基础上，形成完善的变量因果关系图与反馈回路，以此建构起一个有机的动态运行体系。在现实应用中，大多以系统结构框图的形式来描述基于系统动力学的动态运行体系。

在系统结构框图中,各主要子系统是用直观、形象、简练的图形来表征,子系统相互之间的信息与资源的交互关系则采用流图的形式来界定。客观上讲,框图很好地描述了系统动力学的各子系统间的关联,是开展系统分析最为简捷、有效、实用的方法。

(2) 因果关系图。在系统动力学理论与方法应用之初,为了有利于不熟知该理论方法的业内人士也能便捷、快速地认知与交流,普遍采用因果关系图来刻画和论述非技术性的、直观的系统动力模型。当然,对于理论与方法理解透彻、数学基础较好的研究者来讲,这并非一定要历经的研究程序。

因果关系图由因果关系链构成,它能够表征出影响因子产生的影响效应的属性,即是积极的抑或为消极的,正向的抑或是负向的。在因果关系链的图示中,"+"号意味着沿箭头方向的变量和随箭头源头的变量之间的关系,是一种正相关的关系;相应的,"-"号则意味着它们之间的关系是负相关的关系。以图 5-2 为例,我们把存款、努力工作收入、利息设为变量,该图就可以很直观、形象地表征出它们之间的因果逻辑联系。

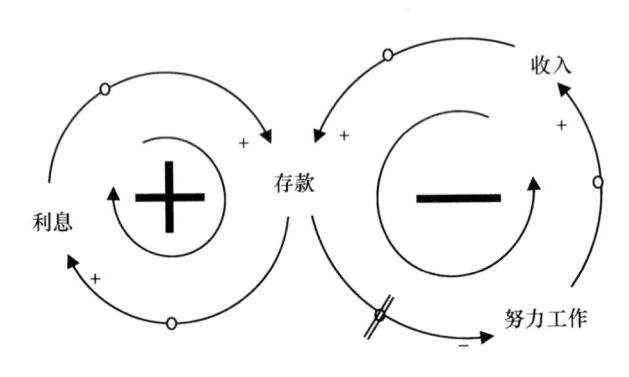

图 5-2 因果与相互关系

(3) 系统流图。因果与相互关系图可以很好地刻画系统动力结构中的回路反馈关系,但也有着显著的不足,即它很难有效地描述出异质性变量之间的差异性。从客观上看,在应用系统动力学的实证研究中,存在着状态变量的积累现象,普遍定义了积累型变量,这类变量发挥着极为显著的功能,可是因果关系图并不能表征和描述出它们的联系与区别。

由此，为了准确地刻画和评价影响反馈系统的动态性能的积累效应，学者们又定义出了"系统状态变量与速率"的术语，同时，在图示中以矩形的方式进行表达和描述。

状态变量在系统流图中，具有中间变量的特质，它用来表征输入与输出变量的积累关系；速率在系统流图中，则是基于时间维度的视角，反映状态变量的变化状况，即提升或降低的频率。在图5-3中，云形的标记（"源"或"漏"）表示一类具有抽象的变量内涵，用于描述和解释输入、输出状态以及所有系统边界以外影响系统运行形态的相关变量。

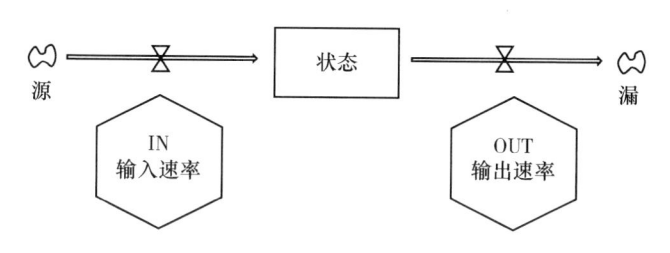

图5-3 流图及其表示符号

（4）混合图。混合图实质上是集流图和因果关系图为一体的图形，这种呈现的方式不但能很好地表示出变量间的因果关系，而且还能形象地体现出流图本身所具有的对状态与速率的刻画。通过流图和因果关系图的有机结合，体现出了较为全面与完备的变量体系。因此，混合图成为学术界在应用系统动力学的理论方法开展实证研究过程当中较多地采用的方式方法。

3. 系统动力学仿真的基本步骤

近十几年来，有关系统动力学仿真的相关研究成果汗牛充栋，较为典型的是周德群（2005）梳理总结出的基本流程，他从模型的构建开始，一直到模拟仿真，较为全面和成体系地总结了应用系统动力学理论与方法解决现实问题的过程。

（1）建立系统动力学模型

目标界定。在进行实证分析之前，一定要提前设定或明确开展系统研究的具体目标，无论过程如何论证，以及最终提出什么样的对策建议，所有的研究工作不发生偏差和具有应用价值的前提，就在于要"千岩万蹬不辞劳，远看方知出处高"，以目标为导向并围绕目标开展研究，才能体现出系统研究的实际意义。

对象认知。全面分析欲研究问题的背景与环境，掌握充分的研究资料与信息资源，认清系统研究的具体对象，找准系统研究当中的诸多影响因子，在准确分析这些影响因子的基础上，设定出速率变量体系；由此，描绘出系统所包括的反馈回路，进行确定系统的控制量、操作量与目标值，依据目标值来描述决策行为，并相应地形成系统流图。

(2) 实验设计

模型构建。依据绘制的系统流图，借助数学的方法来刻画各类变量与决策之间的作用机理与内在联系，由此构建起系统动力学模型。

数据收集。收集数据的过程，也是充分掌握研究信息资料的过程，数据的来源、收集的渠道和实现的方式十分丰富，并不需要拘泥于某一特定的方法。总的来讲，具有权威性、连续性、公开性特征的数据，通常源于政府部门特别是统计部门，而具有指向性、专门性、非特定公开性特征的数据，往往可以从企业或专业社会研究机构（包括各类数据库）处取得；而针对被研究对象的具体的发展背景资料，尤其是事关态度、观点、意向、动机等主观性意愿的认知，则需要结构化或非结构化问卷调查、访谈与沟通等方式来取得。在充分的数据与信息收集之后，才能科学合理地确定研究变量，并进一步确定相关的参数。当然，如果数据的收集缺乏可靠性与充分性，那么论证的过程将缺乏有力的支撑并最终影响到研究结果的有效性。

(3) 模型仿真

收集了足够的数据，采集了充分的信息，设定了合理的变量，确立了可靠的参数，接下来就可以按照预先假设的各种对策对变量的特质进行考察，通过与时间维度相关联的动态变化仿真模拟，获得的信息即可为系统决策提供依据。具体来看，可以将仿真研究的过程划分为如下几个阶段：

一是构建 Dynamo 方程式。在这个阶段，需要遵照 Dynamo 的规则，把数学模型以数学方程式的形式来表达；接着确立合理的仿真时间间隔区间 DT；再设立各参数及变量的初始值，确定模型的输入、输出变量，并注意观察和保存模型仿真时间。

二是开展模拟仿真。在这个阶段,在计算机上运行编制的仿真程序,输入相应的数据与信息,对自动生成的结果进行校验。如果察觉输出的结果异常而且超出了科学合理的范围,就需要及时地调适与纠正,重新进行模拟仿真,重复前述工作,最终得到具有可信度和有效度的仿真结果。

三是分析仿真结果。在这个阶段,需要审视所得取的仿真实验数据和系统信息,从中抽取有价值的信息资料;在此基础上,发现变量作用机理与系统运行规律,总结、归纳、演绎出相应的问题解决对策与建议,并得出研究结论。

(4) Vensim 仿真软件

子曰:"工欲善其事,必先利其器。"Vevsim 软件正是用于对系统动力学模型进行仿真模拟分析的有效工具,其最显要的特征是拥有丰富而实用的图形编辑功能,而且能够以直观、形象的图形方式,表征系统动力学模型中诸变量间的因果与相互关系;利用 Vensim 软件本身所具有的公式编辑功能,可以即时调整和修改因果关系链上的循环与反馈关系,还可对程序设置与模拟过程进行持续的动态调整,最终就可以得到可信度和有效度兼具的仿真结果。

三 基于三螺旋动态整合机制的产学研模型构建

(一) 三螺旋中的创新主体

1. 企业:市场化的主导

知识创新到技术创新是从基础研究到应用研究,之后进入产业化的一个动态链。在这个动态链上,高校与科研机构、企业、政府都拥有自己独有的优势和特点。企业在产学研联盟中主要是要解决自身自主创新能力与关键技术的难题,并承担着知识产业化、市场化的责任。

企业作为市场经济的主体,它对市场的了解程度是高校、科研机构不能企及的,这使得企业能够较为准确地把握市场未来的发展方向,这也是产学研联盟发展与创新的主要指导方向。此外,企业充分利用来自高校、科研机构的知识资源,来提高自己的技术创新能力与市场竞争力。这样,就可以让产学研协同创新组织有一个明确的研究方向,减少盲目的投入,大大提高科研效率。

2. 高校、科研机构：知识输出的主体

高校、科研机构是人才、技术等知识资源的源泉，在产学研协同创新过程中，高校、科研机构起着不可忽略的作用。我国建设创新型国家过程中，高校起着输出创新型人才、提高科学研究的职能。

21世纪进入知识经济时代，科技创新的关键就在科技人才上面，人才竞争已经进入了白热化。当前时代背景下，培养相关的高科技人才是我国面临的一个艰巨的任务，这关系到我国科技水平在全球所处的地位。

高校作为人才培养的摇篮，应当担负起培养创新人才的重任，是高校的根本使命。教育追求的目标就是理论与实践相结合，让学生在理论支撑下参与实践，在实践活动中领悟理论，唤起他们的创新能力。高校是人才的摇篮、新思维的起点、创新的源泉，是社会进步的不竭动力。

3. 政府：政策的引导

政府在产学研协同创新中扮演着组织者和领导者的职能，在产学研协同三方中起着宏观调控和政策引导的功能。政府将实力雄厚的高校与经验丰富的企业联合起来，使得产学研组织拥有资源和资源运用能力，促使企业升级推动社会发展。

此外，在提供足够的资源与制度的情况下，政府将促使高校的创新成果及时转化为生产力，杜绝传统的科研体制中科研成果转化率低、资源浪费等问题。

（二）三螺旋理论与产学研协同创新模型构建

在研究产学研协同创新组织特质时，可以很好地运用三螺旋模型来进行分析，具体为横向维度的资源扩散与流动，以及纵向维度的资源改善和演变。产学研协同创新组织所具有的资源，不仅涵盖各主体所拥有信息资源、技术资源、知识资源和智力资源，而且还包括了资本资源、装备资源、渠道资源和政策资源等等。

政府是社会制度的制定者，具有公共管理和服务社会的职能。政府拥有资金、社会信息等创新资源的管理和调配的权利。随着网络泛在化时代的来临，政府把自己掌握的资源公开发布，为大学和企业的创新活动提供相关的支持。

高校、科研机构拥有大批的专业人才与雄厚的知识体系和研究经验。高校、科研机构是知识输出的源泉，他们直接参与知识的创造与开发，

并对成果进行转化,促进各类创新资源的流动与应用。高校、科研机构只有不断地输出新的技术与知识才能获得企业和政府更多的投入进而推动自身的可持续性发展。

企业主要从事生产经营活动,其优势是新技术的产业化,充足的资金资源,生产设备与场所以及市场信息和营销等经验。其创新动力来源于超额利润的获取,只有通过科技创新提高自身的技术吸收能力,才能吸引更多的创新资源,提高自身核心竞争力,在市场竞争中立于不败之地。如图5-4,图5-5展示了产学研三方的资源横向流动与资源纵向提升。

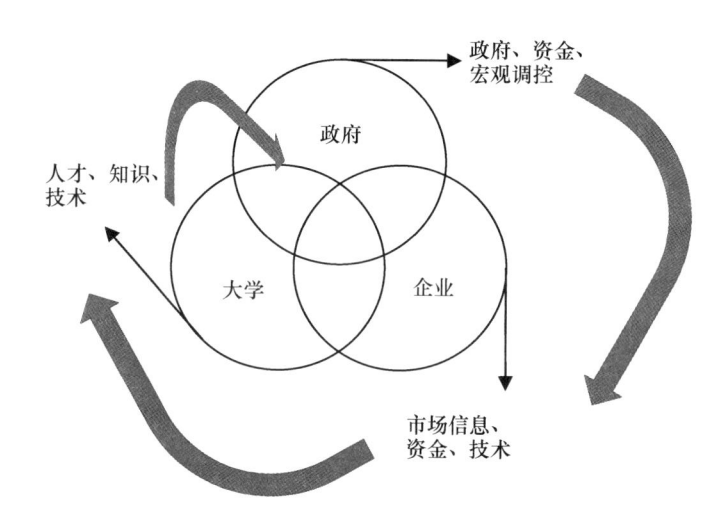

图5-4 三螺旋创新资源的横向流动

资源的横向流动中的主要因素有人才、知识、技术、资金和政策等,这些因素如同血管中的血液,通过流动和扩散将三大创新主体连接在一起,形成协同效应。

纵向提升中的动力因素是内生的,大学、科研机构,企业、政府各大机构在相互联系、彼此互动的协同创新中形成三条螺旋上升的轨道,即资源的整合、战略的整合和组织机构的整合,三者在相互交织中促进产学研协同创新系统的不断演化提升。

当然,在图5-4和图5-5中,如果高校、科研机构的人才知识流减弱,或者政府的政策资金流减弱,或者企业的市场信息流和技术流减弱,那么产学研协同创新组织的新知识生成过程将会发生逆转并最终趋于停滞。如图 5-6 所示。

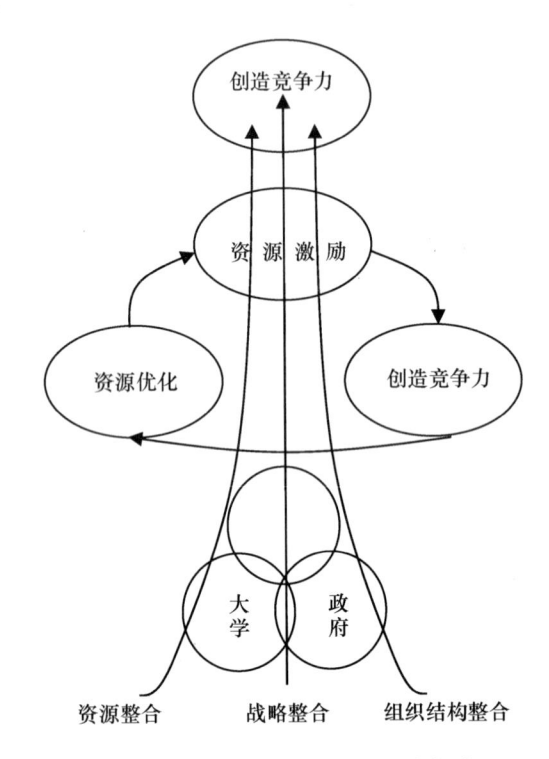

图 5-5　三螺旋创新资源的纵向提升

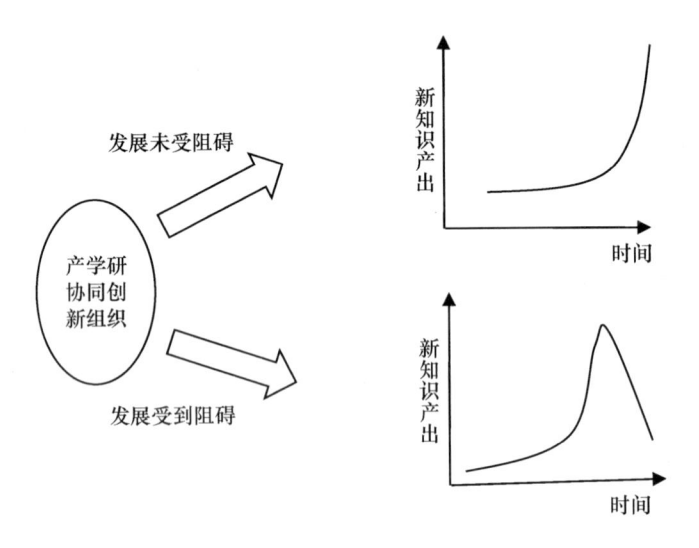

图 5-6　知识生成过程演化分叉

四 产学研协同创新的动力因素分析

要把产学研协同创新三螺旋理论模型应用到系统动力学模型当中，需要开展相应的影响因素分析。如前所述，选择产学研协同创新的各主体都是"理性的决策"，是动力因素发生作用的结果，这种驱动力也形成了产学研协同创新战略联盟的推进器。实际上各主体都是不能脱离环境而存在的，也正是环境的发展变化影响着它们的动机和行为选择。在"唯一不变的就是变"的当今时代，创新是组织生存发展的不竭动力，唯有持续的创新才能保障组织的可持续发展，无论企业、高校还是科研机构都无一例外地受到内外环境的强烈影响。由此，我们把影响产学研协同创新的因素分为外部和内部两大类。

（一）外部动力因素分析

围绕我国产学研协同创新的现实情况，参考国内外学者的已有研究成果，我们将影响产学研协同创新的外部动力因素界定为三大层面，即来自于市场环境的驱动，来自于政策环境的推动，来自于适者生存的强烈愿望。在这三大层面各具体因素的综合影响与共同作用下，最终形成了各方参与产学研协同创新的强大动力。

1. 需求拉动

对于产学研各方来讲，无论企业、高校还是科研机构，无论是着眼于直接的经济利益，还是追求长远的社会利益，都应当紧紧围绕外部需求来开展组织自身的各项运营活动。其本质在于，它们都是需要向外部环境提供产品或者是服务，这种产品或服务应当满足人民群众物质和精神生活的需求，满足国民经济和社会发展的需求，满足实现自身价值最大化的目标与意愿。满足外部需求，是产学研各单位设立与发展的根本要求，假如任何一方产出的产品或服务不为社会所接纳，显然其消耗资源的结果是做无用功，是没有存在的价值和意义的。因此，需求是产学研各方组织开展运营管理活动的风向标与试金石，只有经历外部需求的考验，只有在满足需求、特别是在满足创新性产品与服务需求的情况下，才有可能实现组织自身的目标和价值。由此，外部需求对于产学研各方的协同创新行为选择起到了拉动和促进作用。而在大数据、物联网、云计算等信息网络技术得到极大应用，特别是在人工智能时代即将到来的时代,在技术创新与实践应用日益密切的形势下,单凭产学研任何一方的力量来单打独斗,显然并非一种理性选择。由此,需求的拉动与引导功能,对于产学研各主体开展协同创新的动机产生着极为积极与强烈的激发作用,是产学研协同创新行为决策全过程中的极其重要的外部动力因素。

2. 市场驱动

"物竞天择,适者生存",这已经成为了当代经济社会发展中的共识。对于产学研各方,几乎没有任何一方会认为没有面临着生存和发展的竞争压力。首先,对于企业来讲,在科学技术日新月异的今天,在人工智能受到广泛推崇的背景下,市场竞争更加的激烈与残酷,企业面临着巨大的挑战,技术密集型、知识密集型企业往往都"其兴也勃焉,其亡也忽焉"地"各领风骚三五年",对于那些身处技术含量不高的传统产业,其产业升级与转型发展的压力就更大,就越发感受到市场竞争所带来的冲击与威胁;而对于致力于追求卓越的企业来讲,更能把握好市场驱动的机会,未雨绸缪,研制一代,生产一代,储备一代,以产学研协同创新为抓手,主动提升自我的知识发现、知识创造与知识应用的能力。其次,对于高校来讲,面临与同类高校谋取办学资源与竞争位次的现实压力,不论是科研型、教学型还是教学科研型,大多仍然热衷于追求在教育产业化、运作市场化影响下的量化评估指标,从而在市场机制的力量驱动下通过产学研协同创新,以期带来科研项目经费的增加、科研论文数量的提升、专利申请数量的增加以及学校本身社会影响力的扩大的强烈动机,从而推动学校的学科建设、专业发展、招生就业等与之密切关联的工作;最后,对于科研机构来讲,大部分直接在市场经济大潮中经受着洗礼与考验,"适者生存"的市场法则驱动着它们必须要善于寻求提升自身核心竞争能力的有效途径,而产学研协同创新能很好地提升它们的竞争优势,能够弥补它们市场竞争的灵活能力不如企业、科研人才资源不如高校的短板。故而毋庸置疑,市场力量的激发是形成产学研协同创新联盟的又一外部动力因素。

3. 政策推动

世界各国的产学研协同创新经验表明:政府在产学研协同创新的过程当中,起到了不可替代的功能和作用。因为政府在推动国民经济和社会发展当中扮演着最为主导的角色，出台的经济政策、科技政策、教育政策、文化政策、投融资政策、创新创业政策、财政政策、科技园区建设与地区发展政策等等，都直接或间接影响着产学研各方的行为选择和切身利益。如今，特别是美国总统特朗普上台以后挑起的世界范围内的贸易摩擦，进一步说明了拥有强大的自主创新能力是一国掌握国际竞争主动权的关键所在。我国需要加快科技变革，努力在若干关键领域掌握核心技术，以此提高自己的科技竞争能力，营造出一个鼓励创新、实现突破的制度环境。显然，政府制定和实施措施需要充分调动各方的主动性、积极性和创造性，激发各方参与协同创新的动机。政府针对产学研协同创新活动中的意识不强、动机不纯、投入不够、效率不高、效果不佳、合作不深、创新不足、持续不久等诸多现实问题，出台针对性和有效性强的普惠政策与专项政策，以此探索出一条科学可行的协同创新突破路径。因此，一流的政策环境和良好的政策制度，是促进产学研协同创新的又一重要外部动力因素。

（二）内部动力因素分析

我们不妨把外部动力因素视为拉动各方产学研协同创新高速前进的火车引擎，那么内部动力因素则可以看作是让这台火车引擎高速运转的驱动电力。内部动力因素对于产学研协同创新的影响是内隐的、持久的，这些因素可界定为知识创新潜能挖掘、知识创新资源互补、协同创新收益分享三大层面。

1. 知识创新潜能挖掘

"科技是第一生产力"已广为包括产学研各主体在内的社会所认知，知识的力量对于组织的生存和发展具有十分重要的价值与意义，而知识创新的能力也成为衡量一个组织是否有核心竞争力的重要指标。由此，诸多具有伟大理念与远大理想的组织，无论是企业还是高校，均极为重视自身知识创新能力的塑造与提升，并由此成为组织追求卓越的动力源。然而"罗马非一日建成"，组织成长基础、状态、阶段等不同，显然其知识创新能力也是各不相同的，况且人事有代谢、术业有专攻，企业专注于应用开发，而高校擅长于基础研究，科研院所重视应用与试验发展。一方面，国内外已有了诸多产学研协同创新的成功经验，另一方面为了加快提升自身的知识创新能力，组织内部有着挖掘知识创新潜能的愿望和动能，并由此成为诱发产学研协同创新的一个极为重要的内部因素。

2. 知识创新资源互补

当今社会，任何重大的突破性创新已很难靠单打独斗实现，瓦特发明蒸汽机、爱迪生发明电灯、莱特兄弟发明飞机的时代早已成为过去。因为随着社会的进步和技术的发展，知识创新变得更加复杂，尤其事关国计民生与国家安全的重要核心技术的突破，是一项宏大的系统工程，远非一个单位能够独立胜任的。从全球视野来看，知识创新价值链早已突破了单纯的产业界、教育界和科学界，并影响到了产学研每一个组织的知识创新活动。具体到组织的层面，企业直接面对着激烈竞争的市场环境，其内在动力是追求经济利益的极大化，而产学研协同创新为其提供了获取这种竞争优势的可能路径。然而受制于历史和现实的诸多因素影响，绝大多数中小企业并没有建立起独立的研发机构，在研发投入方面的资源也极其有限；大企业虽普遍设有研发机构，但是其综合科研能力和知识创新资源也在不同程度上存在着不足和短板，尤其是和国外一流企业相比，在基础研究方面的投入显得十分薄弱，往往重视"短平快"的模仿创新与应用研究，知识创新资源也主要分布在这个领域。反观高校和科研机构，普遍受到政府部门财政资金的支持和专项政策的鼓励，它们普遍重视科研，关注创新，是社会各类组织中储备、开发知识的中坚力量，也聚集着社会上最为庞大的知识创新资源；但是它们缺乏对市场需求的敏感，较难准确对接经济社会发展的要求，特别是在知识创新成果的产业化方面，有着先天的约束，受制于观念、模式、机制、风险等羁绊，往往是"心有余而力不足"。基于此，产学研的知识创新资源禀赋各异，但具有很强的互补性，其各自有着追求知识创新资源共享并实现资源效用最大化的动机。

3. 协同创新收益分享

从现实情况来看，如果没有一种好的协同创新机制，实现突破性创新的成功率并不高，而且从投入研究到产生效益的知识创新周期还很漫长，然而一旦取得突破性的创新成果，由此带来的效益（经济效益以及社会效益）和影响力也是十分显著的，如通用、贝尔、波音、斯坦福大学、加州大学等的发展壮大的过程，也是受益于产学研协同创新所产生的突破性成果收益的过程。产学研各方开展协同创新的终极目标，就在于这种合作产生的成果，能给各自带来预期的收益，无论这种收益是经济的还是社会的，是直接的还是间接的。对于企业来讲，就是追求这种协同创新活动能为自身带来实际的经济效益。企业是市场经济活动中最活跃、最具创造力的单元，其本身存在的意义和优胜劣汰的结果，都取决于是否能够持续地盈利。而能够转化为生产力的知识创新成果，就是企业获取超额利润的不竭源泉，因此通过产学研协同创新分享能带来增值经济利益的知识创新，无疑就是其参与和推动产学研协同创新的最基本诉求。对于众多高校、科研院所来讲，他们并非处在一个封闭的环境当中，经济社会的发展需要它们表现出更大的活力，产生出更多的知识创新成果，由此需要与企业结合，利用企业的资源和优势来促进知识的创新和创新成果的转化，并由此分享成果所带来的荣誉与利益。在利益机制的作用下，企业、高校和科研院所有着协同创新的内在意愿与现实可能性，尤其是在协同创新收益分享机制的驱使下，可能很好地诱发协同创新行为，激励各方主动、积极地参与其中。相应地，协同创新收益分享机制成为产学研协同创新的重要内部动力因素。

五 阻滞产学研协同创新的因素认知

纵观多年来我国产学研协同创新的成效不尽如人意的重要原因，就在于协同创新成果的产生和应用存在诸多的阻滞因素，这些因素严重影响了产学研协同创新联盟的打造。我们将这些阻滞因素界定为：知识创新的极高风险、资源共享的巨大挑战、成果转化的较低效率、利益分配的潜在冲突。

1. 知识创新的极高风险

产学研协同创新最为关注的领域就是知识创新，但正如"创新之父"熊彼所强调的，创新性的行为属于一种具有高度不确定性特质的活动，无论是维持式创新还是突破性创新，无论是改良式创新还是破坏式创新，这种不确定性的特质存在于从起始到结束，从形式到结果的全过程当中。由此，知识创新活动最突出的特点——不确定性，也是其各种好的意外收获和坏的意外结果产生的原因之一。知识创新的不确定特质主要包括两个层面：一是不确定必然会产生预期知识创新成果，知识创造活动本身是无法严密计划、无法准确量化、无法提前预知、无法精细管理、无法刚性控制的行为，因此其全过程的高度不确定性必然影响到成果产生的高度不确定性，不但在协同创新的概念阶段不能确定必然会产生预期成果，而且就算合作终期能产出成果，但是也很难确信产生的成果必然能转化为生产力而带来合作效益，往往"十年磨一剑"仍功败垂成。二是不确定协同创新组织能否适应经济社会环境的变化，由于知识创新过程充满了高度不确定性，协同创新组织又面临着外部经济、社会、技术、政治、文化环境的动态变化，这对于协同创新组织成员的动机与行为都会产生或多或少的冲击和潜移默化的改变，也很大程度上影响着个体的行为选择，最终影响着知识创新的成效。总而言之，诸多的不确定性决定着产学研协同创新面临着极大的风险性，投入未必能获得产出，并非"春种秋收"般简单，甚至于面临着"颗粒无收"的结果。由此，知识创新的极高风险是阻滞产学研协同创新的重要因素之一。

2. 资源共享的巨大挑战

任何组织都拥有一定的资源，而且资源的禀赋各不相同。这些资源包括了自然资源、人力资源、技术资源、资本资源、信息资源等，而对于产学研协同创新来讲，最值得关注的在于有助于实施知识创新的资源共享，集中在人力资源、知识资源及研究开发实验装备场所资源等，将分布在不同主体、分属不同权属的创新资源实现有效共享，无疑面临着巨大的挑战。

（1）人力资源。人是万物之灵，"一千个人眼中，就有一千个哈姆雷特"，世界上决然没有完全相同的两个人。对于组织来讲，每一个个体的目标、诉求、理念、个性、能力等显著不同，虽经组织制度要求与文化影响，然其仍然应当是具备个体特征的知识创新人员，而非是会说话的机器。尤其是对于产学研协同创新来讲，整合了各方精英，他们来自不同组织，因为项目任务而组建成了临时性的工作集体，能否形成一个认清目标、全力以赴、精诚团结、协作分工、坚持不懈的高效协同创新团队，无疑是需要首要解决的问题。

（2）装备场所资源。"君子性非异也，善假于物也"，整合了产学研各方的人力资源之后，还需要针对协同创新任务，实现各方研究开发实验装备与场所资源的共享。虽然研究开发实验装备与场所资源是有形的可直观感受得到的，但是在共享过程中也面临着诸多现实挑战。在界定共享范围、核算共享费用、分担更新投资、保障运行安全、防止操作事故、防范共享风险等方面，存在着较难协调的诸多客观问题。再者，产学研协同创新活动受到外部环境变化的影响，特别是需求变化的冲突是直接而显要的，相应地研究开发实验装备与场所资源建设也需要动态调整变化，这种动态调整变化能否保持稳定、高效的产学研协同创新硬软件资源共享，无疑也是一个值得高度重视的问题。

（3）知识资源。知识资源具有无固定形态、附加价值高、折旧替代变迁快速、专业化程度显著等属性，而这些知识资源分布在各个产学研主体当中，存在着显著的差异性、不对称性和非均衡性，显而易见在协同创新过程中会存在着合理的交流、整合和共享问题。如果这个问题未能得到有效地解决，那么必须会影响到协同创新的成效。因为在协同创新的过程中，不单是需要对原有各主体知识资源实现有机融合与深度挖掘，也是致力于创造和产生新知识资源并使之转化为生产力的过程。郝文杰等（2008）研究发现导致我国产学研各主体实现知识资源共享度低、利用率不高的问题主要表现在两个层面，即低效的协同体系和不良的协调沟通。

低效的协同体系。协同体系能否有效运行，取决于这个协同体系的地理时空、格局分布、任务属性、资源状况、交互方式、运行机制等因素（Tsai W，2002）。因为协同创新属于有明确目标和具体行动方案的专门活动，因此协同体系的具体组织形态与运作模式显然会对体系成员的活动效率与效果产生直接的作用。张振刚等（2004）认为，协同创新作为一项开创性的活动，要求组织形态与运行模式上应体现出灵活性、有机性与应变性的特点，刚性的机械式协同体系结构显然会制约知识资源的共享与创造，制约了协同体系运行的效率，导致了协同创新成果的低效甚至无效率。

不良的协调沟通。实际上，当今社会知识的专有性已是其具有的基本属性之一，对于经济社会当中的最重要知识主体——产学研各方来说，他们普遍重视知识资源专有权属的保护。而在产学研协同创新的过程当中，要将本是自己专属的知识资源与其他合作方进行共享，无疑需要构建一个良好的协调沟通机制，否则很难说服参与方将知识资源如实地进行分享，在创新过程中对知识的专有权属进行合理的界定。另外，如果没有形成科学合理的协调沟通机制，没有很好地预先性地防范和去除产学研协同创新过程中的沟通障碍，那么就会产生知识与信息传递过程中的噪声与阻滞问题，会对协同创新团队与成员之间的交流产生直接和潜在的负效应，从而影响到知识资源的融合共享与创造创新。因此，一个健全的协调沟通机制，是产学研协同创新体系保持高效运作的重要保障。

3. 成果转化的较低效率

国家知识产权局发布的统计公报表明，我国已是全球专利申请大国。2017 年，我国发明专利申请量为 138.2 万件，同比增长 14.2%。共授权发明专利 42.0 万件，其中，国内发明专利授权 32.7 万件，同比增长 8.2%。然而权威专家指出，我国能够实现产业化、直接产生生产力的科研成果不到 5%，其中专利的转化率更低，特别是高校的专利转化率就更低，与国外 30% 以上的转化率相比，差距十分显著（王玉凤，2017）。当然，造成这种局面的原因有很多，王玉梅等（2009）认为许多技术创新并没有明确的指向与充分的论证，"为创新而创新，为专利而专利"的现象突出，导致成果本来就没有应用价值与现实意义；田洪（2012）指出，科研成果缺乏针对性与实用性的一个重要原因在于主要由财政经费资助的大学和科研机构的急功近利和短视行为，他们往往注重评估指标而有意无意地忽视了科研活动的目标本源；刘伟强（2015）强调虽然我国的科技投入逐年增加，但总体上仍显不足，这也是影响科研成果转换效率的重要因素，转化端的投入强度还和发达国家有差距。

4. 利益分配的潜在冲突

"天下熙熙，皆为利来；天下攘攘，皆为利往。"在产学研协同创新活动中，各主体追求的利，包括经济利益，也应当包括社会利益。前面已论证，追求利益是推动产学研协作创新的原动力。然而"不患寡而患不均，不患贫而患不安"，利益分配问题是决定产学研协同创新体系构建、运行、维持与产出的最主要因素。利益分配是一把双刃剑，既可以发挥极大的激励功能而驱动成员和个体朝着既定的协同创新目标奋进，也可能因为分配机制设计和实施的不合理，反过来成为引起诸多问题和负效应的火药桶，最终造成偏离初衷而使产学研协同创新体系名存实亡、分崩离析，浪费了资源和时机，甚至于让协作成员反目成仇。因此，利益分配的潜在冲突值得各方预先性地认知并未雨绸缪地加以防范和解决。

六 系统动力学模型的构建

前述论证已从理论上说明了产学研协同创新活动应当属于一种兼有开放性、复杂性、包容性、长期性与创造性的动态过程，诸多的内外部环境因素影响着协同创新体系的运行状况。实践证明，系统动力学能够很好地研究各类影响因子相互作用的动态系统运行特质，并已广泛地用于分析国民经济与社会发展诸多领域的各类经济管理系统问题。由此，我们拟应用系统动力学的理论与方法研究产学研协同创新系统，全面考察影响产学研协同创新的各种因素，研究协同创新体系有效运行的必要条件，探寻提升协同创新效率、改善协同创新效果的对策选择。

产学研协同创新本质上属于一项具有复杂动态特质的系统工程，系统运行的各影响因素间存在着反馈关系，有着因果逻辑，故而存在着因果关系反馈回路。相应地，我们在绘制因果关系流图的基础上，就可以尝试建立系统动力学模型。

（一）产学研协同创新系统动力学子模块构建

基于产学研协同创新全过程所呈现出的特点，我们可以把产学研协同创新活动分解为如下阶段：以培养创新意识的产学研协同创新萌发阶段；以技术创新能力提升和创新成果效应提升的产学研协同创新研发阶段；以追求市场收益、经济利润的产学研协同创新产业化阶段；以多维度归纳产学研协同创新合作经验总结阶段。针对每一个阶段，均进行因素间因果关系分析，考察它们之间的反馈回路，探寻产学研协同创新体系有效运行的对策选择。

1. 产学研协同创新萌发阶段系统动力学模型的构建

准确分析本阶段的动力因素和阻滞因素，设立体现本阶段因果关系与反馈回路特点的系统动力学模型。在产学研协同创新萌发阶段，产学研协同创新意识有着十分突出的功能，它包括意识数量、意识增量、意识动力、意识减量，以及围绕意识的其他因素。从 SD 模型可知，存在许多正向关系，例如，高校、科研机构创新意识动力促进产学研协同创新水平，强化企业的创新意识和对外协作意愿，引起各方产学研协同意识的增量变化，并能增加协同创新的知识储存量，再次回到高校和科研机构创新意识动力。另外，市场竞争和市场需要度通过影响市场因素淘汰

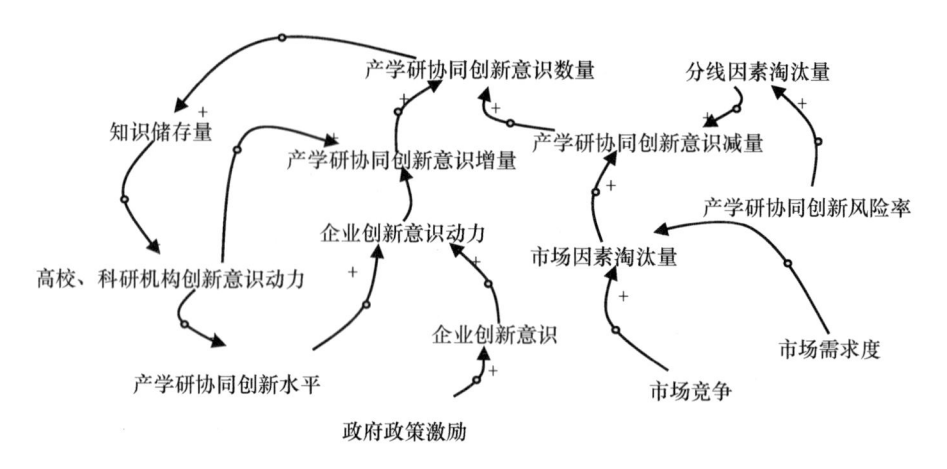

图 5-7 产学研协同创新萌发阶段 SD 模型

量,而影响产学研协同创新意识减量,也可以通过产学研协同创新风险率,进而影响市场因素淘汰量,再次影响产学研协同创新意识减量。政策激励可以增强企业创新意识进而影响产学研协同创新意识增量。从 SD 模型可以看出除了政府政策激励、市场竞争、市场需求度和产学研协同创新风险率未在循环体系之内,其他因素都囊括在这个循环体系当中,产学研协同创新意识增量与产学研协同创新意识减量通过产学研协同意识数量进行联系,从而影响产学研协同创新的意识强度状态。从产学研协同创新萌发阶段的 SD 模型,充分说明了这是一个正负反馈环系统。

2. 产学研协同创新研发阶段

这个阶段的直接成果是形成了产学研协同创新体系,并开始进入实质性运行的状态,组织开展基本的协同创新知识创造活动,参阅图 5-8。

协同创新项目立项数、经费投入强度、研发成功率等是影响本阶段创新成果产出状况的最主要因素。其中,协同创新项目立项数的多少直接影响着协同创新成果产出基数的多少,经费投入强度影响着研发成功率,研发成功率又影响着创新成果的产出率。在各影响因素的共同作用下,又以协同创新研发成功率为源与漏的反馈回路,最终构成了一个循环系统。根据组织属性的差异性,这个循环系统又可以划分为两类子循环,一类是高校与科研机构,另一类是企业。

在本阶段的产学研协同创新活动中,对于高校与科研机构来讲,如

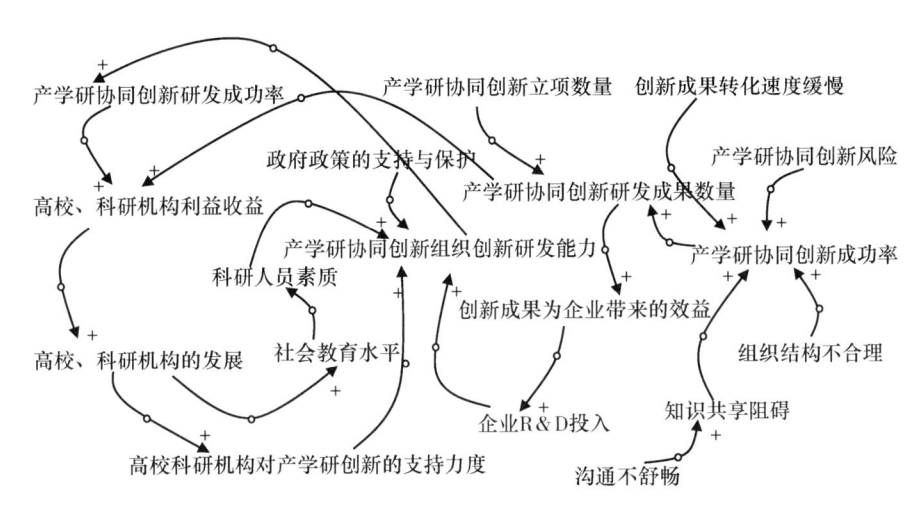

图 5-8　产学研协同创新研发阶段 SD 模型

果研发成功率得以提高,那么就会相应增加协同创新成果;当研发成果增加之后,就会带来各参与主体的收益提升,又相应地促进了它们自身的发展壮大和能力的提升,进而又让它们能有更多的资源、更强的能力、更大的热情投入到产学研协同创新活动当中;由此,促进了产学研协同创新体系运行的稳定性、持续性和有效性,保障了产出成功率的不断提升。

对于企业来讲,产学研协同创新研发成功率的提升,能够很好地促进产学研协同创新研发成果的不断涌现,进而能够有效地增加参与各方知识产权积累;在这个过程当中,又可以提升组织的人才培养与教育能力,这种能力的持续提升就会带来协同创新参与人员素质能力的成长与提升;相应地,人才资源的素质能力直接促进了自身科技创新能力的不断增强,并由此提升了产学研协同创新研究开发活动的成功率,进而直接引致产学研协同创新产出成果的增加,创新产出成果的增加会带来企业收益的增加和实力的提升,并由此刺激其加大 R&D 投入,这样就能够进一步增强自身的研发实力,从而提升了参与产学研协同创新的能力、水平与意愿,故而又促进了产学研协同创新研发成功率的不断增长。

审视整体循环体系,我们应当清醒地意识到,可能发生知识资源共享障碍的主要环节就在于组织沟通协调是否顺畅、组织结构体系是否合理;产学研协同创新活动的有效性,取决于各方知识资源的共享度、风险度、成果转化率等关键指标。

3. 产学研协同创新产业化阶段

产学研协同创新产业化阶段，是实现协同创新目标的"最后一公里"阶段。在前一阶段取得的产学研协同创新成果，要转化为现实的生产力，就需要将已实现的知识创新转化为技术创新，从而促进知识的资本化形态演进（其作用机理如图 5-9 所示）。

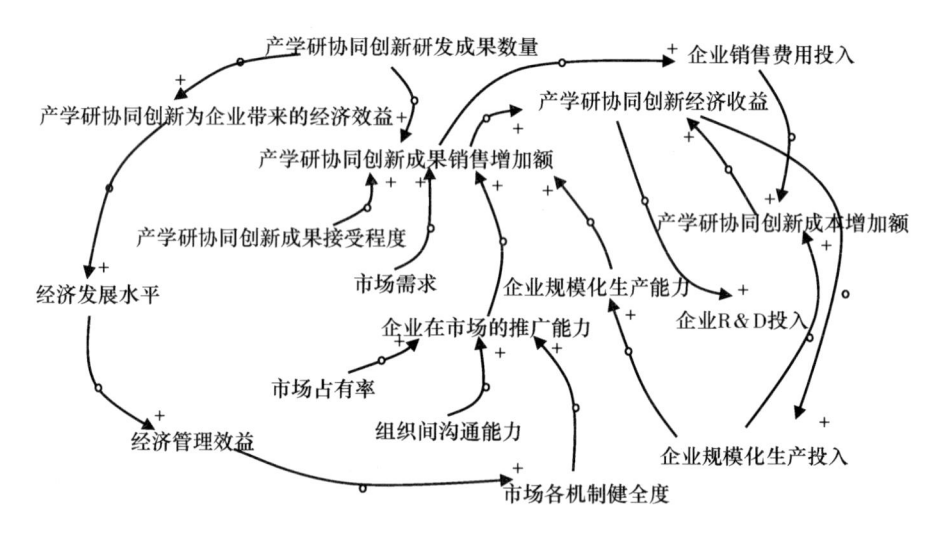

图 5-9　产学研协同创新产业化阶段 SD 模型

观察本阶段的 SD 模型，能够比较直观地发现：前一阶段产出的成果数量越大，也就有力地保证了本阶段能够带来转化利用价值的成果数量越多，由此为产学研各方创造的收益也就越加可观。类似的，本阶段也可界定有两个子循环系统：

一方面，上阶段产出的成果数量越多，那么可供本阶段实现生产力转化的成果也就越多，由此带来的产学研协同创新参与主体各方收益也相应地增加；如果宏观上看，整体均实现了产学研协同创新各方收益的增加，则会有力地支撑经济发展水平的增长，由此就会影响经济发展质量与速度，并持续促进政治、经济、社会、技术等环境的不断优化，市场机制也不断完善，成果转化条件也日益成熟，最终又确保了产学研协同创新研发成果收益的不断成长。

另一方面,产学研协同创新研发成果收益的不断成长,也带来了经济效益的不断增长,这就进一步促进市场经济的竞争主体——企业的成长壮大,能够诱使其进一步加大生产与转化投入强度,由此也提升了企业转化协同创新成果的能力与水平,这就意味着产学研协同创新研发成果转化为生产力的能力增加,并带来收益的持续提升。

4. 产学研协同创新总结阶段 SD 模型构建

在产学研协同创新总结阶段,审视产学研协同创新系统运行总体情况,发现运行中存在的偏差与问题,采取相应的纠正和预防措施,确保整个系统的良性再循环,有着十分重要的现实意义,如图 5-10 所示。

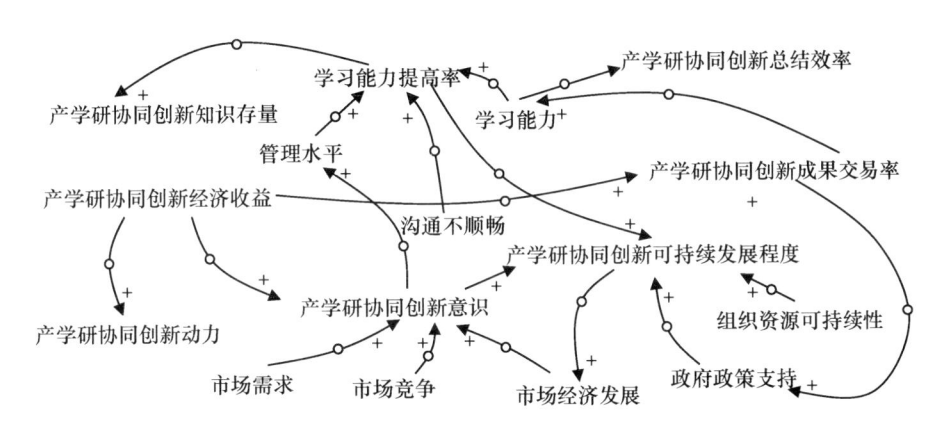

图 5-10 产学研协同创新总结阶段 SD 模型

本阶段总结工作的主要内容:系统地梳理、识别与确定至目前时间节点为止,已开展活动取得的成效、存在的问题和偏差、有效的典型做法与项目失败的基本情况,实施纠偏控制反馈,为新一轮产学研协同创新循环的顺畅高效运行提供充分的支撑条件。产学研协同创新总结阶段SD 模型具有这样的特点:一方面,在产学研协同创新活动实施之后,达到有效的成果产出目标,转化为现实生产力的同时意味着经济效益的提升,相应进一步增强了产学研协同创新动力,从而确保了产学研协同创新系统的可靠性、持久性与稳定性,"聚沙成塔,集腋成裘",最终为整个经济社会的发展提供坚实有力的支撑。另一方面,随着政策环境的不断优化,人们尊重和保护知识产权的责任与意识与日俱增,得到有效保护的知识产权更加方便、安全，由此就更有利于协同创新成果的转化，各协同创新主体学习的动力与成效均得以提升，各主体也更能感知和适应内外环境的变化，并能准确认知自我以及整个协同创新过程中的问题与不足，提出有针对性的纠正与预防措施，从而保障协同创新系统的持续高效运行，最终为经济社会发展提供支撑。显而易见，在这个系统的循环往复过程中，内外环境条件的改变，如政府科技政策、产业发展变革、社会需求变化、企业竞争状况、高校改革进程、创新人才供给等，都会对产学研协同创新系统的运行产生影响。因此，本阶段是处于正负反馈环的模式之下运行和演进的。

（二）产学研协同创新系统动力学网络集成模型

我们已剖析了产学研协同创新活动特征并把这个过程划分为四大阶段，建构了各阶段的系统动力学模型，分别考察了影响每一阶段的主要因素。基于此，以系统的视阈建构产学研协同创新全过程的模型，包括了产学研协同创新的肇始、成长、成熟与总结的全部环节，由此映射出产学研协同创新的每一个流程，如图 5-11 所示。

审视已构建起的产学研协同创新网络集成模型，不难发现贯穿于整个产学研协同创新活动当中，影响产学研协同创新的各个因素，如资源、能力、条件、意愿等因素之间是互相作用、互相制约的，并不可割裂、相辅相成地形成了一个循环往复的体系。产学研协同创新网络体系的顺畅运行，需要具备诸多能诱导、激发、支持、维护产学研协同创新活动的因素，这些因素共同形成了产学研协同创新的良好环境条件，从而保障产学研协同创新活动朝着既定的目标行进。当然，我们也必须意识到动力与阻力同在，客观上总是存在着制约产学研协同创新体系运行的各种因素。在此情形下，借用数学模型来考察产学研协同创新体系运行状况，开展仿真研究，致力于探寻如何最大限度地发挥动力因素的正效应，尽可能地采取措施来消除和管控产学研协同创新过程中的障碍因素，从而确保产学研协同创新活动的顺利开展、产学研协同创新体系的顺畅运行、产学研协同创新循环的持续往复，最终实现产学研协同创新的预期目标，优化创新资源，收获创新成果，实现创新收益，提升参与各方的自主创新能力。

第五章　产学研协同创新的诱发机制　　209

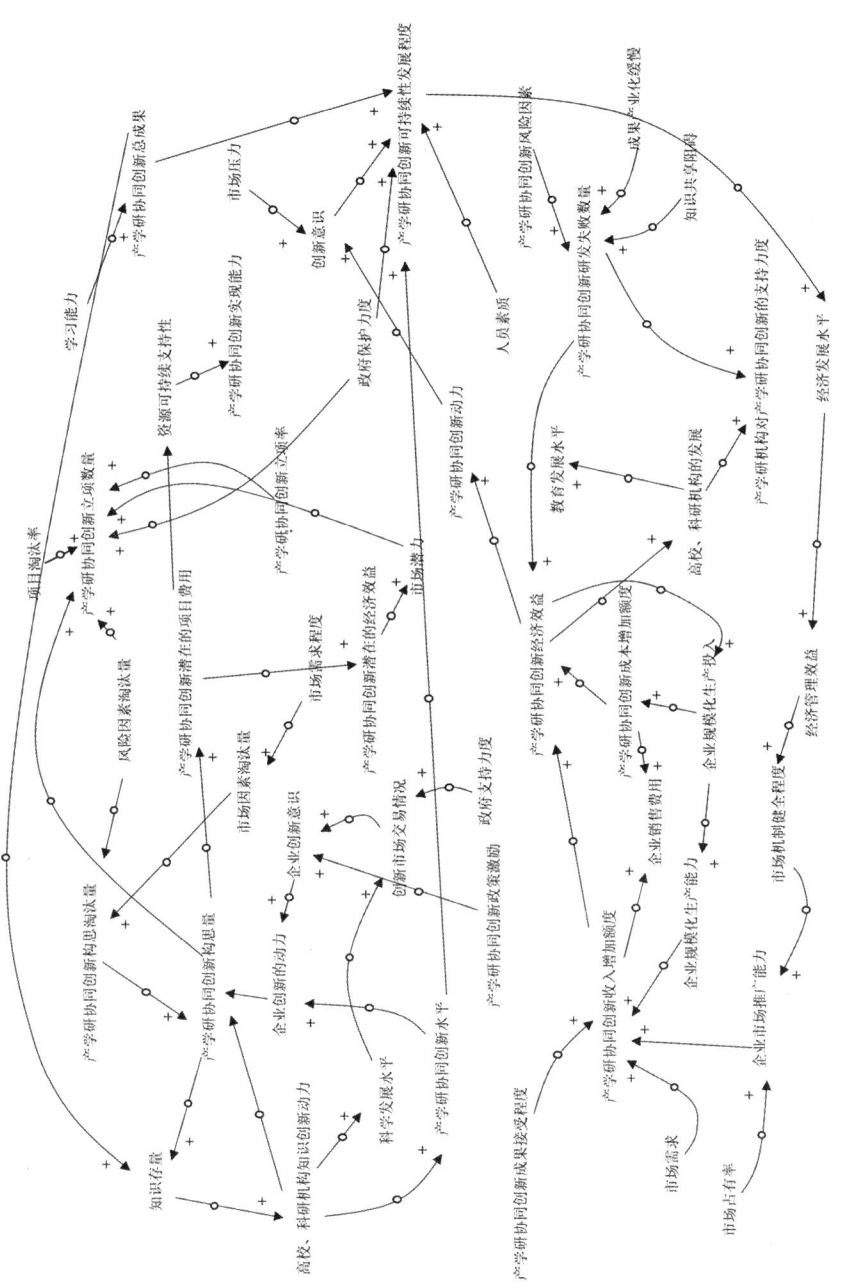

图5-11　产学研协同创新网络集成模型

第二节　产学研协同创新诱发仿真

在前述论证过程中，我们已对产学研协同创新系统进行了阶段划分，界定了主要的子系统，厘清了影响产学研协同创新系统的基本因素，并考察了产学研协同创新系统运行中的因素作用机制和系统动态循环过程中所呈现出的特质，由此判断产学研协同创新系统属于动力学系统。基于此，我们将开展 SD 模型仿真模拟研究，采用的分析工具是 Vensim 软件。

运用系统动力学研究产学研协同创新主要分为两个步骤，前一步是构建流图，后一步是建立结构方程。利用 Vensim 软件形成流图，分析系统的结构及其动态行为，考察产学研协同创新系统循环所呈现出的特质，从而找准产学研协同创新系统顺畅运行和良性循环的对策措施。

一　系统动力学流图构建

本节将运用 Vensim 软件，基于第二节的产学研协同创新的影响因素，根据它们相互作用的关联，构建产学研协同创新各阶段的系统动力学流图，为下文构建结构方程式进行各阶段仿真提供前提条件。

（一）产学研协同创新各阶段 SD 流图的构建

1. 萌发阶段 SD 流图的构建

在图 5-11 的基础上，绘制产学研协同创新萌发阶段的 SD 流图，见图 5-12。

从中可以发现产学研协同阶段以产学研协同创新意识形成量为核心存在以下关系：

（1）产学研协同创新意识形成量与其原始数量、增加量和减少量相关，其数学表达式为：

产学研协同创新意识形成量 = 产学研协同创新意识原始数量 + 产学研协同创新意识增加量 - 产学研协同创新意识减少量

（2）产学研协同创新意识增加量与协同创新的各主体创新意识动力相关，其数学表达式为：

创新意识增加量 = 高校、科研院所创新意识动力 × 权重 1 + 企业创新

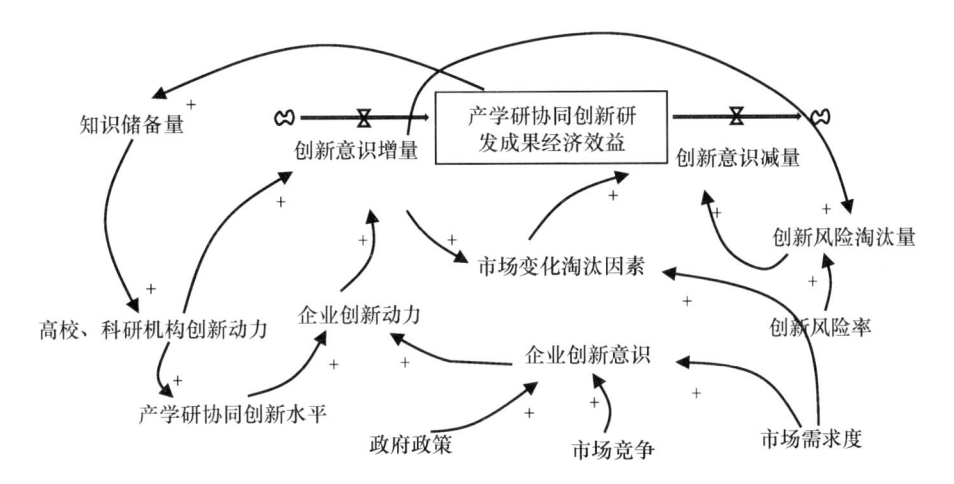

图 5-12 产学研协同创新萌发阶段 SD 流图

意识动力×（1-权重1）

（3）产学研协同创新意识减少量与创新风险、市场变化因素淘汰量相关，其数学表达式为：

产学研创新意识减少量=创新风险淘汰量+市场变化因素淘汰量

（4）创新风险淘汰量与创新意识增量、创新风险率相关，其数学表达式为：

创新风险淘汰量=创新意识增量×创新风险率

（5）市场变化因素淘汰量与产学研协同创新意识增加量、市场需求度相关，其数学表达式为：

市场变化因素淘汰量=产学研协同创新意识增加量×（1-市场需求度）

（6）企业创新动力与企业创新意识、产学研协同创新水平相关，其数学表达式为：

企业创新动力=企业创新意识×权重2+产学研协同创新水平×（1-权重2）

（7）企业创新意识与市场需求度、政府政策激励相关，其数学表达式为：

企业创新意识=市场需求度×权重3+政府政策激励×权重+市场竞争×（1-权重3）

2. 产学研协同创新研发阶段 SD 流图的构建

在图 5-8 的基础上，以 Vensim 软件为工具，绘制产学研协同创新研发阶段的 SD 流图（参见图 5-13）。我们可以直观地发现，产学研协同创新研发成效直接与研发成功率、失败率相关；众多的因素影响着产学研协同创新组织的形成与产学研协同创新系统的运行，这些因素囊括了积极性因素与消极性因素、促进性因素与阻滞性因素等正反两个层面，SD 流图的反馈回路也体现了影响因素这种特质。

SD 流图的反馈回路如下：

产学研协同创新的研发成果越多→高校、科研机构获得利益越多→促进高校、科研机构的发展→高校、科研机构对产学研协同创新支持度增加→提高产学研协同创新研发成功率。

产学研协同创新研发成果越多→高校、科研机构知识水平提高→教育水平提高→科研人员素质提高。

产学研协同创新研发成果越多→产学研协同创新研发成果给企业带来的经济利益就越多→企业 R&D 的投入加大→产学研协同创新研发成果越多。

当然，我们应当重视的情况是：虽然政府并非产学研协同创新的主体之一，但是它对产学研协同创新活动中的角色与功能应有正确的认知；实际上，政府既不可能也不应当脱离产学研协同创新活动，政府最重要的职责就在于营造良好的政策环境，出台具体的支持性措施，确保产学研协同创新活动的有序开展与产学研协同创新系统的顺畅运行，并在创新资源优化、创新成果保护与转化、创新行为激励方式上起到积极的作用。

图 5-13 清晰形象地表示出了产学研协同创新第二阶段存在的基本关系：

（1）产学研协同创新研发成果数量 = 产学研协同创新研发成果原有数量 + 产学研协同创新立项数 ×（产学研协同创新研发成功率 - 产学研协同创新研发失败率）

（2）产学研协同创新研发成功率 = 产学研研发组织的研发能力 × 产学研组织研发能力影响力权重

（3）产学研协同创新研发失败率 = 组织间知识共享障碍因素 × 权

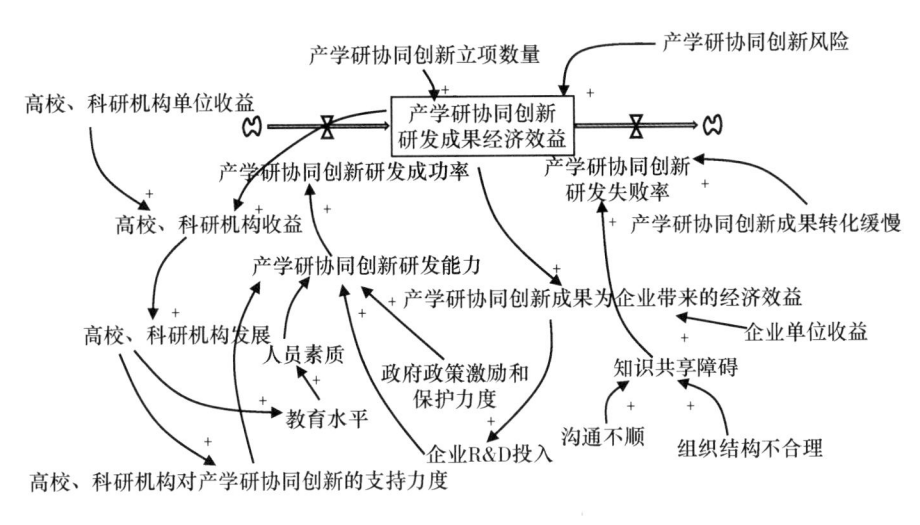

图 5-13　产学研协同创新研发阶段 SD 流图

重 + 研发成果产业化速度缓慢 × 权重 + 产学研协同创新研发的风险因素 × 权重

（4）知识共享中的障碍因素 = 沟通不顺 × 权重 + 组织结构不合理 × 权重

（5）高校、科研机构利益获取量 = 产学研协同创新研发成功量 × 单位研发成果收益

（6）产学研协同创新成果为企业带来的经济利益 = 企业单位收益 × 产学研协同创新研发成功量

（7）产学研协同创新组织研发能力 = 企业 R&D 投入量 × 权重 + 政府激励政策和保护政策 × 权重 + 高校、科研机构对产学研协同创新的支持力度 × 权重 + 科研人员素质 × 权重

3. 产学研协同创新产业化阶段 SD 流图构建

在图 5-11 的基础上，以 Vensim 软件为工具，绘制出产学研协同创新第三阶段的 SD 流图。我们可以直观地发现：产学研协同创新经济效益受到研发成果销售量、协同创新成本增加量的共同作用与影响。

本阶段主要的流图如下：

（1）体现企业在市场的推广能力与产学研协同创新经济效益之间关系的反馈回路：

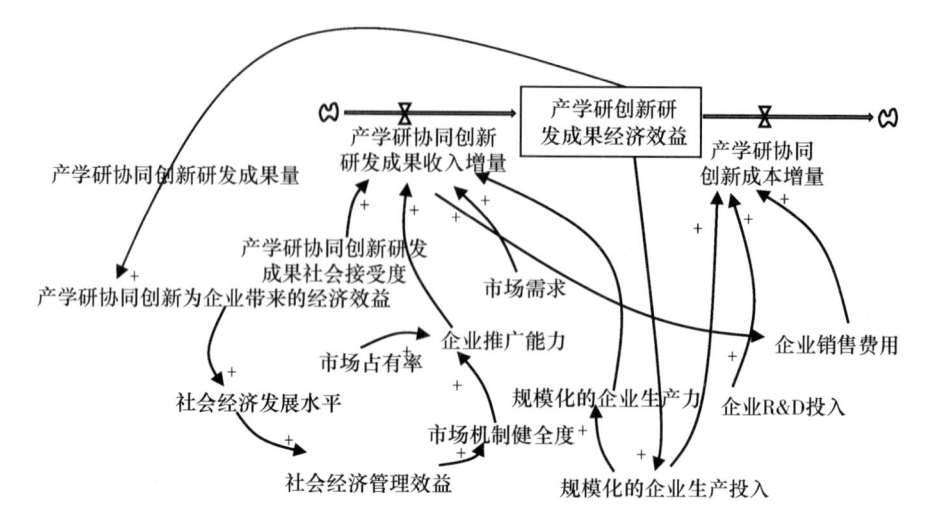

图 5-14 产学研协同创新产业化阶段 SD 流图

产学研协同创新研发成果经济收益增量→产学研协同创新为企业带来的经济效益→社会经济水平的提高→社会经济管理效益提高→市场机制得到完善→企业市场推广力提升→产学研协同创新研发成果销售收入增量→产学研协同创新研发成果继续增加

（2）体现产学研协同创新研发成果的经济效益和企业规模化生产力之间关系的反馈回路：

产学研协同创新研发成果销售收入增量→产学研协同创新经济收益增量→促进企业规模化生产投入→企业规模化生产力提高→产学研协同创新研发成果销售收入增量

当然，我们也应当注重到产学研协同创新经济收益受到成本增加量的直接影响。

由图 5-14 我们能够界定出如下关系式：

（1）产学研协同创新经济效益 = 产学研协同创新经济效益初始值 + 产学研协同创新研发成果销售增额 − 产学研协同创新成本增额

（2）产学研协同创新销售增额 =（规模化的企业生产力 × 规模化的企业生产力对销售的影响力权重 + 企业市场推广力 × 推广力对销售收入的影响力权重）× 市场需求 × 产学研协同创新成果社会接受度 × 产学研协同创新研发成果数量

(3)产学研协同创新销售增额=(规模化的企业生产力×规模化的企业生产力对销售的影响力权重+企业市场推广力×推广力对销售收入的影响力权重)×市场需求×产学研协同创新成果社会接受度×产学研协同创新研发成果数量

(4)产学研协同创新成本增额=规模化的企业生产投入量+企业销售花费+企业R&D投入

(5)企业市场推广力=市场占有率×权重+市场机制健全度×权重

(6)企业规模化生产力=规划化的企业生产投入×影响度

4. 总结阶段 SD 流图构建

基于图 5-11,以 Vensim 软件为工具,生成产学研协同创新最后阶段的 SD 流图,参见图 5-15。图 5-15 直观形象地表示了本阶段的价值增加可以很好地推动产学研协同创新知识存量累积,在总结效率与总结价值的衰减率的相互影响下,生成了反思价值。

由图 5-15 不难发现:在产学研协同创新的前三个阶段所中发挥作用的诸因素(包括动力因素和阻滞因素),将在最后一个阶段继续产生影响。

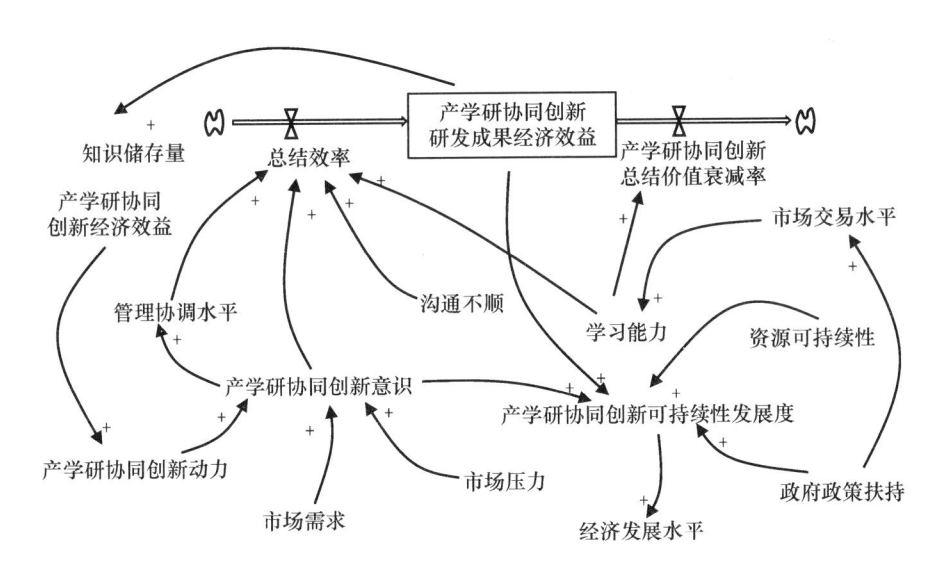

图 5-15 产学研协同创新总结阶段 SD 流图

根据图 5-15 可得到如下关系式：

（1）产学研协同创新知识存量 = 产学研协同创新组织知识存量初始值 + 产学研协同创新总结价值

（2）产学研协同创新总结价值 = 产学研协同创新总结初始价值 ×（产学研协同创新组织学习能力提高率 - 产学研协同创新总结价值衰减率）

（3）产学研协同创新总结价值 = 产学研协同创新总结初始价值 ×（产学研协同创新组织学习能力提高率 - 产学研协同创新总结价值衰减率）

（4）产学研协同创新组织总结效率 = 产学研协同创新组织学习能力 × 权重 + 产学研协同创新组织管理水平 × 权重 + 产学研协同创新组织创新意识 × 权重 - 沟通不顺 × 权重

（5）产学研协同创新总结价值衰减率 = 产学研协同创新组织学习能力 × 产学研协同创新组织学习能力对产学研协同创新总结价值衰减率的影响程度

（6）产学研协同创新意识 = 产学研协同创新动力 × 权重 + 市场需求 × 权重 + 市场压力 × 权重

（7）产学研协同创新动力 = 产学研协同创新经济效益 × 产学研协同创新经济效益影响程度

（8）产学研协同创新可持续发展度 = 产学研协同创新总结价值 × 权重 + 产学研协同创新资源可持续性 × 权重 + 政府政策激励 × 权重 + 产学研协同创新经济效益 × 权重 + 产学研协同创新意识 × 权重

（9）社会经济发展水平 = 产学研协同创新可持续发展度 × 产学研协同创新可持续发展度对社会经济发展的影响程度

（二）产学研协同创新 SD 流图

前述我们全面地考察了产学研协同创新系统运行过程中各阶段的影响因素和反馈回路，接下来将集合全部的流图，由此构建起全流程全阶段的 SD 流图，以系统动态、持续的视野，考察循环运行全过程中各阶段的动态联系，以及反馈回路的特征（参见图 5-16）。由此，可以审视和探究如何实现研发成果收益最大化，以期促进各参与方提升自主创新能力，保障产学研协同创新系统的可持续循环和运行。

第五章 产学研协同创新的诱发机制 217

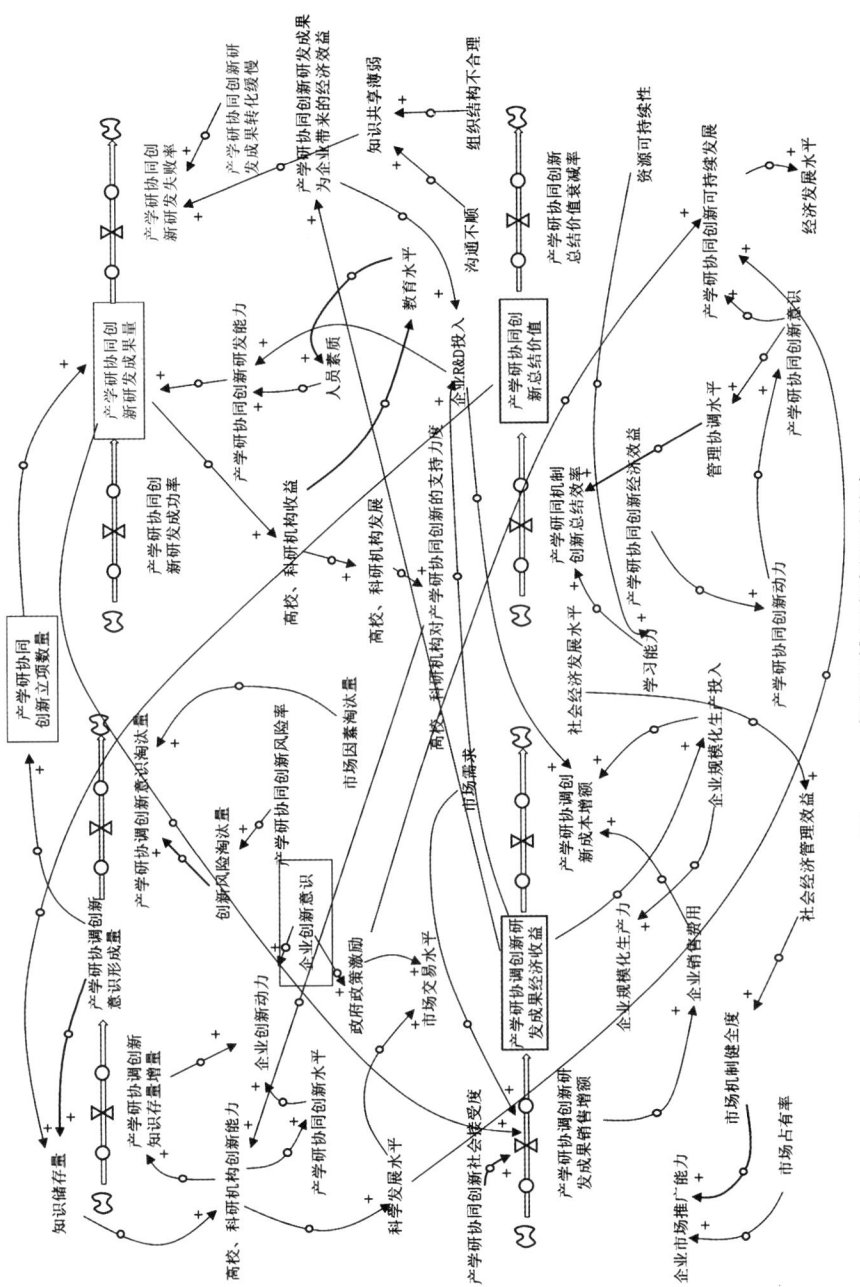

图5-16 产学研协同创新SD流图

（三）模型训练

本书选用了系统动力学建模软件 Venmsim 进行模拟仿真。Vensim 软件拥有强大的模型编辑环境，建模时可以根据自身的研究情况假设与计算模型中的变量约束条件。设定之后可以根据实际的历史数据与模拟结果进行对比，由此来进一步调整模型机构的参数，让模型更加合理。

根据本书的模型变量，产学研协同创新过程中拟定初始值如下：
1. 创新意识原始值设置为 0；
2. 政府激励政策设置为 0.6；
3. 创新风险率设置为 0.5；
4. 市场需求度设置为 0.8；
5. 创新三方的意识增量权重均设置为 0.5。

根据上述数据，即可仿真模拟产学研协同创新过程中的创新意识形成量、研发成果量、成果经济效益以及总结价值等状态变量，当模拟结果是在可允许的误差范围内时，模型终止。最终模拟结果如图 5-17 所示。

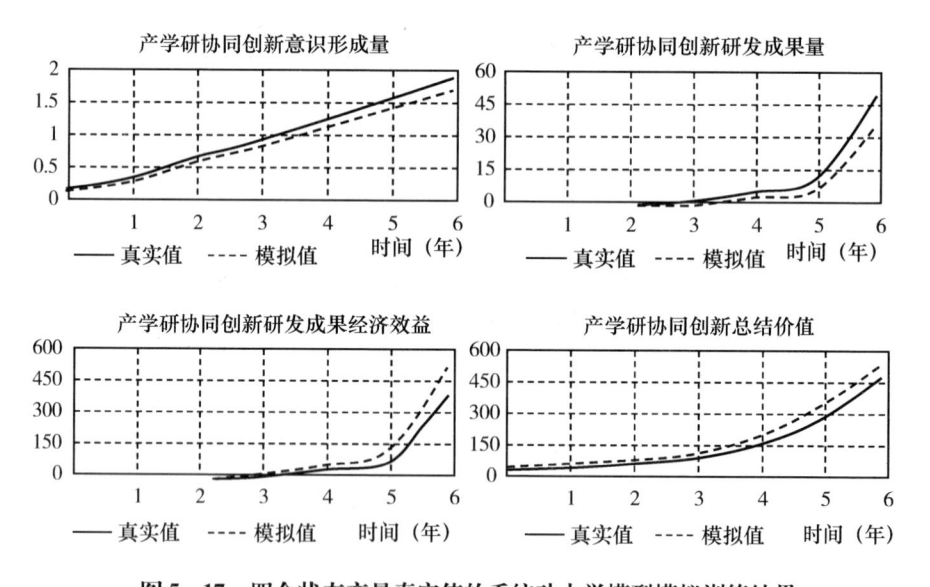

图 5-17　四个状态变量真实值的系统动力学模型模拟训练结果

由图 5-17 可见，产学研协同创新过程中意识形成量、研发成果量、研发成果经济效益、总结价值的模拟值与真实值已经在可允许的误差范围里了，满足了拟合度的要求，因此可以运用这些模型变量，对接下来的阶段开展仿真模拟。

二 系统动力学模型仿真

前述方程主要用于表述主要影响因素间存在的逻辑关系，这些因素的主观性特征较为突出，而且不同的项目具体情形也千差万别，所以，还需要进一步针对产学研协同创新系统动力学模型开展仿真模拟分析。

接下来，我们以某企业为例，实证分析产学研协同创新系统动力学模型。该项目是在十余项项目中选择出来的具有代表性的一个项目，经过国家相关部门审批，相关的数据、资料与信息均源于公司参与的产学研协同创新各参与主体，确保了原始数据的可靠性与真实性。同时本项目的合同标的实际意义重大，合同金额规模亦较大，具有显著的典型性与代表性。在本项目的实施过程中，组织对相关领域内的权威专家开展了专题调研，既有问卷形式也有深度访谈，由此也能够确保构建的模型中的各项权重和常数具有较高的合理性，努力做到权重与常量设置相对客观、准确。

（一）产学研协同创新萌发阶段仿真

针对这一实际项目，我们采访了与该项目相关的 5 名权威专家（具有教授或高级工程师职称，从事本领域的项目管理研究与实践 10 年以上）。通过专家评定法，每个指标以 100 分为满分，根据专家评分结果得到该指标的权重，最后取 5 个专家的权重均值作为指标权重参考值，针对产学研协同创新萌发阶段，其具体指标如表 5-1 所示：

表 5-1　　　　　　　　产学研协同创新萌发阶段指标

指标	专家1	专家2	专家3	专家4	专家5	均值
政府激励政策	0.6	0.5	0.7	0.4	0.8	0.6
创新风险率	0.7	0.3	0.5	0.5	0.5	0.5
市场需求度	0.9	0.9	0.7	0.7	0.8	0.8
知识存量创新转化率	0.4	0.5	0.7	0.4	0.5	0.5
创新意识增量	0.7	0.6	0.3	0.4	0.5	0.5

续表

指标	专家1	专家2	专家3	专家4	专家5	均值
高校、科研机构对协同创新水平的影响	0.9	0.9	0.7	0.8	0.7	0.8
市场需求度对企业创新意识的影响	0.1	0.4	0.3	0.4	0.3	0.3
政府政策对创新意识的影响	0.3	0.5	0.2	0.2	0.3	0.3
市场竞争对创新意识的影响	0.1	0.3	0.2	0.2	0.2	0.2

根据调研结果设置不同指标的权重。政府激励政策的权重为0.6，创新风险率的权重为0.5，市场需求度的权重为0.8，知识存量创新转化率的权重为0.5，创新意识增量的权重为0.5，高校、科研机构对协同创新水平的影响权重为0.8，市场需求度对企业创新意识的影响权重为0.3，政府政策对创新意识的影响权重为0.3，市场竞争对创新意识的影响权重为0.2，再结合上一部分已经给出的初始值，进行仿真。

按照专家的经验，发现产学研协同创新意识大约需要一周的时间，把时间刻度单位设置为周进行仿真，得到意识形成量与时间的关系，如图5-18所示：

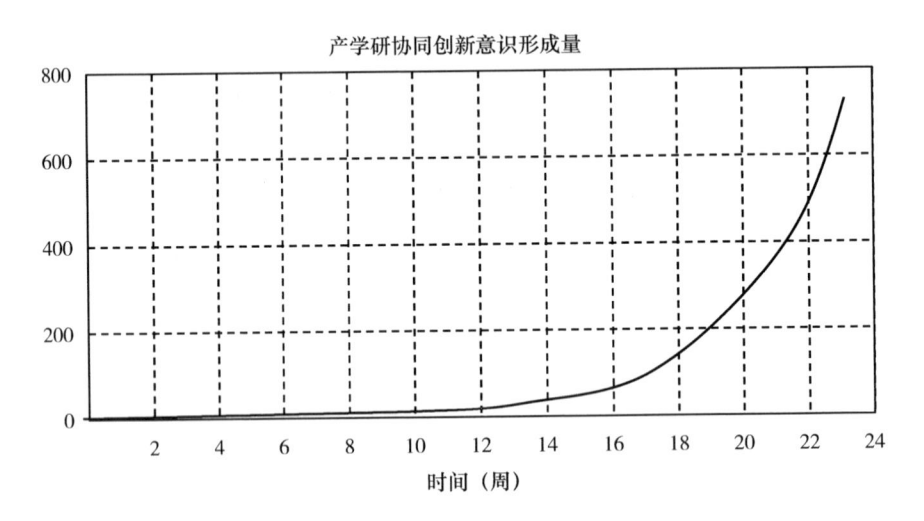

图5-18 产学研协同创新意识形成量输出结果

由图5-18我们可以发现：在前12周，产学研协同创新意识形成量没有变化，说明产学研协同创新的初期并不会形成创意；在12—24周内，产学研协同创新意识呈指数形式增长,并在 24 个周形成近 800 个创新意识。如何促进产学研协同创新意识早期形成,是促进高产学研协同创新合作的有效途径,这也是我们需要进一步研究的问题。

(二) 产学研协同创新研发阶段仿真

针对产学研协同创新研发阶段,5 位专家对该阶段的指标进行了评定,其结果如表 5 – 2 所示。

表 5 – 2　　　　产学研协同创新研发阶段指标的专家评定值

指标	专家1	专家2	专家3	专家4	专家5	均值
创新风险	0.2	0.3	0.3	0.1	0.1	0.2
创新成果转化缓慢	0.5	0.5	0.3	0.3	0.4	0.4
沟通不顺	0.2	0.2	0.3	0.1	0.2	0.2
组织结构不合理	0.25	0.3	0.25	0.25	0.35	0.28
产学研协同创新立项数量	0.7	0.7	0.3	0.4	0.4	0.5
高校、科研机制对协同创新支持力度	0.3	0.2	0.4	0.3	0.3	0.3
高校、科研机构人员素质	0.1	0.3	0.2	0.2	0.5	0.3
企业 R&D 投入	0.2	0.2	0.4	0.1	0.1	0.2
政府政策对创新研发能力的影响	0.2	0.1	0.1	0.2	0.4	0.2

根据调研结果,相关的参数设置如下:

1. 产学研协同创新研发成果的原始数量设置为 0;

2. 高校、科研机构单位收益设置为 2;

3. 政府政策激励和保护力度设置为 1;

4. 产学研协同创新风险设置为 0.2;

5. 产学研协同创新成果转化缓慢设置为 0.4;

6. 沟通不顺设置为 0.2;

7. 组织结构不合理设置为 0.28;

8. 产学研协同创新立项数量权重设置为 0.5;

9. 产学研协同创新成果量对企业带来的单位经济效益的权重设置为 2;

10. 产学研协同创新为企业带来的经济效益对企业 R&D 投入的影响

权重设置为 1.5;

11. 高校、科研机构对协同创新支持力度对协同创新研发能力的影响权重设置为 0.3;

12. 人员素质对产学研协同创新研发能力的影响权重设置为 0.3;

13. 企业的 R&D 投入对产学研协同创新研发能力的影响权重设置为 0.2;

14. 政府政策对产学研协同创新研发能力的影响权重设置为 0.2;

15. 协同创新研发能力对研发成功率的影响权重设置为 1.1;

16. 高校、科研机构的收益对其发展影响权重设置为 2;

17. 高校、科研机构的发展对其产学研协同创新的支持力度影响权重设置为 1.5;

18. 高校、科研机构的发展对社会教育水平的影响权重设置为 2。

按照国内普遍的计划与检查反馈周期惯例,我们不妨把实现一次循环的产学研协同创新研发活动周期设定为 1 年,由此可得到本模型的运行结果,参见图 5-19。

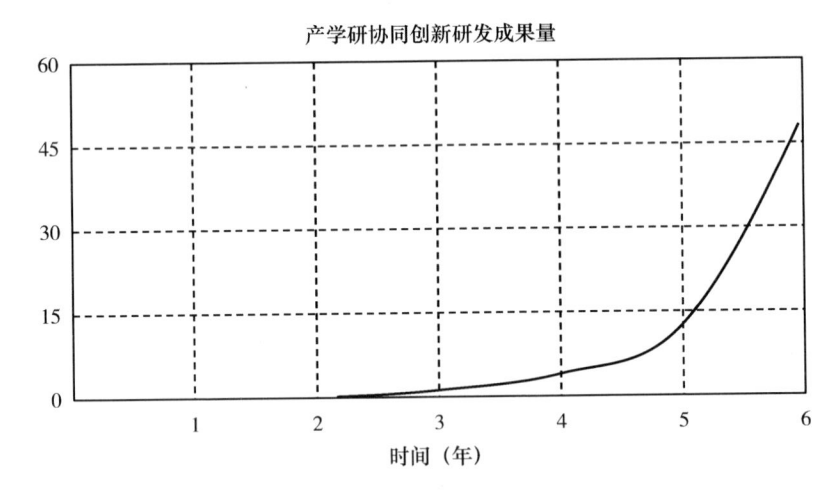

图 5-19 产学研协同创新研发成果量输出结果

从图 5-19 能够看出:经过了 6 个周期,产学研协同创新研发成果量增加到了 50 个。但我们可以发现在前 4 个周期内,产学研协同创新研发成果量提升的同比增速较小,绝对量亦很小,但到了第 5 个周期时,增速实现了跃升，至第 6 个周期时，成果增量增长十分快速。由此可知，致力于优化调整产学研协同创新研发过程中的影响因素，使得产学研协同创新成果量得以提高，是促进产学研协同创新健康发展的有效途径，也是我们需要进一步深入研究的课题。

（三）产学研协同创新产业化阶段仿真

在产学研协同创新产业化阶段中，同样选取了一些指标给 5 位专家评定，选取 5 位专家评定均值作为本阶段指标的参考值，其具体指标如表 5-3 所示：

表 5-3　　产学研协同创新产业化阶段指标的专家评定值

指标	专家1	专家2	专家3	专家4	专家5	均值
市场需求	0.9	0.9	0.7	0.7	0.8	0.8
研发成果社会认可度	0.6	0.6	0.5	0.7	0.6	0.6
创新效益成果占总研发总成果比重	0.3	0.5	0.7	0.5	0.5	0.5
市场占有率	0.2	0.3	0.3	0.4	0.3	0.3
市场机制健全	0.3	0.3	0.3	0.4	0.2	0.3
企业销售费用占研发收入增量	0.2	0.1	0.15	0.15	0.1	0.15

根据调研结果，相关的参数设置如下：

1. 产学研协同创新研发成果经济收益的原始值设置为 0；
2. 市场需求程度权重设置为 0.8；
3. 产学研协同创新研发成果社会接受度的权重设置为 0.6；
4. 企业推广能力对产学研协同创新研发成果收入增量的影响权重设置为 1.1；
5. 规模化的企业生产力对产学研协同创新研发成果收入增量影响权重设置为 1.1；
6. 产学研协同创新研发成果为企业带来的经济效益占产学研协同创新研发成果经济效益比重设置为 0.5；
7. 产学研协同创新为企业带来的经济效益对社会经济发展水平的影响权重设置为 1.08；
8. 社会经济发展水平对社会经济管理效益的影响权重设置为 1；

9. 社会经济管理效益对市场机制健全程度的影响权重设置为 1.08；

10. 规模化的企业生产投入对其生产力的影响权重设置为 1.3；

11. 市场占有率的权重设置为 0.3；

12. 市场机制健全度的权重设置为 0.3；

13. 产学研协同创新研发成果经济效益对规模化的企业生产投入的影响权重设置为 1.2；

14. 产学研协同创新研发成果经济效益对企业 R&D 投入的影响权重设置为 1.2；

15. 企业销售费用占产学研协同创新研发成果收入增量的比重设置为 0.15。

与前一阶段相同，按照国内普遍的计划与检查反馈周期惯例，我们不妨把实现一次循环的产学研协同创新产业化周期设定为 1 年，由此可得到本模型的运行结果，参见图 5-20。

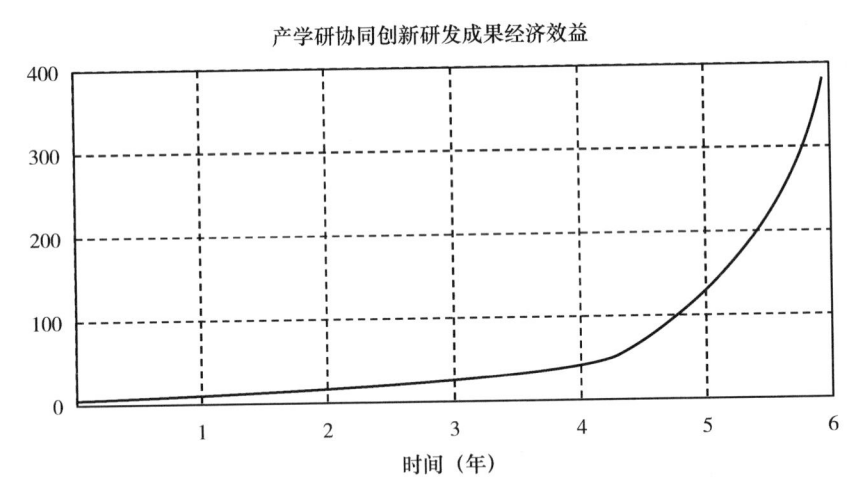

图 5-20 产学研协同创新研发成果经济效益输出结果

从图 5-20 能够看出：经过了 6 个周期，产学研协同创新研发成果经济效益增加到 386。同时，我们也注意到，在前 4 个周期内，产学研协同创新研发成果经济效益增长速度显得缓慢，然而至第 5 个周期的时候，增长速率提升十分明显，尤其是在第 6 个周期增长幅度实现了跃升。由此我们可以知道，在此基础上，如何有效减少阻碍因素，加大激励因素使得产学研协同创新经济效益得以增加,是我们需要进一步研究的方向。

(四)产学研协同创新总结阶段仿真

在产学研协同创新总结阶段,我们选取了一些具有代表性的影响因素进行分析,同样经过该项目的5名专家进行评定,取5名专家评定的均值作为本阶段的指标数据,如表5-4所示。

表5-4　　　　产学研协同创新总结阶段指标的专家评定值

指标	专家1	专家2	专家3	专家4	专家5	均值
管理协调水平对总结效率的影响	0.2	0.2	0.3	0.4	0.4	0.3
沟通不顺对总结效率的影响	0.05	0.1	0.15	0.1	0.1	0.1
产学研创新意识对总结效率的影响	0.3	0.2	0.3	0.4	0.3	0.3
学习能力对总结效率的影响	0.3	0.3	0.5	0.2	0.2	0.3
创新动力对协同创新意识的影响	0.3	0.4	0.5	0.4	0.4	0.4
市场需求对协同创新意识的影响	0.3	0.3	0.3	0.3	0.3	0.4
市场压力对协同创新意识的影响	0.4	0.2	0.3	0.3	0.3	0.3
学习能力对创新总结价值衰减率影响	0.1	0.05	0.1	0.15	0.1	0.1
资源可持续性	0.9	0.7	0.8	0.8	0.8	0.8
政府政策支持	0.5	0.5	0.5	0.6	0.5	0.5
沟通不顺	0.3	0.4	0.5	0.4	0.5	0.4

相关的参数设置如下:

1. 产学研协同创新总价值的原始值设置为2;
2. 知识储存量的原始值设置为1;
3. 管理协调水平对总结效率的影响权重设置为0.3;
4. 沟通不顺对总结效率的影响权重设置为0.1;
5. 产学研协同创新意识对总结效率的影响权重设置为0.3;
6. 学习能力对总结效率的影响权重设置为0.3;
7. 产学研协同创新动力对产学研协同创新意识的影响权重设置为0.4;
8. 市场需求对产学研协同创新意识的影响权重设置为0.3;
9. 市场压力对产学研协同创新意识的影响权重设置为0.3;
10. 学习能力对产学研协同创新总结价值衰减率的影响权重设置

为 0.1;

11. 资源可持续性设置为 0.8;
12. 政府政策支持设置为 0.5;
13. 沟通不顺设置为 0.4;
14. 政府支持对市场交易水平的影响权重设置为 1.3;
15. 产学研协同创新经济效益对产学研协同创新动力的影响权重设置为 0.7;
16. 产学研协同创新意识对管理协调水平的影响权重设置为 1;
17. 交易水平对产学研协同创新组织的学习能力影响权重设置为 1.3;
18. 产学研协同创新可持续性发展度对经济发展水平的影响权重设置为 1。

与前面阶段相同,协同创新总结阶段的循环周期亦设定为 1 年,模型运行的结果如图 5-21 所示。

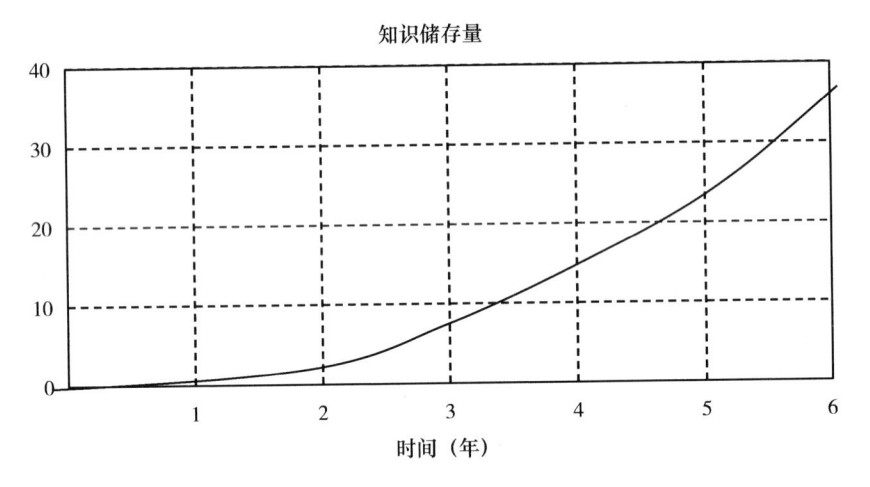

图 5-21 产学研协同创新总结阶段知识存量输出结果

图 5-21 直观表征出协同创新总结阶段经过 6 个周期,其知识存量达到了 36。由此我们能够认定,总结阶段的设定具有现实意义,它有益于协同创新知识的积累,可以确保产学研协同创新的长期、稳定、协调发展。因此,如何有效地利用好产学研协同创新总结阶段,使产学研协同创新知识存量得到最大化的展现,是我们需要进一步探讨的问题。

通过前述对某企业实际参与的产学研协同创新重大项目实施过程的模拟仿真，考察影响产学研协同创新系统运行中各主要因素，论证了它们间的反馈循环与关系特质；通过进一步分析因素间的这种反馈循环和因果关系，研究了产学研协同创新活动的动态循环性态；研究证明了在协同创新运行的过程中，随着阶段的推进和时间的持续，各主体的协同创新意识、项目立项数量、协同创新研发成果、经济收益和总结价值均都得到了提升，尤其在第 5 个循环周期开始，提升速率达到了跃升状态。另一方面，知识存量亦同期得以迅捷提升，这些良性的循环状态和结果，都为产学研协同创新的稳定性、持续性与收益性提供了有力支撑。

三　仿真结果分析

运用 Vensim 软件，考察各种因素对产学研协同创新的影响，对产学研协同创新系统全过程的系统动力学模型进行了仿真分析。构建四个阶段产学研协同创新 SD 流图，发现创新意识、市场竞争环境、研发投入量、科技成果转化等都会影响产学研协同创新的效率，得出各个因素影响协同的程度，为构建合理的诱发机制奠定良好的基础；采取专家打分法对各个影响因素进行赋权，从而比较客观地分析出各个因素之间的内在逻辑关系；随着时间的推移，创新意识、知识储量和科研成果输出量都会呈指数方式上升，产学研协同创新发展呈现出跃迁式的良好发展态势。

对产学研协同创新意识形成量输出结果比较得出：企业转变为产学研协同创新的主体能够促进创新意识的积累，且随着时间的推移，创新意识的积累量也会不断增加。说明企业的创新意识主体地位是产学研协同创新的一个关键因素之一。

知识储存量的输出结果比较可以看出：随着产学研协同创新的循环进行，政府在产学研协同创新中所发挥的作用越来越大，如若政府相关部门不能对产学研协同创新的发展制定相关的法律法规，将会对其结果的输出以及内部之间的合作产生巨大的障碍。相反，则会对产学研协同创新的发展注入源源不断的动力。

第三节　产学研协同创新激励模型构建

一　激励机制的重要性

科技与经济全球化已成为浩浩荡荡、不可逆转的时代潮流，技术变革日新月异、产品周期日益缩短、各国各地区间的竞争愈加激烈，技术强弱已经成为世界各国话语权是否有力的重要象征。技术是一种生产方式，技术创新是一种新的生产；生产一种产品有多种生产方式，有传统方式和非传统方式，传统方式不一定相同，非传统方式也不一定相似，技术创新的生产方式变得越来越高级、效率越来越高。技术创新的源泉是基础创新，基础创新来源于高校和科研院所，而技术创新和应用创新则主要运用在企业；基础创新与技术创新、应用创新有着一道分割线，这道分割线来源于对经济现象的不完全认识，本质就是分工提高了专业效率，但是也使各个组织机构降低了交流协同的概率。在创新领域也是如此，高校和科研院所在进行不断的基础研究，发表了"一篮子"论文，企业重于实际生产，追求可见、可控、可取的短期利益，往往轻视原始创新和持续创新，难以提升和保持核心竞争力；基于一方面有创新不能运用，另一方面需要创新运用的事实，产学研协同创新是时代发展的产物。

二　激励机制构建思路

根据社会上的实际情况，产学研合作项目大都是企业牵头的，企业期待高校和科研院所为自己提供技术，提升自己的生产能力，降低生产成本，增加企业的收入，从而为企业实现更大的经济收益。从时间上分析，企业是可以长期获得产品的收益和提升自己的技术能力的，高校仅仅能获取短期的项目合作的收益，有时候还要面临产学研合作项目失败的风险，无法获取稳定的收益，对于人才培养的影响不大，而科研机构则可以模糊自己的定位，既没有培养大量社会需要的人才，也没有赚取丰富的社会利润。产学研内部有动力改变自身的现状，企业期待实现可持续发展，高校期待实现人才培养和科学研究，科研院所期待实现科学研究和成果赢利。基于此，三方产生了合作的前提条件，但有了合作的前提条件是远远不够的,还需要进一步的激励机制促使它们进行合作。知识就是价值,产学研合作就是实现知识的乘法效应,不仅是要让 1 + 1 大于 2,而且还要让 1 + 1 远远大于 2,让各方的知识发挥最大效用,为了达到这个目标,需要设计一套针对国内产学研合作现状行之有效的诱发机制,让产学研联盟实现利益的最大化,也要尽可能实现各方的基本目标。

产学研不能脱离社会而存在,因此在构成产学研协同创新诱发机构的时候要考虑与其他部门进行协同。如果仅仅追求产学研联盟内部的收益最大化,不去分析其对社会的影响,这是不成熟的。在经济社会运行一个看不见的系统,需要对产学研联盟的外部性进行思量,如果片面强调产学研联盟收入最大化,可能导致其他地方付出更大损失,如同以资源消耗性的方式大力促进经济的飞快发展,导致了对生态系统短期内不可逆的破坏。类似,产学研合作时,要尽可能地考虑外部性,不但要做出对产学研内部有益的行为,也要至少做出对社会经济无害的行为,最好能够同时产生正的外部性。

三 激励机制模型构建

(一) 基本假设

假设 1:整个产学研协同创新联盟由委托方和代理方组成,不同的协同方之间知识存在互补性。产出函数先设为 $x = k(\eta_1 + \eta_2 + \eta_3) + \zeta$,这里的 k 代表互补性知识,且有 $k \geq 1$,$k = 1$ 说明没有利用互补性知识;企业、高校、科研机构的努力程度分别为 η_1、η_2、η_3,取值时取 $\eta \in [0, 1]$;其中 ζ 为外生随机变量满足 $E(\zeta) = 0$,$D(\zeta) = \delta^2$,且 $k\eta$ 与 ζ 相互独立;成员努力的负效用为 $\frac{1}{2} c_\eta \eta^2$,$c_\eta$ 为代理方的努力成本系数且 $c_\eta \geq 0$(与协同环境有关);学习分享知识的负效用为 $\frac{1}{2} c_k c^2$,我们用 c_k 来表示在产学研协同创新过程中,作为被委托人委托的代理方,其学习和分享共有知识的比例系数,这个比例系数与多种因素相关,其中最重要的就是合作的外部状况。

假设 2:假设各方分享知识的意愿程度 $n \in (0,1)$,共享知识更多的说是使用权,知识本来是有所有权,但在产学研合作过程中,知识的所有权没有变化,但其使用权却被拓宽了,其主要原因是知识能够被理解吸收,在产学研合作过程更是如此,而且关于产学研协同创新知识的分享意愿还与产学研三方对创新的认知如何相关。如果产学研三方对创新的认识不同,则难以实现有效果的共享,且对于假设1中的 k,有 $k'(n) > 0$, $k''(n) < 0$ 表明边际效用递减。

假设3:代理方努力水平不能够直接观测,根据获得的总收益向代理方支付报酬,并假设是线性契约,即代理方的收益为 $\alpha + \beta x$,α 作为整个模型构建中的固定收益,在现实情况下即为参与项目的保底收益,如由国家财政拨款等,但由于为固定收益,并不作为本书研究的重点。本书主要研究部分为分享收益的变动额即 βx,β 为代理方协同创新产出收益的分享比例,$\beta \in [0,1]$,代表诱发的强度。

假设4:各方在该过程中为达到协调效应产生的附效用为 $ck\eta$,c 为协调系数,$c \in (0,1)$,c 的范围区间受多方面的影响,其中最直接的就是产学研三方对合作预期的看法,对合作的组织目标协同程度的目的看法,对合作环境的评估。产学研三方在合作过程中会不断地对合作伙伴的状况进行主观判断,主观判断的因素有对方的技术水平,对方共有多少资源,有多少资源能够投入到产学研合作中,对方有多少人才可以投入到合作中来,自己的投入是否多于平均投入等,因此,整个产出函数可重新表示为 $x = k * (1 - c) * (\eta_1 + \eta_2 + \eta_3) + \zeta$。

假设5:委托方是风险中性的,代理方是风险规避的,代理方承担风险的效用函数为 $\frac{1}{2}\rho \beta^2 \delta^2$,其中 ρ 为绝对风险规避度,为常数。

(二) 产学研协同创新效益函数

基于委托代理理论,创建产学研协同创新委托方及代理方的效益函数分别为:

$$E_p(\eta) = (1 - \beta)(k\eta - ck\eta) - \alpha \qquad (5-1)$$

$$E_a(\eta) = \alpha + \beta(k\eta - ck\eta) - \frac{1}{2}c_\eta \eta^2 - \frac{1}{2}c_k k^2 - \frac{1}{2}\rho \beta^2 \delta^2 \qquad (5-2)$$

函数中各数学符号所代表的含义如表5-5所示。

表 5 – 5 产学研协同创新诱发模型中各变量符号表示含义

各方的努力程度	各方之间分享互补知识的意愿程度	各方之间知识的互补性程度	各方努力成本系数	各方学习和分享互补性知识系数	代理方分享收益的固定收益	委托方与代理方之间为实现互补性经济程度的协调系数	代理方分享产出收益的比例
η	n	k	c_η	c_k	α	c	β

（三）诱发模型构建

v 是委托方的机会成本，换言之，就是委托方为了进行产学研合作而付出的资源，比如财力、物力、人才等等，可能在其他方面产生的收益。u 是代理方的机会成本，与 v 的机会成本相似，是代理方为了进行产学研合作而付出的资源，比如财力、物力、人才等等，可能在其他方面产生的收益。根据现有的理论，收益模型可以用以下的函数方程式来描述：

$$(1-\beta)(k\eta - ck\eta) - \alpha \geqslant v \quad (5-3)$$

$$\alpha + \beta(k\eta - ck\eta) - \frac{1}{2}c_\eta \eta^2 - \frac{1}{2}c_k k^2 - \frac{1}{2}\rho\beta^2\delta^2 \geqslant u \quad (5-4)$$

$$\eta \in \mathrm{argmax}[\alpha + \beta(k\eta - ck\eta) - \frac{1}{2}c_\eta \eta^2 - \frac{1}{2}c_k k^2 - \frac{1}{2}\rho\beta^2\delta^2] \quad (5-5)$$

假设在合作的过程中，高校、企业、科研院所的地位平等，拥有相同的收益权，按着上文的假设三方都是代理方，根据函数表达式（5-3）~式（5-5）可以得出以下的几个函数方程式：其中 $\alpha_1, \alpha_2, \alpha_3$ 反映了三方的合作所得利润，η_1, η_2, η_3 反映了三方各自付出的机会成本，并有 $x_\Delta = k(\eta_1 + \eta_2 + \eta_3) - ck(\eta_1 + \eta_2 + \eta_3)$

$\max E_p = [1 - (\beta_i + \beta_j)] \cdot x_\Delta - (\alpha_i + \alpha_j)$ 其中 $i = 1:3, j = 1:3, i \neq j$

St：

$$\alpha_1 + \beta_1 x_\Delta - \frac{1}{2}c_{\eta_1}\eta_1^2 - \frac{1}{2}c_{k_1}k_1^2 - \frac{1}{2}\rho_1\beta_1^2\delta^2 \geqslant \eta_1 \quad (5-6)$$

$$\alpha_2 + \beta_2 x_\Delta - \frac{1}{2} c_{\eta_2} \eta_2^2 - \frac{1}{2} c_{k_2} k_2^2 - \frac{1}{2} \rho_2 \beta_2^2 \delta^2 \geqslant \eta_2 \quad (5-7)$$

$$\alpha_3 + \beta_3 x_\Delta - \frac{1}{2} c_{\eta_3} \eta_3^2 - \frac{1}{2} c_{k_3} k_3^2 - \frac{1}{2} \rho_3 \beta_3^2 \delta^2 \geqslant \eta_3 \quad (5-8)$$

$$\eta_1 \in \mathrm{argmax}[\alpha_1 + \beta_1 x_\Delta - \frac{1}{2} c_{\eta_1} \eta_1^2 - \frac{1}{2} c_{k_1} k_1^2 - \frac{1}{2} \rho_1 \beta_1^2 \delta^2]$$
$$(5-9)$$

$$\eta_2 \in \mathrm{argmax}[\alpha_2 + \beta_2 x_\Delta - \frac{1}{2} c_{\eta_2} \eta_2^2 - \frac{1}{2} c_{k_2} k_2^2 - \frac{1}{2} \rho_2 \beta_2^2 \delta^2]$$
$$(5-10)$$

$$\eta_3 \in \mathrm{argmax}[\alpha_3 + \beta_3 x_\Delta - \frac{1}{2} c_{\eta_3} \eta_3^2 - \frac{1}{2} c_{k_3} k_3^2 - \frac{1}{2} \rho_3 \beta_3^2 \delta^2]$$
$$(5-11)$$

（四）模型分析与讨论

按照最理想的情况，表达式（5-4）（5-5）一致通过满足，我们假设其一阶导数为零，并对其进行计算，能够得出表达式 $\beta = \frac{c_\eta \eta}{(1-c)k}$，把已有条件代入式（5-3）中，当其一阶导数为零时，我们可以很容易地计算出结果最好的努力程度和诱发的代数表达式：

$$\eta = \frac{k \cdot (1-c)}{c_\eta \left[1 + \frac{\rho c_\eta \delta^2}{(1-c)^2 k^2}\right]}, \beta = \frac{1}{1 + \frac{\rho c_\eta \delta^2}{(1-c)^2 k^2}} \quad (5-12)$$

1. 知识分享意愿程度和知识互补性对产学研协同创新的影响

观点一：在产学研合作过程中，代理方通过多种手段和方法，能够借助知识互补性，让努力结果和诱发效果得以改进。

证明：根据式（5-12）可以计算出，当代理方出于某种权衡，不把自己拥有的知识贡献出来，这个时候的努力结果和诱发效果可以用下来的函数关系式表达：

$$\eta^* = \frac{1-c}{c_\eta \left[1 + \frac{\rho c_\eta \delta^2}{(1-c)^2}\right]}, \beta^* = \frac{1}{1 + \frac{\rho c_\eta \delta^2}{(1-c)^2}} \quad (5-13)$$

如果我们对式（5-12）（5-13）进行对比，不难发现 $\eta > \eta^*$，$\beta > \beta^*$，从中可以推断出，知识互补性能够改进努力结果和诱发效果。

观点二：在产学研合作过程中，努力结果与诱发效果与各方对共享知识意愿有正相关的作用。

证明：由式（5-12）通过代入相关的参数，很容易计算出：

$$\frac{\partial \eta}{\partial n} = \frac{k^4(1-c)^5 + 3k^2\rho\delta^2(1-c)^3}{c_\eta[(1-c)^2 k^2 + c_\eta\rho\delta^2]^2} k' > 0 \quad (5-14)$$

$$\frac{\partial \beta}{\partial n} = \frac{2(1-c)^2 \cdot k \cdot c_\eta\rho\delta^2}{[(1-c)^2 k^2 + c_\eta\rho\delta^2]^2} k' > 0 \quad (5-15)$$

经过一系列的计算和推导后，我们很容易地得出结论，共享知识意愿与努力结果和诱发效果具有正向一致性，它们具有回归关系。观点（1）（2）体现知识互补性具有举足轻重的效果，对产学研合作有着难以估计的价值，知识互补性奠定了产学研合作的基础，没有知识的互补性，产学研之间没有合作的可能，更不会产生合作的动机。知识的互补性体现在两个维度，一个是异质性知识存在互补的留白，另一个是同质性知识也有可以相互提升的空间。无论哪种知识互补，都具有推动产学研合作的动力，从知识互补的效果来说，异质性知识通常能够更有利地促进产学研协同的进行，同质性知识虽然也有效果，但总的来说作用不是很大。知识互补性并不是为了知识的叠加，而是为了知识的创造，知识的叠加没有任何意义，只有创新知识才能有所价值，新知识才有可能催生出技术进步，让产学研合作有所成就。

2. 产学研协同创新条件及协同创新收益与成本间的关系

观点三：互补性经济的成功是需要一定条件的，不是所有的互补性经济都能够成功，产学研合作的各方都是理性的，只有当选择互补性经济能够产生利润的时候，互补性经济才有可能具有生存的空间，换言之，当互补性经济的正向收益大于其负向成本时，互补性经济才能发生作用。

证明：把参数 η、β 视为已知，将其代入式（5-4）进行计算，从中能够解出最佳固定收益为：

$$\alpha = u + \frac{\rho \cdot (1-c)^2 \cdot k^2}{2 \cdot (1-c)^2 \cdot k^2 + \rho c_\eta \delta^2} + \frac{1}{2} c_k k^2 - \frac{(1-c)^6 \cdot k^6}{2 \cdot c_\eta \cdot [(1-c)^2 \cdot k^2 + \rho c_\eta \delta^2]^2} \quad (5-16)$$

将式（5-12）、（5-16）代入式（5-1）中可得

$$E_p = \frac{(1-c)^4 \cdot \rho \cdot c_\eta \cdot \delta^2}{c_\eta [(1-c)^2 \cdot k^2 + \rho c_\eta \delta^2]^2} - \frac{\rho \cdot (1-c)^4 \cdot k^2}{2 \cdot (1-c)^2 \cdot k^2 + \rho c_\eta \delta^2} - \frac{c_k \cdot k^2}{2} - u \tag{5-17}$$

当不利用互补性知识即 $k = 1$ 时有

$$E_p^\triangle = \frac{(1-c)^4 \cdot \rho \cdot c_\eta \cdot \delta^2}{c_\eta [(1-c)^2 + \rho c_\eta \delta^2]^2} - \frac{\rho \cdot (1-c)^4}{2 \cdot (1-c)^2 + \rho c_\eta \delta^2} - u \tag{5-18}$$

要使得 $E_p \geq E_p^\triangle$ 有 $A - B \geq \dfrac{c_k \cdot k^2}{2}$

其中：

$$A = \frac{(1-c)^4 \cdot \rho \cdot c_\eta \cdot \delta^2}{c_\eta [(1-c)^2 \cdot k^2 + \rho c_\eta \delta^2]^2} - \frac{\rho \cdot (1-c)^4 \cdot k^2}{2 \cdot (1-c)^2 \cdot k^2 + \rho c_\eta \delta^2} \tag{5-19}$$

$$B = \frac{(1-c)^4 \cdot \rho \cdot c_\eta \cdot \delta^2}{c_\eta [(1-c)^2 + \rho c_\eta \delta^2]^2} - \frac{\rho \cdot (1-c)^4}{2 \cdot (1-c)^2 + \rho c_\eta \delta^2} \tag{5-20}$$

产学研三方是理性的，只有互补性经济有利可得时，才能发挥作用。产学研三方主要是由三方的人组成的，每个人都是有限理性的个体，他们合在一起仍然是有理性的组织，甚至比个人更加具有理性，理性人追求利益，一群理性的人组成的组织同样也是追求利益，只会比个人理性显得更加理性。在做出是否采用互补性经济的时候，首先会考虑其收益和成本，至少需要收益与成本相等才有可能选择互补性经济。互补性经济反映了协同，协同来源于分工，分工专业化提升每个组织的效率，协同使由组织形成的系统更具有效率，产学研协同整合的效率会比单个组织效率相加更大，从而形成协同利益。协同利益体现为互补性经济，互补性经济形成的诱发，再构建诱发机制，更好地作用于产学研协同创新。

观点四：委托与代理两方创新利益具有同步变化的趋势。委托方（企业）创新收益不仅来源于其自身的付出，同时还受代理方（学研机构）的付出情况的影响，双方共同的付出才能促进其收益尽可能最大化，反之亦如此。

证明：在产学研合作演进过程中，谁是委托方，谁是代理方，往往是难以界定的，通常情况下可以每一方既可以是委托方，也可能是代理方，主要根据合作中的任务分工视情况而定。

（1）首先假定企业是委托方，对应的学研机构就是代理方了，我们很容易得出企业作为委托方时的创新收益函数表达式为 $E_p = [1 - (\beta_2 + \beta_3)] \cdot x_\Delta - (\alpha_2 + \alpha_3)$，当企业不是委托方时收益为 η_1，则企业选择合作的前提是：

$$E_p^* = [1 - (\beta_2 + \beta_3)] \cdot x_\Delta - (\alpha_2 + \alpha_3) - \eta_1 \geq 0 \quad (5-21)$$

$$E_p^* = (1-c)(k-1)(\eta_1 + \eta_2 + \eta_3) - \sum_{i=2}^{3} \frac{1}{2} c_{\eta_i} \eta_i^2 + \frac{1}{2} c_{k_i} k_i^2 + \frac{1}{2} \rho_i \beta_i^2 \delta^2 \quad (5-22)$$

由上式即可得：

$$\frac{\partial E_p^*}{\partial \eta_1} = (k-1)(1-c) > 0 \quad (5-23)$$

$$\frac{\partial E_p^*}{\partial \eta_2} = (k-1)(1-c) - c_{\eta_2} \eta_2 \quad (5-24)$$

$$\frac{\partial E_p^*}{\partial \eta_3} = (k-1)(1-c) - c_{\eta_3} \eta_3 \quad (5-25)$$

$$\frac{\partial^2 E_p^*}{\partial \eta_2^2} = -c_{\eta_2} \leq 0, \frac{\partial^2 E_p^*}{\partial \eta_3^2} = -c_{\eta_3} \leq 0 \quad (5-26)$$

则当 $\frac{\partial E_p^*}{\partial \eta_2}$、$\frac{\partial E_p^*}{\partial \eta_3}$ 最小值：$(k-1)(1-c) - c_{\eta_2} \geq 0, (k-1)(1-c) - c_{\eta_3} \geq 0$ 即 $k \geq \max(1 + \frac{c_{\eta_2}}{1-c}, 1 + \frac{c_{\eta_3}}{1-c})$ 时，或者 $c_{\eta_2} \leq (k-1)(1-c)$ 且 $c_{\eta_3} \leq (k-1)(1-c)$ 或者 $c \leq \min(1 - \frac{c_{\eta_2}}{k-1}, 1 - \frac{c_{\eta_3}}{k-1})$ 时 $\frac{\partial E_p^*}{\partial \eta_2} \geq 0$，$\frac{\partial E_p^*}{\partial \eta_3} \geq 0$。

从计算结果可知，企业的不同选择会有不同的创新收益，还与选择之后的各方行为有所关系。具体分析如下：当企业是委托方时，除了自己的努力能够增加其自身创新收益，也会因为代理方（学研机构）的行为而受到影响，满足付出越多收益越多的规则；当企业不是委托方时，其收益仅仅反映了自身的投入情况，与学研机构的行为没有关系。

（2）学研机构是企业的代理方，其创新收益函数表达式为：

$$E_a(\eta_2) = \alpha_2 + \beta_2(1-c)[k(\eta_1+\eta_2+\eta_3)] - \frac{1}{2}c_{2\eta_2}\eta_2^2 - \frac{1}{2}c_{k_2}k^2 - \frac{1}{2}\rho_2\beta_2^2\delta^2 \quad (5-27)$$

则高校利用互补性知识进行产学研协同创新的条件为：

$$E_a^*(\eta_2) = \alpha_2 + \beta_2(1-c)[k(\eta_1+\eta_2+\eta_3)] - \frac{1}{2}c_{\eta_2}\eta_2^2 - \frac{1}{2}c_{k_2}k^2 - \frac{1}{2}\rho\beta_2^2\delta^2 - \eta_2 \geq 0 \quad (5-28)$$

由上式可得：

$$\frac{\partial E_\alpha^*(\eta_2)}{\partial \eta_1} = \frac{\partial E_\alpha^*(\eta_2)}{\partial \eta_3} = k\beta_2(1-c) > 0 \quad (5-29)$$

$$\frac{\partial E_\alpha^*(\eta_2)}{\partial \eta_2} = k\beta_2(1-c) - c_{\eta_2}\eta_2 - 1 \quad (5-30)$$

$$\frac{\partial^2 E_\alpha^*(\eta_2)}{\partial \eta_2^2} = -c_{\eta_2} \leq 0 \quad (5-31)$$

当 $\frac{\partial E_\alpha^*(\eta_2)}{\partial \eta_2}$ 最小值 $k\beta_2(1-c) - c_{\eta_2} - 1 \geq 0$ 时，即 $k \geq \frac{\beta_2 \cdot (1-c)}{1+c_{\eta_2}}$ 或 $\beta_2 \geq \frac{k \cdot (1-c)}{1+c_{\eta_2}}$ 或 $c \leq 1 - \frac{1+c_{\eta_2}}{k\beta_2}$ 或 $c_{\eta_2} \leq k\beta_2(1-c) - 1$ 时，$\frac{\partial E_\alpha^*(\eta_2)}{\partial \eta_2} \geq 0$

高校（代理方）的创新收益不仅与科研机构（代理方）努力程度相关，也与企业（委托方）的努力程度相关。其存在一般的关系为当企业的努力程度越高，其创新收益就会越高；当产学研协调系数、努力成本系数等条件固定时，高校创新收益主要取决于自己付出的多少，之间存在着正比的关系。科研机构与高校类似，也与企业和高校保持千丝万缕的联系，也与自身的情况息息相关。

从观点四中可以推知，产学研各方的努力程度相互促进各自创新收益。当外部条件固定时，产学研三方的创新收益是一个利益共同体，只有当产学研三方都尽自己最大努力的时候，才能取得整体的创新收益最大，也是每个组织的创新收益最大。只要有一方不采取积极的合作态度，其他两方的创新收益会大大减少，难以形成创新收益。产学研是独立的三方，在其考虑行为的时候，都会假设对方采取不合作的方式，我应该选择怎样的方式去应对，从而选择必须不是整合的利益最大化，个体选择的利益最大化不能导致整合的利益最大化。因为需要保证产学研三方具有一致的合作行为，才能保证产学研协同收益。

总结观点三、四能够得出，产学研是一个协同体。每一方的行为都会对对方行为造成影响。一般来说，委托方（企业）为了实现自己的技术升级，提升生产率，会保持积极的合作态度，会首先进行资源投入，这个时候高校和科研院所面临着选择，一方面它们可以选择不积极合作，直接获取企业资源，这个资源是短期一次性的；另一方面可以选择积极的合作，它们将来可能获取更多的资源，但这种资源是不确定性的，同时也是巨大的。高校和科研院所面临着短期利益和长期利益的抉择。作为企业一旦发现高校或者科研院所具有"搭便车"的行为，会马上失去对产学研合作的信任，直接采取不积极的合作态度，从而使产学研协同名存实亡。因此，我们必须构建产学研协同创新的诱发机制，提升每一方的合作意愿，让产学研协同在一个信任的环境里生根发芽。

3. 协调系数对产学研协同创新的影响

观点五：产学研协同创新过程中，努力结果和诱发效果具有一致性，与协调系数具有负向变化的关系。协调系数的值越大越能显著降低努力结果和诱发效果。

证明：由式（5-12）可知：

$$\frac{\partial \eta}{\partial c} = \frac{-3k^3 \cdot (1-c)^2 \cdot c_\eta [(1-c)^2 \cdot k^2 + \rho \cdot c_\eta \cdot \delta^2] - 2 \cdot c_\eta \cdot k^5 \cdot (1-c)^4}{c_\eta^2 [(1-c)^2 \cdot k^2 + \rho \cdot c_\eta \cdot \delta^2]^2}$$

$$= \frac{-3k^3 \cdot (1-c)^2}{c_\eta} - \frac{2 \cdot k^5 \cdot (1-c)^4}{c_\eta \cdot [(1-c)^2 \cdot k^2 + \rho \cdot c_\eta \cdot \delta^2]} \leq 0$$

$$\frac{\partial \beta}{\partial c} = \frac{-2 \cdot (1-c) \cdot k^2 \cdot [(1-c)^2 \cdot k^2 + \rho \cdot c_\eta \cdot \delta^2] - 2k^3 \cdot (1-c)^3}{[(1-c)^2 \cdot k^2 + \rho \cdot c_\eta \cdot \delta^2]^2}$$

$$= \frac{-2 \cdot (1-c) \cdot k^2}{(1-c)^2 \cdot k^2 + \rho \cdot c_\eta \cdot \delta^2} - \frac{2k^3 \cdot (1-c)^3}{[(1-c)^2 \cdot k^2 + \rho \cdot c_\eta \cdot \delta^2]^2} \leq 0$$

根据观点五能够发现，协调系数本身就反映了产学研组织协调程度的难易。协调系数很大时，反映了产学研三者间难以实现协同，这与产学研三方各自文化、组织、目标等都有关系。如果强行把它们结合在一起，就需要极大的成本，当已经付出了极大的成本时候，自然就会导致各方创新的积极性降低，没有了创新的积极性，就难以实现协同收益。因此，选择协调系数小的产学研组织进行合作，能够极大程度解决这一问题，不过找到协调系数小的产学研组织，又需要进行信息收集，同样需要成本，这个成本可以依靠平台进行解决。

产学研协同创新收益在成员间共享知识的成本系数及协调系数越小的情况下，越与分享互补知识的意愿程度成正比。

观点六：协调系数越小会极大提升努力结果和诱发效果。

证明：$\frac{\partial E_p}{\partial n} = (1-\beta)(1-c) \cdot \eta \cdot k'(n) \geq 0$ 则委托方的创新收益与各方分享知识的意愿程度成正比

$$\frac{\partial E_\alpha}{\partial n} = \beta \cdot (1-c) \cdot \eta \cdot k'(n) - c_k \cdot k \cdot k'(n)$$
$$= [\beta \cdot (1-c) \cdot \eta - c_k \cdot k] k'(n) \geq 0$$

可得：

$$c_k \leq \frac{\beta \cdot (1-c) \cdot \eta}{k} \tag{5-32}$$

综合上述观点，发现只有 $\frac{\partial E_\alpha}{\partial n} > 0$ 时，产学研才能顺利开展。不管是从理论出发，还是从实际案例出发，都可以发现产学研三方都是理性人，都会首先追求自己的利益量大化，进而才会思考整个组织的利益。为了能够使产学研顺利进行，都必须设计一套诱发机制，让产学研各方与产学研联盟的利益最大化结合在一起，这一套诱发机制的成本分担到社会，这样做的理由是创新才能够促进生产力的提升，产学研协同创新的效益最终会回馈给社会。另外，创新本应就是社会应该承担的职责，就应该进行创新投入，不能只享受创新收益而不付出任何投入，把诱发成本转移给社会，与网络效应类似，每个组织分担的成本极小。只有当全社会拥有创新意识时，创新的协调系数会进一步地减小，也能够促进产学研协同创新的发展。

四 激励机制模型分析

在前一部分，通过函数关系式表达了产学研三方创新收益及其行为和意愿的关系。函数关系式虽然能够准确地表达出它们之间的关系，但是难以直观地展示出其具体的变化方式。在本部分中，采用 Matlab 软件进行模拟，通过设置不同参数数值来表示努力结果与诱发效果和协调系数的关系，从而直观地反映它们这间的关系。

1. 努力程度和诱发强度与互补性知识间关联

根据上部分中的式（5-12），假设参数设定如下：$c = \frac{1}{3}$，$c_n = \frac{1}{2}$，$\rho = \delta^2 = \frac{1}{4}$，$k \in [1,5]$。

我们可以得出代理方的努力程度和诱发强度的互补性关系随着时间的变化关系如图 5-27 所示。

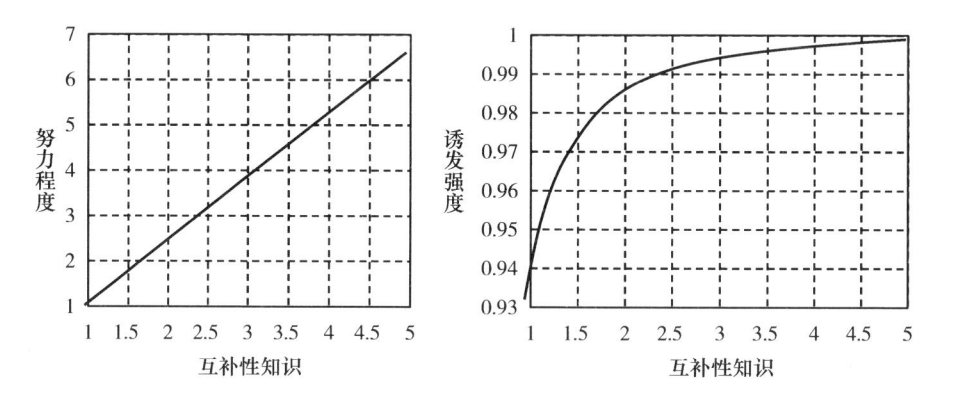

图 5-22 努力程度和诱发强度与互补性知识的关系

由图 5-22 左图可以知道，互补性知识与努力的程度呈现斜率为正的一次函数关系，努力程度随着互补性知识的增加而不断地增加；从图 5-22 右图可得，互补性知识与诱发强度的关系是倒"U"字形的前半部分，互补性知识先对诱发强度的影响比较明显，后面就越来越不明显，可以看出互补性知识对于诱发程度的影响存在阈值。

2. 企业创新收益与产学研三方的努力程度关联

（1）企业创新收益与自身努力程度间关联。

在产学研合作中，为了得到企业创新收益与其努力程度的关系，设定相关参数为，$k = 5$，$\eta_2 = \eta_3 = \frac{1}{2}$，$c_{\eta_2} = c_{\eta_3} = \frac{1}{16}$，$c_{k_2} = c_{k_3} = \frac{1}{25}$，$\rho = \delta^2 = \frac{1}{4}$，$\beta_2^2 = \beta_3^2 = \frac{1}{9}$，代入企业创新收益方程中 E_p^* 中，通过模拟可以得出图 5-23。

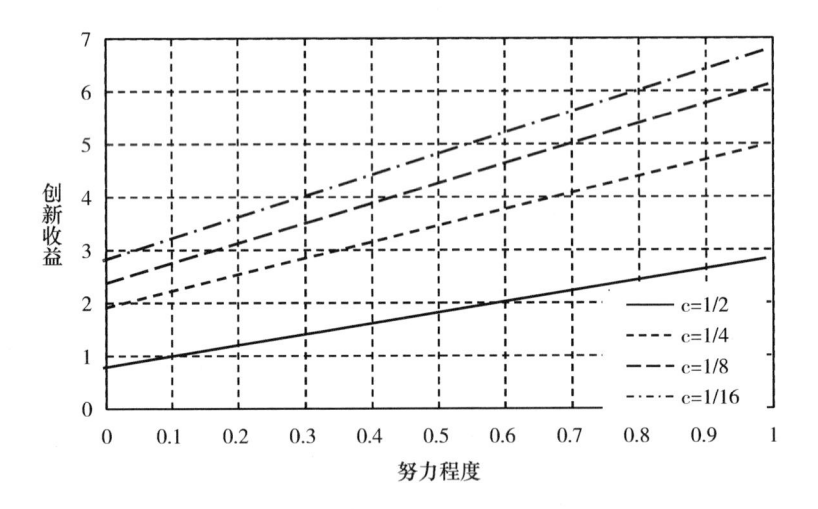

图 5-23　企业的创新收益与自身努力程度的关系

分析图 5-23 容易得出，企业的努力程度与创新收益存在斜率为正的一次函数关系，企业创新收益都会随着企业努力积蓄的增加而增加。我们也可以得出，不同的协同系数限制了企业创新收益的大小。从直观上看，协同系数限定了企业创新收益的起点，不同协调系数下的创新收益的增加率几乎是一样的，我们可以大胆猜测协同系数最后影响了企业的创新收益。

为了与图 5-23 形成对照，我们对产学研协同创新中的相关参数进行调整，其参数值为，$c = \frac{1}{2}$，$k = \frac{3}{2}$，$\eta_2 = \eta_3 = \frac{1}{2}$，$c_{\eta_2} = c_{\eta_3} = \frac{1}{2}$，$c_{k_2} = c_{k_3} = \frac{1}{2}$，$\rho = \delta^2 = \frac{1}{4}$，$\beta_2^2 = \beta_3^2 = \frac{1}{9}$

通过模拟可以得出图 5-24。

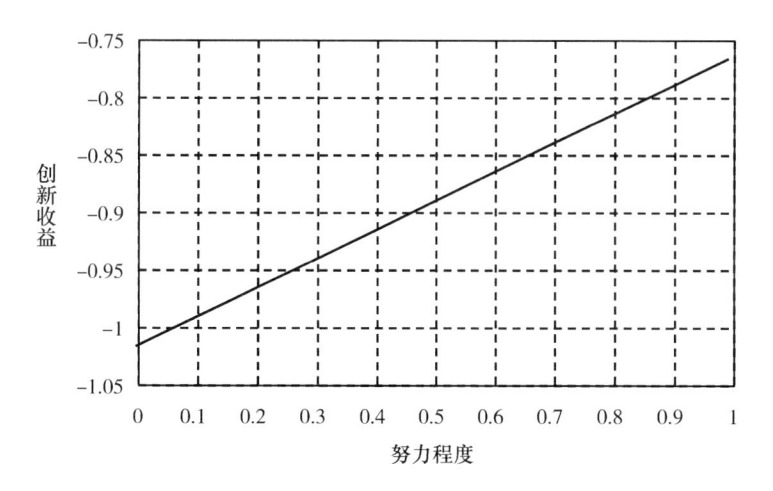

图 5-24 企业的创新收益与自身努力程度的关系

从企业创新收益总量上说，企业收益一直为负，从增加趋势上说，企业创新收益不断在增加，一方面可以证明企业创新收益与自身的努力程度息息相关；另一方面，也可以发现当相关参数设定后，可能导致企业不会有正的收益。对应到现实的产学研合作案例中，可以理解为在某些情况下，企业选择不合作才是其最好的选择。

（2）企业的创新收益与学研机构努力程度关联。

我们再次设定相关参数，其值为 $k = 5$，$\eta_1 = \eta_3 = \frac{1}{2}$，$c_{\eta_2} = c_{\eta_3} = \frac{1}{4}$，$c_{k_2} = c_{k_3} = \frac{1}{4}$，$\rho = \delta^2 = \frac{1}{4}$，$\beta_2^2 = \beta_3^2 = \frac{1}{9}$，$c = \frac{1}{2}$，代入 E_p^* 中，通过模拟可以得出下图 5-25：

根据已经设定的参数，我们可以发现企业的收益与高校努力程度呈现斜率为负的一次函数关系，企业的创新收益必须依靠高校，高校的努力程度直接影响了创新收益。从中我们还可以发现，企业创新收益一直为负，在现实情况下高校和企业都不会参与产学研协同创新。

为了与图 5-25 形成对照，我们再次调整了其中的一些参数，参数设定值为，$k = 5$，$\eta_1 = \eta_3 = \frac{1}{2}$，$c_{\eta_2} = c_{\eta_3} = \frac{1}{16}$，$c_{k_2} = c_{k_3} = \frac{1}{25}$，$\rho = \delta^2 =$

$\frac{1}{4}$，$\beta_2^2 = \beta_3^2 = \frac{1}{9}$，代入 E_p^* 中，通过模拟可以得出图 5-26。

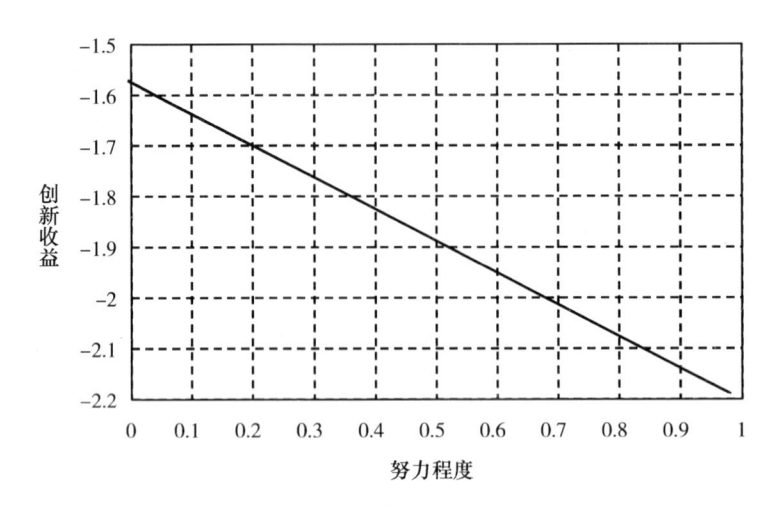

图 5-25　企业的创新收益与高校努力程度的关系

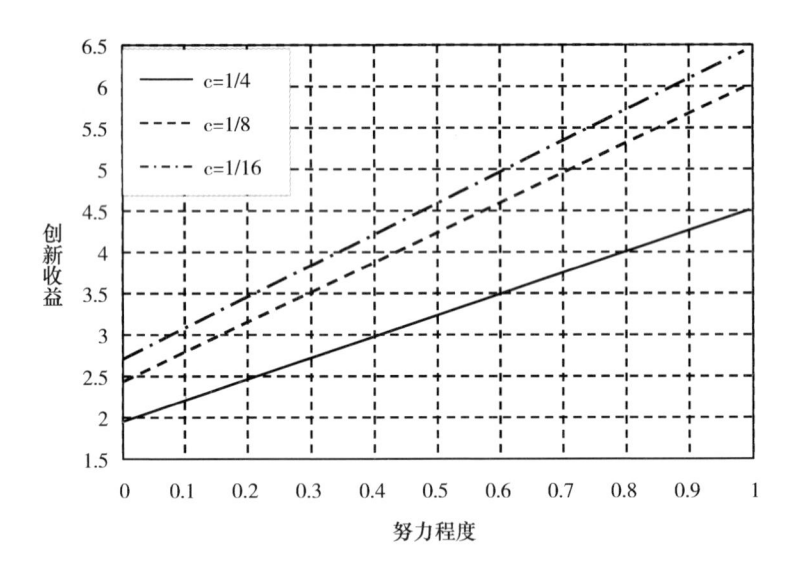

图 5-26　企业创新收益与高校努力程度的关系

从图 5-26 中可以发现企业创新收益与高校的努力程度存在斜率为正的一次函数关系，企业创新收益随着高校的努力程度增加而不断增加。还可以发现当协同系数不同的时候，直接决定了企业创新收益的起点，协同系数越小，创新收益的起点就会越大，协同系数对创新收益的增加率的影响不是很明显。

3. 学研机构创新收益与产学研三方间关联

（1）学研创新收益与企业努力程度间关联。

为了描述学研创新收益与努力程度间关联，我们对其相关参数数值进行设定为：$\alpha_2 = 2$，$\beta_2 = \frac{1}{3}$，$c = \frac{1}{2}$，$k = 2$，$\eta_2 = \eta_3 = \frac{1}{2}$，$c_{\eta_2} = \frac{1}{2}$，$c_{k_2} = \frac{1}{2}$，$\rho = \delta^2 = \frac{1}{4}$，代入学研机构 $E_a{}^*(\eta_2)$ 中，通过模拟可以得出图 5-27。

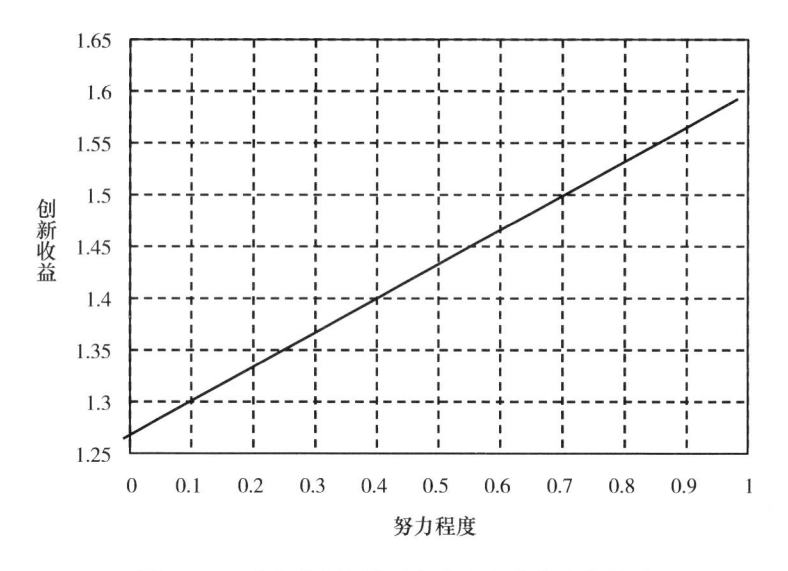

图 5-27　高校的创新收益与企业努力程度的关系

根据图 5-27，发现高校收益与企业努力程度存在斜率为正的一次函数关系，高校创新收益随着努力程度的增加而增加。还可以发现，当企业努力程度为 0 时，高校也有创新收益，说明产学研协同创新一定能够产生协同效应。

（2）学研机构创新收益与自身努力程度间关联。

我们再次对相关参数进行重新设定，其参数数值为 $\alpha_2 = 2$，$\beta_2 = \frac{1}{3}$，$c = \frac{1}{2}$，$k = 2$，$\eta_1 = \eta_3 = \frac{1}{2}$，$c_{\eta_2} = \frac{1}{2}$，$c_{k_2} = \frac{1}{2}$，$\rho = \delta^2 = \frac{1}{4}$，通过

模拟可以得出图 5-28。

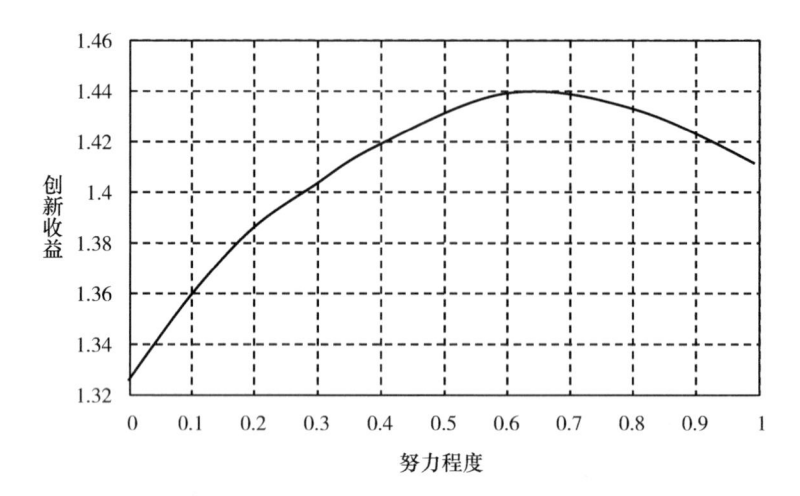

图 5-28　高校的创新收益与高校努力程度的关系

我们再次对高校创新收益与努力程度的相关参数进行重新设定，重新设定的数值为 $\alpha_2 = 2$，$\beta_2 = \frac{2}{3}$，$c = \frac{1}{16}$，$k = 5$，$\eta_1 = \eta_3 = \frac{1}{2}$，$c_{\eta_2} = \frac{1}{16}$，$c_{k_2} = \frac{1}{2}$，$\rho = \delta^2 = \frac{1}{4}$，通过模拟可以得出图 5-29。

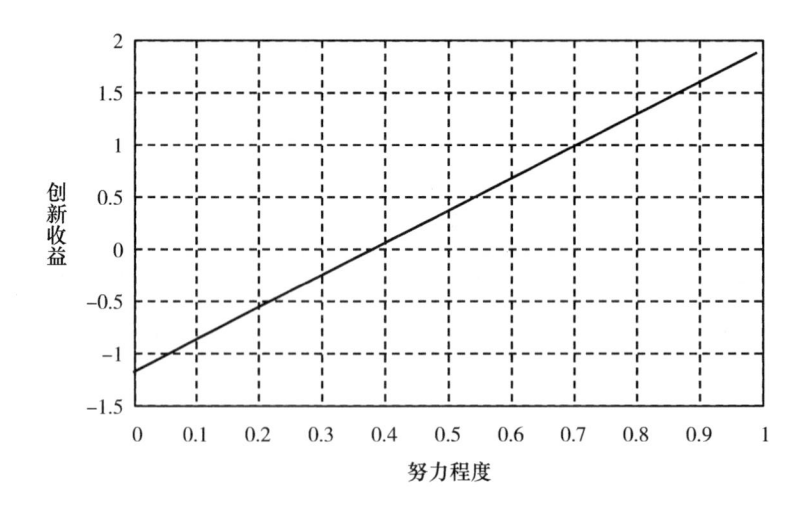

图 5-29　高校的创新收益与高校努力程度的关系

通过对图 5-27~图 5-29 进行分析，发现学研机构创新收益与产学研三方的努力程度都有关系，学研机构创新收益随着产学研三方努力程度的增加而不断地增加，这与企业创新收益具有一致性，说明产学研协同创新时，产学研三方都应该采取积极的态度进行合作。

4. 协同系数对诱发强度和努力程度间关联

我们最后研究协同系数对诱发强度和努力程度的影响，把相关参数设定为 $k=2$，$c_\eta=\frac{1}{2}$，$\rho=\delta^2=\frac{1}{2}$，通过模拟可以得出图 5-30。

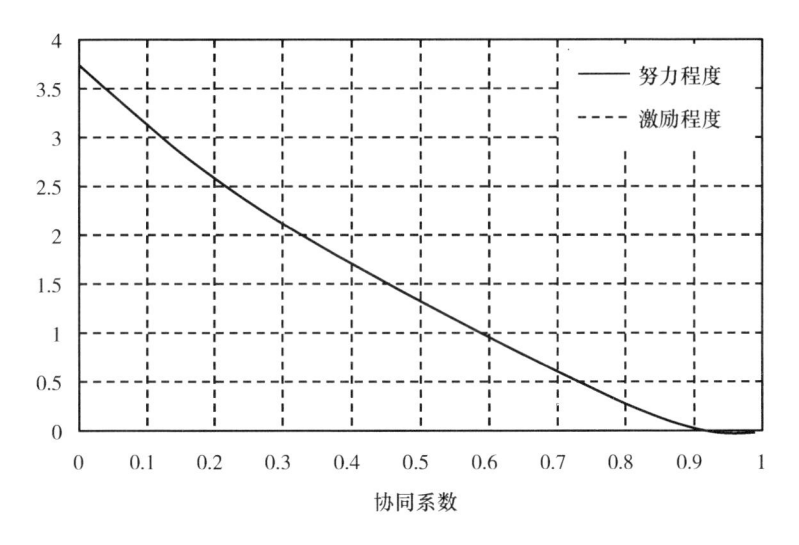

图 5-30 协同系数与诱发强度和努力程度间的关系

根据图 5-30，我们可以发现，协同系数对诱发强度和努力程度都会造成负面的影响，而且敏感程度不一样。努力程度对协同系数非常敏感，努力程度随着协同系数的增加而不断减少，大概呈现出一种斜率为负的一次函数关系。诱发程度对协同系数不敏感，当协同系数较小时，对诱发程度几乎没有影响，说明诱发程度对产学研具有极强的促进作用。综合以上发现，协同系数通过影响诱发强度与努力程度，最终影响到产学研协同创新收益。

第四节　产学研协同创新诱发机制的构建与完善

我国已营造了产学研协同创新的环境与氛围，但是基于当前协同创新成效不佳的现实情况，需要我们着眼于产学研协同创新全过程的每一阶段来考察与之密切相关的各方面的影响因素，以此论证产学研协同创新系统顺畅高效运行的可行之策。在产学研协同创新全过程的仿真模拟所发现的规律与现象的基础上，结合对理论与实践的剖析与总结，我们可以从以下几个层面构建和完善产学研协同创新诱发机制。

一　进一步激发和增强企业创新意识

美国挑起的中美贸易摩擦，再次说明我国加快自主创新进步、在若干关键领域实现重大突破的急迫性。当前，众多的企业已经意识到没有创新的企业是没有灵魂的企业，在快速变化的全球化竞争环境中没有创新是难以实现可持续发展的。因此，大多数企业需要尽可能地摆脱"想得多做得少""雷声大雨点小"式的做法，真正意识到创新对于企业、对于经济社会发展的重大意义，切实把创新意识内化为企业行动之魂，在企业创新人才培养、创新规章制度、内部创新环境、创新成果应用等方面，更多地摆脱过于短期化、功利化与世俗化的观念束缚，以开放的眼光与胆识，以更加主动积极的姿态，围绕有利于形成我国核心领域关键技术进行自主创新，推动产学研协同创新系统的有机形成。另外，市场会由于各种因素的影响呈现出各种不确定的变化，而企业是市场竞争的主体，市场的变化会给企业带来一系列的压力，这都应当是驱动企业加快产学研创新意识转变的外在力量。当创新能够为企业带来所预期的经济效益，企业就会在创新方面花费更多的投入。由此，应对这类现象对症下药，逐步将企业树造为一个独特的创新主体，为创新领域开创新的天地，鼓励企业主动参与产学研协同创新活动。

以前述分析的产学研协同创新的萌发阶段为例，运用 Vensim 软件对影响因子中的"企业创新意识"对"企业创新动力"的影响权重设置为 0.7，"企业创新动力"对"创新意识增量"的影响权重设置为 0.9，把企业视为产学研协同创新的主体进行分析，借此来提升企业的作用，分析结果如图 5-31 所示。

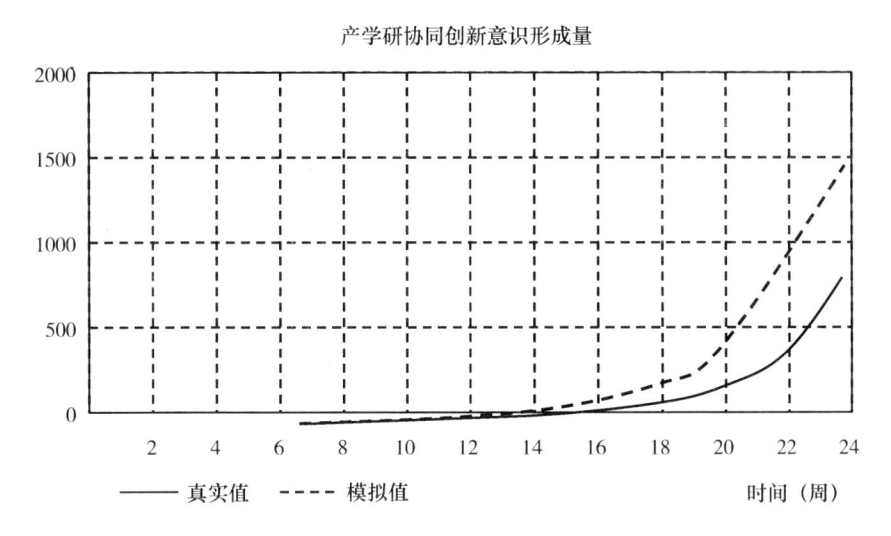

图 5-31 产学研协同创新意识形成量输出结果比较

考察输出结果，可以发现曲线模拟值从 0 周期开始始终位于曲线真实值的上方，我们由此可知如果企业真正承担了技术创新主体，就将会高效促使产学研协同创新意识形成量飞速增加。另外，在不断的循环中，每个周期内，随着相互之间的交流的深入，时间越久，其对产学研协同创新的认识就会进一步的深入，可知其对产学研协同创新的认识所起的作用逐渐加强。从另一方面也映射出企业对产学研协同创新所发挥的主体性的作用，如此又找到了对产学研协同创新的动态发展的另一个决定性因子，即是企业关于创新的意识是怎样的。

二 大力倡导和推进产学研深度合作

受不同企业的发展历史、运营结构的设置各不相同等因素的影响，能够独自创设本企业科研院所的凤毛麟角，即便有的企业有相关的部门也是为了企业利益所考虑的，对于是否适合社会各方面的发展完全没有涉及，为此，发展产学研协同创新势在必行。企业、高校、科研院所三个主体，在相互合作、相互交流中各取所需，共同为发展目标而努力，不仅仅能够降低研发的风险,还能实现趋利避害,提高各自的不足之处,最终获取更大的效益,同时各自又完成了相应的目标。

经济体制和科学技术长期处于分割的状态,是由我国各个时期的发展所造成的。在"产"界,主要是企业这个主体,形成了以市场利益为导向的发展路径,只注重盈利而对科技的创新几乎完全忽略,甚至有的企业对科学技术的发展闭耳不闻;但是在"学"和"研"界的大学与科研院所与之完全相反,他们对科学技术的研究投入力度占很大比重,但由此也忽略了市场的需求,供求不相接轨的现象常常发生。对于以上种种问题我们不能视而不见,更不能相互推脱责任,要用解决问题的眼光去看待每种现象,可以从三个主体的角度相互考虑造成此类问题的原因。企业是衡量一个国家经济的重要指标之一,其往往是基于市场的价值来考虑产学研研发能否为企业带来效益,以及效益的大小;与之相反,科研机构和大学经常是基于投入与成果的转化视野下来分析产学研协同创新,不同主体所站的角度不同,对问题的理解也就产生差别,就导致了不同协同创新主体之间的任务分配以及分配利益的巨大认知差异。为消除这些问题,第一步就是加快企业融入产学研协同创新的大家庭之中,为大学和科研院所的研究学者提供市场急需的科技产品,同时为研究学者分担相应的研发费用。三个主体在进行相应工作时明确自己的目标与所要解决的问题,更重要的是能够高效地提升成果的转出率,做到"研有所用""用有所求",三个主体紧密地联系在一起,实现"1+1>2"的效应。另外,还应对大学、科研院所和企业的利益分配做出相应的规划,让三类主体各自的风险降到最低,这样不仅能够激励企业更多地参与到协同创新之中,还能激发大学、科研院所的研发能力,能够更加积极地参与研发工作,为协同创新的可持续发展提供源源不断的动力。

对前述处于产学研协同创新初始阶段的该企业,进一步考察产学研协同创新水平影响协同创新意识的状况。将"高校、科研机构创新动力"对"产学研协同创新水平"的影响权重升至1.5,模拟分析大学、科研院所动力与产学研协同创新水平间关系,以 Vensim 软件进行分析,其运行结果如图 5-32 所示。

产学研协同创新意识形成量

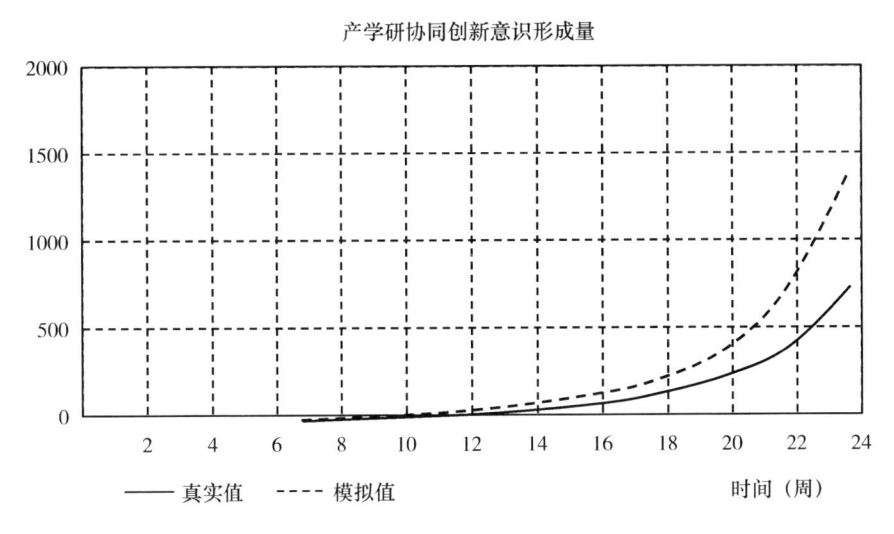

图 5-32 产学研协同创新意识形成量输出结果比较

容易从图 5-32 观察到，模拟值在全周期内均位于真实值上方，表明在时间的推移下，各个周期内的增幅比都在加大，因此产学研协同创新水平对协同创新的作用是持续增加的。

三 优化协同创新的政策与法律环境

我国在科技方面的发展至今仅有 40 年左右的进程，在产学研协同创新方面的发展可以说还处于起步阶段，还存在着方方面面的问题和不足。其中，在相关的法规政策方面还没有一套完整的相关奖惩制度；由于产学研运行体系还不够完善，以至于产学研各主体对协同创新的认识不足，各主体也不能积极地参与到协作团队之中。由此，政府相关部门要依据协同创新的现状制定实施配套的法律法规体系，充分发挥法律法规的功能以保障产学研协同创新成果的高效率产出，对三方的利益有相应切实的保护，促进三方的合作力度，对产学研协同创新的发展提供坚实的制度保障。

为探究政府对产学研协同创新发展所起的作用，我们依据产学研协同创新各个阶段中政府的相关政策对产学研创新各项活动的影响，仍然以前述案例的公司为例进行模拟分析，把政府对产学研的政策支持权重增高到 1，运行 Vensim 软件，分析结果如图 5-33 和图 5-34 所示。

产学研协同创新总价值

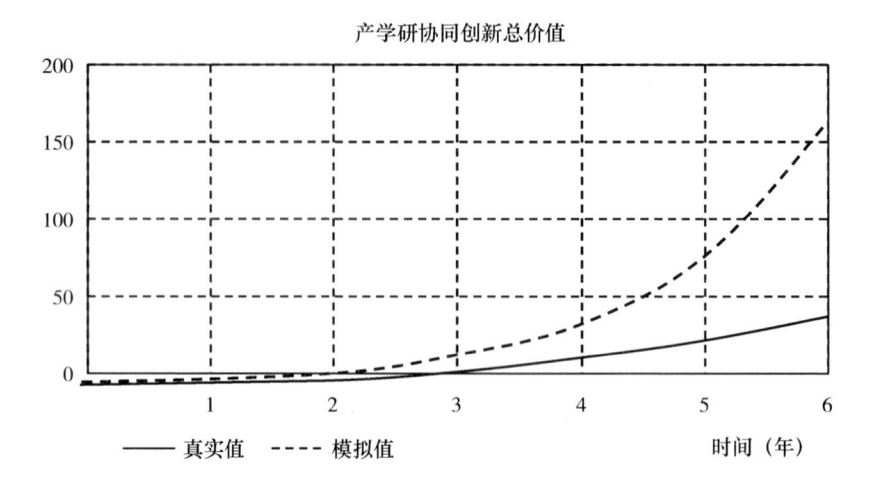

图 5-33 产学研协同创新总结价值的输出结果比较

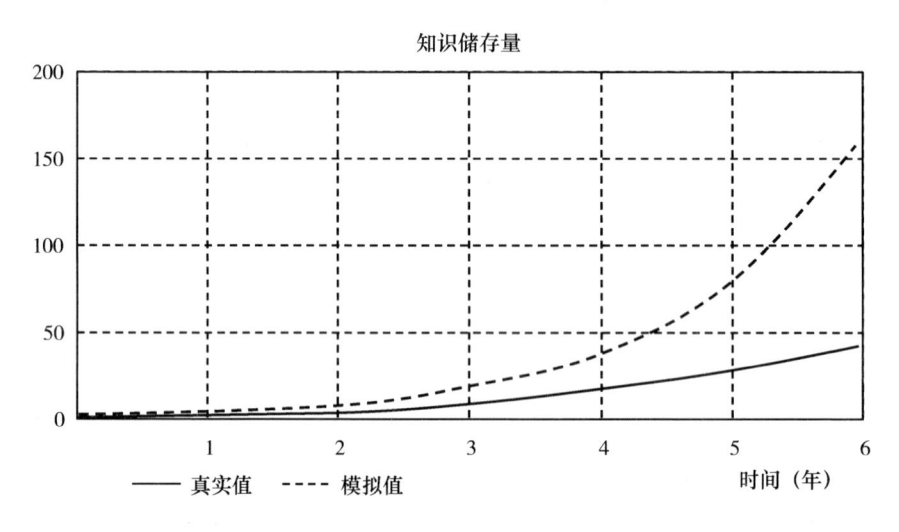

知识储存量

图 5-34 产学研协同创新知识储存量的输出结果比较

我们可以观察出，政府政策可以强有力地影响产学研协同创新的发展，能够持续不断地激励产学研协同创新源源不断向前推进。在提升政府对产学研重视度的比重后，产学研结果输出阶段的影响逐渐加大，随着时间推移，总结价值在循环周期中不断加大，且增幅逐年上升，在第6个循环周期时已实现了跃迁。

四 构建知识共享创新利益诱导机制

最终实现产学研协同创新主体的知识创新能力达致一定的水平，是产学研协同创新的目标与意义所在，也是为了将知识创新进行产业化的必经之路，唯有如此才能实现协同创新利益的产生。由于产学研三个主体所处的环境不同，它们对事物的认识所具有的知识也就不同，就有了知识的异质性。尽管产学研协同创新的诞生是以知识的异质性为前提的，但如果处理得不恰当也可以是阻碍产学研协同创新发展的决定性影响因子，三个主体之间的相异的知识融合不能够有序地推进，会对高效率协作的产学研协同创新组织的发展大打折扣。各主体不能各取所需、互补效率低，对于知识的创新也就失去了价值所在，预期所设置的目标也就没有存在的意义。达不到理想的科研成果，也难以实现经济收益，最终会进入到一个错误的系统中周而复始地运作，实现不了期望的结果。

对于知识共享的因素可以从两个方面来探讨。其一是沟通不顺。沟通是问题产生的根源，但也是解决问题的关键所在，产学研的三类主体各自有其擅长的领域，作为不同知识主体，应该根据自身的知识结构对团体内的成员共享相关理论知识，彼此应加强沟通交流，或定期地举办一些协同创新团队建设活动，让各个主体深入了解对方，形成一个钢铁般的团队，以便于进一步开展工作；其二是组织机构的不合理。不合理的组织结构对于信息的传递会产生致命性的后果，组织内部不能形成上行下效的效果，甚至会在成员之间造成巨大的交流裂痕，对产学研协同创新的合作效率大打折扣。

这里继续以前述案例为例，考察产学研协同创新的研发初始阶段，提升知识共享障碍与协同创新研发失败率的关系，将其权重升至 0.5，运行 Vensim 软件进行分析，运行出如图 5-35 的结果。

对图 5-35 的运行结果分析，曲线模拟值一直要高于曲线真实值，表明产学研协同创新的研发成果量与知识共享障碍存在着反比例关系。在产学研协同创新周期性循环的动态演进过程中，知识共享对协同创新研发成果量的影响程度也在步步加深，当达到第 6 周期时出现了巨大的差距。为此，产学研协同创新能否高效率、动态可循环发展的一个重要课题是：如何降低甚至去除知识共享中存在的障碍问题，具有十分重要的现实意义。

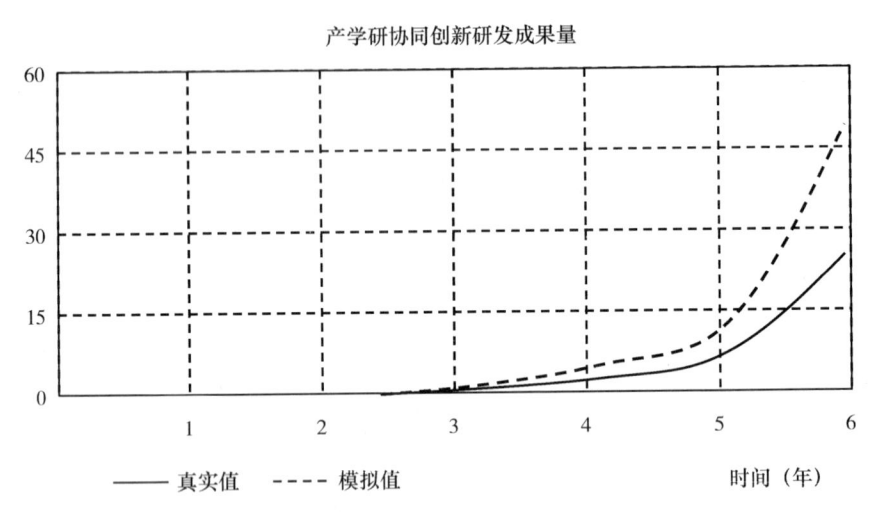

图 5-35 产学研协同创新研发成果量输出结果对比

第五节 本章小结

近些年来，科学技术的高速发展，网络经济的迅疾兴起，对经济社会的发展带来了革命性的冲击和深远的影响，也极大地促进了社会对知识经济的认识与高度重视，这标志着一个新兴经济时代的来临。更多的人会注意到知识的价值，并理解知识付费的重要性，对于一个组织甚至一个国家能否成功、繁荣富强，评价组织已将知识创新纳入到评价考核指标之中。正是基于此，各个知识主体开始对知识创新高度重视，也就诞生了以"产"界为代表的企业、以"学"界为代表的高校、以"研"界为代表的科研院所共同服务的产学研协同创新组织。为了实现国家制定的到本世纪中期建设创新型强国的伟大目标，为了现阶段国家发展的逐步过渡转型，探究产学研协同创新如何最大化产出成果、如何可持续地动态性发展有着重大的意义。借鉴现有文献，从系统动力学的角度对产学研协同创新的影响因子分析进行建模并作仿真，依据仿真结果和现有相关理论，提出了产学研协同创新能力提升的相关建议。对本章内容的研究可以归纳出如下相关的结论：

1. 产学研协同创新不仅仅是各主体之间的合作，更多的是强调整个的系统性，系统内又分为不同的单元，各个单元之间有着良好的衔接，是不断地相互促进发展的。应用系统动力学的相关方法，结合实际生活中企业所面临的相关问题，将产学研协同创新划分出了四个阶段：萌芽起步阶段、研究开发阶段、产业化发展阶段、结果总结阶段。各阶段相互作用、相互联系，各主体共同作用创造了有机的产学研协同创新的新过程。特别是要加强企业作为产学研协同创新的主导地位：一方面应当加强企业创新意识，使企业转变成为一个研发主体；另一方面，使企业从商业投资主体转变为创新型投资主体，对企业在创新方面的投资要善于引导，注重对企业长期投资回报率的培养，让企业注重把降低成本、提高收益以及生产率的提高转移到知识的创新。

2. 产学研协同创新在一个动态交互的过程中发展，其全流程涉及了来自各方面的影响因素，外部宏观环境因素比如：消费者需求、法律法规政策、市场竞争以及各主体方对相互协作的认识等等；还有一系列的潜在因素比如：知识的隐形价值、对于发展投入的人才物等。另外，三个知识主体之间由于没有相关合作经验，知识的异质性造成了知识共享的传递，还有各自对创新的理解存在不同认识，其中带来的诸多不确定性因素时时刻刻都在产学研协同创新发展之中产生不同程度的影响。然而，各个因素之间还存在着千丝万缕的联系，存在的某种因果联系又会反馈到系统循环之中，往复循环就构成了产学研协同创新的研究基础。

3. 正是因为产学研协同创新中反馈循环的因果关系，又基于整个复杂的变化性过程，系统动力学的研究刚好是一个便捷的研究方法，为此提供了高效的途径。在产学研协同创新的各个阶段所蕴含的动态性、非线性关系和多重性，对其分析就形成了有效的思路，即研究剖析内部结构的动态行为，然后利用相关的结构方程对其行为仿真分析，最后提出对策分析相关模型，以便更快、更便捷地促进三方的合作。提升产学研协同创新程度，形成企业为主干、大学和科研院所相互协同的高效的合作组织，三个主体在合作中学习对方的优点、共同抵御风险，创造出更高的利益，最终把产学研协同创新的团体做大做强；在国家层面，应该积极引导产学研协同创新的形成，为各个主体创造优越的环境，比如提供一系列的扶持政策、奖罚制度、专项资金、技术支持、成果保护等措施。政府部门应当主动引导、规范和诱发产学研协同创新运行，正视现实中存在的客观问题，有针对性地出台与之匹配的规章制度；此外，我国产学研协同创新的发展，是一项长期性、基础性、系统性的工程，政府相关单位应设立专项资金，围绕关键核心技术领域，以项目的形式来诱导产学研协同创新的研究和开发活动。

4. 通过对产学研协同创新活动诱导过程的研究，对产学研协同创新的多个影响因子进行识别、挑选，将影响密切的因素构成相应的反馈回路，对不同的阶段构建 SD 网络模型，再进一步对不同阶段的 SD 模型进行总结分析，形成产学研协同创新的新的集成范式模型，运用产学研协同创新全新的集成模型来建立相匹配的 SD 模型流图，并列出最相近的结构方程式，依据生活中的某一集团案例对产学研协同创新的不同阶段模拟仿真，剖析相关内容得出相关的结果。运用各相关模拟的结果效果进行分析比较，为产学研协同创新的不同方面给出相关的建议，首先要对企业的领导进行创新意识培养，加大产学研的合作力度；对于政府相关部门，要加强相关的法律法规的制订，完善相关的法律体系，建立有效的知识共享机制等等；对于科研院所和高等院校，要转变思想，积极融合到产学研协同创新组织合作之中。

由此，我们认为可以在以下三个层面强化这种产学研协同创新诱发机理：一是培育各创新主体尤其是企业的创新意识，引导企业积极开展科技创新活动，并积极提供相应的政策和资金等方面的知识，增强企业的自主创新能力，确立以企业为主导的产学研协同创新的新局面；二是产学研合作项目应该面向市场，市场认可度是检验创新成果是否有效的依据之一，创新合作项目开展前应该充分进行市场调研，并邀请相应领域的专家及企业家进行指导与评议；三是各创新主体应该加大对研发活动的投入力度，制定科学合理的研发投入预算，提高其在总预算中的比重，并进行实时跟踪管理。积极引进创新科技人才，为创新活动注入新活力。

第 六 章

产学研协同创新的实施路径

"高楼临远水，复道出繁花"，中国国情下的产学研协同创新应当坚持沿着具有中国特色的路径不断前进，才能实现我国科技创新能力的质的变迁。首先，本章基于异质性知识视角，分析异质知识跨组织传递的过程；其次，从场域交互的视角，刻画产学研知识动态互补的演化过程；再次，应用图论阐释和剖析产学研协同创新中知识转移不同阶段的路径图，以及路径选择方式；最后，构建产学研知识转移的网络路径，并提出产学研协同创新实施路径的践行对策。

第一节 异质知识视角下的产学研协同创新

一 异质知识跨组织传递过程

企业、高校和科研院所的定位显著不同，其各自关注和研究的重点也有所区别，同时，它们自身在知识的储备、发现、创造、传播与应用层面，无论是能力还是水平都客观上有着不同。正是基于取长补短、整合资源、分工协作、集思广益、重点突破的诉求，知识差异性成了各方选择协同创新的动力源。差异知识可以吸引消化共同进行，但并不是差异性知识就能够实现互补，差异性知识必须有所关联才能产生整体效应，以下产学研知识研究文献能够更好地证明产学研知识差异性能够促进产学研协同创新。

（一）知识势差

知识势差概念灵感来源于物理学中原子的基态与激发态的概念，借鉴能级存在由激发态向基态流动的趋势，用来表述差异知识的流动方向。

知识存量受到多个因素制约，主要有组织文化氛围、区域环境以及社会目标等因素。Rycroft（2007）用物理学中的无形的场来形容产学研间的关系，知识存量及其场的知识势差主导知识的流动。

Marco（2001）以德国的校企合作案例为考察对象，发现企业和高校间知识势差与合作的结果存在一定的关系；认为适中知识势差能够促进知识转移，知识势差的不明显很容易导致产学研协同创新的目标无意义；知识势差过大，处于知识劣势协同方存在认识知识水平的瓶颈，可能难以形成知识交流，不利于其作用的发挥提出知识势差应该保持一个合理的区间。

各主体选择协同伙伴时，各协同主体应该选择知识势差在合理区间内的协同方进行项目合作。一般作为知识弱势方的企业，拥有通过项目合作学习高校和科研院所的知识的机会，促进自身的成长，同时提供自己拥有的商业知识，促进项目完成。同时，选择了合适的伙伴，还需要良好的沟通渠道，使知识要素能够在产学研三方快速流动。因此，保证产学研各方知识势差在合适区间内，建立快捷的沟通网络。如图6-1所示，表明了知识势差与知识转移速率的关系。

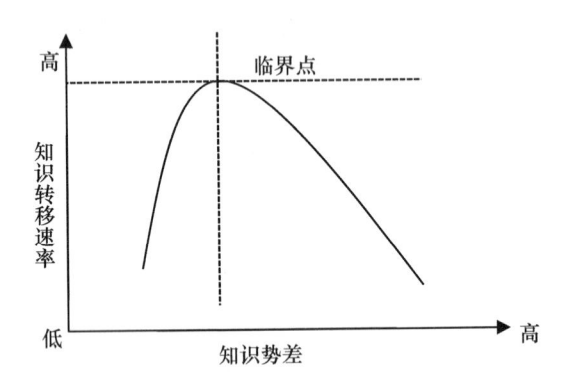

图 6-1 知识势差与知识转移速率之间的关系曲线

（二）知识耦合

"耦合"是一个物理概念，用来形容在一个物理系统中，要素的相互协同程度及其对系统整合效果的影响。物理系统偏重传导机制的动态性，借用此物理名词，表达产学研协同创新中的协同主体的知识动态互补关系，动态互补关系通过在合作过程不断演化体现。

柳洲（2004）指出科技创新的本质在于科技主体跨越学科领域进行合作，其核心就是促进科技创新所需异质性知识的协同。贾卫峰（2007）在研究中发现，产学研协同创新项目是知识相互交互的载体，创新主体知识间的契合性对技术成果具有重要影响。魏江（2010）考察了产学研协同创新成果的产生过程，协同方的知识系统各自都对成果的产生做出了突出贡献。

产学研协同三方各自拥有不同的协同意愿。企业最终的目标是企业持续性盈利；大学的主要目标是科研能力增强和学术水平提升；科研机构的主要职责就是为了基础研究的突破。在社会经济中的定位不同，产学研各方形成了有利于系统发展的知识，对于各主体来说，企业知识主要集中于商业知识和市场知识的积累，高校和科研机构知识主要汇聚在人才培养和基础研究中。在产学研各方中，知识间的较好耦合度促进知识分享和知识行为的持续发展，首先完成知识的共享，进而完成知识的创造。产学研三方利用对方优势弥补自己劣势，形成一个比较完善的联盟协同体，从而促进协同项目不断推进。

知识耦合如同机械耦合系统，关键耦合域内部相互渗透，也与非关键耦合发挥协同作用。企业、高校、科研机构三方的耦合资源来源于知识属性，知识的不同属性会作为知识耦合的前提，产学研协同项目推动耦合的静态联系，项目的不断推进过程则实现动态耦合，不断推动知识系统向前演化，在演化中实现知识创造，从而达到产学研项目成果所需要的知识。异质知识在产学研三方的创新过程可以分为三个阶段：第一阶段是知识资源的匹配阶段，此阶段的主要特征是评估异质知识间的势差；第二阶段是知识转移与创造，此阶段的主要特征是联合异质知识，使之发生协同；最后一个阶段是知识协同创新，此阶段就能够体现异质知识的协同效应。异质知识在产学研三方中的创新过程如图6-2所示。

如前所述，产生产学研协同创新的原动力，就在于产学研协同创新各主体间的知识异质性，诚如一枚硬币有两个面一样，知识异质性也是影响产学研协同创新的各主体自身的内部约束条件之一。我们很容易理解，如果协同三方拥有完成相同或者相似的知识背景，产学研协同创新的驱动力就不会那么强烈和充足。这是因为在"你有我有全都有"的知

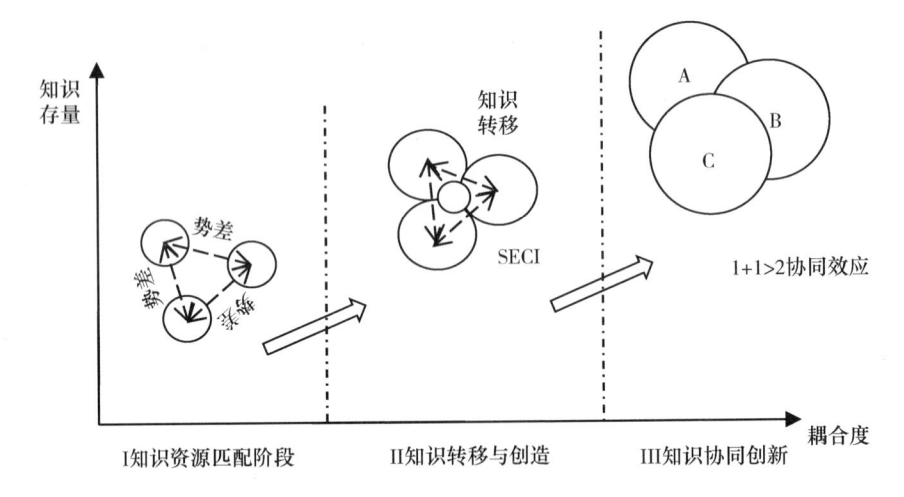

图 6-2 异质知识在产学研三方中的创新过程

识同质化情况下,产学研之间的协同就缺乏足够的动力。正因为有了异质性知识,才更大程度上提升了产生协同创新行为的可能,进而实现"1+1>2"的协同效应。当然,这并不意味着异质性知识也可能会影响产学研协同的流程,例如对同一个问题,基于不同的行业特征,出发点不同,可能会有意见的分歧,从而造成冲突,影响合作。对此,本节主要对产学研协同创新过程中各影响因素进行了划分与深入研究,构建了系统动力学模型,分析异质知识在组织间传递的各影响因素,力求发现能有效促进知识转移与融合。

二 产学研协同创新过程分析

本质上看,产学研协同创新活动存在于显著资源差异性的各知识主体之间,基于自身发展目标的需要,致力于优化和整合创新资源,改善技术创新条件,增强自主创新能力,加快提升核心竞争能力,而相应开展的资源共享、利益共有、风险共担、分工协作的知识创新与成果转化全过程。显而易见,产学研协同创新是一种开放型、包容型、融合型的特定活动,属于与外环境高度交互的柔性、应激性特点十分突出的网络组织系统。

从社会发展的角度来看,促进产学研协同的目标就是要发挥资源的整合效应快速地推动知识创新,进而实现技术创新。实际上,知识创新与技术创新两者既有联系又有显著的区别。然而客观上看，知识创新和技术创新相比，知识创新的范围与目标要求更宽泛，而技术创新的领域与指向更具体。知识创新囊括了所有新的知识发现、传递与应用相关的一切活动与结果，因此它包括了理论创新、技术创新与试验发展；而技术创新则更加注重与新产品、新工艺、新材料、新能源等相关的创新性方式方法及实现过程，侧重于能产生直接效益特别是经济效益的创造性活动。由此，我们可以认为知识创新包括了技术创新，产学研协同创新以技术创新为重点，但总体上应当是一种知识创新行为，体现了发现、创造、分享、传播与应用知识的全流程。知识创新应当围绕国民经济和社会发展的长期需求，而技术创新更多的是围绕市场需求而展开，在需求的导向和刺激下，引导和鼓励科研人员，积极开展知识创新创造活动，系统设计与明确投资、收益、风险等分担机制，努力研究开发出能适应市场需求的技术成果，并注重这些成果的产业化推广（傅家骥，1998）。

产学研协同创新活动应当不是一个短期性、应急性、阶段性的一次性任务，而应当是一个循环往复、不断改善的长期行为，源于知识创新是一个漫长、持续、柔性过程的规律所需要的。这个过程，可以是按照项目、产品、任务来进行阶段性划分，一个大周期里面可以划分为若干小周期，但无论如何，都是有始才有终，阶段性的终点也是阶段性的起点。但是"不积跬步，无以至千里"，"千里之行，始于足下"，因而需要高度重视产学研协同创新的起始阶段，在这个阶段必须深刻地理解"凡事预则立不预则废"，做好周密细致的总体设计与实施计划，以确保在产学研协同创新各个阶段能密切联系与相互促进。基于此，我们将积极探索产学研协同创新的有效运行模式，通过分析这种基本模式的影响因素，考察如何打造高效的产学研协同创新体系，以及改善产学研协同创新效率和效果的具体路径。

第二节 基于场域交互的产学研知识互补过程

一 协同创新与知识的互补

产学研协同创新作为促进科技进步与经济发展的重要措施，在国家层面上有利于优化资源配置、提升产业结构，全面推进创新驱动发展战略；在高校、企业和科研机构等组织层面，也是加强自主创新研发能力、加强并巩固竞争优势的有效手段。事实上，产学研协同创新的关键在于，通过全面、深入的知识互补实现知识的交叉创造、价值增值，可以说，知识互补的实现效率和效果决定了协同创新的成败。

然而，产学研三方拥有互补性知识并不等于实现知识互补，只有当彼此间的知识逐渐交互、补充和碰撞，即进行动态知识互补时，协同创新才真正开始发挥作用。因此，研究产学研知识互补的内在运行机理可以追本溯源，深刻解析协同创新的本质。本节首先从动态角度对"产学研知识互补"的具体内涵加以界定；其次，指出互补过程与"场"紧密相连，基于场域交互模型和创新主体的自组织行为，借助"微创新"和"大创新"的概念，分别阐释产学研知识互补由局部及整体的演化过程，以期丰富知识互补的理论研究，为协同创新的具体实践提供指导。

二 产学研知识互补的内涵

目前，学术界讨论的知识互补主要为静态的知识互补，一般是指不同主体所拥有的知识，彼此之间存在着互为解释或互相强化的关系（刘洋，2015），即主体间的知识具有互补性。在产学研协同创新联盟，学研方紧密跟踪世界学术研究前沿，注重知识的首创性，对物质现象进行基础研究，更多地体现了知识创造性的一面；而产方以生产经营为导向，注重现有技术的集成与转化，更多地体现了知识应用性的一面。两类主体的知识具有天然的互补性（Bush，1960）。

我们将产学研三方所具有的为协同创新目标所需的、具有互补性的知识称之为互补知识。而动态知识互补的任务就是通过主体间的交互使互补知识脱离分散状态，进行恰当的匹配与聚集，以弥补各方的知识缺口同时引发创新思维。因此，基于动态视角，将产学研知识互补定义为：以互补知识为基础，产学研三方在完善自身或项目知识体系、提高知识价值的目标引导下，通过彼此间的知识交流与互动各取所需，使分散的、异质的互补知识有效聚合和匹配，从而实现知识创新的整体效益大于各组成部分效益总和的过程。可从以下三方面进一步阐释产学研知识互补的内涵：

产学研知识互补是以需求为导向的知识活动过程。产学研联盟往往面向重大科技研发计划（或项目），"重大"通常意味着前沿的研究目标、复杂的研究内容、公益性的研究成果、漫长的研究周期、巨额的资金投入等（孟潇，2016）。这些项目所涉及的活动范围十分广泛，需要投入不同领域、不同种类、不同层次的知识来破解各式各样的实际问题。满足知识需求实现互补效果，是联盟形成的最主要动机和目的，其一切知识活动也紧紧围绕这个目标。知识互补与知识转移、共享等活动过程最大的区别在于，知识互补并非仅由知识势差便可引发，而是以需求为导向，尽量避免无效的知识流动，在相互填补知识缺口的过程中，准确、快速地进行交互，这就使得联盟内部知识可以有效运转、高度聚合。

产学研知识互补的自组织特性。自组织是不存在外部指令，系统按照相互默契的某种规则，各尽其责而又协调地自动形成有序结构，具有协同性、自转换性和自调节性的特点（涂振洲，2013）。产学研知识互补不是对分散的异质知识进行简单的静态叠加，它由一系列具有导向性的知识流汇聚而成，是多元知识之间互动耦合的过程。作为一个开放的知识创新系统，产学研联盟通过不断地与外界进行知识交换，向合作系统输入负熵流，推动产学研合作自组织向有序状态演进（韩蓉，2014）。具体而言，即联盟主体会根据战略目标和项目进展状况自动调整不同阶段的知识交互，使系统整体产生自我调节和自我优化能力，从而使知识互补过程呈现出典型的自组织演化特性。

产学研知识互补与协同创新过程相伴相生。随着知识互补的逐步开展，联盟内部势必形成一种有效的网络协同方式——协同创新知识网络，它是以企业、高校、科研机构、政府、科技中介和金融机构等多元主体的协同互动为基础，产、学、研三个基本主体之间为了共享知识、促进知识转移和知识创造，通过各种契约关系或股权关系结成的优势互补、风险共担的知识网络组织（周竺，2004）。一方面，知识互补是实现协同创新的基本方式。联盟通过三大主体间的交流互动，吸收或利用彼此的优势知识资源，分别对原有知识体系进行补充、联合与创新，提高自身的知识存量，实现知识增值和创新，从而提升知识网络的整体竞争优势。另一方面，协同创新效果反向触发知识互补。联盟主体的协同创新导致各主体知识存量增加，而存量增加则会导致知识网络内知识流的扩大或更新，由于产学研联盟的自组织特性，这种扩大或更新的知识流必然引发全新的一轮知识互补，如此循环演变，逐步实现知识资源的整体创新与优化。

三 知识动态互补演化过程

知识互补的最终目标是创新，但创新不可能一蹴而就，它是一个持续进行、厚积薄发的过程。为更加详细地阐释产学研知识互补，本书引入"微创新"和"大创新"的概念（韩蓉，2014），分别对应局部和整体两个互补演化阶段。微创新表现为对原有系统小的改进和创新，产生微创新需要的是系统一部分甚至是一小部分知识的组合，对应产学研三方的局部知识互补；而大创新则表现为对原有系统明显的改进与创新，产生大创新必须调动系统大部分甚至全部知识，对应产学研三方的整体知识互补。由于单个"S-Ba"内进行的是组织间存在互补关系的"G-Ba"与"G-Ba"，或者"G-Ba"与"S-Ba"之间的交互，是一部分或一小部分知识间的互补。因此，本书将单个"S-Ba"看作是实现微创新的场所，对应一个知识互补单元，并通过"S-Ba"的生成和运转刻画产学研知识互补的局部演化过程。

（一）局部动态演化过程

在不同的知识状态下，创新主体会产生不同的自组织行为。借鉴赵国杰和郝文升的知识生成转化矩阵，根据创新主体自身和其他主体对问题的了解程度，可以将知识划分为四个状态：弗晰态，是创新主体"自己不知，其他主体知"的状态；混沌态，是创新主体"自己不知，其他主体也不知"的状态；扩散态，是创新主体"自己知，其他主体不知"的状态；澄明态，是创新主体"自己知，其他主体也知"的状态。根据各创新主体的知识状态变化及其相应的自组织行为，将局部知识互补划分为知识识别、知识共享和知识融合3个递进阶段，并构建了局部知识互补的阶段演化模型，如图6-3所示。3个阶段不是独立存在的，它们联系紧密，知识"识别—共享—融合"构成一次完整的局部知识互补，且这一过程不断发展、循环演变。

1. 知识识别阶段

知识识别是局部知识互补的准备阶段。针对特定项目所需的知识，产学研联盟中各创新主体都具有一定的知识储备，也存在各自知识缺口，

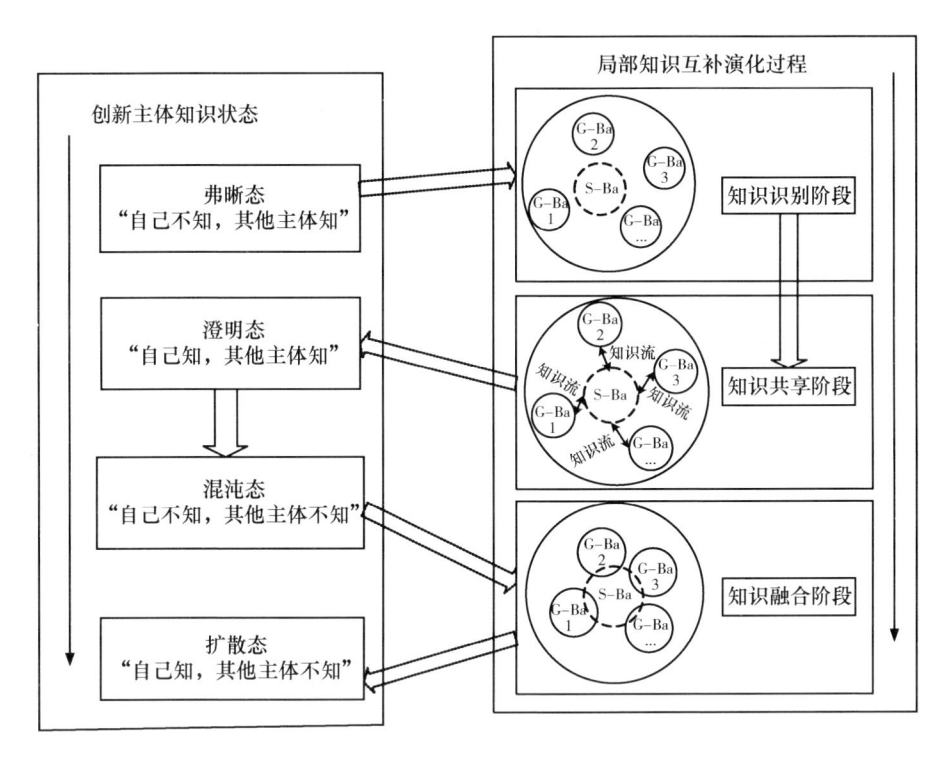

图 6-3 局部知识互补的阶段演化模型

而产学研三方的知识储备和知识缺口之间存在互补关系，即，各主体均处于"自己不知，其他主体知"的弗晰态，从而产生知识互补的动力。此时，各创新主体内部的"G-Ba"必然会对联盟内其他主体"G-Ba"中的知识加以识别，根据项目要求找出可以互补的场，确定场内互补知识的类型以及应该采取的交互方式，并着手建立相应的"S-Ba"，为知识互补做好前期的准备工作。

2. 知识共享阶段

"S-Ba"初步建立之后，联盟内的各"G-Ba"根据场内知识的维度划分，分别采取不同的方式向"S-Ba"输入项目所需的储备知识，同时通过"S-Ba"获取知识以弥补自身缺口，即以"S-Ba"为载体进行"G-Ba"之间的场域交互。而"S-Ba"则拥有参与交互的全部知识，这些被共享的知识成为创新联盟的公共资源。由于知识资源本身的特殊性，知识的转移并不会使"知识发送方"失去知识，而是一旦共享成功，"知识发送方"和"知识接收方"都会拥有相应的知识资源。因此，通过知识共享阶段的实施，各创新主体进入"自己知，其他主体也知"的澄明态。

3. 知识融合阶段

通过知识共享，创新主体与"S-Ba"均实现了知识的汇聚与叠加。但随着知识量的累积和知识领域的拓宽，各创新主体会在项目的实施过程中逐渐发现许多新的问题，而碎片式的知识共享并不能在短时间内提出这些问题的解决方案，即产学研三方进入"自己不知，其他主体也不知"的混沌态。此时，就要求发现新问题的各主体，以"S-Ba"内的共享知识为接口，实现"G-Ba"与"S-Ba"的相互交融，通过内部"G-Ba"对所获取的知识进行消化吸收与整合，从而凝练知识，进行知识体系的局部改良和创新以解决相关问题，进入"自己知，其他主体不知"的扩散态。而"S-Ba"由于与相应的"G-Ba"相互交融，因此也获得相应的微创新知识，从而实现一次完整的局部知识互补。

知识沿时间和空间的互补性使得各创新主体的知识库不断丰富和提升，继而又一次发现自身知识缺陷和联盟其他成员的知识优势，重新进入"自己不知，其他主体知"的弗晰态，随之开始新一轮的局部知识互补，如此循环演变，多个"S-Ba"在不同的时间和空间维度上生成、运转，逐渐实现知识结构的升级和微创新的累积。由于"S-Ba"是局部知识互补的实现场所，而每一次"S-Ba"的生成和运转都带动了组织间知识转移与融合，随着局部知识互补的持续进行，产、学、研三大知识主体也联系得愈发紧密。

(二) 整体动态演化过程

大创新不可能轻易实现，必须是小创新的累积、互动和升华。同样，知识互补也是一个由小及大、从局部到整体的持续演进过程。自组织临界性理论认为，开放系统经过漫长的自组织演化，在一定阶段必然发生某种相变，到达一种自组织临界状态，处于这种状态的系统有最大的演化性、复杂性和创新性（於崇文，2000），局部一个微小的扰动都可能通过"多米诺效应"充分放大，进而影响整个系统，使之呈现最丰富的反应。根据自组织临界性理论随着"S-Ba"的持续生成和运转，"S-Ba"之间开始产生非线性的交互作用，知识互补逐渐由局部向整体渗透，进入稳健、协同的整体知识互补阶段。

虽然知识创新不可预测，但总体仍有规律可循。BS 生物演化模型（以下简称 BS 模型）通过简单的规则模拟复杂生态系统中多个物种变异的自组织过程，为自组织临界性的相关研究提供了有效工具。BS 模型中，L_d 个物种被排在一个具有周期边界的 d 维网格上，每个物种的适应度为 f_i，适应度的初始取值为区间 [0, 1] 上的随机数，每个微小时间段内，具有最小适应度的物种发生变异并影响它的 2d 个邻居，即这 2d + 1 个物种在区间 [0, 1] 上重新获取适应度（贾武，2006）。两代生态系统过渡期间所进行的变异称为雪崩，所需要的变异次数即为雪崩的寿命（龚小庆，2003）。随着变异的持续进行，不同时间段的最小适应度呈现阶梯式增长，雪崩发生的范围不断增大，直至引发最大规模的雪崩。

产学研三方通过局部知识互补所产生的大量微创新，不仅在时间上前后相关、空间上紧密相连，而且微创新可以进行积累与融合。这两方面的特性正好对应雪崩的两个基本特征：紧致性和递阶结构。而产学研联盟通过局部知识互补产生微创新最终引发整体互补产生大创新的过程与 BS 模型中，物种变异引发生物更新换代的过程有相似的运行轨迹。因此，本书借助 BS 模型来系统刻画产学研知识互补的整体演化过程。

对应 BS 模型，本书做出如下设定：将针对特定项目的由若干"S-Ba"组成的产学研知识系统视为具有周期边界的 d 维网格，包含 L_d 个进行局部知识互补的不同单元，即 L_d 个"S-Ba"，每个"S-Ba"都有 2d 个邻居且对应一个知识互补难度，互补难度越低则知识越好交融，短时间内也就越容易实现互补产生微创新（对应生态系统中某物种的变异），知识互补难度 fi 的初始取值为 [0, 1] 均匀分布上的随机数。以二维空间为例，产学研知识互补由局部向整体的动态演化过程如图 6-4 所示。

在一个很小的时间段 t_1，拥有最小知识互补难度 fmin (t_1) 的"S-Ba"经过知识识别、共享和融合的过程，率先完成局部知识互补，产生微创新，同时以强度 α（α 为 (0, 1) 上的随机数）与其 2d 个邻居发生交互、传递知识，从而这 2d + 1 个"S-Ba"会在 [0, 1] 上获取新的知识互补难度。同时，若最先完成微创新的"S-Ba"与邻居之间距离为 r，则强度 α 与 r 存在显著的负相关关系。随后，无论哪个"S-Ba"获得最小知识互补难度，都会率先产生微创新，对其 2d 个邻居产生正向影响。如此循环演变，微创新逐渐积累且各"S-Ba"的联系愈加紧密。

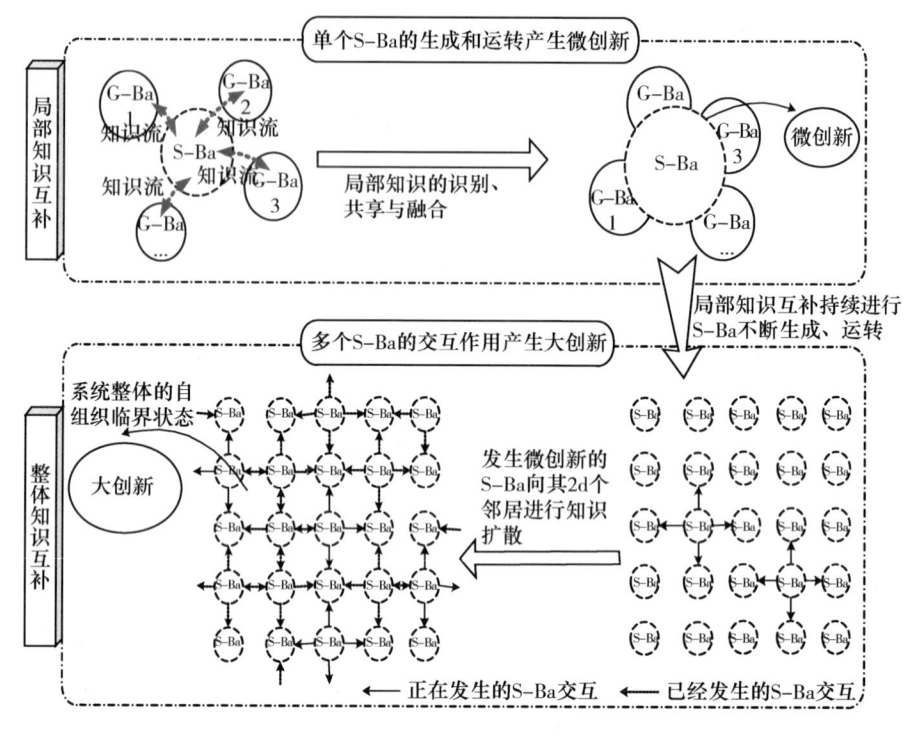

图 6-4 二维空间产学研知识互补由局部向整体的演化过程

F（T$_i$）为隙距函数，表示经过 T$_i$ 时间段后 fmin（t$_1$）到 fmin（t$_i$）中的最大值，F（t$_i$）= max｛fmin（t$_i$），0≤t$_i$′≤t$_i$″｝，它随时间发生跳跃式增长。产学研知识系统在 F（T$_i$）未发生跳跃时总体状态趋于稳定，即只通过"S-Ba"的局部知识互补产生微创新而不发生系统整体的大创新。而当 F（T）从一个 F（tn）值跳跃到邻近的另一个较高 F（tn+1）时，f$_i$＜F（T）的概率陡然增加，后来的"S-Ba"也就更容易、更大范围地实现互补产生微创新，且由于演化层次的升级，互补所调动的知识更加丰富和全面，从而导致更大规模的创新反应。对应 BS 模型，即随着自组织演化的不断行进，隙距函数会发生阶梯式跳跃，随即引发范围更大、持续时间更长的雪崩，当雪崩规模超过某个阈值，即引发系统整体的大创新。

通过以上分析可以发现，产学研知识互补是一个逐渐渗透的过程。频繁的局部知识互补行为不但使各创新主体趋于协同、"G-Ba"与"S-Ba"深度融合，还积累了大量联系紧密的微创新，使产学研知识系统逐渐进入整体互补状态。再经由长时间的自组织演化，遍布于时间维度和空间维度的"S-Ba"逐渐发展出高度的协调性和统一性，从而多次达到系统整体的自组织临界状态（孟潇，2016），引发大范围"雪崩"，致使知识主体不断突破研发"瓶颈"，实现协同创新的最终目标。

第三节 知识转移视阈的产学研协同创新路径

一 协同创新路径探索

当今世界，经济发展主要依靠创新驱动。美国、德国、日本早就意识到创新对于经济发展的重要性，已经把创新列为立国、强国、富强之基。我国也逐渐意识到创新的重要性，特别是技术创新的重要性，也已经开始实施创新强国战略。产学研作为技术创新的主要力量，高校和科研院所是知识创新的主体，企业是技术创新的主体，必须发挥好主体的创新作用，才能提升我国创新能力，产学研协同创新则对各创新主体提出了更高的要求，也为我国创新的大幅度提升创造了机会。协同创新要求融合各创新主体的创新资源实现"1+1>2"的协同效应，提升我国创新能力，增强我国的技术创新实力，转变我国经济发展的动能，促进我国经济高质量发展，实现人民的美好生活。

随着产学研协同创新历程的演化，不同国别、不同领域、不同产业、不同企业、不同高校可以存在不同的协同创新实施路径，本书试图准确刻画出实施路径的具体步骤，并说明步骤如何具体实施，以期为我国产学研协同创新提供一定的指导意义。

二 知识转移路径分析

（一）图论知识简述

图论是数学学科的一个分支，它以图作为研究对象，用来研究特定事物之间的某种关系。图是由若干个相互联系点及连接这些点的线条所构成。图中的点表示事物，连接线表示各个事物之间的连接关系。我们现在假设 S{A,Z}，表示图中点和线条的集合。$A = (a_1, a_2, a_3, a_4 \cdots, a_n)$ 为图中点的集合，$Z = (z_1, z_2, z_3, z_4, \cdots, z_m)$ 表示个点之间的连接关系集合。

由上面图论定义，现在构建图论模型如图 6-5 所示，设下图中的有向图 S{A, Z}, A = (a_1, a_2, a_3, a_4…, a_n), Z = (z_1, z_2, z_3, z_4, …, z_m) = {⟨a_1,a_2⟩,⟨a_2,a_3⟩,⟨a_2,a_5⟩,⟨a_1,a_4⟩,⟨a_4,a_5⟩,⟨a_5,a_3⟩,⟨a_3,a_6⟩,⟨a_5,a_6⟩}。

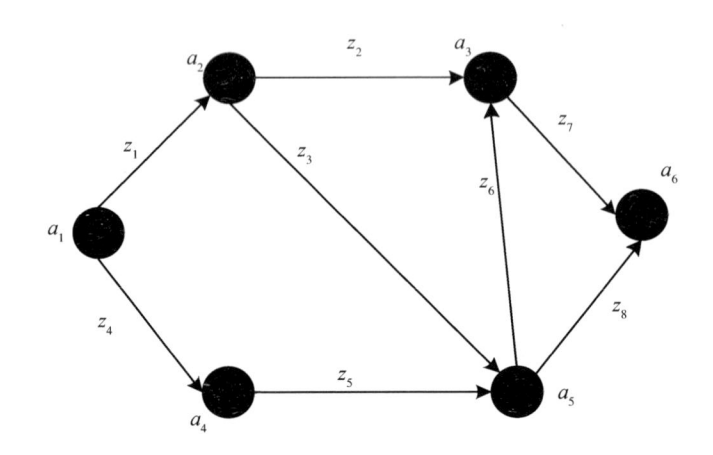

图 6-5 图论模型

在产学研知识流动过程中，知识转移渠道形成一个结构化网络，最终将这种结构化网络看成如图 6-5 所示的有向图。在上图中的有向图 S = {A, Z}，设其为产学研协同创新知识转移的质点和边的集合，其中 A = (a_1, a_2, a_3, a_4…, a_n) 为知识质点，即为产学研协同创新各主体的集合。Z = (z_1, z_2, z_3, z_4, …, z_m) = {⟨a_1,a_2⟩,⟨a_2,a_3⟩,⟨a_2,a_5⟩,⟨a_1,a_4⟩,⟨a_4,a_5⟩,⟨a_5,a_3⟩,⟨a_3,a_6⟩,⟨a_5,a_6⟩}，表示知识质点间与创新主体间转移知识的关系，箭头表示知识转移的方向。

（二）知识转移路径分析

知识投入最终转化为协同创新成果。高校和科研院所作为科技成果的收集与发送方，企业作为科技成果的接收与审核方，科技成果的转移方向即代表了知识转移的路径。高校和科研院所的知识投入和科技推动，促进了高校和科研院所的科技成果的生成，企业的市场需要催生出企业吸收科技成果的需要。在此背景下，为知识转移创新情景，产学研协同创新顺势而出。在图中隐藏了科技推动和市场需求之间的关系，市场需要推动了科技需要,提升了高校和科研院所科研动力,必能产生符合市场需求的科研成果,企业将吸收此类科研成果,如图6-6所示。

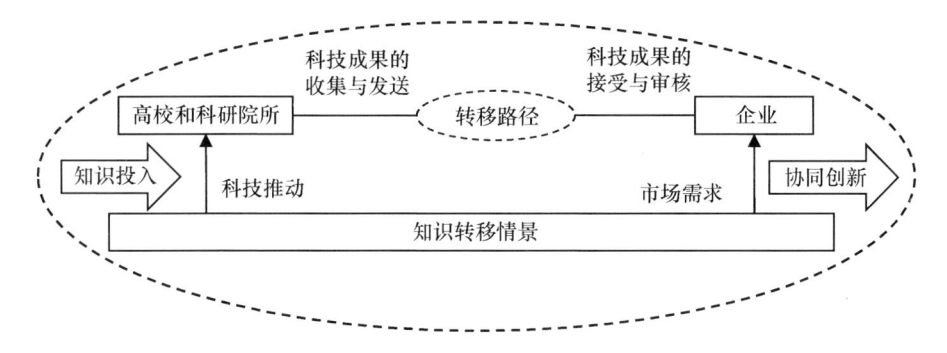

图6-6 产学研协同创新知识转移路径

知识在转移的过程中,创新主体在转移的路径上会留下一些"痕迹",如果在某条路径上转移知识越多,则"痕迹"就会越深,那么以后在这条路径上转移知识的可能性也会越大。如图6-7所示,知识在创新主体 a_1、a_4 之间进行转移,a_1 是知识的供给方,a_4 是知识的接受方,在下面2条路径 $z_1z_2z_3$ 和 z_4z_5。设前者的路径长度为 L_1,后者为 L_2,$L_1 > L_2$,假设知识的转移速度相同,那么 a_1 的知识转移 a_4,有两种路径选择,即 $z_1z_2z_3$ 和 z_4z_5,由于知识转移速度相同,所以对于后者路径而言,知识沿 L_2 的路径比沿 L_1 更早到达。另外,知识存在一定的黏性,知识经过节点时,存在黏性,即节点越多,转移的速度越慢,由于 $z_1z_2z_3$ 知识转移节点数多于 z_4z_5 上的节点数,因此 z_4z_5 为最优路径。随着知识转移时间的推移,路径 z_4z_5 上留下的"痕迹"会深于 $z_1z_2z_3$,由此后续知识在创新主体 a_1、a_4 之间选择 z_4z_5 的可能性较大。

产学研知识转移过程中,知识流动的知识主导性是不断发展变化的。知识的流动不是单向的,知识的提供方同时也可以是知识的吸收方,二者可以是同一个体。知识转移过程主要有以下特征,通常情况是高校和科研院所的技术知识转移到企业中去,知识转移的载体就是科研成果;企业的市场需要知识会转移到高校和科研院所,让科研成果满足市场需求。企业和企业之间、高校和高校之间、科研院所和科研院所之间也有知识转移的需要。随着知识在每个节点进行转移,彼此形成知识转移网

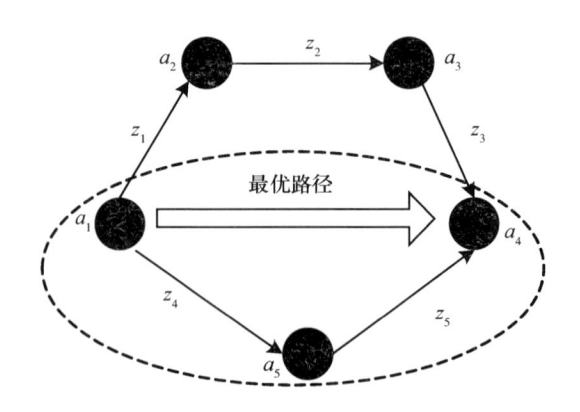

图 6-7　知识转移路径选择

络。网络结构中所有知识节点间的平均路径长度为 L，任意两个知识节点 A、B 之间的最短路径长度 dAB 关系如下：

$$L = \frac{1}{N(N-1)} \sum_{A,B} d_{AB} \qquad (6-1)$$

其中 N 代表网络节点的数量。在知识转移网络结构中知识节点的数目越多，知识转移的途径就越多，而且必定存在一条知识转移最短路径。节点越多，知识转移的路径就越多，知识转移的平均路径长度 L 会越短，平均路径越短意味着路径通过节点小，侧面可以推断到相对转移速度快、效率高，从而就更容易实现知识共享，运用知识转变为科研成果，科研成果进一步商业化，形成企业的超额的经济收益。

假设知识 A、B 间转移时，设转移频率为 f_{AB}，我们可以得出知识转移频率 f_{AB} 与最短路径长度 d_{AB} 成反比关系：

$$f_{AB} = \frac{k}{d_{AB}} \qquad (6-2)$$

在式（6-2）中，系数 k 表示 A、B 主体间转移知识的黏性，黏性与形成知识的环境息息相关，例如文化、价值观等，主体间的文化、价值观的差距越大，知识转移的黏性就越大，则知识转移的障碍也越大，知识转移的频率也越小，转移的效率也低下。两个创新主体 A、B 间转移知识的频率 f_{AB} 与最短路径 d_{AB} 成反比关系，如图 6-8 所示。

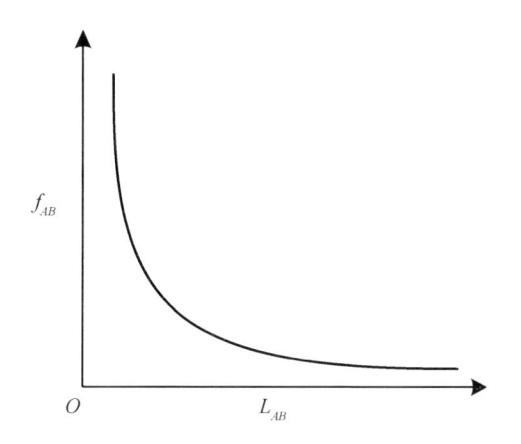

图 6-8　知识转移的频率与最短路径之间的关系

(三) 产学研协同创新中知识转移路径分析

知识转移路径是知识转移网络两节点之间的线段。在有向图 S $\{A,Z\}$ 中，a_i 为知识供给方，a_j 为知识的接收方，知识转移路径为知识从 a_i 出发，中间经过若干创新主体，最终将知识转移至接受方 a_j 可达路径的集合。假设创新主体 a_i、a_j 之间的可达路径总数为 m (m≠0)，且每条路径对应的长度为该路径所包含边的权重之和，在实现创新主体 a_i、a_j 之间的知识转移的情况下，至少存在一条最短的路径，此路径为 a_i、a_j 之间的知识转移的最优路径。设路径 i 的长度 L_i 最短，则有 $L_i \leq L_j$ (j = 1, 2, …, m, j≠i)，L_j 表示最优路径以外的其他路径的长度。

设产学研协同创新存在 n 个主体，在知识转移网络关系中有 n 个知识节点，则构成连接矩阵 n×n 的方阵 A。由此，在有向图 S $\{A,Z\}$ 连接矩阵 Y 中的元素可以 a_{ij} 表示如下：

$$\begin{cases} 1, & i=j \text{ 时} \\ 0, & i \neq j \text{ 时，即 } A_i、A_j \text{ 之间没有直接连接关系} \\ z_x & (z_x \in Z), z_x \text{ 为 } A_i、A_j \text{ 间的有向边} \end{cases}$$

a_i 为知识转移的提供方，即起点；a_j 为知识转移的接受方，即终点。按照上式得到一个连接矩阵 Y，由其行列式 $|Y|$ 得到的各项因子表示有向图中从 a_i 到 a_j 之间的路径集合，用开关函数 Fij 表示，开关函数为所有路径之和，表示由 a_i 到 a_j 所连通的路径之组成。

设 a_1 为知识转移的起点，a_6 为知识转移的终点，则其开关函数为

F16。如图6-9所示。

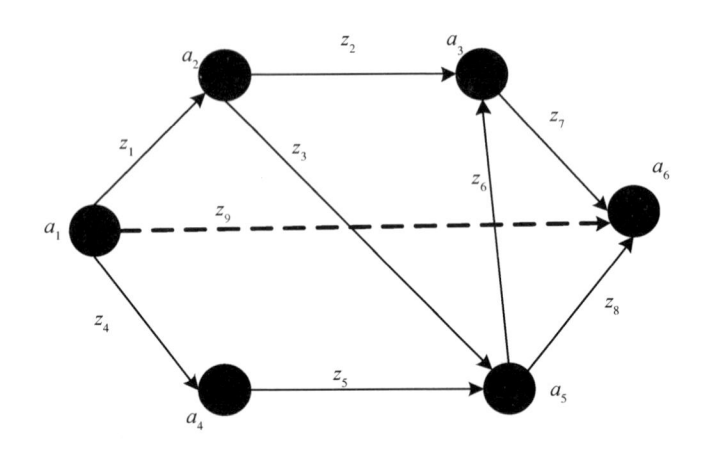

图6-9　a1、a6间知识转移的路径示例

此时在有向图 $S\{A,Z\}$ 中，创新主体集合 $A = (\alpha_1, \alpha_2, \alpha_3, \alpha_4, \alpha_5, \alpha_6)$，知识转移关系的集合 $Z = (z_1, z_2, z_3, z_4, \cdots, z_m) = \{\langle \alpha_1, \alpha_2 \rangle, \langle \alpha_2, \alpha_3 \rangle, \langle \alpha_2, \alpha_5 \rangle, \langle \alpha_1, \alpha_4 \rangle, \langle \alpha_4, \alpha_5 \rangle, \langle \alpha_5, \alpha_3 \rangle, \langle \alpha_3, \alpha_6 \rangle, \langle \alpha_5, \alpha_6 \rangle\}$。得到关于图6-9的连接矩阵如下：

$$Y = \begin{bmatrix} 1 & z_1 & 0 & z_4 & 0 & z_9 \\ 0 & 1 & z_2 & 0 & z_3 & 0 \\ 0 & 0 & 1 & 0 & 0 & z_7 \\ 0 & 0 & 0 & 1 & z_5 & 0 \\ 0 & 0 & z_6 & 0 & 1 & z_8 \\ 0 & 0 & 0 & 0 & 0 & 1 \end{bmatrix}$$

其行列式为：

$$|Y| = \begin{vmatrix} 1 & z_1 & 0 & z_4 & 0 & z_9 \\ 0 & 1 & z_2 & 0 & z_3 & 0 \\ 0 & 0 & 1 & 0 & 0 & z_7 \\ 0 & 0 & 0 & 1 & z_5 & 0 \\ 0 & 0 & z_6 & 0 & 1 & z_8 \\ 0 & 0 & 0 & 0 & 0 & 0 \end{vmatrix} = z_1 \begin{vmatrix} z_2 & 0 & z_3 & 0 \\ 1 & 0 & 0 & z_7 \\ 0 & 1 & z_5 & 0 \\ z_6 & 0 & 1 & z_8 \end{vmatrix} - \begin{vmatrix} 0 & z_4 & 0 & z_9 \\ 1 & 0 & 0 & z_7 \\ 0 & 1 & z_5 & 0 \\ z_6 & 0 & 1 & z_8 \end{vmatrix}$$

$$= z_1 z_2 \begin{vmatrix} 0 & 0 & z_7 \\ 1 & z_5 & 0 \\ 0 & 1 & z_8 \end{vmatrix} + z_1 z_3 \begin{vmatrix} 1 & 0 & z_7 \\ 0 & 1 & 0 \\ z_6 & 0 & z_8 \end{vmatrix} + \begin{vmatrix} z_4 & 0 & z_9 \\ 1 & z_5 & 0 \\ 0 & 1 & z_8 \end{vmatrix} + z_6 \begin{vmatrix} z_4 & 0 & z_9 \\ 0 & 0 & z_7 \\ 1 & z_5 & 0 \end{vmatrix}$$

$$= z_6 \begin{vmatrix} z_4 & 0 & z_9 \\ 0 & 0 & z_7 \\ 1 & z_5 & 0 \end{vmatrix} = z_1 z_2 z_7 + z_1 z_3 z_8 + z_4 z_5 z_8 + z_9 - z_1 z_3 z_6 z_7 - z_4 z_5 z_6 z_7$$

$$= F_{16}$$

由上述的结果可知，知识创新主体 a_1、a_6 之间包括 $z_1 z_2 z_7$、$z_1 z_3 z_8$、$z_4 z_5 z_8$、z_9、$z_1 z_3 z_6 z_7$、$z_4 z_5 z_6 z_7$ 等共 6 条路径。

我们现在假定在知识转移网络中的两个节点，其单位长度数值取 1，a_i、a_j 间的距离 $La_i a_j$。

根据以上定义，图 6-9 中的有向图 S $\{A, Z\}$ 中 Z = (z_1，z_2，z_3，z_4，$\cdots$，z_m) 九条边上对应的权重均为 1，如图 6-10 所示。

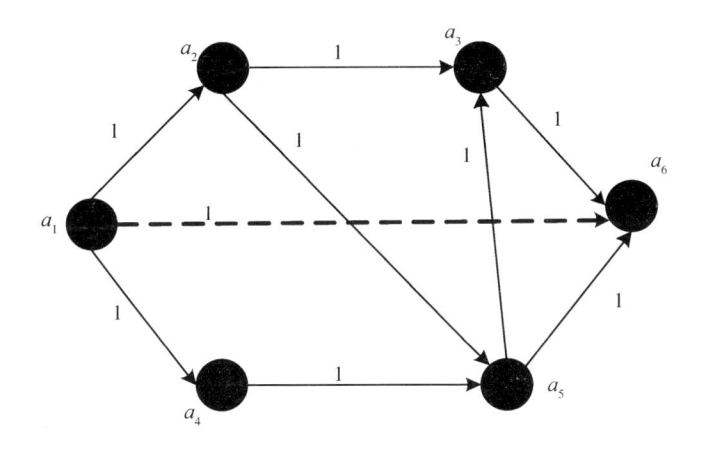

图 6-10 a_1、a_6 间知识转移边的权重示例

针对 a_1、a_6 之间包括 $z_1 z_2 z_7$、$z_1 z_3 z_8$、$z_4 z_5 z_8$、z_9、$z_1 z_3 z_6 z_7$、$z_4 z_5 z_6 z_7$ 等共六条路径，其中 $z_1 z_2 z_7$、$z_1 z_3 z_8$、$z_4 z_5 z_8$ 经过 3 条边，因此其路径长度 $La_1 a_6$ 为 3；同理，$z_1 z_3 z_6 z_7$、$z_4 z_5 z_6 z_7$ 路径长度 $La_1 a_6$ 为 4；z_9 为 1。因此实现 a_1、a_6 间是 a_1 和 a_6 直接相连的线段 z_9，无其他节点、最大程度降低了知识黏性，从而导致知识转移的效率最高，有利于企业创新收益的实现。

三 知识转移路径剖析

(一) 产学研协同创新路径演化阶段

目标协同阶段、组织协同阶段和战略协同阶段为产学研协同创新演化阶段的主要部分。每个阶段都具有不同的特征，在目标协同阶段，主要是实现产学研三方目标的协同，还需要统一管理制度，此阶段知识转移频率不高，不足以支持产学研协同创新的进行；在组织协同阶段，主要是实现组织架构、管理制度的统一，此阶段的主要特征为分工，知识转移频率明显提升，创新组织结构已经初步形成；在战略协同阶段，主要是实现产学研三方的战略方向一致，分工和专业化已经实施，知识转移频率已到达峰值，已经形成密切的协同组织。演化路径由目标协同阶段到组织协同阶段再到战略协同阶段。演化阶段如图6-11所示。

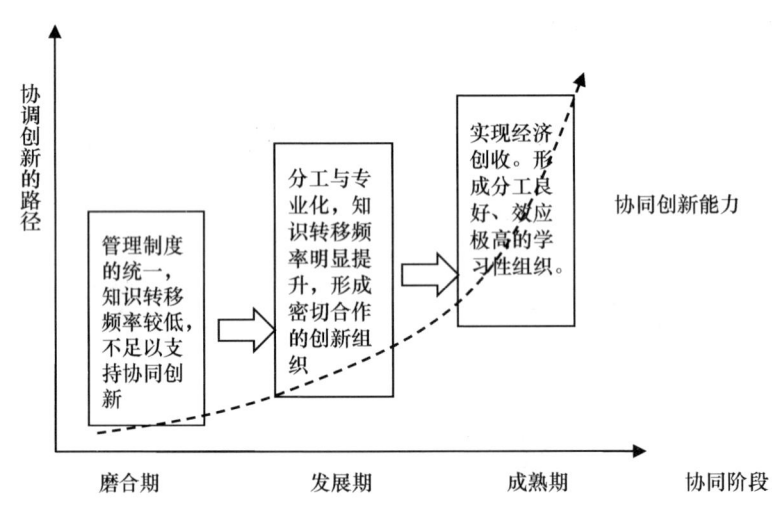

图6-11 产学研协同创新的路径演变

(二) 目标协同阶段

产学研三方因功能定位不同，本身都有其自带的特定目标，而产学研协同创新则是为了提升创新成果转化率这个目标而联合的，会面临来自各组织内部和外部的困难。因此如何解决各方主体之间的目标冲突问题成了产学研协同创新面临的首要问题。产学研各方都有明显的价值诉求，企业作为技术创新的主体，提升自身的研发能力和积极引入先进技术，通过实现科技成果转化来实现利润最大化；高校及科研院所是知识创新的主体，在追求科研能力提升的同时，不能忘记人才培养和社会服务的基本要求，履行自己的义务，为社会经济发展做出应有贡献。

由于经济利益和市场需求会使产学研联盟形成，以实现各方的利益最大化。在该阶段中，各方主体最紧迫的任务就是通过制定合理有效的统一管理制度，从而协调主体间的分工与利益分配。还应该形成新的组织结构，便于项目的整体推进，也便于产学研协同创新人员的管理。依靠共有的组织结构和统一的管理制度，打破组织和资源分散的现状，汇集各主体的人才资源、设备资源等创新资源，形成协同创新的资源中心，激发科研人员的积极性，为产学研协同创新的目标而不断努力。

目标协同阶段是各创新主体的磨合时期，创新主体间的归属感与凝聚力还不强，科研成果转移的内容有限，协同的方式同样有限，主要是实现显性资源的转移，例如项目合作、专利出售、设备共享使用。在此阶段各方只能通过彼此之间的磨合，相互了解才能达到协同创新的更高阶段，即目标协同阶段的知识转移属于磨合期，如图 6-12 所示。

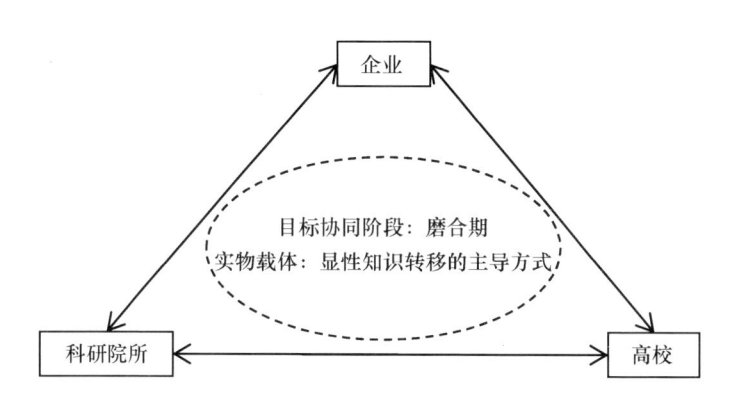

图 6-12　目标协同阶段的知识转移

（三）组织协同阶段

产学研协同创新是一种混合的跨领域关系，可以满足不同创新主体的利益。在目标协同实现后，每个创新实体将在统一的组织结构和管理体系的基础上，依据各自组织的优势进行任务分工，随着任务不断地推进，各方对对方的认识不断增强，认识增加促使信任加深和组织关系加强，从而演化到组织协同阶段。组织协同阶段的特征有：拥有统一的规章制度和组织结构，实现组织结构和过程协同，形成知识转移网络，组织内部与外部组织也存在协同关系。

在组织协同阶段中，创新主体通过各种正式或非正式、线上或者线下的交流渠道，形成知识传播的通道，同时，各创新主体不断调整自己的组织结构，并会设立专门负责产学研协同创新的部门，各创新部门的产学研协同机构形成联盟，制定如何分担或者分散风险，如何组织科研人员，如何分配利益等方式。各创新主体已经对彼此的优势和劣势非常了解，开始整合各自的优势资源，克服各自的劣势，资源交流能力不断加强，有了明显的组织归属感，不断地发挥自己的聪明才智，促进产学研科研成果转化为经济效益，实现协同目标。

在这个时期，知识转移主要以隐性为主，显性为辅。在目标协同阶段，知识转移主要以显性知识为主，主要通过实物载体进行知识的转移。在组织协同阶段，显性知识转移失去其主导地位，因为显性知识已经基本完成了转移，还剩下许多较难以转移的隐性知识，隐性知识难以找到转移的载体，因为只能通过更多的交流才能转移隐性知识。从某种程度上分析，隐性知识具有更大的价值，主要原因是由于其难以模仿性，更能够为联盟带来竞争力。组织协同阶段如图 6-13 所示。

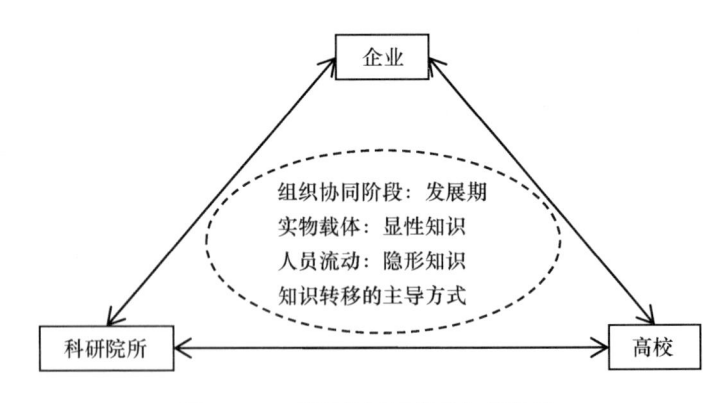

图 6-13 组织协同阶段的知识转移

(四) 战略协同阶段

产学研协同创新一个周期的最后阶段是战略协同阶段。处于这个时期的创新主体，组织结构高度一致，管理制度高效合理，沟通机制极其畅通，对于联盟具有极强的归属感与凝聚力，创新资源整合高效，实现了优势互补、科研成果多出。产学研三方间实现深度融合、人际关系融洽，不仅组织与组织间高度信任而且人与人之间也高度信任，知识转移网络运行畅通，产学研协同创新出现欣欣向荣的美好局面。

在此阶段，产学研三方形成了明确而统一的战略目标，实现目标协同、风险共担和收益共享协同观念。产学研三方能够全面实现通过各种渠道知识共享、问题共解、观点共商的现状，按照最擅长的组织做最擅长的事的原则进行分工，发挥每方的最大效用，促进科研目标的实现，加速科研成果的转化，高效商业化科研成果，争取市场空间，实现经济创收。此时的产学研联盟形成一个分工良好、效应极高的学习性组织，为更进一步的发展奠定基础。

产学研三方的交流机制十分成熟，形成线性或非线性知识转移网络。线性的转移网络主要转移显性知识，非线性转移网络主要转移隐性知识，各方协同共同打造颠覆性科研成果，转化为极具核心竞争力的产品，提供满足市场需要的高技术、高质量的产品。其知识转移进入成熟期，如图 6-14 所示。

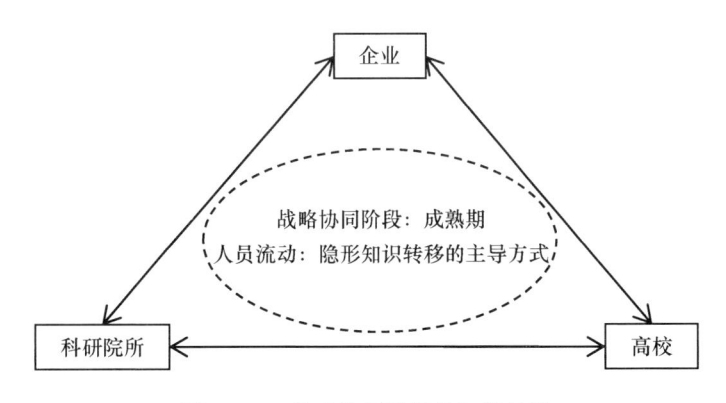

图 6-14 战略协同阶段的知识转移

四 知识转移路径选择

(一) 目标协同阶段知识转移路径选择

此阶段属于产学研的强化磨合阶段,各方主要以显性知识转移为主,由于显性知识不具有很强的黏性,其转移的成本低,方式比较容易,信息完整度也能够较强保存,因此显性知识可以实现快速转移。知识在转移过程中经历的转移节点比较少,因此知识流动对于路径依赖性较弱,即路径长短对于知识转移的影响较小。

在图 6-9 中,创新主体 a1、a6 之间包括 z1z2z7、z1z3z8、z4z5z8、z9、z1z3z6z7、z4z5z6z7 共六条路径,这些路径都能实现 a1、a6 之间的知识转移。通过上述的分析可知,这些路径的长短对知识转移几乎不存在任何影响,因此不需要从中选择出最短的路径。

(二) 组织协同阶段知识转移路径选择

产学研的强化阶段也即是该阶段,显性知识和隐性知识转移并存。隐性知识主要依附显性知识共同转移,隐性知识不能脱离显性知识而实现独立的转移,隐性知识具有极强的黏性,需要依附个人、组织、文化生存,对创新主体吸收知识存在一定阻碍作用,阻碍性主要来源于没有共同的文化、价值观等,因此隐性知识存在路径依赖。

图 6-9 中,创新主体 a1、a6 之间包括 z1z2z7、z1z3z8、z4z5z8、z9、z1z3z6z7、z4z5z6z7 共六条路径,这些路径都能实现 a1、a6 之间的知识转移,通过的创新节点各有不同,导致知识转移路径长度也有所差异。因此 a1、a6 之间直接的连接路径 z9 为最优路径,其知识转移成本最小。

(三) 战略协同阶段知识转移路径选择

此阶段属于产学研的成熟阶段,主要以隐性知识转移为主。由于隐性知识更多地与文化、价值观结合在一起,具有很大的黏性,不易转移也不易吸收。知识转移成本较大,信息可以存在失真的情况,转移过程中需要较多载体和节点,信息加工的次数多,对路径的选择具有较高的要求。

图 6-9 中,创新主体 a1、a6 之间包括 z1z2z7、z1z3z8、z4z5z8、z9、z1z3z6z7、z4z5z6z7 共六条路径,这些路径都能实现 a1、a6 之间的知识转移。存在数目不同的中间质点,知识转移路径的长度也有所差异。因此

a1、a6 之间直接的连接路径 z9 为最优路径，其知识转移成本最小。

第四节　我国产学研协同创新路径的行进策略

围绕产学研协同创新，以产学研三方为网络中心，政府、投资机构、中介机构等外部机构共同构建协同创新网络，此创新网络以产学研的知识共享、创造形成优势，并不断沿时间螺旋上升，通过合理选择创新资源配置方式，促进创新资源的协调，为实现由知识创新转化为技术创新提出行进策略，从理论的角度指导我国产学研协同创新的实践，以求提升我国创新能力，加快实现创新强国建设。

一　路径的网络构建

从空间切面分析，高校、企业和科研机构是产学研协同创新网络的核心，政府、投资机构、中介机构是支持创新网络的组成部分。首先，产学研三方知识存在互补性，才会拥有知识共享、创造和积累的机会，但必须要说明，并不是只要是互补性知识就能协同共享创造新知识。例如，航天知识和农业知识虽然有互补性，但如果产学研三方不能实现有效共享，却是很难协同创新的。产学研三方知识能协同是因为其知识都围绕经济和创新两个主题，组织间还有密切的联系，高校会向企业输送人才和技术，科研机构不断向企业化转制，企业不断吸收企业和科研机构的成果，这为三方协同产生了充分的条件，之间的联系组成一个内部网络，是创新网络的核心。但仅有内部创新网络难以实现创新，还需要政府、投资机构、中介机构等外部力量加入，共同驱动产学研协同发展，政府提供政策环境，投资机构提供资金保障，中介机构提供各种服务，才能形成一个系统创新网络，协同创新网络见图 6-15。

从时间切线分析，产学研实施路径协同创新网络的演进是围绕产学研共有知识在时间上的演化而前进。产学研共有量就是产学研三方知识的汇总，以及三方组合、交换过程中形成的新知识，还有就是政策、中介机构等提供的一些创新引导、支持和保障的环境。但产学研协同创新是无时无刻不在动态变化，是一种混沌状态，每一部分的改变都会影响最后的结果，任何微小变化都能够对状态发生作用，是一个利用知识互

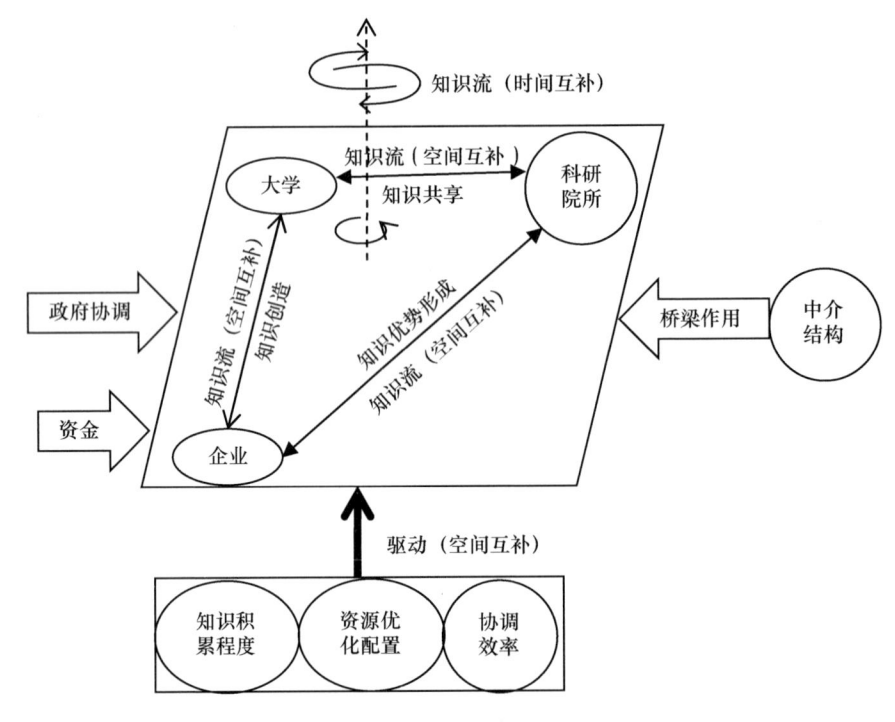

图 6-15　产学研协实施路径协同创新网络

补性进行知识互补的动态演进。知识共享、知识创造、知识积累随着时间线不断地延伸，把技术成果需要的知识都补充完整后，技术创新就实现了，空间切面的协同创新网络在时间轴上不断更迭。

二　路径的行进策略

（一）合理选择创新资源配置方式

企业生存和发展是企业驱动产学研协同创新的根本动力，高校和科研院所的动力是希望借助企业资源进行科学研究和让自己的成果服务于社会。企业需要保持自己的核心竞争力，企业除了文化，就只有技术是竞争对手难以学习的，最根本的还是对于人才的需求，文化是由人形成的，技术也是人才的知识结晶，企业有很强的动力去高校或科研院所吸收人才和科研成果。大学和科研机构除了以面向未来的基础科学进行研究，也寻求企业展开协同创新，吸收企业给定的市场需求知识，进行面向市场的技术研究，最终促进经济发展，服务社会。为了使产学研协同创新锦上添花，应该用专人做专事，优化创新劳动资源配置。

1. 合理选择项目实施路径

选择合适的实施路径是产学研协同创新成败的关键。产学研三方的目标、职能、文化、行为、思维方式等方面存在着天然的差异，这些方面虽然有一定的共通处，但更大层面上存在一定的内在矛盾。如何解决产学研由历史因素造成的内生矛盾，完善产学研三方的协同关系，需要合理选择产学研协同创新项目的实施路径。

按照不同的分类标准，产学研的实施路径可以分为不同的方式。围绕创新的环节划分，其一，基础研究，基础研究是创新的源泉，是从客观上认识自然规律和社会规律最抽象的探讨，是国家长期发展的原动力；其二，应用研究，应用研究需要基础研究的根基，是以解决某领域具体技术问题为主要任务，通过新方法、新的设备、新的技术解决生产应用中的问题；其三，开发研究，开发研究主要围绕产品而产生，是利用应用研究的成果和已有的知识技术，产生一个新的社会需求的新产品的研究；其四，中间试验和商业化研究，其以市场为核心，目的主要是把开发研究中产生的新产品推向市场，获取创新收益。

按照创新主体要素原则划分，其一，政府主导型，其主要特征是产学研协同创新是以政府为主要驱动力；其二，企业主导型，其主要的特征是企业具有很强的合作意愿，推动产学研协同创新的形成；其三，高校主导型，其主要表现为高校急需企业或科研机构来解决科研中理论和实践问题，促使产学研合作的生成；其四，科研机构主导型，其主要体现在科研成果需要完成转化，换取经济收益，快速实现企业化转制而使产学研走在一起；其五，联合开发开型，其主要特征是主体不明显，各方都有意愿加入到产学研协同中。在如此多种实施路径的情况，选择合理的实施模式对创新成果的成功具有极其重要的作用。

创新模式按照理论和实践可以分为科学需要和实际需要两种研究方式。科学需要是为了探索自然和社会的最基本的规律，并没有明确的方向，各自按照自己观察的现象出发，进行理论总结。实际需要是为了满足市场或技术的需要，解决社会生产销售活动中的实际问题而进行的研究。产学研协同创新综合了两类研究，汇集两种研究的优势。科学需要研究脱离实际，实际需要研究脱离理论，其线性创新模式如图 6-16 所示。

科学发现 ←→ 技术发明 ←→ 研究与开发 ←→ 生产制造 ←→ 商业化

图 6-16　知识互补的线性创新模式

知识到运用的过程可以明确地划分为：科学发现、技术发明、研究与开发、生产制造和商业化五个阶段。在不同的研究阶段创新拥有不同的目的，应该根据其主要目的而选择协同创新实施路径（以上文中创新主体要素划分标准）的选择。协同创新实践路径与线性创新的对应关系如图 6-17 所示。

科学发现 ←→ 技术发明 ←→ 研究与开发 ←→ 生产制造 ←→ 商业化

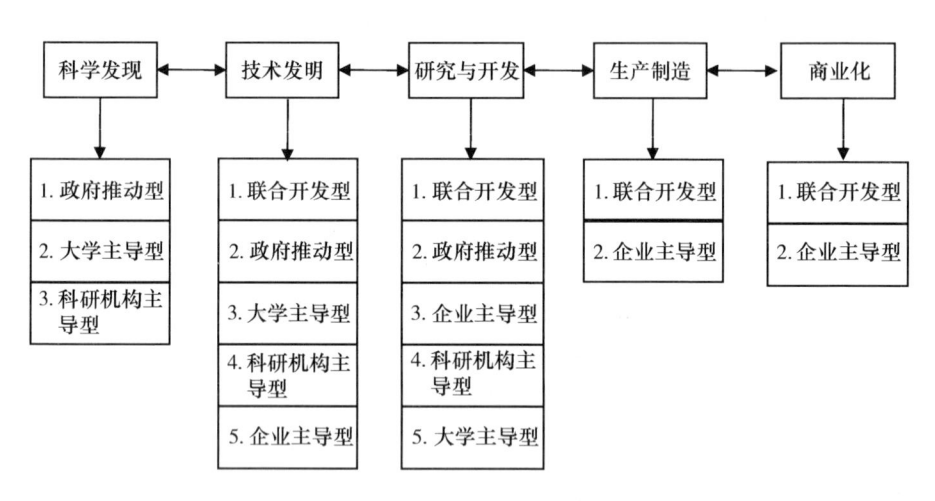

科学发现	技术发明	研究与开发	生产制造	商业化
1. 政府推动型	1. 联合开发型	1. 联合开发型	1. 联合开发型	1. 联合开发型
2. 大学主导型	2. 政府推动型	2. 政府推动型	2. 企业主导型	2. 企业主导型
3. 科研机构主导型	3. 大学主导型	3. 企业主导型		
	4. 科研机构主导型	4. 科研机构主导型		
	5. 企业主导型	5. 大学主导型		

图 6-17　知识互补性视角下产学研协同创新的实施路径选择依据

（1）科学发现是一切技术的前提，同时也是基础研究的一种形式。科学发现关注国家大事，又结合科技发展的实际情况，周期长、研究范围广是它的主要特征。所以，政府推动型路径是科学发现的首要选择，政府在不同的阶段需要提供不同的协助，并且提供资金和政策上的资助。巴西在农业生物技术和基金测序等基础研究上处于世界领先地位和巴西政府的投入是分不开的。科学发现的第二选择是大学和科研机构，科学知识对基础研究起着非常重要的支撑作用，同时大学和科研机构的参与也起着重要作用，但是由于科学发现的研究周期长，同时需要高昂的学术经费，所以大学和科研机构在没有外界资助的情况下很难承受长时间的高额经费支出。

（2）基础研究的理论与实践不断结合，并且科学知识在实践过程中不断地转化为技术知识，知识到运用的过程就过渡到了技术发明阶段。技术发现相对科学发现而言，商业目的较为明显，因此，商业领域知识、专利或者产品成为了大多数技术成果的显示，能够实现一定的商业利益。在商业预期的阶段，企业的参与是必不可少的，再结合科学知识对产品的开发以及创造方面起到重要作用。大量的新技术和新工艺在日本TAMA地区产生就是多方优势资源聚合的直接体现，同时也提升了知识的创造能力，联合开发成为该模式的最优路径。大学、企业和科研机构在不断合作和交流中不断学习，相互之间的知识不断流动，促使新知识的产生速度不断加快。我国的发展模式还相对比较落后，因此可以借鉴一些国家行之有效的做法，比如效仿巴西产学研协同创新的成功案例，加上政府的协助参与，营造产学研孵化所需的积极气氛，并且形成一种深度合作的习惯，因此，政府推动型路径是我国的第二选择。以科研机构为主要地位的产学研协同创新的路径适合的对象为科研能力较强的大学或者研究机构（如美国硅谷的科研型大学）。结合我国的国情，这种机构存在的数量较少，所以在该阶段很难实现以大学或者科研机构为主导的路径，所以本书将这种阶段性路径选择放在了第三选择。企业是以营利为目的，因此企业针对市场所出现的市场需求做出一些有利于利益创造的技术发明是有必要的，企业能够通过技术研究实现对企业利益有益的推进，企业也才有了继续科学研究和技术研究的动力。从现实层面看，较多的与市场需求脱节的研究成果难以转化为生产力，导致企业的投入风险和成本不断增大，因此企业主导型是我国推行的最后一种路径选择。

（3）产业创新同时也包括研究和开发。科学技术转化为生产力的重要环节就是产业创新，技术发明会带来企业生产能力的提升，再到产业的变革是一个漫长的过程，也是一个知识和技术不断积累的过程。开发成果具有不确定性，因此联合开发是较好的选择方式，是要共同承担权、责、益。要使得这个环节更具有公平性，所以建议政府在其中要起到公平公正的监督者的作用，并且有了政府作为保证，这种具有权力保护的氛围更容易吸引更多的合作者参与。在此期间，研究开发的商业性必定会吸引一些企业沿着企业主导型路径来展开对该技术问题的研究，要想在长期的、竞争性强的市场中有立足之地，就必须不断地开发新技术，加大对科研的投入,才能有更多的技术研究成果作为回报,但是企业更多的精力会放在企业盈亏方面,因此需要大学在研究中做一定的指导,比如西门子在世界各地高校都有知识交换,并且共同建立了知识互换中心,使得自身的研究能力有所提升。美国硅谷的研究性大学实力雄厚,但是由于这种研究的长期性和高费用性,短时间还足以支撑,但是长此以往,资金充裕的大学也经受不住长期的高成本支出,并且巨大的风险使得这种研究方式的进行更加困难,因此学研机构主导型的产学研协同创新不是一种优秀的选择。

(4)一项产品能否问世取决于生产制造阶段,该阶段也是研究成果商品化和制造阶段。学研机构很难承担起生产制造所需的资金、设备、厂房等资产的投入,因此联合开发是产学研协同创新的最优方式,既能够和各个主体之间建立紧密的联系,而且能够各自发挥长处,统筹规划优势资源,形成优势互补的关系,这种方式在很多企业和学研机构中已经得以应用,并且企业能够减少在科研方面的投入而争取到科研成果,学研机构也能够花费较少的资金投入来取得科学研究成果。

(5)某种商品的商业化前景是产学研研究的主要目的,将该商品更好地推向市场,使得企业可以充分盈利是产学研研究的另一目的。这两个目的都驱使着产学研协同创新朝着联合开发的方向发展。科学研究仅仅产生成果是远远不够的,接下来的任务还需要将科技成果转化为技术优势,将形成的商业化产品推向市场。但是由于企业的商业分析能力有限,因此需要产学研协同创新来制定商品策划以此来顺利将产品推向市场,而解决这类问题最好的路径就是联合开发。

2. 合理选择协同伙伴

选择协同伙伴需要了解对方创新能力和合作意愿。创新能力和合作意愿是产学研协同创新成果的基础,是产学研健康稳定发展的核心支柱,必不可少。创新能力是参与协同的基本要求,不管是企业、高校还是科研院所没有创新能力的协同一定是"假协同",必须要三方都有创新能力才能够实现"真协同"。仅仅拥有创新能力是不够的,还需要各方有强烈的合作意愿,合作意愿是保证创新能力能够发挥出来的重要因素,如同把全世界最优秀的篮球球员组成一个队伍,却未必能成为全世界最强的队伍,最主要的原因就是如果没有合作愿意,都以自我为中心的话,球员之间难以实现协同效应而产生超强战斗力。因此，产学研合作必须选择有创新能力还有合作意愿的协同伙伴。

为了实现合理选择协同伙伴，产学研三方必须满足一定的基本条件。其一，产学研三方都拥有一定的研发能力，主要是技术研发能力，研发能力的主要对象是学研机构，但企业至少要了解研发能力，不然就难以参与协同。产学研协同创新的提出初衷就是企业需要学研机构的帮助，把学研机构的创新能力转移到企业中去，再提升企业的创新能力，从而赢得市场竞争力。其二，产学研三方必须能把目标和利益协同。目标的协同是其他组织协同、知识协同、利益协同的基础。没有一致的目标，就没有努力的方向，更不可能拥有一致的行动，就不可能以协同方式增加最终产品的价值，实现额外创新收益，因而，协同方的各自目标必须拥有可协同的机会。其三，产学研各方必定需要强烈的合作意愿。研发能力和目标协同只是协同的必须要求，还必须有意愿促进这种条件转化为现实的行动。各方有强烈意愿整合创新资源融合成为创新成果，才能实现协同创新收益，从而实现多赢。

3. 合理制定协同制度

优秀的制度可以赏善罚恶，一个好的制度让坏的行动遭受打击，而坏的制度却会让好的行动四处碰壁。产学研需要制定一个良好的协同制度保障促进各种产学研协同创新的行为能够实现有效诱发。协同制度应该满足以下原则：其一，制度设计应该遵循公平、诚信总体原则，公平、诚信是人与人、组织与组织交流的最基本的原则。其二，制度设计要以市场为导向、以产品为核心、以收益为目标、以技术成果提升企业生产力为重点，加上企业研发能力，实现技术进步。其三，制度设计要高效利用现有各方创新资源，让产学研各方都能够发挥出最大的效用。其四，制度设计要有网状技术沟通渠道、合理的绩效考核评价方法。总之，制度设计的目的就是激发科研人员的创造性和主观能动性，发挥他们最大的聪明才智成就自己奉献社会。

产学研协同创新光有制度设计并不够，还需要有实施制度的保障。国家层面，由科技部牵头，联合教育部、企业界，设立产学研协同管理机构，帮助解决产学研在协同创新中遇到的问题；与之对应，各地市也应成立负责管理本地区产学研协同创新的专门组织，进行产学研政策引导、环境建设、结果统计和反馈调整。在产学研内部,也要针对性成立负责产学研合作的组织,保障对国家、地方政府的政策正确理解,并加以实施,也要督促内部的规章制度行之有效,推动产学研协同创新的发展。

(二) 提高知识互补协调效率

营造提高产学研协同创新知识互补协调效率的环境,一方面需要政府和社会创造良好的外部环境,政府开辟绿色通道为产学研协同创新减小流程,组织专门的服务机构,中介机构围绕产学研提供"一条龙"的服务;另一方面,产学研联盟内部构建产学研共有的组织机构、管理制度、共同文化价值观等,加强多主体的目标行为一致性,建立良好的沟通和交流渠道,保证知识和信息的快速高效流通,从而提升协调效率。

1. 完善协同创新政策法规

(1) 现在我国产学研协同创新正逐渐趋向于成熟,应该出台政策法规加以引导和规范产学研协同创新中的各种行为,但也应该注意政策法规使用的范畴,政策法则也需要一定的成本,过多的政策法规难以执行,从而不能调动创新创业的积极性和主观能动性,因此,政府要合理把握使用政策法规。在制定政策法规方面,可以借鉴成功国家的先进经验,例如,美国《贝多法案》典型经验,制定对象为高校、企业和科研院所的知识产权法,以知识产权法为核心完善知识产权归属法规和知识产权收益分配制度以及其他科技制度,提供高校、企业和科研院所协同创新科研人才的成果的合法保障,尽可能地调动他们从事产学研协同创新研究的意愿和行动,创建鼓励、支持产学研协同创新的外部政策环境,以提升科技成果转化率,并保证科技的所有权、收益权和交易权。

(2) 产学研创新收益是最有效的诱发方式。最能够促进收益产生的就是关于产学研协同创新产品的税收优惠,税收优惠可以直接促进各主体协同的积极性。我国现有产学研政策中对税收优惠关注度不够高,政府应着眼未来,遵循国家经济长期发展的规律,依据产学研协同各领域的特点,立足于各领域各主体实际需求,推动产学研在土地、产品、人才、知识等各方面的优惠税收政策,从而充分调动产学研三方的协同积极性。另外,政府还应该出台帮助解决协同创新"资金难"问题的政策,不仅要引导社会资金对早期技术研发阶段流入,为产学研协同创新配置

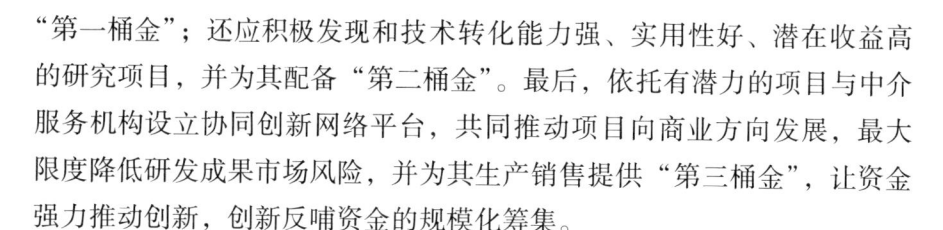

"第一桶金";还应积极发现和技术转化能力强、实用性好、潜在收益高的研究项目,并为其配备"第二桶金"。最后,依托有潜力的项目与中介服务机构设立协同创新网络平台,共同推动项目向商业方向发展,最大限度降低研发成果市场风险,并为其生产销售提供"第三桶金",让资金强力推动创新,创新反哺资金的规模化筹集。

(3) 我国对产学研协同产学研成果的评估和监管需要完善。政府对产学研协同创新成果和机制的评价政策大都没有真正落实,特别缺乏对创新成果的统计和创新协同的作用效果评价,无法准确获知产学研的成果及问题,难以对典型经济加以推广和对问题加以解决。因此,政府必须建立和组织对产学研创新的评估和评价,把握产学研协同创新现状,为制定政策提供坚实基础。此外,政府做创新成果的"守夜人"的身份,既要保证产学研科研成果的合法交易,维持市场规则,还要保证合法科研成果的正常交易,保证交易各方的合法利益。

2. 共建协同创新组织机构

组织结构是产学研协同创新各要素相互发生关系的物理实体。它与产学研协同创新过程中计划、组织、管理、控制紧密相连,是产学研三方资金流、知识流和人才流进行转移的基础,建立合理的产学研组织结构有利于产学研协同创新收益的实现。

产学研协同创新的组织结构模式与其协同创新相互演进、相互转变、协同向更高层次发展。产学研三方的组织结构决定了其资源连接方式,决定了技术知识如何在高校、企业和科研院所间传递,以及产学研三方间创新资源的配置的刚性限制,最终影响到协同创新效率进而影响协同创新收益。当产学研三方间组织结构与其共有协同创新战略相一致,才能最有效配置三方创新资源,跨越产学研三方原有组织边界,增强协同凝聚力,共同为协同创新献智献力。因此,产学研三方必须共建协同创新组织机构。

产学研组织结构会伴随其协同创新共同演进。组织结构会影响产学研协同创新收益,合理的组织结构能够协同创新收益;反之,产学研协同创新的不断演进会要求组织结构同时演进,使组织结构与产学研协同创新的发展相适应;其演进过程可以简单理解为,首先是组织结构与产学研协同创新发展相适应,但伴随产学研协同创新不断持续向更高层次发展，原有组织结构会阻碍产学研协同创新的演化，拉动组织结构向更高级演化以适应协同创新，两者通过多次相互演化，最终实现功能与组织相统一。

3. 充分发挥中介机构作用

中介机构作为协同创新网络的重要组成部分，可以进一步打通产学研沟通的渠道，增强协同合力。中介机构与产学研协同创新的利益相关者组成的一个特殊的协同平台，可以发挥协调技术、利益问题的中介作用，为产学研协同创新架起一座"桥梁"，也能够从外部影响产学研协同创新的内部关系，可以是产学研可持续合作的"助推剂"。其一，中介机构能够大量获取关于政策、信息和技术的资源，能够有建设性地为产学研组织提供指导。其二，中介机构不是免费的，在某些领域能够用更小的成本完成产学研组织难以完成的目标，从而让产学研组织能够更专注地创新。其三，合作中产学研间的矛盾，产学研中介很容易以第三方局外人的身份缓解协同中的矛盾与冲突，促进了产学研间的理解和信任。其四，中介机构能够促使科研资金高效运作。企业、高校、科研单位属于不同系统中三个不同利益主体，选择合作或者协同的条件首先都会从自身的利益出发，难以形成产学研协同合作，特别会造成科研资金利用不合理，让协同创新效率不高。企业认为高校和科研院所就是利用项目来获取企业资金，高校和科研院所却认为企业没有提供充足的资金，难以进行技术研发和产品开发，这时仅依靠产学研内部沟通，是不易达成一致的，需要中介机构合理引导科研资金的流动的数量和时间，让协同各方资源最大互补并发挥最大效率。

最后，还需要特定投融资机构的参与。创新不仅需要智力，还需要财力。高校和科研院所提供充分的智力保障，但是企业不一定能够提供充分的财力保证。因为需要从外界吸收资金来维持创新的可持续性。为了更有效地借助社会的力量进行创新，可以借鉴世界各国典型经验，加以国情改造，形成中国特色的投融资渠道。国外的多数科研经费都来源于风险投资，我国可以根据自己的经济和科技发展阶段，制定有效引导、落地实施的相关政策，让产学研协同创新有充分的资金保障。

(三) 促进协同知识有效积累

"知识就是力量"充分表达了知识对国家、社会、经济、科技的重要性，也是个人力量的依赖。但这对于创新来说，还是远远不够的，对于创新，这句话可以改为"知识的知识才是力量"，强调创新知识才是力量取之不尽的源泉。知识虽然一直都存在于自然和社会中，但如果没有人去发现揭示，没有人认可，同样不能谓之为知识。没有哥白尼的"日心说"，我们还以为地球是宇宙的中心，没有牛顿的万有引力，我们不能解释天体运行的规律和潮涨潮落的原因等，都需要基础研究去发现，蒸汽机、火车、飞机、电脑的出现得益于对基础理论用于实践的应用研究。知识需要传播才能形成价值，一个人的知识不能谓之为知识，只能谓之为观点，要观点正在并广为人知才能叫作知识。知识的载体虽然有多种多样，但运用知识的却只有人，拥有大量知识并能很好运用的叫作人才，人才是把知识转化为现实生产力的最重要的因素。因此，产学研应该提倡基础与应用研究共重、搭建知识与资源流通平台和构建培育与引入人才机制，以推动协同创新为社会向前发展的动力。

1. 提倡基础与应用研究共重

基础研究与应用研究如同鸟之双翼、车之两轮，缺一不可。高校和科研院所中有基础理论研究也有应用研究，但基础理论研究偏多，企业大都在应用研究，解决实际生产中的问题。产学研协同创新不仅是要创造新的成果，还要把旧的成果加以运用。一方面，新成果、新技术是推动社会经济进步的最根本的动力，纵观世界上多次产业革命，都是因为技术的突破。在产业革命的前期都是因为基础研究得以突破，产业革命中，应用研究把基础理论从论文、书籍中解放出来，释放出巨大生产力。另一方面，我们论文数、创新成果数稳居世界前三，但创新能力却不是前三，主要原因是我们有大量的科研成果没有发挥其活力。从这个层面上说，企业就是帮助高校和科研院所消化吸收创新成果，转化为生产力的。无论如何，创新才是核心，创新必须两手抓基础研究与应用研究，促进创新可持续性发展，推动社会经济的健康良好发展。

2. 搭建知识与资源流通平台

知识与资源因有用方有价值，没有使用的知识和资源是埋在海里的珍珠。无论按何种标准划分的实施路径都需要流通机构和流通平台的参与，需要建立信息交流网站，以及知识转移传输通道和资源配置途径。传统的沟通交流机构必不可少，但也需要发挥现代信息通信的优势。传统沟通机制就是现实世界中人与人面对面沟通，现代信息通信就是通过网络打破时空的边界，进一步提升流通的效率。通过各种方式搭建知识交流的渠道，例如，成立中国校企协同产学研创新联盟、产学研联盟促进会等组织，让知识与资源在流动和流通中发挥其最大的效用，让协同创新能够传播其知识价值，实现经济创收，让经济高质量稳定发展。

3. 构建培育与引入人才机制

产学研协同创新是围绕创新的活动。活动的第一实践者是人才，因此人才对产学研协同创新有着决定性作用。需要培育与引入大量科研人才，高校联合企业共同培育人才，企业引入高校培养的人才。高校与企业共同培育人才的时候需要协同，高校主要负责理论知识，企业主要负责实践知识，高校中原有的师资力量完全可以胜任理论知识的教学，但需要企业中的工程师、管理人才和拥有实践经验的科研人员把实践知识生动形象地带给学生，使学生内外兼修，更能适应社会和企业的发展。那么对应的，企业也可以邀请高校学者、专家到企业去普及理论知识，帮助企业员工把实践知识提升到理论高度。企业也要加强引入与高校联合培养的人才，实现职能匹配、人岗匹配，联合培养能够让企业花费更小的成本找寻到企业需要的人才。因此，应该构建产学研协同创新的联合培育人才常态化机制，协调人才供给与人才需求的矛盾。

第五节 本章小结

首先，本章分析产学研异质知识跨组织传递的过程，把产学研知识演化特征分为局部动态演化和整体动态演化，局部动态演化过程中，分为知识识别、共享和融合三个阶段，整体动态演化由无数局部动态演化共同构成，从微小创新积累成为大创新。

其次，本章引入图论到产学研协同创新的研究中，把知识和知识转移途径组建集合，知识提供方与知识接收方直接交流是知识转移最优路径，最能有效促进产学研的发展；划分了产学研协同创新实施路径：目标协同阶段，创新主体间的归属感与凝聚还不强；组织协同阶段，组织协同为了消除个人、组织、文化间的障碍，加强知识转移；战略协同阶段，就是为了最终科研目标一致努力的过程，是产学研协同创新的高峰；

三个阶段几乎形成了协同创新的生命周期；分析了显隐知识转移与路径选择关系，显性知识转移对路径的依赖性不强，而只要有隐性知识转移，则具有很强的路径依赖性。

最后，创新资源配置方面，产学研各方应该获取全方位的信息，充分认识到各方的资源优势，对资源进行有效的整合，选择合适的合作伙伴，通过资源的优势互补来实现产学研协作的可持续发展。知识互补协调效率方面，通过制定促进产学研协同方面的政策法规来营造良好的制度和法律环境；协调创新主体各方的组织结构和管理制度，消除合作各方在组织差异方面的障碍，达到组织结构上的协同；积极引进中介服务机构，为产学研协同创新提供良好的中介服务。协同知识高质量积累方面，产学研应该提倡基础与应用研究共重，搭建知识与资源流通平台和构建培育与引入人才机制，提高各主体的知识积累程度，最终推动协同创新为社会向前发展。

第七章

研究结论与对策建议

第一节 研究结论

加快实现产学研深度整合、改善协同创新成效，是新时代贯彻落实创新驱动发展战略、加速提升综合国力的重大战略课题。新时代对自主创新能力建设提出了更高的要求，产学研协同创新在紧紧围绕助推经济发展新旧动能转换、开展产业转型升级路径探索、推进科研攻坚和成果产业化等方面，已经成为最重要的经济社会创新发展动力源泉。与此同时，产学研协同创新的理论探索与实践研究已从合作模式、利益分配等层面，深入到中国模式、内外机理、行进路径等层面，目前围绕新时代背景和新国际政治经济形势下的相关研究，还不够系统全面。在上述现实条件下，本书从知识互补性与知识创新出发，聚焦于产学研协同创新中实践层面的六个基本问题：

其一，当前我国产学研协同创新的现状是什么样的？取得了哪些成就？还存在什么问题？产生这些问题的原因何在？

其二，国外产学研协同创新的历程与成效如何？有什么经验教训值得我们借鉴和反思？

其三，制约我们产学研协同创新的主要障碍因素是什么？障碍因素产生的原因是什么？如何破解这些障碍因素？

其四，产学研协同创新三方的知识存在着什么样的互补关系？如何准确认知产学研协同创新全过程中的制约因素和驱动因素，以构建有效诱发协同创新动机、开展协同创新活动的运行体系？

其五，如何通过系统动力学流图构建有效诱发协同创新动机、开展协同创新活动的运行体系？以此为基础，如何设计"趋利避害""义利共生"的协同创新诱发机制？

其六，要实现产学研协同创新"厚积薄发"和"弯道超车"，应该沿着什么样的科学路径行进？

以上述问题为研究的初心和起点，本书主要借助于知识互补理论，广泛采用比较分析法、案例分析法、调研访谈法、动态模拟法、系统设计法等，以"理论基础→国外典型经验借鉴→关键因素辨析→知识互补性分析→诱发机制研究→实施路径研究→创新战略与政策思考"为研究的逻辑思路，深入探讨分析了在历史变革期产学研协同创新的诱发机制与实施路径，开展了文献研究、理论分析、经验借鉴、障碍因素提取、驱动因子分析、诱发机制仿真、诱发机制构建、实施路径探索等工作，主要的研究内容及研究发现如下：

1. 产学研协同创新对于国家发展有着至为重要的作用。中美贸易摩擦的国际政治经济诡谲多变环境和我国改革开放40周年的时代背景，告诉我们自主创新"永远在路上"，它不是一代人的事，而是每代人的事。改革从一定维度上说就是创新，开放从一定维度上就是协同。改革和创新都是产生新兴事物，开放和协同都是寻求合作共赢。创新是引领发展的第一动力，科技创新更是如此。美国为了限制我国高技术领域的自主创新能力，频频对我国高技术企业进行制裁，例如华为、中兴等。世界各国严守高技术领域的咽喉，多次出台了发展高新技术的政策文件，旨在提升国家创新能力，能够在经济全球化中赢得市场，在产业链占取高端重要位置，获取更多利益。中国深刻认识到创新能力特别是科技创新能力关乎国家核心竞争力，必须把关键核心技术牢牢地掌握在自己的手中。从客观现实上说，我国核心关键技术领域与世界技术强国存在一定的差距，面临着技术强国对我国技术的堵截，同时还面临着后发国家的技术追赶，我国关键核心技术面临着自主创新前狼后虎的关键时期，因而必须加快提升我国创新能力和实力。创新强国建设和创新驱动发展是宏观战略，对应到微观层面就是产学研三方协同创新，因此加快推动我国产学研协同创新的实践，不仅对于国家、社会有着重要作用，也为企业、高校、科研院所的生存和发展提供重要机遇。

2. 国外典型协同创新经验可供我国产学研协同创新提供借鉴和启示。

通过对美国、德国、日本、韩国的产学研协同创新的剖析，找到其共同特征，发现对我国产学研协同发展具有借鉴作用。首先，要充分发挥政府的角色和功能。政府应该营造一个崇尚创新、宽容创新的社会文化环境；同时，制定知识产权保护法律，明确执法主体和责任；此外，还要出台一系列优惠和鼓励创新的政策，降低或转移创新成本，提升社会各界的创新积极性。其次，充分发挥企业技术创新主体的作用。让企业树立创新观，培育具有企业家精神的人，敢于和勇于创新；增大创新的人力、物力、财力投入，企业只有把创新意识转换为创新行为才有可能让企业具有核心竞争力，让企业长久不衰，从而以企业自己完善升级为基础带动产业转型升级，提升我国产业竞争力。最后，充分发挥学研机构的优势。人永远是创新最活跃的因素，学研机构的主要职能有人才培养、科研研究和社会服务，三者都与产学研协同创新息息相关，协同创新需要科研人才，创新需要科研成果，科研成果最终服务于社会。人才培养是首要职能也是最重要的职能，学研机构必须培养能够适应企业和社会要求的人才，把学研机构建设为创新人才培养的高地，进而成为知识创新的高地。

3. 从全球创新指数（GII）、文献扎根、问卷调研归纳出产学研协同创新的关键制约因素。首先，从全球横向比较的角度看，我国产学研自身主要存在三大短板，一是制度环境存在明显缺陷，二是人力资本开发不充分，三是市场成熟度不够。其中，制度环境不佳主要表现在管制质量低、法治不健全、冗余裁员成本偏高等；市场成熟度不够主要表现在投资者缺乏安全感、风险投资市场不发达等；人力资本缺陷主要表现在教育支出偏低、高等教育入学率偏低、创新型人才数量偏少等。其次，通过对产学研协同创新相关文献的深度分析，查找出制约产学研协同创新三个层面的因素，一是内生层面的产学研主体异质性障碍，二是交互层面的产学研交互过程障碍，三是环境层面的外部环境障碍。其中，产学研主体异质性障碍包含组织异质性障碍、文化异质性障碍、能力异质性障碍；产学研交互过程障碍包含资源互动障碍、关系协调障碍、利益协调障碍、交互学习障碍；外部环境障碍包含社会环境障碍、政策环境障碍、市场环境障碍三个主范畴。最后，通过对产学研协同创新制约因素的问卷调研，识别出几大关键制约因素。从核心范畴来看，产学研主体异质性障碍是当前我国产学研协同创新的首要制约因素;产学研交互障碍和外部环境障碍亦是制约我国产学研协同创新的重要因素。具体到主范畴层面,"文化异质性障碍""能力异质性障碍""资源交互障碍""政策环境障碍"是我国产学研协同创新的关键制约因素;"组织异质性障碍""社会环境障碍"是一般制约因素;"关系协调障碍""利益协调障碍""交互学习障碍""市场环境障碍"是次要制约因素。

4. 基于产学研知识互补性关系、场域交互理论,利用四要素模型提取并分析驱动因子。首先,基于组织自身发展视角,获取企业的应用实践型知识有利于学研方应用型人才的培养和科研成果的转化;而产方吸收学研机构基础研究、技术研发方面的知识则有利于其科研水平和创新能力的提升;基于重大科技研发项目实施的视角,学研机构或企业任何一方都不能独自提供项目所需的全部知识,而双方知识的汇聚与融合则不仅可以满足项目的知识需求,还会形成交叉知识,促进创新涌现,最终产生"1+1>2"的协同效果。其次,场是产学研知识互补的平台和载体,场域交互是知识互补的基本实现方式。场内不同维度的知识对应场内三切球中的不同结构,在与其他场进行知识交互时也应采取不同的交互方式。基于动态视角将产学研知识互补视为由局部到整体的渐进过程。把局部知识互补划分为3个递进演化阶段,"S-Ba"为反应场所,也是组织间知识交互的关键枢纽,每次互补的实现均产生局部层面的微创新。借鉴 BS 生物模型详细阐释产学研知识互补的整体演化过程。持续的局部知识互补行为使系统积累大量微创新,经由"S-Ba"之间频繁往复的自组织交互,实现知识整体的高度协同和创新反应的不断扩大,从而多次达到自组织临界状态引发系统层面的大创新。最后,基于四要素理论从知识互补的主体、客体、情境、媒介四个方面提取出互补意愿、知识互补性、场的完善程度等11个驱动因子,采用 AHP-DEMATEL 方法定量分析了各因子的综合驱动效果及其内在逻辑关系,得出在11个因子中,互补意愿是关键驱动因子,对产学研知识互补的驱动效果最为强烈;场域交互顺畅度、知识吸收能力和知识互补性是重要驱动因子,也对动态互补有较大的驱动作用;知识发送能力、知识存量等其余7项则为一般驱动因子,其驱动效果相对较小。知识互补性、政府政策与市场作用为原因类驱动因子,会对其他结果类因子产生诸多影响。而结果类因子中,互补意愿、管理机制、场的完善程度和场域交互顺畅度受原因因子的影响更为明显，是显著的结果类因子；同时，互补意愿尤为特殊，它对其他三个结果因子也有显著的驱动作用，应重点关注。

5. 基于产学研协同创新系统性、动态性和因果性，构建诱发机制进行仿真模拟。首先，产学研协同创新不仅仅是各主体之间的合作，更多的是强调整个的系统性，系统内又分为不同的单元，各个单元之间有着良好的衔接，是不断地相互促进发展的。应用系统动力学的相关方法，为产学研协同创新划分出了四个阶段：萌发起步阶段、研究开发阶段、产业化发展阶段、结果总结阶段。各阶段相互作用、相互联系，各主体共同作用创造了有机的产学研协同创新的新过程。其次，产学研协同创新在一个动态交互的过程中发展，其全流程涉及了来自各方面的影响因素，比如：外部宏观环境因素、消费者需求、法律法规政策、市场竞争以及主体方对相互协作的认识等；还有一系列的潜在因素比如：知识的隐形价值、对于发展投入的人财物等，各个因素之间还存在着千丝万缕的联系，存在的某种因果联系又会反馈到系统循环之中，往复循环就构成了产学研协同创新的研究基础。最后，因为产学研协同创新中反馈循环的因果关系，涵盖了整个复杂的变化性过程，应用系统动力学的理论对其研究刚好是一个便捷的研究方法，为此提供了高效的途径。在产学研协同创新的各个阶段所蕴含的动态性、非线性关系和多重性，对其分析就形成了有效的思路，即研究剖析内部结构的动态行为，然后利用相关的结构方程对其行为仿真分析，提出对策分析相关模型，以便更快、更便捷地促进三方的合作。通过对产学研协同创新活动诱导过程的研究，对产学研协同创新的影响因子进行识别、挑选，将影响密切的因素构成相应的反馈回路，可以对不同的阶段构建 SD 网络模型，再进一步对不同阶段的 SD 模型进行总结分析，由此可剖析创新收益影响因素，构建产学研协同创新有效研发机制。

6. 基于知识互补视角，构建产学研协同创新的实施路径。首先，通过对知识互补性特征进行分析，从时间和空间 2 个维度方面来阐述知识互补特征，发现随着时间的推移，产学研各方的知识积累越来越多，更加有利于各方的知识交流和转移；从知识互补角度来看，根据产学研知识的不同特征，把产学研知识特征划分为三个阶段，分别为：知识共享阶段、知识创造阶段和知识优势阶段，进而考察和界定了每个阶段产学研知识的特性——沿时间互补性与空间互补性的相互促进；借助于新兴古典经济学模型，模拟知识积累程度、协同系数、经济额外收益程度对产学研协同创新收益的影响，推动产学研协同创新的实施。其次，把图论引入到产学研协同创新的研究中，把知识和知识转移途径组建集合，知识提供方与知识接收方直接交流是知识转移最优路径，最能有效促进产学研的发展；划分了产学研协同创新实施路径：目标协同阶段，创新主体间的归属感与凝聚还不强；组织协同阶段，组织协同为了消除个人、组织、文化间的障碍，加强知识转移；战略协同阶段，是为了最终科研目标一致努力的过程，是产学研协同创新的高峰，三个阶段共同形成了协同创新的生命周期；分析了显隐知识转移与路径选择关系，显性知识转移对路径的依赖性不强，而只要有隐性知识转移，则具有很强的路径依赖性。最后，创新资源配置方面，产学研各方应该获取全方位的信息，充分认识到各方的资源优势，对资源进行有效的整合，选择合适的合作伙伴，通过资源的优势互补来实现产学研协同的可持续发展。知识互补协同效率方面，通过制定促进产学研协同方面的政策法规来营造良好的制度和法律环境；协调创新主体各方的组织结构和管理制度，消除合作各方在组织差异方面的障碍，达到组织结构上的协同；积极引进中介服务机构，为产学研协同创新提供良好的中介服务。协同知识高质量积累方面，产学研应该提倡基础与应用研究共重，搭建知识与资源流通平台和构建培育与引入人才机制，提高各主体的知识积累程度，最终推动协同创新可持续发展。

我们认为，只要我们充分意识到自己的不足，以开放、包容的态度积极借鉴他国成功经验，构建起科学的产学研协同创新诱发机制，发挥产学研各方为国为民、精诚团结的协作精神，突破各种协作束缚和创新障碍，沿着中国特色的产学研协同创新路径，虚心学习，积极探索，锐意进取，勇于实践，不断创新，持之以恒，就一定能行稳致远，为深入实施创新驱动发展战略、加快建设创新型国家和世界科技强国奠定坚实基础。

第二节 对策建议

一 师夷长技，善于借鉴产学研协同创新的成功经验

（一）充分发挥政府的产学研协同创新引导功能

总结它国经验，我们可以看出，产学研合作的原因并不是法律法规的强制规定，相反的是，多个国家为了推进本国的产学合作发展，不断地提出新政策、建立基金会、成立相关中介机构，其最主要的目的就是激励产学研主体能够在产学研合作中找到动力去进行协作创新，所以我国政府可以充分借鉴成功经验和有效做法，清楚各方追求、需要和行为动机，给予相应的支持，更好地提升产学研合作效率。由于我国相当多的企业协同创新比较薄弱，注重追求当下发展和短期利益。同时在基础研究领域方面缺乏相关支撑，大多企业也缺乏基础研究动力的现实状况。政府应以行政手段大力倡导和主动调节这种社会活动，以促进产学研协同创新。

产学研协同创新作为一项复杂动态的系统工程，政府可以更好地发挥协同创新全过程中的"催化剂""助推剂""润滑剂"，为成功的产学研合作营造一个良好的政策与制度环境。客观上看，政府要加快组织制定和颁布实施一系列的相关政策制度，以此来激励产学研协同创新，充分发挥政府在产学研协同创新活动中的引导和积极性作用，彰显中国特色的社会主义制度优越性，加快实现产学研协同创新的"厚积薄发"、"弯道超车"和"一飞冲天"。

（二）企业要在基础研究方面扮演更积极的角色

在全球跨国公司的实力排行中，我们可以很容易看出，由于企业在基础研究层面的耕耘以及长期坚持，使得它们在不同的领域获得了成功。我国企业要正视在这方面存在明显的差距，加快塑造和强化自己应有的科学技术研究的信仰和追求。企业应该抛下以利益大小论成败的偏见，真正对社会做出巨大贡献的企业应该是从科技上改变生活、更好地造福人类的企业，所以企业应该从创立时起就树立信念，真正地做强大的企业，并不能只关注眼前的利益，而是要有更加长期的发展以及远大的目标。

企业要以开放的心态主动参与产学研协同创新，向高校和科研院所学习追求科学的态度和精神，看到在基础研究方面高校比企业更有优势的所在，虚心向科研基础雄厚、科研精神可嘉、科研成果突出的协同创新单位学习，让公司员工也能像在校学生一样学习、思考，激发他们更多的创意，或者直接和协作单位合作，让更多的创意能够结合市场，提升企业的基础研究能力和成果的输出率，争取尽早涌现出一大批如谷歌、波音等这些基础研究能力超强的中国企业。

（三）提升大学创新型科研人才的培养质量与规模

世界一流大学都高度重视创新型科研人才的培养，并成为国民经济和社会发展所需的创新型科研人才培养最重要的大本营。虽然我国高校非常重视创新人才培养，并以此作为大学建设发展的最重要指标，但客观上并没有改变以考核与评估指标为导向的功利性创新型科研人才模式。不摆脱简单以"论文、项目、专利、获奖"为导向的短期化、规模化创新型科研人才培养模式，将很难为社会培养出高质量的创新型科研人才队伍。由此，要切实摆脱传统大学创新型科研人才培养观念的桎梏。

基于我国高校创新型科研人才培养现状，要加快高校创新型科研人才以及培养制度改革进程，首先是加快高校自身创新型科研人才队伍建设，其次高校要更多地从课程设计到科研人才实习实践的全流程，强化与企业和科研机构合作，加强与企业、科研机构的沟通，使创新型科研人才在理论与实践中学习，提升人才的科研创新素质，培养真正的创新型科研人才，从而提升大学创新型科研人才的培养质量与规模。

（四）强化科研院所的社会担当并加快实现转型发展

由国外经验可见，科研机构角色应当是多样化的，除了开展科学研究以外，还应当承担起产学研协同创新的桥梁角色，为企业、大学、科研机构三者合作提供便利，减少不必要的损失，为产学研的顺利进行提供保障。我国的众多科研院所，应当跟上时代的发展，满足经济建设的需要，将研究领域聚焦于高新技术，围绕国计民生的若干重大关键技术领域，从基础研究到应用开发，主动地担当起科研主力军的角色，将组织中产生的费用大部分用于研究开发，在推进社会科技进步中起到更大更突出的作用和影响。

以产学研协同创新为抓手，科研院所在科研创新人才培养方面应该加强与高校的深度合作，在基础研究方面，实现与高校的科研资源与创新平台共享；在应用研究和试验发展方面，强化与企业的创新合作，以合作项目为牵引，以面向市场化产业化应用为导向，提升研究成果的实用性和经济社会效益。

二 三省吾身，消除制约产学研协同创新的关键因素

（一）正视制约我国产学研协同创新的短板问题

我国产、学、研最大的短板为协同创新制度环境的缺陷，如政策环境缺陷、管制环境缺陷和商业环境缺陷。首先是管制环境滞后程度最为明显，主要表现为冗余裁员成本偏高、管制质量偏低、法治不健全等。其次是市场成熟度不足，具体表现在信贷和投资两方面的不足。其中投资指标的滞后程度最为明显，主要表现在投资者不易受到保护、风险投资市场不发达等。最后，我国产、学、研第三大短板为人力资本存在明显缺陷，其中高等教育指标滞后明显，集中表现为高等教育入学率偏低、教育支出偏低、上学平均年限偏低等。我国产、学、研其他短板还包括：在线创意产出、生态可持续性、创意产品与服务、创新群、知识扩散等指标的滞后。

（二）积极消除产学研协同创新的各种障碍因素

制约产学研协同创新三个层面的因素，一是内生层面的产学研主体异质性障碍，二是交互层面的产学研交互过程障碍，三是环境层面的外部环境障碍。其中，产学研主体异质性障碍包含组织异质性障碍、文化异质性障碍、能力异质性障碍；产学研交互过程障碍包含资源互动障碍、关系协调障碍、利益协调障碍、交互学习障碍；外部环境障碍包含社会环境障碍、政策环境障碍、市场环境障碍三个主范畴。从核心范畴来看，产学研主体异质性障碍是当前我国产学研协同创新的首要制约因素；产学研交互障碍和外部环境障碍亦是制约我国产学研协同创新的重要因素。具体到主范畴层面，"文化异质性障碍""能力异质性障碍""资源交互障碍""政策环境障碍"是我国产学研协同创新的关键制约因素；"组织异质性障碍""社会环境障碍"是一般制约因素；"关系协调障碍""利益协调障碍""交互学习障碍""市场环境障碍"是次要制约因素。

(三) 突破制约产学研协同创新的合作互动"瓶颈"

引导企业和院校院所进入对方的业务领域，消弭产学研主体异质性障碍。通过激励和强制手段，引导院校院所从事商业研发、企业从事基础研究，逐步缩小企业同院校院所文化能力体系差距，为产学研协同创新夯实基础。

针对产学研交互过程中的四大关键障碍，突破产学研主体协同互动"瓶颈"。实现充分的协同创新需要克服多方面阻碍，包括资源整合、协调整合、交互学习等核心问题。作为协同创新联合体应从以上几方面入手，做好相应的机制设计，营造交流共享、互利共赢的合作氛围。

营造良性的产学研协同创新环境，解除协同创新制度约束。进一步深化科技体制改革，打破技术、人才等科技要素流动的制度障碍；引导市场资源参与科技研发，避免政策资源的过度干预；加强对协同创新关键环节的支持，搭建协同创新的网络化平台，实现企业与院校院所的"精准对接"。

三 聚沙成塔，增强产学研各主体协同创新知识互补

(一) 把握促进产学研协同创新主体间知识互补的规律

产学研各主体应把知识互补作为协同创新联盟形成的基础和动力。基于组织自身发展视角，学研主体主动获取企业的应用实践型知识，以改善学研方应用型人才的培养和科研成果的转化成效；企业要积极吸收学研机构基础研究、技术研发方面的知识，尽快提升我国企业的科研水平和创新能力，从而增强企业参与国际竞争的能力。从重大科技研发项目实施的视角，学研机构或企业任何一方都应善于利用各自的知识发现、知识创造、知识利用的专长，通过各方知识的汇聚与融合，满足项目的知识需求，并形成交叉知识，促进创新涌现，最终产生"1+1>2"的协同效果。从组织自身发展需求并组合科研项目实施条件，促进产学研三大主体间的知识互补强度和深度。

遵循产学研知识具有沿时间和沿空间的互补性特质和规律，通过知识沿时间的互补，使企业、高校、科研机构能随时间不断提升各自的知识水平，沿空间的互补性则促使三大创新主体持续从其他组织获取新的研发或管理知识来丰富协同创新知识库。通过产学研知识沿时间和空间

的互补性的相互促进作用和协调发展，确保产学研协同创新组织整体能够全面吸收系统内部和外部知识，并不断凝练、升华，为协同创新过程提供强有力的知识支撑。

（二）加强产学研知识互补的平台和载体—场域建设

高度重视产学研知识互补的平台和载体—场域建设，切实促进知识互补的基本实现方式——场域的交互。由于互补知识的复杂性，场内不同维度的知识对应场内三切球中的不同结构，在与其他场进行知识交互时也应采取不同的交互方式，分别为：外显球对应显性知识，通过编码式学习的方式进行场域交互；若隐若现球对应技能维度的隐性知识，通过启发借鉴的方式进行场域交互；内隐球对应认知维度的隐性知识，通过深入交流与互动的方式进行场域交互。此外，还应注意场的建设问题，包括物理场和虚拟场的构建，唯有场的建设较为完善，产学研知识互补才能不断行进、深化，最终实现协同创新效果。

加强场域建设首先需要在完善知识交流现实场的同时，通过互联网、云平台等信息技术手段建设虚拟场，减少时间、空间对知识交互的障碍。其次要注重知识交互方式的选择。根据创新主体间知识类型的不同选取适宜的交互方式，认知维度的隐性知识要尤为关注，当主体间的这类知识存在显著差异时必须及时沟通，尽量避免引起协同障碍或人际关系冲突。再者要强化创新主体间的联系。主体间联系愈紧密则场与场之间距离越小，组织内部的"G-Ba"和围绕特定项目的"S-Ba"融合度更高，局部互补知识可以在较短时间内扩散到联盟整体，从而有效提高协同创新绩效。

（三）重点关注促进产学研知识互补的关键驱动因子

产学研知识互补的驱动因子是促进知识动态交互、提高协同创新效率的力量之源，厘清各因子的驱动作用大小及内在逻辑关系对探索知识互补的驱动机制、提升互补绩效有重要意义。互补意愿作为关键驱动因子，对产学研知识互补的驱动效果最为强烈；场域交互顺畅度、知识吸收能力和知识互补性是重要驱动因子，也对动态互补有较大的驱动作用；知识发送能力、知识存量等其余7项则为一般驱动因子，其驱动效果相对较小。知识互补性、政府政策与市场作用为原因类驱动因子，会对其他结果类因子产生诸多影响。而结果类因子中，互补意愿、管理机制、场的完善程度和场域交互顺畅度受原因因子的影响更为明显，是显著的结果类因子；同时，互补意愿尤为特殊，它对其他三个结果因子也有显著的驱动作用，应重点关注。

（四）市场和规制相结合改善产学研知识互补效率效果

基于产学研各主体协同创新的能力与愿意，以协同创新具体项目为依托，认准协同创新的动力因子，着眼于提高产学研知识互补的效果和效率，狠抓三大层面的支撑性、先决性工作：一是"不求最强最优，但求最适最佳"，选择适宜的合作伙伴，确保产学研三方有较高的知识互补性和知识吸收能力；二是大力培养和激发产学研协同创新各主体的知识互补意愿，加强场的建设，清除文化差异、关系距离等交互过程障碍，保证场域交互顺畅度处于较高水平；三是高度关注政府政策和市场变化，充分利用市场和政府的作用加强其他因子的驱动效果，从而提升驱动合力，切实促进知识互补的实现。

四 义利共生，诱发产学研各主体协同创新行为动机

（一）切实激发和增强更多企业的协同创新意识

美国挑起中美贸易摩擦冲突，再次说明我国加快提升自主创新能力、实现在若干关键领域实现重大突破的急迫性。当前，众多的企业已经意识到没有创新的企业是没有灵魂的企业，在快速变化的全球化竞争环境中是难以实现可持续发展的。因此，大多数企业应向华为等优秀企业学习，尽可能地摆脱在自主创新方面"一年磨十剑""想得多做得少""雷声大雨点小"式的做法，真正意识到创新对于企业、对于国家、对于经济社会发展的重大意义，切实把创新意识内化为企业行动之魂，在企业创新人才培养、创新规章制度、内部创新环境、创新成果应用等方面，更多地摆脱过于短期化、功利化与世俗化的观念束缚，以开放的眼光与胆识，以更加主动积极的姿态，围绕有利于形成我国核心领域关键技术的自主创新，推动产学研协同创新系统的有机形成。

理性看待市场由于各种因素的影响呈现出各种不确定的变化状况，企业作为市场竞争的主体，市场的变化会给企业带来一系列的压力，这都应当是驱动企业加快产学研创新意识转变的外在力量。当创新能够为企业带来所预期的经济效益，企业就应在创新方面花费更多的投入，而

非如一些企业的创始人或企业家在公司 IPO 之后，热衷于套现离场或痴迷于资本运作，追求穷奢极欲的"暴发户"生活方式，而忽略了企业的创新持续发展。由此，应对这类问题对症下药，以政治荣誉、精神嘉奖、文化褒扬等因素，诱引企业主动开展产学研协同创新活动，逐步将企业树造为一个独特的创新主体，为创新领域开创新的天地。

（二）营造倡导和推进产学研深度合作的积极氛围

客观看待不同组织的发展历史、运营结构的设置各不相同等因素对产学研深度合作的影响，企业、高校、科研院所三个主体，要在相互合作、相互交流中各取所需，共同为发展目标而努力，不仅仅能够降低研发的风险，还能实现趋利避害，提高各自的不足之处，最终获取更大的效益，同时各自又完成了相应的目标。着力打破经济体制和科学技术长期处于分割的状态，在"产"界，主要是企业这个主体，在强化以市场利益为导向的发展基础上，大力倡导重视自主创新能力的提升，引导对科学技术发展的长期追求愿望；在"学"和"研"界的大学与科研院所，在保持对科学技术研究投入力度的同时，也要高度重视市场和经济社会发展的需求，使得科研创新成果能真正发挥对国家经济社会发展的贡献和作用。

针对不同协同创新主体的行为动机、创新能力与项目特质，分门别类地制定诱导性措施，营造倡导和推进产学研深度合作的积极氛围。企业是衡量一个国家经济的重要指标之一，其往往是基于市场的价值来考虑产学研研发能否为企业带来效益，以及效益的大小；与之相反，科研机构和大学经常是基于投入与成果的转化视野下来分析产学研协同创新，不同主体所站的角度不同，对问题的理解也就产生差别，就导致了不同协同创新主体之间的任务分配以及分配利益的巨大认知差异。为消除这一系列的问题，第一步就是加快企业融入产学研协同创新的大家庭之中，为大学和科研院所的研究学者提供企业不足、市场急需的科技产品，为责任主体分担相应的研发费用，同时三个主体在进行相应工作时明确自己的目标与所要解决的问题，更重要的是能够高效地提升成果的转出率，做到"研有所用""用有所求"，三个主体紧密地联系在一起，实现"1+1>2"的效应。另外，还应对大学、科研院所和企业的利益分配做出相应的规划，让三类主体各自的风险降到最低，这样不仅能够激励企业更多地参与到协同创新之中,还能激发大学、科研院所的研发能力,能够更加积极地参与研发工作,为形成协同创新的可持续发展提供源源不断的动力。

(三) 不断优化产学研协同创新的政策与法律环境

"橘生淮南为橘,生于淮北则为枳",必须大力培育有利于结出产学研协同创新硕果的制度土壤。我国在"科技是第一生产力"的政策方针指导下的创新发展仅仅经历40年的过程,在产学研协同创新方面仍处于积极探索和锐意进取阶段,必须要理性看待在产学研协同创新过程中存在着的方方面面的这样那样的问题和不足。在法规政策方面,努力形成一套完整的相关奖惩制度;不断完善产学研运行体系,以政策法律制度引导产学研各主体提升对协同创新重要价值和深远意义的认识,使之能积极地参与到协作创新活动当中。由此,政府相关部门要依据协同创新的现状制定实施配套的法律法规体系。

对产学研协同创新的发展提供坚实的制度保障,就是要充分发挥法律法规的功能以保障产学研协同创新成果的高效率产出,确保对协同创新主体的创新利益有相应切实的保护,以更能促进三方的合作意愿和力度,以一流的产学研协同创新的政策与法律环,诱发产学研各主体敢于主动开展协同创新,乐于坚持协同创新,勇于面对协同创新的失败风险,从而形成一个良性、持久、有序的产学研协同创新运行体系。

(四) 构建义利共生的协同创新知识共享诱导机制

知识创新是一种伟大的责任担当,也是一种积极追求的光荣成果,而最终要把知识创新达到一定的水平是产学研协同创新的意义所在,也是知识创新进行产业化的必经之路,只有义利共生才能最有效地诱发各主体的内在动力和潜能。由于产学研三个主体所处的环境不同,它们对事物的认识所具有的知识也就不同,就有了知识的异质性。尽管产学研协同创新的诞生是以知识的异质性为前提的,如果处理的不恰当也可以是阻碍产学研协同创新发展的决定性影响因子。因此,要构建义利共生的协同创新知识共享诱导机制,促进三个主体相异的知识之间的融合能够有序地推进,引导产学研协同创新组织发展的高效率协作,以知识共享保障各参与主体可以各取所需、提升互补效率,使它们高度重视知识创新的价值所在,引导它们朝着所设置的预期目标奋勇前进。只有这样,才能取得理想的科研成果，实现经济收益，最终形成一个有机的协同创新系统周而复始地运作，步入良性循环的轨道。

大力倡导义利共有、义利共生、义利共融的协同创新意识，形成企业关注和勇于承担社会责任，大学和科研院所关心成果应用价值和产业化发展前景，相互之间高度协同的高效协同组织，三个主体在合作中学习对方的优点、共同抵御风险，创造出更高的利益，最终把产学研协同创新的联盟组织做大做强做久。

五　上下求索，不断探寻产学研协同创新的有效路径

（一）全面构建产学研协同创新的实施路径网络

围绕产学研协同创新，以产学研三方为网络中心，以政策、投资机构、中介机构等外部机构共同构建协同创新网络。此创新网络以产学研的知识共享、创造和形成优势为基础，并不断沿时间螺旋上升，通过合理选择创新资源配置方式，促进创新资源的协调程度，以及为实现由知识创新转化为技术创新提出践行对策，从理论的角度指导我国产学研协同创新的实践，以期提升我国创新能力，加快实现创新强国建设。

从空间切面视阈角度，要强化高校、企业和科研机构在产学研协同创新网络的核心主体地位，突出政府、投资机构、中介机构的创新网络支持结构功能。仅有内部创新网络是难以实现创新的，还需要政府、投资机构、中介机构等外部力量加入，共同驱动产学研协同发展，政府提供政策环境，投资机构提供资金保障，中介机构提供各种服务，才能形成一个系统创新网络。从时间切线视阈角度，产学研实施路径协同创新网络的演进要围绕产学研共有知识在时间上的演化而前进。产学研共有量就是产学研三方知识的汇总，以及三方组合、交换过程中形成的新知识，还有就是政策、中介机构等提供的一些创新引导、支持和保障的环境，但产学研协同创新无时无刻不在动态变化，是一种混沌状态，每一部分的改变都会影响最后的结果，任何微小变化都能够对状态发生影响，是一个利用知识互补性进行知识互补的动态演进。推动知识共享、知识创造、知识积累随着时间线不断地延伸，最终实现空间切面的协同创新网络在时间轴上不断更迭。

(二) 合理选择产学研协同创新的资源配置方式

找准优化创新资源配置的有效路径，是实现产学研协同创新的先决条件。企业通常拥有面向市场需求的生产制造资源、研究开发资源，而学研机构则很难独立承担起生产制造所需的资金、设备、厂房等资产的投入，产品中试基地的建设等资源投入，故而需要以项目为抓手，积极推动联合开发这种产学研协同创新的最优方式，以能够和各个主体之间建立紧密的联系，而且能够各自发挥长处，统筹规划各方优势资源，能够形成优势互补的关系，积极推广行之有效的成功方式加以应用，避免科研创新资源的重复配置、低效配置与资源利用率不高的潜在问题，确保全社会能够花费较少的资金投入来取得科学研究成果。

一项产品或服务能否有价值取决于应用和推广情况，该阶段也是研究成果的生产力转化与成型应用阶段。协同创新成果也是一种最重要的知识资产，这种资产资源的生产力转化前景是产学研协同创新的根本目的所在；将该成果资源更好地推向市场和应用到社会，使得产学研各方获得期待的收益，也需要优化成果资源配置方式。因为协同创新仅仅产生直接成果是远远不够的，接下来的任务还需要将科技成果转化为技术优势，将形成的产品或服务推向市场，这就需要产学研在协同创新的过程中，统一规划，未雨绸缪，分析、研判和选择包括创新成果在内的产学研协同创新资源配置方式，界定各方的责权利，确保成果资源可以顺利地推向市场和得以应用，而解决这类问题最好的路径就是科技与市场紧密结合、生产与研发紧密结合、创新与应用紧密结合、成果与推广紧密结合的路径模式。

(三) 找准以项目为抓手的产学研协同创新有效路径

正视产学研三方的目标、职能、文化、行为、思维方式等方面存在着的天然差异，这些方面虽然有一定的共通处，但在更大层面上存在一定的内在矛盾。要以积极的态度主动解决产学研协同创新中的内生矛盾，完善产学研三方的协同关系，合理选择产学研协同创新项目的实施路径。

紧紧围绕产学研协同创新合作项目，按照不同的分类标准，找准不同的产学研实施路径。从项目管理的角度，对于政府主导型项目，要在产学研协同创新过程中充分发挥政府的主要驱动力；对于企业主导型项目，要强化学研机构的内在合作意愿，推动产学研协同创新具有经济效益价值的成果形成；对于高校主导型项目，其主要表现为高校急需企业或科研机构来解决科研中应用、试验和实践问题，促使产学研创新社会效益价值的成果生成；对于科研机构主导型项目，其主要体现在科研成果需要完成转化，换取经济收益，提升科研机构的市场化、企业化竞争能力，由此需要科研院所的成果转化路径、模式、机制的探索努力；对于联合开发型，其主要特征是主体不明显，各方都有意愿加入到产学研协同中，在多样化和不确定因素的影响下，选择合理的实施路径对创新成果的成功具有极其重要的作用。

（四）坚持基础研究与应用研究并重的产学研协同创新路径

要坚持理论研究与应用研究并重的产学研协同创新路径。科学发现是技术的前提，同时也是基础研究的一种形式。基于科技发展周期长、研究范围广的特点，政府推动型路径是科学发现的首要选择，政府在不同的阶段需要提供不同的协助，并且提供资金和政策上的资助。科学发现的第二选择是大学和科研机构，科学知识对基础研究起着非常重要的支撑作用，同时大学和科研机构的参与也起着重要作用。但是由于科学发现的研究周期长，同时需要高昂的学术经费，所以大学和科研机构在没有外界资助的情况下很难承受长时间的高额经费支出，一般科研机构也都会因为这些成本而选择不做此类研究。基础研究与应用研究如同鸟之双翼、车之两轮，缺一不可。创新才是核心，创新必须两手抓基础研究与应用研究，促进创新可持续性发展，推动社会经济的健康良好发展。

要坚持基础研究的理论与实践不断结合，并且科学知识在实践过程中不断地转化为技术知识以加快过渡到技术发明阶段。技术发现相对科学发现而言，商业目的较为明显，因此，商业领域知识、专利或者产品成为了大多数技术成果的显示，能够实现一定的商业利益。在商业预期的阶段，企业的参与是必不可少的，再结合科学知识对产品的开发以及创造方面起到重要作用。大量的新技术和新工艺的产生就是多方优势资源聚合的直接体现，同时也提升了知识的创造能力，联合开发成为该模式的最优路径。大学、企业和科研机构在合作和交流中不断学习，相互之间知识不断流动，促使新知识的产生速度不断加快。

科学技术转化为生产力的重要环节就是产业创新，技术发明会带来企业生产能力的提升，再到产业的变革这是一个漫长的过程，也是一个知识和技术不断积累的过程。开发成果具有不确定性,因此联合开发是较好的选择方式,需要共同承担权、责、益。要使得这个环节更具有公平性,所以建议政府在其中要起到公平公正的监督者的作用,并且有了政府作为保证,这种具有权力保护的氛围更容易吸引更多的合作者参与。在此期间,研究开发的商业性必定会吸引一些企业沿着企业主导型路径来展开对该技术问题的研究,要想在竞争性强的市场中长期有立足之地,就必须不断地加大对科研的投入,才能有更多的技术研究成果作为回报。

(五)制定科学、合理、可行的产学研协同创新流程程序

"不以规矩,不能成方圆"。需要制定一个良好的产学研协同创新制度,以保障促进各种产学研协同创新的行为能够实现有序有效有成果。协同制度应该满足以下原则:其一,制度设计应该遵循公平、诚信总体原则,公平、诚信是人与人、组织与组织交流的最基本的原则。其二,制度设计要把以市场为导向、以产品为核心、以收益为目标、以技术成果提升企业生产力为重点,增加企业研发能力,实现技术进步。其三,制度设计要高效利用现有各方创新资源,让产学研各方都能够发挥出最大的效用。其四,制度设计要有网状技术沟通渠道、合理的绩效考核评价方法。总之,制度设计的目的就是激发科研人员的创造性和主观能动性,发挥他们最大的聪明才智成就自己奉献社会。

产学研协同创新不能只有制度设计,还需要有实施制度的保障。在国家层面,可由科技主管部门牵头,联合产学研主管部门,设立跨部门的产学研协同管理机构,帮助解决产学研在协同创新中遇到的问题。与之对应,各地区也可以成立负责管理本地区产学研协同创新的专门组织,进行产学研政策引导、环境建设、结果统计和反馈调整。具体在产学研协同创新组织内部,也要以项目为抓手,制定形成规范化的协同创新流程、程序与制度,并加以实施,督促内部的规章制度行之有效,从而推动产学研协同创新的健康发展。

六 锲而不舍,持续优化产学研协同创新的内外环境

(一)制定产学研协同创新的产业方向引导性政策

虽然基础研究是为获得一般性知识而非带特定商业目的的研发活动过程,但是国家的整体创新能力是在基础研究有着重大突破的基础上才

得以大力提高，企业的创新能力也是在基础研究应用这块坚实的土壤上才得以大力发展。因此，在市场化影响力量占主导的时候，政府需要对一些市场严重失灵的战略、关于社会经济发展的重大技术问题采取选择性的扶持与促进政策，引导产学研协同创新过程中突破领域的基础研究与应用研究并重。同时，以税收政策为指挥棒，兼顾市场失灵程度较轻的技术领域的做法，对高新技术领域采取贷款贴息或者拨款的支持政策，支持其优先发展，其他技术领域采取税收减免政策，激励企业增加投入。此外，大学与科研机构还需做到多元化科研模式，尤其是巴斯德象限研究，即应用导向性基础研究。大学和科研机构要对应用研究和应用导向性的基础研究加大投入力度，减少企业与学研机构的对接成本。政府要加大对基础研究和关键技术领域的资金支持力度，解决产学研协同创新过程中的共性技术难题，建立高效的共性技术供给体系。

实施区域成果转化计划，促进重大科技成果的研发和创新。我国某些地区缺少充足的资金支持，正是因为地区之间存在重复、分散、低效的资源配置现象，科技成果的产业化进程缓慢。因此，借鉴日本促进产学研结合的经验，将区域创新与技术创新结合起来，统筹建设区域科技创新体系，集中力量对前瞻性技术、关键共性技术、颠覆性技术领域等的科技成果进行产业化，加大对基础领域的资金投入力度，实现创新主体由高校和科研院所到企业主导的转变，形成由企业或区域主导，企业与地方政府共同匹配资金，高校和科研院所参与的协同创新模式，进行面向产业化的再研发，利用产业集聚效应，实现重大技术成果攻关与推广应用，并实现重大科技成果的产业化，形成完备的全面的产业链生态系统。

（二）出台产学研协同创新的项目支持性政策

我国正处于经济转型时期，市场经济运行机制尚未完全成熟，按照产学研的不同项目分类，政府通过财税政策等宏观调控政策引导经济逐步转型发展。实行协同创新分类支持性政策，对产学研科研项目进行分类管理，采取不同的资金支持方式。其一，基础前瞻科研项目突出创新导向。基础研究项目由政府统筹把握，聚焦前沿，针对重大待突破难关，提出需求，再按照同行评议、竞争择优的原则选择研发主体，由优秀的科研团队与优秀的国家实验室进行技术攻关。对基础研究性前沿项目，政府采取无偿投入的原则稳定性支持项目的顺利进行。其二,公益性科研项目聚焦重大需求。对公益性科研项目,采取无偿拨款、后补助、政府购买服务等方式支持项目的顺利开展。构建覆盖面广的科技服务平台以及科技设施建设,加大对基础数据、基础标准、产学研成果孵化等方面的稳定支持。其三,产业技术研发项目突出企业主体。对产业技术研发项目,由企业根据市场环境以及自身研发情况提出研发需求,企业先行投入一部分资金支持项目的顺利开展,政府采用后补助和间接投入等方式给予支持。

针对产学研的不同项目实行不同的财税支持性政策。其一,对企业从事技术创新研发、技术转移、技术转让和与之相关的技术服务业务、技术咨询取得的收入,予以税收征收优惠。其二,科技成果转化补助项目是以加快技术转移、科技成果转化为目标,吸引国内外成果来华转化,鼓励企业承接科技成果转化项目,释放科教资源,推进协同创新。其三,支持在高新区、大学科技园面向战略性新兴产业领域布局的产学研重大创新载体建设;以获取具有自主知识产权的原创性科技成果为目标,在引领未来产业发展的战略性领域开展产学研前瞻性联合研究项目,大力推动高校科技成果转化服务中心建设等。享受政策根据项目的不同,分别对产学研重大创新载体建设、产学研前瞻性联合研究等进行有选择有重点的补助。

(三) 形成全面而完善的经费保障制度和监管制度

产学研协同创新的目的是实现技术进步、经济发展、社会美好。针对资源协同,特别是资金协同存在极大困难的问题,加快完善经费保障制度,积极引入金融机构、风险投资机构等,缓解创新资金压力,分担创新投资的风险,最终实现有利共享。

鼓励投资参与创新。在生产函数中,除了劳动力能够创新价值,资本可以能够创新价值,而创造价值的多少,则取决于技术水平,技术水平又与创新紧密相连。只有把资金投资于创新活动,提升技术水平,才能实现资本的超额利润。产学研协同创新的投入不应该仅仅由企业、高校和科研机构参与,也需要社会的其他机构参与,特别是投资机构,让资金用于专业的技术人才去做专业的技术研发,才能让投资的收益最大,最终共享创新成果,造福社会。

以市场投资创新为主、政策投入为辅。创新来源于市场需要，投资也来源于市场。人民对未来的生活提出更高的要求，反应在产品上就是要求产品更有质量，质量的体现途径之一就是技术集成。企业也需要技术升级，降低成本或开发新产品，取得市场竞争优势。因此，社会和企业需要技术，技术需要创新。但创新有风险，导致许多企业不敢创新，也因为创新的收益不确定性，在创新这条路上徘徊不前，因而政府投资要做创新投入的催化剂，发生链式反应，吸引更多的资金投入到创新中，形成以创新驱动经济发展的良性循环，由此创新投入应该以市场中的企业为主、政府为辅。

规范资本监督管理。资金投入只是第一步，还需要加强资金监督管理。"好钢要用在刀刃上"，只有高效配置资源才能发挥其作用。放错了资源不是激励，而是负担和压力。因此要对产学研协同创新资金进行有效监管，实现取之有道、用之有依。设置内外部资金管理机构，或聘请会计师事务所，规范创新经费的使用，实现资金的应用价值。

（四）从制度上保障产学研协同创新的利益分配与共享

在产学研协同创新过程中，经济利益的追求是合作各方主体的内在驱动力与终极目标，因此，保障各主体之间的利益合理分配是产学研进行过程中的重中之重。从产学研协同创新过程的开始到完成的各个环节均涉及利益的合理分配，要制定相应的利益保障法律制度，包括要明晰各方主体的责任权限，保障各方主体的合法权益，确定活动过程的风险责任承担主体，明确知识产权的归属问题，注重对商业秘密的保护，制裁侵犯创新成果权益。制定相应的利益保障法律制度，具体涉及包括合同法、商标法、专利法、著作权法、侵权责任法、反不正当竞争法等具体法律以及相应的行政法规和部门规章。以我国现有的利益保障法律制度为大体框架，结合产学研的具体特征，综合考虑各方主体需求与产业实际情况，进一步完善与规范产学研协同创新过程的权益分配制度，加强对知识产权和科技成果转化的保护力度，保障产学研协同创新的顺利进行。

支持建立高校和科研院所开展科技成果转移转化的利益分享机制。一是建立科技合作—研究开发—推广转化的动态科技管理模式，体现产学研多方合作的机制，实现科技转化成果供给端与需求端之间的精准对接，提高面向市场需求的科技创新能力；二是试点探索科技成果转化的机制，利用高校与科研院所本身具有的研发优势，编纂科技成果目录，构建面向企业的技术网站平台，为企业提供技术转让、技术许可、研发合作、技术创新咨询等服务，实现科技成果的市场价值；三是完善高校与科研机构的人才评估机制，增加发明专利、成果转化、技术创新等因素纳入考核指标中，将岗位绩效与工作创新能力挂钩，提高科研人员的科研积极性。

（五）强化产学研协同创新的技术市场服务体系建设

以建设统一技术市场服务体系为契机，围绕技术交易、技术转移等所涉及的服务资源，探索建立常设技术市场和网上技术市场，建立线上线下结合的技术市场体系，促进协同创新产业领域的技术转移、科技成果转化产业化，加快建立资源整合、协同服务机制，形成合力。引导技术交易各方进入线上技术市场，共同建设互动、共享的线上技术服务平台。致力于建设统一的技术市场体系，实现信息共享、资源共用的目标。

统筹区域技术交易平台资源，创新技术交易服务模式，丰富技术交易市场体系，为企业提供跨领域、跨区域、全过程的集成服务。其一，依托现有的枢纽型技术交易互联网平台，应用大数据、云计算等先进技术，集聚资金、人才、智力资本等各类创新要素，开展技术搜索、技术评估、技术定价、技术预测等服务，构建互联互通的全国技术交易网络，为企业实现需求提供精准对接。其二，依法推动技术在线交易进程，完善担保机制，保障技术交易双方的合法权益，为技术成果营造安全可靠的在线交易环境。发展知识产权质押融资，完善知识产权质物处置机制，加强知识产权评估、登记、托管、流转服务能力建设。其三，支持绿色技术转移转化平台建设，强化科技与金融结合，加快绿色科技成果转移转化和产业化。

以统一开放的技术市场为纽带，以技术转移机构和平台为支撑，建成技术转移体系的基础构架。其一，推动科技成果进入企业，或者结合企业需求转化科技成果。同时，支持企业、高校、科研机构建设一批科技成果中试基地、熟化基地和科研试验站等，完善技术成熟度评价指标，推动科技成果规模化应用。鼓励高校、科研机构建立面向企业的技术服务网络，开展产学研合作和科技成果转化活动，实现科技成果市场价值。

其二，加快技术转移国际化步伐。通过为"一带一路"沿线国家提供先进适用技术，共同构建完备的技术转移中心及创新技术转移网络生态链，彰显大国引导的创新力量。同时，实施一批国际项目，在技术引进、技术孵化、技术输出等多领域加强国际合作，构建国际化科技合作基地，实现对全球技术资源的整合利用。

（六）充分发挥产学研协同创新中介机构的功能和作用

明确各类机构的法律地位和权利义务，制定和完善适用于科技中介的法律法规，促进和规范科技中介的组织形式及其运作，保护科技中介组织的合法权益，督促科技中介组织履行应尽的义务，形成法律责权分明、政策扶持到位的有利于公平竞争的发展环境。同时，强化行业协会职能，建立行业行为规范、服务标准、资质认定、信誉评估等行业自律制度。推动科技评估机构规范有序发展，鼓励科技评估机构根据评估对象特点和评估需求，制定合理的、有针对性的评估内容框架和指标体系，建立服务标准和工作规范。支持和引导科技评估机构重点服务科技型中小企业。建立中介服务机构信息公开制度，强化信息公开机制。推动建立政府公共信息与行业管理信息交换、共享、公开机制，将公共管理平台相关信息与其他部门、行业协会、联盟等单位交换共享，通过媒体、网络等方式将中介服务机构的信用信息、服务规范、质量标准、价格体系等向社会公开，提高中介市场的公信力。

（七）营造鼓励成功、宽容失败的协同创新氛围

优化创新环境的关键之处在于"松绑""包容""激励"。"松绑"旨在充分发挥出科研人员的创造能动性，扩大科研机构的自主权，减少对其的行政干预，提供一定的稳定性资金支持，考核方式的设置也进行灵活调整，使科研人员不至于被太多条条框框束缚住；"包容"旨在出现"百家争鸣，百花齐放"的盛况，包容科研工作者的个性，包容科研工作者的想法，各抒己见，宽容失败，不惧挑战；"激励"就是运用物质激励与精神激励共举的方式提高科研人员的创造积极性，健全完善科技成果第三方评估和以增加知识价值为导向的分配政策等创新机制，使优秀的科研工作者达到名利双收，体现出知识的创造价值，同时，加强对专利权、著作权等知识产权的保护力度，使创造出的价值得到应有的尊重。此外，还要强化产学研协同创新的人才支撑，要努力营造有利于人才干

事创业的良好环境。在全国范围内形成尊重人才、尊重创造、鼓励合作、注重实效的创新文化，倡导敢为人先、敢冒风险的创新意识，不断优化人才成长的学术环境、工作环境、创业环境和舆论环境。

　　培育创新精神，厚植创新文化，要从社会生活中的诸多方面着手。教育方面，注重培养创新思维、求异思维、敢于挑战、敢于质疑、善于创造的教育机制，使我国有志于从事科研的人员从小具有创新意识；学术方面，加强对学术不端行为的惩处力度，规范学术行为，保持学术创造的纯洁性，鼓励创造者的积极性；生活方面，加强科普宣传力度，建立科普基地、举办科技博览会，提高国民的普遍创新素养；舆论方面，媒体要加大宣传优秀工作者及其团队，强力宣传示范企业及其优秀科技成果，为科技创造活动营造良好的引导作用；创业方面，通过引进风险投资、天使投资以及公共科技奖励性基金的方式，形成孵化与包容相兼顾的经济机制，为协同创新活动提供良好的资金援助，使其更好地步入正轨，开始下一步研发活动。

参考文献

一 著作类

蔡兵：《创新与产学研合作》，广东经济出版社2010年版。

陈劲、王飞绒：《创新政策：多国比较和发展框架》，浙江大学出版社2005年版。

陈劲：《新形势下产学研战略联盟创新与发展研究》，中国人民大学出版社2009年版。

陈劲：《中国创新发展报告（2014）》，社会科学文献出版社2014年版。

傅家骥：《技术创新学》，清华大学出版社1998年版。

顾新：《知识链管理——基于生命周期的组织之间的知识管理框架模型研究》，四川大学出版社2008年版。

郭斌：《知识经济下产学合作的模式、机制与绩效评价》，科学出版社2007年版。

宁烨、樊治平：《知识能力—演化过程与提升路径研究区》，经济科学出版社2007年版。

孙福全、陈宝明、王文岩：《主要发达国家的产学研合作创新》，经济管理出版社2008年版。

王其藩：《系统动力学——1986年全国系统动力学议会论文集》，系统工程编辑部1987年。

［英］亚当·斯密：《国民财富的性质和原因的研究》，郭大力、王亚南译，商务印书馆1974年版。

杨小凯、黄有光：《专业化与经济组织：一种新兴古典微观经济学框架》，经济科学出版社 1999 年版。

杨小凯、张永生：《新兴古典经济学与超边际分析》，社会科学文献出版社 2003 年版。

姚威、陈劲：《产学研合作的知识创造过程研究》，浙江大学出版社 2010 年版。

［美］约瑟夫·熊彼特：《经济发展理论》，何畏、易家详等译，商务印书馆 1990 年版。

周德群：《系统工程概论》，科学出版社 2005 年版。

左美云：《知识转移与企业信息化》，科学出版社 2006 年版。

二　论文类

鲍克：《市场经济中的技术创新政策》，《科学学研究》1994 年第 4 期。

蔡黎：《高职院校产学研结合构建旅游文化资源产业化模式的研究》，《郑州铁路职业技术学院学报》2019 年第 3 期。

蔡祺祥、孙永荣：《产学研协同创新系统的模型构建与路径分析》，《南京航空航天大学学报》2015 年第 2 期。

蔡文娟、陈莉平：《社会资本视角下产学研协同创新网络的连接机制及效应》，《科技管理研究》2007 年第 1 期。

蔡晓丽、李春杰、杨璐：《满足激励相容和平衡账户约束的发电市场最高限价机制》，《电网技术》2011 年第 2 期。

常荔、邹珊刚：《知识管理与企业核心竞争力的形成》，《科研管理》2000 年第 2 期。

陈红喜：《基于三螺旋理论的政产学研合作模式与机制研究》，《科技进步与对策》2009 年第 24 期。

陈劲、阳银娟：《协同创新的理论基础与内涵》，《科学学研究》2012 年第 2 期。

陈力、鲁若愚：《企业知识整合研究》，《科研管理》2003 年第 3 期。

陈立泰、叶长华：《重庆市产学研联盟发展的创新模式研究》，《科技管理研究》2009 年第 6 期。

陈俐、冯楚健、陈荣、姜东：《英国促进科技成果转移转化的经验借鉴——以国家技术创新中心和高校产学研创新体系为例》，《科技进步与对策》2016 年第 15 期。

陈柳钦：《共轭互补的风险投资与高新技术产业》，《科技创业月刊》2012 年第 2 期。

陈琦、欧阳峣：《发展中大国技术创新溢出效应及比较研究》，《中国科技论坛》2013 年第 4 期。

陈伟珂、王纯、蔚朋：《产学研模式技术创新与转化的促进机理研究——基于界面迁移视角》，《商业时代》2014 年第 9 期。

陈伟、张永超、田世海：《区域装备制造业产学研合作创新网络的实证研究——基于网络结构和网络聚类的视角》，《中国软科学》2012 年第 2 期。

陈翔峰、刘艳红：《产学研合作的市场障碍为何难解》，《浙江经济》2005 年第 22 期。

陈云：《产学研合作相关概念辨析及范式构建》，《科学学研究》2012 年第 8 期。

程艳旗、王绳兮、胡建雄：《产学研发展的新阶段》，《研究与发展管理》2002 年第 5 期。

邓今朝、王重鸣：《团队多样性对知识共享的反向作用机制研究》，《科学管理研究》2008 年第 6 期。

刁丽琳、朱桂龙：《产学研合作中的契约维度、信任与知识转移——基于多案例的研究》，《科学学研究》2014 年第 6 期。

丁厚德：《产学研合作是建设国家创新体系的基本国策》，《清华大学学报》（哲学社会科学版）1998 年第 3 期。

丁欢：《基于产学研合作的产品设计专业应用型人才培养模式改革——以宁波财经学院产品设计专业为例》，《设计》2019 年第 17 期。

丁堃：《产学研合作的动力机制分析》，《科学管理研究》2000 年第 6 期。

董碧娟：《中国国家创新指数升至第 18 位——我国创新能力远超同等发展水平国家》，《经济日报》2016 年 6 月 30 日。

董静、苟燕楠、吴晓薇：《我国产学研合作创新中的知识产权障碍——基于企业视角的实证研究》，《科学学与科学技术管理》2008 年第 7 期。

董炯华：《淮安电子信息产业产学研现状及协同创新发展研究》，《经济研究导刊》2015 年第 21 期。

范福娟、崔瑞锋、苗玉凤：《主要发达国家政府在产学研合作中的职能特点分析与借鉴》，《中国高校科技与产业化》2010年第Z1期。

方建强、崔益虎：《协同创新组织文化的现实困境与策略选择》，《中国高校科技》2015年第6期。

方卫华：《创新研究的三螺旋模型：概念、结构和公共政策含义》，《自然辩证法研究》2003年第11期。

费钟琳：《基于国家创新体系的产学研合作创新内涵剖析》，《科协论坛》2009年第1期。

冯旭刚、余海、章家岩：《基于应用型人才培养模式教学的探索与实践》，《课程教育研究》2019年第37期。

付晔、欧阳国桢：《基于知识链的产学研合作中知识产权问题研究》，《科技管理研究》2014年第11期。

高锡荣、罗琳、张红超：《从全球创新指数看制约我国创新能力的关键因素》，《科技管理研究》2017年第1期。

龚小庆、范文涛：《一类生物演化模型的统计特性》，《系统工程理论与实践》2003年第1期。

顾建华、陈辉华、杨军将：《政府引导型产学研合作创新中政府对企业的激励——基于委托代理理论的分析》，《科技进步与对策》2014年第11期。

顾兴燕、银路：《基于能力异质性的产学研合作创新对象选择》，《技术经济》2010年第11期。

桂黄宝：《基于GII的全球主要经济体创新能力国际比较及启示》，《科学学与科学技术管理》2014年第2期。

郭歌：《如何借鉴德国工业4.0战略》，《中国高校科技》2017年第21期。

郭鹰：《创新券对大型科学仪器设备开放共享的影响及其对策——基于浙江省11个地级市面板数据》，《浙江树人大学学报》（人文社会科学版）2019年第5期。

海江涛、钟伟俊、梅姝娥：《公共产品技术创新中政府技术获取的策略研究》，《管理工程学报》2015年第3期。

韩阿伟、支希哲：《基于协同创新的高等工程教育改革路径探索》，《高教研究与评估版》2015 年第 12 期。

韩蓉、林润辉：《基于自组织临界性理论的知识创新涌现分析》，《科学学与科学技术管理》2014 年第 4 期。

郝文杰、鞠晓峰：《组织内部知识共享影响因素研究与分析》，《商业研究》2008 年第 9 期。

何郁冰：《产学研协同创新的理论模式》，《科学学研究》2012 年第 2 期。

洪银兴：《产学研协同创新的经济学分析》，《经济科学》2014 年第 1 期。

胡冬雪、陈强：《促进我国产学研合作的法律对策研究》，《中国软科学》2013 年第 2 期。

胡锦涛：《在庆祝清华大学建校 100 周年大会上的讲话》，《人民日报》2011 年 4 月 25 日。

胡刃锋、应艳：《产学研协同创新隐性知识共享机理分析》，《前沿》2016 年第 2 期。

胡天佑：《产学研结合相关概念辨析》，《高等教育管理》2013 年第 4 期。

胡振华、刘宇敏：《非正式交流——创新扩散的重要渠道》，《科技进步与对策》2002 年第 8 期。

胡志斌：《激励农业科研院所参与产学研合作的路径探索》，《云南农业大学学报》（社会科学版）2012 年第 4 期。

黄菁菁：《产学研协同创新效率及其影响因素研究》，《软科学》2017 年第 5 期。

黄荣峰、高超民：《通过产学研践习提升应用型大学教师实践教学能力的探索》，《智库时代》2019 年第 41 期。

黄晓飞：《试论校友工作在世界一流大学建设中发挥的作用》，《教育现代化》2019 年第 68 期。

贾武、范文涛、丁义明：《自组织临界性模型——Bak-Sneppen 模型的研究进展及其展望》，《系统工程理论与实践》2006 年第 12 期。

贾宪洲、孙戈兵、叶子荣：《知识互补性与专业化的局限：一个新兴古典模型》，《技术经济与管理研究》2010 年第 4 期。

贾宪洲、叶宝忠：《基于知识互补性的创新：一个收益模型》，《经济与管理》2010 年第 10 期。

姜彤彤、吴修国：《产学研协同创新效率评价及影响因素分析》，《统计与决策》2017 年第 14 期。

蒋石梅、张爱国、孟宪礼、张旭军：《产业集群产学研协同创新机制——基于保定市新能源及输变电产业集群的案例研究》，《科学学研究》2012 年第 2 期。

金光、程德俊：《知识的增长与组织结构的变革》，《生产力研究》2003 年第 3 期。

景一凡：《从西方幼稚工业保护理论看我国幼稚产业的发展》，《商业时代》2008 年第 29 期。

孔祥浩、许赞：《政产学研协同创新"结构与机制研究"》，《科技进步与对策》2012 年第 22 期。

蓝晓霞：《美国产学研协同创新保障机制探析》，《高等工程教育研究》2014 年第 4 期。

蓝晓霞、刘宝存：《美国政府推动产学研协同创新的路径探析》，《中国高教研究》2013 年第 6 期。

李柏洲、徐广玉、苏屹：《基于扎根理论的企业知识转移风险识别研究》，《科学学与科学技术管理》2014 年第 4 期。

李建军：《硅谷产学创新系统及其集群效应》，《山东科技大学学报》2003 年第 3 期。

李金兰：《CNKI、万方、维普资源比较与分析》，《情报探索》2011 年第 4 期。

李晶：《产学研协同视角下的双创人才培养模式研究》，《纳税》2019 年第 25 期。

李梁虹、谢东辉：《基于河北省企业产学研合作创新调查的研究》，《经济研究导刊》2016 年第 30 期。

李凌：《美、德发达国家产学研现状分析与借鉴》，《经济探索》2015 年第 8 期。

李梅芳、刘国新、刘璐：《企业与高校对产学研合作模式选择的比较研究》，《科研管理》2012 年第 9 期。

李胜南：《国外产学研合作模式探析》，《农场经济管理》2014 年第 9 期。

李盛竹、付小红：《促进知识互补效应的我国产学研合作科研创新激励机制研究》，《科学管理研究》2014 年第 3 期。

李涛、李敏：《基于知识分类的知识创新路径分析》，《科技管理研究》2010年第22期。

李香子、张来福、闫研、郭盼盼：《产学研协同创新培养动物科学拔尖创新人才模式和机制研究》，《现代农业研究》2019年第9期。

李雪婷、顾新：《产学研协同创新的文化冲突研究》，《科学管理研究》2013年第1期。

李雁争：《科技部：推动技术市场与资本市场联动发展》，《上海证券报》2018年。

李瑶亭：《上海政产学研协同创新研究——东京、香港的经验借鉴》，《无锡商业职业技术学院学报》2017年第2期。

李颖：《对政府主导型科技园的思考》，《合作经济与科技》2012年第19期。

李煜华、谭金艳、胡瑶瑛：《基于BP神经网络的创意产业集群知识互补度评价》，《统计与决策》2012年第14期。

李跃：《"产学研"协同育人模式下会计人才培养模式探索》，《黑龙江科学》2019年第17期。

林伟连：《产学研合作共同体：内涵特征与构建路径》，《高等工程教育研究》2013年第4期。

刘春艳、王伟：《基于耗散结构理论的产学研协同创新团队知识转移模型与机理研究》，《情报科学》2016年第3期。

刘芳：《社会资本对产学研合作知识转移绩效影响的实证研究》，《研究与发展管理》2012年第1期。

刘芬芬：《政府在产学研结合中的困境及对策分析》，《商品与质量》2010年第12期。

刘慧：《政府职能与产学研合作创新机制探析》，《文教资料》2013年第27期。

刘力：《政府在产学研合作中的作用透视（上）——发达国家成功的经验》，《教育发展研究》2002年第1期。

刘立伟：《美国大都市区治理模式、理论演进及其启示》，《湖北社会科学》2010年第11期。

刘明、单宝来：《校企产学研合作存在的问题及其解决对策研究》，《教育教学论坛》2013 年第 48 期。

刘涛、肖平、黄新艳：《企业管理信息系统规划方法及相关问题初探》，《企业科技与发展》2009 年第 8 期。

刘锡田：制度创新中的交易成本理论及其发展》，《当代财经》2006 年第 1 期。

刘鑫、王秀丽：《产学研合作中的企业制度创新分析——基于超循环理论》，《中央财经大学学报》2009 年第 4 期。

刘鑫、王秀丽：《基于 Stackelberg 决策的产学研合作模型》，《内蒙古工业大学学报》（自然科学版）2009 年第 3 期。

刘秀生、齐中英：《基于技术知识特性的技术创新管理研究》，《预测》2006 年第 2 期。

刘有升、陈笃彬：《政产学三螺旋对创业型人才培养绩效的影响》，《科学学研究》2017 年第 8 期。

卢仁山：《不同产学研合作模式的利益分配研究》，《科技进步与对策》2011 年第 17 期。

吕海萍、龚建立、王飞绒、卫非：《产学研相结合的动力——障碍机制实证分析》，《研究与发展管理》2004 年第 2 期。

罗琳、魏奇锋、顾新：《产学研协同创新的知识协同影响因素实证研究》，《科学学研究》2017 年第 10 期。

马春光：《"入关"后日本产业政策的变化及启示》，《大连民族学院学报》2003 年第 4 期。

马勤、刘青松：《基于知识的企业成长分析》，《改革与战略》2010 年第 1 期。

孟潇、张庆普：《跨组织科研合作中知识协同过程模型研究》，《科技进步与对策》2016 年第 12 期。

苗国厚：《高校产学研协同创新的关键何在》，《人民论坛》2019 年第 24 期。

聂辉华：《交易费用经济学：过去、现在和未来——兼评威廉姆森"资本主义经济制度"》，《管理世界》2004 年第 12 期。

潘琳、饶敏：《协同创新中心激励机制构建研究——基于委托—代理理论》，《高教探索》2015 年第 9 期。

潘铁、柳卸林：《日本超大规模集成电路项目合作开发的启示》，《科学学研究》2007 年第 S2 期。

彭纪生、仲为国、孙文祥：《政策测量、政策协同演变与经济绩效：基于创新政策的实证研究》，《管理世界》2008 年第 9 期。

漆苏、刘立春：《基于全球典型创新指数的中国创新能力分析》，《世界科技研究与发展》2018 年第 6 期。

祁丽、张薇、周蓉：《产学研协同培育创新创业型人才探究》，《金融理论与教学》2019 年第 4 期。

屈家安、刘菲：《行业特色大学产学研合作路径》，《中国高校科技》2011 年第 8 期。

屈维意、周海炜、姜骞：《资源——能力观视角下战略联盟的协同效应层次结构研究》，《科技进步与对策》2011 年第 24 期。

饶燕婷：《"产学研"协同创新的内涵、要求与政策构想》，《高教探索》2012 年第 4 期。

任会君：《为企业技术创新"加油"——省政协围绕提升企业技术创新能力开展专题协商综述》，《乡音》2018 年第 9 期。

石琼：《如何实现高校知识产权资源开发创新》，《中国成人教育》2019 年第 16 期。

史国栋：《提升产学研联盟创新绩效的障碍与对策》，《中国高等教育》2014 年第 14 期。

苏敬勤：《产学研合作创新的交易成本及内外部化条件》，《科研管理》1999 年第 5 期。

孙江超：《中国产业政策转型取向与体系构建》，《中州学刊》2018 年第 2 期。

孙天华：《大学的科层组织特征及效率——对我国公立大学内部治理结构的分析》，《河南社会科学》2004 年第 5 期。

孙新波、齐会杰：《基于扎根理论的知识联盟激励协同理论框架研究》，《研究与发展管理》2012 年第 2 期。

索丰：《韩国大学产学合作研究》，《外国教育研究》2012 年第 8 期。

田青：《协同创新视角下企业技术创新主体地位的实现》，《中国科技论坛》2015 年第 10 期。

涂振洲、顾新:《基于知识流动的产学研协同创新过程研究》,《科学学研究》2013年第9期。

万幼清、邓明然:《基于知识视角的产业集群协同创新绩效分析》,《科学学与科学技术管理》2007年第4期。

汪丁丁:《互补性、概念格、塔尔斯基不动点定理》,《经济研究》2001年第11期。

汪丁丁:《知识的经济学性质》,《深圳大学学报》(人文社会科学版)1996年第3期。

汪丁丁:《知识经济的制度背景——"知识经济"批判》,《战略与管理》2000年第2期。

汪丁丁:《知识沿时间和空间的以及相关的经济学》,《经济研究》1997年第6期。

汪洁、唐震、樊珍:《基于内容分析法的江苏产学研合作政策研究》,《科技管理研究》2015年第16期。

汪佩伟、李帆:《当代美国产学研合作的发展趋势及其启示》,《科技进步与对策》2000年第7期。

王保林、詹湘东:《知识的效能和互补性对知识扩散的影响——基于协调博弈的视角》,《科学学与科学技术管理》2013年第7期。

王发明:《基于市场导向的产学研合作障碍研究》,《科技管理研究》2009年第2期。

王奋举、尹作涛:《基于实例的中日民办高校产学研实施情形比较》,《高教论坛》2016年第8期。

王进富、兰岚:《产学研协同创新的实施路径研究——基于知识产权归属视角》,《科技管理研究》2013年第21期。

王进富、张颖颖、苏世彬等:《产学研协同创新机制研究——一个理论分析框架》,《科技进步与对策》2013年第16期。

王开良、秦慧:《知识互补性视角下的产学研协同创新激励对策》,《中国高校科技》2016年第12期。

王培林:《中小企业产学研合作中的"囚徒困境"》,《企业科技与发展》2012年第9期。

王庆玲:《中日两国大学教育与科研、生产相结合的基本形式和特点》,

《现代教育科学》2004年第9期。

王尚武、王玉芬、高建明、韩苏廷：《高校在产学研合作中的风险分析》，《中国科教创新导刊》2011年第34期。

王涛涛：《日本技术先进首都圈地区产学研合作机制研究》，《现代教育科学》2013年第1期。

王万水：《实施研究开发费用（R&D）税收政策——促进我国经济发展》，《中国集体经济》2010年第34期。

王文亮、李雪梅、肖丹、吴静：《校企协同创新驱动要素分析——以河南农业大学为例》，《技术经济与管理研究》2015年第1期。

王晓云：《产学研结合模式研究》，《理论界》2005年第5期。

王欣、刘蔚、李款款：《基于动态能力理论的产学研协同创新知识转移影响因素研究》，《情报科学》2016年第7期。

王兴元、姬志恒：《基于知识分类的跨学科交叉创新组织机制研究》，《理论学刊》2012年第11期。

王毅、吴贵生：《产学研合作中黏滞知识的成因与转移机制研究》，《科研管理》2001年第6期。

王宇、陈楠枰、汪玚：《国家科技成果转移转化政策摘要》，《交通建设与管理》2018年第3期。

王玉梅、袁晓莉、毕丽华：《企业科技成果转化的K&T双链耦合机理研究》，《情报杂志》2009年第1期。

王章豹：《产学研合作、模式、走势、问题与对策》，《科技进步与对策》2000年第9期。

魏江、王铜安：《知识整合的分析框架：评价、途径与要素》，《西安电子科技大学学报》2008年第2期。

魏奇锋、顾新：《基于知识流动的产学研协同创新过程研究》，《科学学研究》2013年第15期。

魏守华：《国家创新能力的影响因素：兼评近期中国创新能力演变的特征》，《南京大学学报》2008年第3期。

温平川、蔡韵：《政产学研资创新体系风险控制研究》，《中国管理信息化》2009年第8期。

吴勇、陈通：《产学研合作创新中的政策激励机制研究》，《科技进步与对策》2011 年第 9 期。

吴友群、赵京波、王立勇:《产学研合作的经济绩效研究及其解释》,《科研管理》2014 年第 7 期。

吴悦、顾新:《产学研协同创新的知识协同过程研究》,《中国科技论坛》2012 年第 10 期。

伍喆:《知识创新激励的动力系统分析》,《科学学与科学技术管理》2003 年第 11 期。

夏晨燕:《高校产学研协同创新问题分析及对策建议》,《才智》2019 年第 26 期。

夏红云:《产学研协同创新动力机制研究》,《科学管理研究》2014 年第 6 期。

项枫、李东华:《浙江网上技术市场的特点、问题及政策思路》,《浙江学刊》2013 年第 3 期。

肖瑶:《发达国家产学研合作典型案例对我国的启示与借鉴——以德国双元制为例》,《中国高校科技》2016 年第 10 期。

谢彩梅:《工业园区科技成果转化问题的探索及建议》,《现代工业经济和信息化》2019 年第 9 期。

谢薇:《产学研合作的激励机制》,《管理科学与系统科学进展》1997 年第 1 期。

谢薇、罗利:《产学研合作的动力机制》,《研究与发展管理》1997 年第 3 期。

徐泓、姚岳、杨万贵:《激励机制理论及模型研究》,《教学与研究》2008 年第 2 期。

徐静、冯锋、张雷勇、杜宇能:《我国产学研合作动力机制研究》,《中国科技论坛》2012 年第 7 期。

徐小三、赵顺龙:《知识基础互补性对技术联盟的形成和伙伴选择的影响》,《科学学与科学技术管理》2010 年第 3 期。

许海云、王超、董坤、隗玲、庞弘燊:《基于创新链中知识溢出效应的产学研 R&D 合作对象识别方法研究》,《情报学报》2017 年第 7 期。

薛万新:《德国产学研协同创新驱动机制及其对我国的启示》,《创新科技》2017 年第 1 期。

闫文奇、葛梦嘉、饶蕾：《产学研结合的设计学专业学生创新实践能力培养模式研究》，《工业设计》2019 年第 9 期。

严雄：《产学研协同创新五大问题亟待破解》，《中国高新技术产业导报》2007 年。

颜军梅：《高校产学研协同创新模式分类及实现路径研究》，《科技进步与对策》2014 年第 18 期。

杨森平、黎志杰：《发展战略性新兴产业的财税措施》，《税务研究》2011 年第 6 期。

杨文明、韩文秀：《论知识创新和技术创新的互动关系与作用机制》，《科学管理研究》2003 年第 6 期。

杨振舰、张运杰：《地方高校产学研合作的科研激励机制研究》，《实验室科学》2013 年第 5 期。

杨宗仁：《产学研合作的定义、渊源及合作模式演进研究》，《生产力研究》2015 年第 8 期。

姚潇颖、卫平、李健：《产学研合作模式及其影响因素的异质性研究——基于中国战略新兴产业的微观调查数据》，《科研管理》2017 年第 8 期。

余维新、顾新、熊文明：《产学研知识分工协同理论与实证研究》，《科学学研究》2017 年第 5 期。

於崇文：《地质作用的自组织临界过程动力学：地质系统在混沌边缘分形生长》，《地学前缘》2000 年第 1 期。

曾广根、王文武、张静全、黎兵、李卫、武莉莉：《基于"双平台"模式培养高素质材料类新工科人才的研究》，《高教学刊》2019 年第 18 期。

曾敬：《基于论文和专利分析方法的产业技术供给能力研究——以广州市新材料产业为例》，《图书情报导刊》2019 年第 8 期。

张坚：《企业技术联盟绩效激励机制的构建》，《科学学与科学技术管理》2007 年第 7 期。

张俊娟、李景峰：《基于时间与空间互补性的企业知识演进分析》，《科技进步与对策》2010 年第 9 期。

张力：《产学研协同创新的战略意义和政策走向》，《教育研究》2011 年第 7 期。

张丽娜、谭章禄:《协同创新与知识产权的冲突分析》,《科技管理研究》2013年第6期。

张琳:《上海市产学研合作创新的障碍因素分析》,《科技进步与对策》2010年第3期。

张米尔、武春友:《产学研合作创新的交易费用》,《科学学研究》2001年第1期。

张明龙、张琼妮:《美国科技高投入政策促进创新活动的作用》,《西北工业大学学报》(社会科学版)2012年第2期。

张千帆、方超龙、胡丹丹:《产学研合作创新路径选择的博弈分析》,《管理学报》2007年第6期。

张荣耀:《中国国家创新系统理论与实证研究综述》,《商场现代化》2008年第2期。

张绍丽、于金龙:《产学研协同创新的文化协同过程及策略研究》,《科学学研究》2016年第4期。

张淑萍、马红:《创新型城市框架下开放创新网络的构建——以连云港市为例》,《唯实》2012年第11期。

张伟:《德国双元制模式下企业的主体地位》,《职教论坛》2008年第22期。

张协奎:《共建协同创新长效机制提升区域竞争能力》,《广西日报》2016年。

张学文:《知识功能视角下的产学研协同创新的实施路径:来自美国的实证测量》,《科学学与科学技术管理》2014年第5期。

张玉赋等:《江苏省产学研合作主要问题及其原因分析研究》,《科技管理研究》2012年第11期。

张振刚、薛捷:《企业知识创新的障碍分析与对策研究》,《科学学与科学技术管理》2004年第4期。

章琰:《大学技术转移中的界面及其移动分析》,《科学学研究》2003年第S1期。

赵国杰、郝文升:《知识生成转化的三层嵌切球与Ba/巴交互作用模型建构》,《科学学与科学技术管理》2012年第6期。

赵京波、张屹山:《美国产学研合作的经验及启示》,《经济纵横》2011

年第 12 期。

赵丽敏:《产学研合作创新激励机制路径选择——基于法律文化视角》,《理论与改革》2014 年第 3 期。

赵哲:《高校与企业、科研院所协同创新的机制障碍与对策——以辽宁省高校为例》,《高校教育管理》2014 年第 2 期。

甄红线、贾俊艳:《产学研协同创新的科学内涵与实现路径》,《金融教学与研究》2013 年第 2 期。

郑聪、贺骏:《激励相容约束在投资审计中的应用与启示》,《财会通讯》2015 年第 31 期。

郑旭:《新媒体产业的产学研协同创新现状分析》,《新闻研究导刊》2017 年第 19 期。

仲崇峰、段万春:《并购企业文化整合的路径依赖性研究》,《工业技术经济》2006 年第 5 期。

仲伟俊、梅姝娥、谢园园:《产学研合作技术创新模式分析》,《中国软科学》2009 年第 8 期。

周良、刘昌敏、黄凯丰:《试述校企产学研合作存在的问题及应对策略》,《科学咨询》(科技·管理) 2019 年第 10 期。

周密、赵文红、宋红媛:《基于知识特性的知识距离对知识转移影响研究》,《科学学研究》2015 年第 7 期。

周明宝、江山:《协同创新视角下高校产学研合作模式的探索与实践》,《北京城市学院学报》2019 年第 4 期。

周正、尹玲娜、蔡兵:《我国产学研协同创新动力机制研究》,《软科学》2013 年第 7 期。

周钟、陈智高:《产业集群网络中知识转移行为仿真分析——企业知识刚性视角》,《管理科学学报》2015 年第 1 期。

周竺、黄瑞华:《产学研合作中的知识产权冲突及协调》,《研究与发展管理》2004 年第 1 期。

朱桂龙、杨小婉:《大学视角下的产学研合作动机研究评述——层次、分类与框架》,《华南理工大学学报》(社会科学版) 2019 年第 5 期。

邹乐乐、陈佩佩、吴怡、王毅:《中国清洁技术创新主体的合作特征及演化分析》,《科学学研究》2016 年第 9 期。

左志刚:《金融结构与国家创新能力提升:影响机理与经验证据》,《财经研究》2012年第6期。

三 学位论文类

陈磊:《基于系统动力学的住宅房地产价格研究》,博士学位论文,武汉理工大学,2009年。

陈雪梅:《知识溢出的统计测度及其经济效应研究》,博士学位论文,湖南大学,2011年。

仇雷雷:《知识转移视角下产学研协同创新的路径与模式研究》,博士学位论文,江苏科技大学,2013年。

李春花:《韩国主导产业的技术创新模式研究》,博士学位论文,东北大学,2009年。

李京晶:《产学研协同创新运行机制研究》,博士学位论文,武汉理工大学,2013年。

刘标:《中关村专业科技园区的规划、开发与管理研究》,博士学位论文,清华大学,2005年。

刘军:《重庆市产学研合作模式与创新机制研究》,博士学位论文,重庆大学,2012年。

刘力:《产学研合作的历史考察及比较研究》,博士学位论文,浙江大学,2001年。

刘洋:《基于知识互补的创意产业集群衍生机制研究》,博士学位论文,哈尔滨理工大学,2015年。

鲁若愚:《企业大学合作创新机理研究》,博士学位论文,清华大学,2002年。

罗超亮:《基于委托代理理论的战略联盟合作关系协同》,博士学位论文,重庆工商大学,2013年。

穆鹏丞:《美国科技政策对我国建设创新型国家的启示研究》,博士学位论文,兰州理工大学,2012年。

唐造时:《我国银行业激励相容的监管体制研究》,博士学位论文,中南大学,2004年。

唐志:《产学研合作创新的公共政策研究》,博士学位论文,天津大学,

2010年。

邢帅:《天津港的区域经济贡献研究》,博士学位论文,大连海事大学,2011年。

张峰:《产学研协同创新中知识黏滞的成因与管控研究》,博士学位论文,武汉理工大学,2013年。

张军:《基于知识积累的企业创新能力演化规律研究》,博士学位论文,浙江大学,2012年。

张蕾:《城市生活垃圾产生量预测及垃圾产生系统调控研究》,博士学位论文,北京化工大学,2007年。

张学文:《基于知识的产学研合作创新:边界与路径研究》,博士学位论文,浙江大学,2010年。

周笑:《产学研合作中的政策需求与政府作用研究》,博士学位论文,南京航空航天大学,2008年。

四 外文类

Agrawal, A. K., University-to-industry knowledge transfer: Literature review and unanswered questions, *International Journal of Management Reviews*, Vol. 3, No. 4, 2001.

Agrawal R., Separations: Perspective of a process developer/designer, *Aiche Journal*, Vol. 47, No. 3, 2001.

Akira Takeishi, Knowledge Partitioning in the Inter-firm Division of Labor: The Case of Automotive Product Development, *Organization Science*, Vol. 13, No. 3, 2002.

Albino V. and Garavelli A. C., schiuma G., eds., Knowledge Partitioning in the Inter-firm Division of Labor: The Case of Automotive Product Development, *Organization Science*, Vol. 19, No. 1, 1999.

Alice L., Embedded firms, embedded knowledge: problem of collaboration and knowledge transfer in global cooperative ventures, *Organization Studies*, Vol. 18, No. 6, 1997.

Amason A. C., Distinguishing the Effects of Functional and Dys functional Conflicton Strategic Decision Making: Resolsing A Paradox for Top Management Teams, *Academy of Management Jonmal*, Vol. 39, No. 1, 1996.

Antonelli C., Technological knowledge as an essential facility, *Journal of Evolutionary Economics*, Vol. 17, No. 4, 2007.

Antonelli C., The new economics of the university: A knowledge governance Approach, *Journal of Technology Transfer*, Vol. 33, No. 1, 2008.

Argote, *Organizational learning: Creating retaining and transferring knowledge*, Boston: Kluwer Academic Publishers, 1999.

Arundel A., Aldo Geuna A., Proximity and the use of public science by innovative European firms, *Economics of Innovation and New Technology*, Vol. 13, No. 6, 2004.

Aubke F., Wober K., eds., Knowledge sharing inrevenue management teams Antecedents and consequences of group cohesion, *International Journal of Hospitality Management*, No. 41, 2014.

Baba Yasunori, Shichijo Naohiro, eds., How do collaborations with universities affect firms innovative performance? the role of Pasteur scientists in the advanced materials field, *Research Policy*, Vol. 5, No. 38, 2009.

Babbage C., *On the Economy of Machinery and Manufactures*, American: General Books LLC, 2012.

Bacila M. F., Gica O. A., Strategic Alliances between Companies and Universities: Causes, Factors and Advantages, *Research Policy*, Vol. 37, No. 9, 2008.

Baum J. A., Andrew V., eds., Where do Small Worlds Come from? *Industrial and Corporate Change*, Vol. 12, No. 4, 2003.

Becker G. S., Murphy K. M., The Division of Labor, Coordination Costs, and Knowledge, *Quarterly Journal of Economics*, No. 7, 1992.

Boer M., Bosch F. A. J., eds., Management Organizational Knowledge Integration in the Emerging Multinedia Complex, *jounal of Management Studies*, Vol. 36, No. 3, 1999.

Bonte W., Keilbach M., Concubinage or marriage? Informal and formal cooperations for innovation, *International Journal of Industrial Organization*, Vol. 23, No. 3, 2005.

Borys B., Jemison D. B., Hybrid Arrangements as Strategic Alliances: Theoretical Issues in Organizational Combinations, *Academy of Management Review*, Vol. 14, No. 2, 1989.

Branzei O., *Product innovation in heterogeneous R&D networks pathways to exploration and exploitation*, University of British Columbia, 2004.

Bush V., *A Report to the President*: *Science*: *The Endless Frontier*, Washington D. C.: NSF, 1960.

Canogia C., Synergy between Competitive Intelligence (CI), Knowledge Management (KM) and Technological Foresight (TF) as a strategic model of prospecting—The use of biotechnology in the development of drugs against breast cancer, *Biotechnology Advances*, Vol. 25, No. 1, 2007.

Carayannis E. G., Alexander J eds., Leveraging knowledge, learning, and innovation in forming strategic government-university-industry (GUI) R&D partnerships in the US, Germany, and France, *Technovation*, Vol. 20, No. 9, 2002.

Carroll G., Hannan M., On Using Institutional Theory in Studying Organizational Populations, *America Sociological Review*, Vol. 54, No. 4, 1989.

Cassiman B., Veugelers R., Complementarity in the Innovation Strategy: Internal R&D, External Technology Acquisition, and Cooperation in R&D, *Social Science Electronic Publishing*, Vol. 22, No. 11, 2002.

Cassiman B., Veugelers R., In Search of Complementarity in the Innovation Strategy: Internal R&D and external knowledge acquisition, *Management Science*, Vol. 52, No. 1, 2006.

C. Freeman, *Technology policy and economic performance*: *Lessons from Japan*, London: Printer Publishers, 1987.

Charles Edquist, Leif Hommen, Systems of innovation: theory and policy forthe demandside, *Technology in Society*, No. 21, 1999.

Chris, Freeman, *Technology policy and Economic performance*: *Lesson from Japan*, London: Pinter Pub Ltd, 1987.

Claudia Canogia, Synergy between competitive intelligence (CI), knowledge management (KM) and technological foresight (TF) as a strategic model of prospecting—the use of biotechnology in the development of drugs against breast cancer, *Biotechnology Advances*, Vol. 25, No. 1, 2007.

Cohen W. M., Levinthal D. A., Adsorptive capacity: A new perspective on learning, *Administrative Science Quarterly*, Vol. 35, No. 1, 1990.

Corbin J. A., Strauss, Grounded theory research: procedures, canons and evaluative criteria, *Qualitative Sociology*, Vol. 13, No. 1, 1990.

Cui A., O'Connor G., Alliance portfolio resource diversity and firm innovation, *Journal of Marketing Management*, Vol. 41, No. 5, 2012.

Cyert R. M., Goodman P. S., Creating effective university-industry alliances: An organizational learning perspective, *Organizational Dynamics*, Vol. 25, No. 4, 1997.

Dasgupta P., David P. A., Toward a new economics of science, *Research Policy*, Vol. 23, No. 5, 1994.

David A. Wolfe, *Social Capital and Cluster Development in Learning Regions*, Programon Globalization and Regional Innovation Systems Centre for International Studies, 2000.

D' Este P., Patel P., University-industry linkages in the UK: what are the factors underlying the variety of interactions with industry? *Research Policy*, Vol. 36, No. 9, 2007.

Dodgson M., Bessant J., *Effective Innovation Policy*, London: International Thomson Business Press, 1996.

Dosi, Giovanni, Richard R., eds., An introduction to evolutionary theories in economics, *Journal of Evolutionary Economics*, No. 4, 1994.

Dougherty D., Reimagining the Differentiation and Integration of Work for Sustained Product Innovation, *Organization Science*, Vol. 12, No. 5, 2001.

Elias G. Carayannis, Jeffrey Alexander, Anthony Ioannidis, Lever aging knowlege, learning, and innovation in forming strategic GUI R&D partnerships in the US, Germany, and France, *Technovation*, No. 20, 2000.

Etzkowita H., *The triple helix: university-industry-government innovation in action*, London and New York: Rout-ledge, 2008.

Eveland J. D., Hetzner W. A., eds., *Development of university-industry cooper-*

ative research centers: Historical profiles, Washington D. C. : National Science Foundation, 1984.

Freeman C. , Technology policy and Economic performance: Lesson from Japan, London: Pinter Pub Ltd, 1987.

Geuna A. , Nesta L. , University patenting and its effects on academic research: the emerging European evidence, *Research Policy*, Vol. 35, No. 6, 2006.

Glaser B. G. , *Theoretical Sensitivity: Advances in the Methodology of Grounded Theory*, Mill Valley, CA: Sociology Press, 1978.

Gooroochurna N. , Hanley A. , A tale of two literatures: Transaction costs and property rights in innovation outsourcing, *Research Policy*, Vol. 36, No. 10, 1991.

Gregory Tassey, The functions of technology infrastructure in a competitive economy, *Research Policy*, No. 20, 1991.

Griliches Zvi, Hybrid Corn: An Exploration in the Economics of Technological Change, *Econometrica*, Vol. 25, No. 4, 1957.

Hall B. H. , Link A. N. , eds. , Barriers inhibiting industry from partnering with universities, *Journal of Technology Transfer*, Vol. 26, No. 1, 2001.

Hall B. H. , Link A. N. , eds. , *Universities as Research Partners*, NBER Working Paper, 2000.

Harayama Y. , Industry-University Cooperation to Take on Here from, *Research Institute of Economy, Trade and Industry*, No. 4, 2002.

Hayek F. , Economics and Knowledge, *Economica*, No. 4, 1937.

Hemmert M. , Bstieler L. , eds. , Bridging the cultural divide: Trust formation in university-industry research collaborations in the US, Japan, and South Korea, *Technovation*, Vol. 34, No. 10, 2014.

Hemphill T. , Vonortas N. , Strategic Research Partnerships: A Managerial Perspective, *Technology Analysis & Strategic Management*, Vol. 15, No. 2, 2003.

Hiroyuki Okamuro, Determinants of successful R&D cooperation in Japanese small businesses: The impact of organizational and contractual characteristics, *Research Policy*, Vol. 36, No. 10, 2007.

Humc, Mathews J. A., National innovative capacity in East Asia, *Research Policy*, Vol. 34, No. 9, 2005.

Inzelt A., The evolution of university-industry-government relationships during transition, *Research Policy*, Vol. 33, No. 6, 2004.

Jehn A., An examination of the benefits and detriments of intergroup conflict, *Administrative Science Quarterly*, No. 40, 1995.

Jensen M. B., Johnson B., eds., Forms of knowledge and modes of innovation, *Research Policy*, Vol. 36, No. 5, 2007.

Judith S., The university-industry-government relations in Latin America, *Research Policy*, Vol. 29, No. 2, 2000.

Kain J. S., Fritsch J. M., A One-Dimensional Entraining/Detraining Plume Model and Its Application in Convective Parameterization, *Journal of the Atmospheric Sciences*, Vol. 47, No. 23, 2010.

Kamien M. I., Schwartz N. L., *Market Structure and Innovation*, Cambridge: Cambridge University Press, 1982.

Kaufmann A., Todtling F, How effective is innovation support for SMEs? An analysis of the region of Upper Austria, *Technovation*, Vol. 22, No. 3, 2002.

Kazumasa K., University-Industry Research Collaborations of Small-Medium Enterprises an Insight from Japan, *IETE Technical Review*, Vol. 26, No. 2, 2009.

Keren A. Jehn, Gregory B. Nrothcraft, eds., Why differences make a difference: a field study of diversity, conflict, and performance in workgroups, *Administrative Science Quarterly*, No. 23, 1999.

Kima K. K., Narayan S. U., eds., The Influence of partner knowledge complementarities on the effectiveness of IT outsourcing, *International Journal of Information Management*, No. 32, 2012.

Kim K., Shin H., eds., Fred A., Beomsoo K., 2012. Knowledge complementarity and knowledge exchange in supply channel relationships, *Journal of Organizational Computing and Electronic Commerce*, Vol. 20,

No. 3, 2010.

Laursen K., Reichstein T., Saltcr A., Exploring the Effect of Geographical and Unversity Quality on University-Industry Collaboration in the Kingdom, *Taylor & Francis Journals*, 2011. 45 (4): 507 – 523.

Laursen K., Salter A., Searching high and low: What types of firms use universities as a source of innovation? *Research Policy*, 2004. 33 (8): 1201 – 1215.

Leea K-J, Ohtab T., Kakehib K., Formal boundary spanning by industry liaison and the changing pattern of university-industry cooperative research: the case of the University of Tokyo, *Technology Analysis & Strategic Management*, 2010. 22 (2): 189 – 206.

Lee Y. S., Technology transfer and the research university: a search for the boundaries of university-industry collaboration, *Research Policy*, 1996. 25 (6): 843 – 863.

Lee Y. S., The Sustainability of University-Industry Research Collaboration: An Empirical Assessment, *The Journal of Technology Transfer*, 2000. 25 (2): 111 – 133.

Leslie S. W., Kargon R. H., Selling Silicon Valley: Frederick Terman's Model for Regional Advantage, *The Business History Review*, 1996. 70 (4): 435 – 472.

L. H., N. M. Lynn, eds., Linking technology and institutions: the innovation community framework, *Research Policy*, No. 25, 1996.

Louis G., Tornatzky, Paul G., Waugaman, Denis O., Gray, Innovation U, New university Roles in a Knowledge Economy: *Southern Growth Policies Board*. 2002.

Lundvall B. A., Borras S., Science. Technology and Innovation Policy. New York: *Oxford University Press*. 2005.

Lundvall Bent Ake, National Systems of Innovation: To-wards a Theory of Innovation and Interactive Learning. London: *Pinter Publishers*. 1992.

Malecki Edwardj, Connecting local entrepreneurial ecosystems to global innovation networks: open innovation, double networks and knowledge integration,

International Journal of Entrepreneurship & Innovation Management, 2011. 14 (1): 36 – 59.

Malik K., Georghiou L., Grieve B., Developing new technology platforms for new business models: Syngenta's partnership with the university of Manchester, *Research-Technology Management*, 2011. 54 (1): 24 – 31.

Mansfield E. Lee J-Y, The modern university: Contributor to industrial innovation and recipient of industrial R&D support, *Research Policy*, 1996. 25 (7): 1047 – 1058.

Mansfield E., Teece D., Romeo A., Overseas research and development by us-based firms, *International Executive*, 1980. 22 (1): 10 – 12.

Mansfield E., The Speed of Response of Firms to New Techniques, *The Quarterly Journal of Economics*, 1963. 77 (2): 290 – 311.

Mansfield, The Speed of Response of Firms to New Techniques, *The Quarterly Journal of Economics*, 1963. 77 (2): 290 – 311.

Millken F. J., Martins L., Searching for common threads: understanding the multiple effects of diversity in organizational groups, *The Academy of Management Review*, 1996. (21): 402 – 433.

Nelson R. R., Winter S. G., An Evolutionary Theory of Economic Change. Cambridge, MA: *Harvard University Press*. 1982.

Nishaal Q., Aoife H., A tale of two literatures: Transaction costs and property rights in innovation outsourcing, *Research Policy*, 2007. 36 (10): 1483 – 1495.

Nonaka I., Adynamic theory of organizational knowledge creation, *Organization Science*, 1994. 5 (1): 14 – 37.

Nonaka I., Kodavia V, Hirose A., Dynamic fractal organizations for promoting knowledge-based transformation-a new paradigm for organizational theory, *European Management Journal*, 2014. (32): 137 – 116.

Novak S., Stern S., Complementarity Among Vertical Integration Decisions: Evidence from Automobile Product Development, *General Information*, 2007. 55 (2): 311 – 332.

Ostergaard C. R., Knowledge flows through social networks in a cluster: comparing university and industry links, *Structural Change and Economic Dy* namics, 2009. 20 (3): 196 – 210.

Parkhe A., Interfirm diversity, organizational learning, and longevity in global strategic alliances, *Jounal of International Business Studies*, 1991. 22 (4): 579 – 601.

Plewa C., Quester P., Key drivers of university-industry relationships: The role of organizational compatibility and personal experience, *Journal of Services Marketing*, 2007. 21 (5): 370 – 382.

Postrel S., Islands of shared knowledge: specialization and mutual understanding in problem-solving teams, *Organization Science*, 2002. 13 (3): 303 – 320.

Poyago-Theotoky J, Beath J., Siegel D. S., Universities and Fundamental Research: Reflections on the Growth of University-Industry Partnerships, *Oxford Review of Economics*, 2002. 18 (1): 10 – 21.

Quinn J. B., Anderson P., Finkelstein S., Managing Professional Intellect: Making the Most of the Best, *Harvard Business Review*, 1996. (2): 71 – 80.

Rothwell R., "Public Innovation Policy: To Have or to Have not?" *R&D Management*, 1986. 16 (1): 34 – 63.

Santoro M. D., Gopalakrishnan S., Relationship dynamics between University Research Centers and Industrial Firms: Their Impact on Technology Transfer Activities, *Journal of Technology Transfer*, 2001. 26 (1): 163 – 171.

Schartinger D., Rannner C., Fischer M., Knowledge interactions between universities and industry in Austria: sectoral patterns and determinant, *Research Policy*, 2002. 31 (3): 303 – 328.

Scherer F. M., Size of Firm, Oligopoly, and Research: A Comment, *Canadian Journal of Economics and Political Science*, 1965. 31 (2): 256 – 266.

Strauss A. J., Corbin, Basics of Qualitative Research: Grounded Theory Procedures and Techniques. *Newbury Park*, 1990. (CA): 67 – 70.

Szulanski. G., Exploring Internal Stickiness: Impediments to the Transfer of Best Practice Within the Firm, *Strategie Management Journal*, 1996. (17): 27 – 43.

Tsai W., Social Structure "Cooperation" within a Multiunit Organization: Coordination Competition and Intra-organizational Knowledge Sharing. *Organi-*

zation Science, 2002. 13（2）：179–190.

Walsham G., Knowledge Management：The Benefits and Limitations of Computer Systems, *European Management Journal*, 2001. 19（6）：599–608.

Werner Bonte, Max Keilbach, Concubinage or marriage? information and formal cooperations for innovation, *International Journal of Industrial Organization*, 2005. 24（23）：279–302.

World Economic Forum, 2017. The Global Competitiveness Report. Geneva：World Economic Forum. S. A., George G., Absorptive capacity：A review, reconceptualization, and extension, *Academy of Management Review*, 2002. 27（2）：185–203.

附录 A

调查问卷

产学研协同创新的制约因素重要性评价问卷

这是一份关于产学研协同创新研究的问卷，本研究对产学研协同创新的制约因素做了较多理论探讨，更需要企业、科研院所、高校的实践检验与指导，请您在百忙之中协助我们完成这份问卷的填写，该问卷纯属学术研究，所获信息不会用于任何商业目的，请您放心并尽可能客观地进行填写。

第一部分：基本信息

您所在单位性质：	A：企业　　　　B：高校　　　　C：科研院所　　　　D：其他
您的工作年限：	
您的最高学历：	
您参与过的产学研合作项目数量：	A：从未有过　B：1—3 项　C：3 项及以上　D：现有合作意向

第二部分

以下是若干个常见的产学研协同创新制约因素。请您根据您参与产学研协同创新项目的经验，对下列情况的同意程度进行评判，共分为五个等级，请在相应处打√：

产学研协同创新的制约因素	完全不同意	较不同意	一般	较为同意	完全同意
1. 合作双方管理制度差异是产学研协同创新的重要障碍	1	2	3	4	5
2. 合作双方组织结构差异是产学研协同创新的重要障碍	1	2	3	4	5
3. 合作双方组织性质差异是产学研协同创新的重要障碍	1	2	3	4	5
4. 合作双方认知差异是产学研协同创新的重要障碍	1	2	3	4	5
5. 合作双方组织文化差异是产学研协同创新的重要障碍	1	2	3	4	5

续表

产学研协同创新的制约因素	同意程度					
	完全不同意	较不同意	一般	较为同意	完全同意
6. 合作双方战略目标差异是产学研协同创新的重要障碍	1	2	3	4	5
7. 合作双方技术能力差距是产学研协同创新的重要障碍	1	2	3	4	5
8. 合作双方商业能力差距是产学研协同创新的重要障碍	1	2	3	4	5
9. 合作主体之间设备、实验室等创新资源缺乏共享是产学研协同创新的重要障碍	1	2	3	4	5
10. 合作主体之间人才、知识等创新资源转移不畅是产学研协同创新的重要障碍	1	2	3	4	5
11. 合作主体之间创新资源对接匹配不畅是产学研协同创新的重要障碍	1	2	3	4	5
12. 合作主体之间信息沟通不畅是产学研协同创新的重要障碍	1	2	3	4	5
13. 合作主体之间人际信任缺失是产学研协同创新的重要障碍	1	2	3	4	5
14. 合作主体之间人际关系不协调是产学研协同创新的重要障碍	1	2	3	4	5
15. 合作主体之间利益分配冲突是产学研协同创新的重要障碍	1	2	3	4	5
16. 合作主体之间知识产权冲突是产学研协同创新的重要障碍	1	2	3	4	5
17. 知识本身过于复杂而难以学习转化是产学研协同创新的重要障碍	1	2	3	4	5
18. 合作主体自身的知识消化、吸收能力不足是产学研协同创新的重要障碍	1	2	3	4	5
19. 政府政策引导缺乏是产学研协同创新的重要障碍	1	2	3	4	5
20. 政府政策支持缺乏是产学研协同创新的重要障碍	1	2	3	4	5
21. 知识产权保护力度不足是产学研协同创新的重要障碍	1	2	3	4	5
22. 创新文化氛围缺乏是产学研协同创新的重要障碍	1	2	3	4	5
23. 大众创新意识薄弱是产学研协同创新的重要障碍	1	2	3	4	5
24. 市场存在垄断保护是产学研协同创新的重要障碍	1	2	3	4	5
25. 市场创新需求不足是产学研协同创新的重要障碍	1	2	3	4	5

附 录 B

数值模拟程序

c2 = 1/2;

kkk = 3/2;

kk = 3/2. * ones(1,1001);

cn = 1/2;

p = 1/4;

pp = 1/4. * ones(1,1001);

qqq = 1/4;

qq = 1/4. * ones(1,1001);

n1 = 1/2. * ones(1,1001);

n3 = 1/2. * ones(1,1001);

cn2 = 1/2. * ones(1,1001);

cn3 = 1/2. * ones(1,1001);

ck2 = 1/2. * ones(1,1001);

ck3 = 1/2. * ones(1,1001);

b2 = 1/9. * ones(1,1001);

b3 = 1/9. * ones(1,1001);

k = 0:0.01:5;

n2 = 0:0.001:1;

pn = k. * (1 − c1). /(cn. * (1 + (p. * cn. * qqq). /((1 − c1). * (1 − c1). * k. * k)));

bn = 1. /(1 + p. * cn. * qqq. /((1 − c1). * (1 − c1). * k. * k));

ep = (1 − c2). * (kkk − 1). * (n1 + n2 + n3) − 1/2. * (cn2. * n2. *

```
n2 + ck2.*kk.*kk + pp.*b2.*b2.*qq + cn3.*n3.*n3 + ck3.*kkk.*kkk + pp.*b3.*b3.*qq);
    figure(1);
    plot(k,pn,'-b.');
    axis([1 5 1 6.9]);
    grid;
    xlabel('互补性知识 k');ylabel('努力程度 \eta');
    title('代理方的努力程度和互补性知识的关系');
    figure(2);
    plot(k,bn,'-b.');
    axis([1 5 0.932 0.998]);
    grid;
    xlabel('互补性知识 k');ylabel('激励强度 \beta');
    title('代理方的激励程度和互补性知识的关系');
    figure(3);
    plot(n2,ep,'-b.');
    % axis([1 5 0.932 0.998]);
    grid;
    xlabel('高校的努力程度 \eta_2');ylabel('企业的收益 Ep^*');
    title('企业的收益和高校的努力程度之间的关系');
    c1 = 1/3;
    c2 = 1/4;
    c3 = 1/8;
    c4 = 1/16;
    kkk = 5;
    kk = 5.*ones(1,1001);
    cn = 1/2;
    p = 1/4;
    pp = 1/4.*ones(1,1001);
    qqq = 1/4;
    qq = 1/4.*ones(1,1001);
```

```
n1 = 1/2. * ones(1,1001);
n3 = 1/2. * ones(1,1001);
cn2 = 1/16. * ones(1,1001);
cn3 = 1/16. * ones(1,1001);
ck2 = 1/25. * ones(1,1001);
ck3 = 1/25. * ones(1,1001);
b2 = 1/9. * ones(1,1001);
b3 = 1/9. * ones(1,1001);
k = 0:0.01:5;
n2 = 0:0.001:1;
pn = k. * (1 - c1)./(cn. * (1 + (p. * cn. * qqq)./((1 - c1). * (1 - c1). * k. * k)));
bn = 1./(1 + p. * cn. * qqq./((1 - c1). * (1 - c1). * k. * k));
ep1 = (1 - c2). * (kkk - 1). * (n1 + n2 + n3) - 1/2. * (cn2. * n2. * n2 + ck2. * kk. * kk + pp. * b2. * b2. * qq + cn3. * n3. * n3 + ck3. * kk. * kk + pp. * b3. * b3. * qq);
ep2 = (1 - c3). * (kkk - 1). * (n1 + n2 + n3) - 1/2. * (cn2. * n2. * n2 + ck2. * kk. * kk + pp. * b2. * b2. * qq + cn3. * n3. * n3 + ck3. * kk. * kk + pp. * b3. * b3. * qq);
ep3 = (1 - c4). * (kkk - 1). * (n1 + n2 + n3) - 1/2. * (cn2. * n2. * n2 + ck2. * kk. * kk + pp. * b2. * b2. * qq + cn3. * n3. * n3 + ck3. * kk. * kk + pp. * b3. * b3. * qq);
figure(1);
plot(k,pn,'-b','linewidth',1.5);
axis([1 5 1 6.9]);
grid;
xlabel('互补性知识 k');ylabel('努力程度 \eta');
title('代理方的努力程度和互补性知识的关系');
figure(2);
plot(k,bn,'-b','linewidth',1.5);
axis([1 5 0.932 0.998]);
```

```
grid;
xlabel('互补性知识 k');ylabel('激励强度 \beta');
title('代理方的激励程度和互补性知识的关系');
figure(3);
plot(n2,ep1,'-b','linewidth',1.5);
% axis([1 5 0.932 0.998]);
hold on;
plot(n2,ep2,'-r','linewidth',1.5);
hold on;
plot(n2,ep3,'-g','linewidth',1.5);
grid;
xlabel('高校的努力程度 \eta_2');ylabel('企业的收益 Ep^*');
title('企业的收益和高校的努力程度之间的关系');% k = 2.0;
% cn = 0.5;
% p = 0.5;
% derta2 = 0.5;
% c = 0:0.01:1;
% n = k.*(1-c)./(cn.*(1 + p.*cn.*derta2./((1-c).*(1-c).*k.*k)));
% baita = 1.0./(1 + p.*cn.*derta2./((1-c).*(1-c).*k.*k));
% plot(c,n,c,baita);
% grid on;
% xlabel('协同系数 c');
% legend('努力程度','激励程度');
% c = 0.5;
% k = 1.5;
% n2 = 0.5;
% n3 = 0.5;
% cn2 = 0.5;
% cn3 = 0.5;
```

% ck2 = 0.5;

% ck3 = 0.5;

% p = 0.25;

% derta2 = 0.25;

% baita22 = 1.0/9;

% baita32 = 1.0/9;

% n1 = 0:0.01:1;

% Ep = (1-c).*(k-1).*(n1 + n2 + n3) -0.5.*(cn2.*n2.*n2 + ck2.*k.*k + p.*baita22.*derta2 + ...

%   cn3.*n3.*n3 + ck3.*k.*k + p.*baita32.*derta2);

% plot(n1,Ep);

% grid on;

% xlabel('努力程度');

% ylabel('创新效益');

% a2 = 2.0;

% b2 = 1.0/3;

% c = 0.5;

% k = 2.0;

% n2 = 0.5;

% n3 = 0.5;

% cn2 = 0.5;

% ck2 = 0.5;

% p = 0.25;

% derta2 = 0.25;

% n1 = 0:0.01:1;

% Ean2 = a2 + b2.*(1-c).*(k.*(n1 + n2 + n3)) -0.5.*cn2.*n2.*n2 -...

%   0.5.*ck2.*k.*k -0.5.*p.*b2.*b2.*derta2;

% plot(n1,Ean2);

% grid on;

% xlabel('努力程度 n1');

% ylabel('高效创新收益');
% a2 = 2.0;
% b2 = 1.0/3;
% c = 0.5;
% k = 2.0;
% n1 = 0.5;
% n3 = 0.5;
% cn2 = 0.5;
% ck2 = 0.5;
% p = 0.25;
% derta2 = 0.25;
% n2 = 0:0.01:1;
% Ean2 = a2 + b2.*(1-c).*(k.*(n1 + n2 + n3)) - 0.5.*cn2.*n2.*n2 -...
%   0.5.*ck2.*k.*k - 0.5.*p.*b2.*b2.*derta2;
% plot(n2,Ean2);
% grid on;
% xlabel('努力程度 n2');
% ylabel('高效创新收益');
% a2 = 2.0;
% b2 = 2.0/3;
% c = 1.0./16;
% k = 5.0;
% n1 = 0.5;
% n3 = 0.5;
% cn2 = 1.0./16;
% ck2 = 0.5;
% p = 0.25;
% derta2 = 0.25;
% n2 = 0:0.01:1;
% Ean2 = a2 + b2.*(1-c).*(k.*(n1 + n2 + n3)) - 0.5.*

cn2. * n2. * n2 - ...
%   0. 5. * ck2. * k. * k - 0. 5. * p. * b2. * b2. * derta2;
% plot(n2,Ean2);
% gridon;
% xlabel('努力程度 n2');
% ylabel('高效创新收益');
c1 = 1. 0/2;
c2 = 1. 0/4;
c3 = 1. 0/8;
c4 = 1. 0/16;
k = 5. 0;
n2 = 0. 5;
n3 = 0. 5;
cn2 = 1. 0. /16;
cn3 = 1. 0. /16;
ck2 = 1. 0. /25;
ck3 = 1. 0. /25;
p = 0. 25;
derta2 = 0. 25;
baita22 = 1. 0/9;
baita32 = 1. 0/9;
n1 = 0:0. 01:1;
Ep1 = (1 - c1). * (k - 1). * (n1 + n2 + n3) - 0. 5. * (cn2. * n2. * n2 + ck2. * k. * k + p. * baita22. * derta2 + ...
  cn3. * n3. * n3 + ck3. * k. * k + p. * baita32. * derta2);
Ep2 = (1 - c2). * (k - 1). * (n1 + n2 + n3) - 0. 5. * (cn2. * n2. * n2 + ck2. * k. * k + p. * baita22. * derta2 + ...
  cn3. * n3. * n3 + ck3. * k. * k + p. * baita32. * derta2);
Ep3 = (1 - c3). * (k - 1). * (n1 + n2 + n3) - 0. 5. * (cn2. * n2. * n2 + ck2. * k. * k + p. * baita22. * derta2 + ...
  cn3. * n3. * n3 + ck3. * k. * k + p. * baita32. * derta2);

Ep4 = (1 - c4).*(k - 1).*(n1 + n2 + n3) - 0.5.*(cn2.*n2.*n2 + ck2.*k.*k + p.*baita22.*derta2 + ...
   cn3.*n3.*n3 + ck3.*k.*k + p.*baita32.*derta2);

plot(n1,Ep1);

hold on;

plot(n1,Ep2);

hold on;

plot(n1,Ep3);

hold on;

plot(n1,Ep4);

附录 C

数值模拟程序

```
n = 0:0.5:5;
y = (n.^(1.2)).*((((2.6).^(2.6)).*((2.1).^(2.1)))./((3.5 + 1.2).^(3.5 + 1.2))) - 0.3.*0.6 - (2.^2.*1.5.^1.5)./((3.5).^(3.5));
c = 0:0.1:1;
s = (3.^(1.2)).*((((2.6).^(2.6)).*((2.1).^(2.1)))./((3.5 + 1.2).^(3.5 + 1.2))) - c.*0.6 - (2.^2.*1.5.^1.5)./((3.5).^(3.5));
[AX,H1,H2] = plotyy(y,n,s,c,'plot');
set(AX(1),'XColor','k','YColor','b');
set(AX(2),'XColor','k','YColor','b');
HH1 = get(AX(1),'Ylabel');
set(HH1,'String','n');
set(HH1,'color','b');
HH2 = get(AX(2),'Ylabel');
set(HH2,'String','c');
set(HH2,'color','b');
set(H1,'LineStyle','-');
set(H1,'color','b');
set(H2,'LineStyle',':');
set(H2,'color','b');
legend([H1,H2],{'n 对 Π 的影响';'c 对 Π 的影响'});
xlabel('Π');
```

y = (n.^(2.*k)).*((((a+k).^(a+k)).*((b+k).^(b+k)))./((a+b+2.*k).^(a+b+2.*k)))-c.*k-(a.^a.*b.^b)./((a+b).^(a+b))

y = (n.^(1.2)).*((((2.6).^(2.6)).*((2.1).^(2.1)))./((3.5+1.2).^(3.5+1.2)))-c.*0.6-2.^2.*1.5.^1.5)./((5.5).^(3.5))

% 假定 c

n = 0:0.5:5;

y = (n.^(1.2)).*((((2.6).^(2.6)).*((2.1).^(2.1)))./((3.5+1.2).^(3.5+1.2)))-0.3.*0.6-(2.^2.*1.5.^1.5)./((3.5).^(3.5));

% 假定 n

c = 0:0.1:1;

y = (3.^(1.2)).*((((2.6).^(2.6)).*((2.1).^(2.1)))./((3.5+1.2).^(3.5+1.2)))-c.*0.6-(2.^2.*1.5.^1.5)./((3.5).^(3.5));

% 假定 k

k = 0:0.1:1;

y = (3.^(2.*k)).*((((2+k).^(2+k)).*((1.5+k).^(1.5+k)))./((3.5+2.*k).^(3.5+2.*k)))-0.02.*k-(2.^2.*1.5.^1.5)./((3.5).^(3.5));

plot(k,y)

hold on

y = (3.^(2.*k)).*((((2+k).^(2+k)).*((1.5+k).^(1.5+k)))./((3.5+2.*k).^(3.5+2.*k)))-0.1.*k-(2.^2.*1.5.^1.5)./((3.5).^(3.5));

plot(k,y,':')

hold on

y = (3.^(2.*k)).*((((2+k).^(2+k)).*((1.5+k).^(1.5+k)))./((3.5+2.*k).^(3.5+2.*k)))-0.3.*k-(2.^2.*1.5.^1.5)./((3.5).^(3.5));

plot(k,y,'-.')

plot(o,s,':')
plot(o,s,'-.')
plot(o,s)

后　　记

　　本书的研究内容来源于国家社会科学基金项目"产学研协同创新的诱发机制与实施路径研究（批准号13BGL021）"。由于产学研这三类主体在组织目标上存在差异，产学研之间的合作始终面临着巨大的困难。即使是在美国，类似于硅谷和斯坦福大学之间的产学研合作典范也是稀缺的。在我国，推行产学研协同创新更具迫切性。首先，我国产业界的独立研发能力远远落后于发达国家，企业普遍忽视高水平研发机构的系统设置和战略布局；其次，我国高校仍然处于明显的计划经济状态，基本上超脱于现实的经济社会；最后，我国的科研机构一直处于半事业、半企业的尴尬状态，与企业的关系似紧还松。为了切实打破分散封闭、加强协同创新、促进科教结合和产学研结合，2012年国家实施了提升高等学校创新能力的"2011计划"。所以本书探讨了如何将产学研之间的知识互补性最大限度地转化为现实的协同创新，以及要完成这种转化还需要怎样的条件，需要如何诱发，应当沿着怎样的路径实施。

　　作者认为，企业、高校和科研机构之间在知识结构上存在高度的互补性，这种互补性为产学研之间的协同创新提供了广阔的空间。由于产学研这三类主体在组织目标上的决然不同，产学研之间的知识互补性并不必然产生协同创新，要想真正实现产学研协同创新还需要更多的相关条件。通过合适的机制设计，可以有效地诱发产学研协同创新过程。在我国，推行产学研协同创新更具迫切性，因此，有必要设计适合中国国情的产学研协同创新实施路径方案。

　　从学术上看，产学研协同创新一直是理论界讨论的热点问题，但其中包含的复杂机制，一直是一个大的难题。本书构建基于知识互补视角的产学研协同创新分析框架，探讨将产学研知识互补性转化为协同创新的内在机理，阐释产学研协同创新的实现条件，模拟产学研协同创新的诱发机制，有助于丰富和完善现有的产学研理论体系。从应用上看，本书基于坚实的理论研究成果，设计科学可行的产学研协同创新实施路径和扶持战略，有助于国家有针对性地制定产学研协同创新促进政策，从而有效推进中国特色的产学研协同创新过程，有力支撑我国国家创新体系的建设与完善。

当然，限于作者的学识水平与精力，本书也有一定的不足。比如，其一，对国外经验总结，只选取了具有代表型的几个国家，未能研究更多国家产学研模式；其二，在研究我国产学研协同创新的关键制约因素时，还有一定的局限性。这些不足，是本次研究的遗憾，也是课题之后进一步需要重点关注和深入探讨的重点。

产学研协同创新，重点是产学研三方协同的问题。作者期望，本书能够在该问题上起到抛砖引玉的作用，进而吸引更多的学者对该领域进行关注，以及进行更加深入的研究，使该领域研究能够不断进步。最后再次感谢为本书的研究、撰写和出版提供帮助的各位老师和同学们，没有他们的支持与鼓励，本书也难以完成，在此对他们表示由衷的感谢。

温平川

2020 年 6 月于重庆南山